Houghton
Mifflin
Harcourt

GO MATH!

¡VIVAN LAS MATEMÁTICAS!

Volumen 2

Hecho en los Estados Unidos
Impreso en papel reciclado

Houghton Mifflin Harcourt

GO MATH!
¡VIVAN LAS MATEMÁTICAS!

Printed in the U.S.A.

ISBN 978-0-544-67818-7

3 4 5 6 7 8 9 10 0868 24 23 22 21 20 19 18 17

4500651122   D E F G

Estimados estudiantes y familiares:

Bienvenidos a **Go Math! ¡Vivan las Matemáticas!** para 4.° grado.
En este interesante programa de matemáticas encontrarán actividades
prácticas y problemas del mundo real que tendrán que resolver. Y
lo mejor de todo es que podrán escribir sus ideas y sus respuestas
directamente en el libro. Escribir y dibujar en las páginas de **Go Math!
¡Vivan las Matemáticas!** les ayudará a percibir de manera detallada lo
que están aprendiendo y ¡entenderán muy bien las matemáticas!

A propósito, todas las páginas de este libro están impresas en papel
reciclado. Queremos que sepan que al participar en el programa **Go
Math! ¡Vivan las Matemáticas!,** están ayudando a proteger el medio
ambiente.

Atentamente,
Los autores

Hecho en los Estados Unidos
Impreso en papel reciclado

GO MATH!

¡VIVAN LAS MATEMÁTICAS!

Autores

Juli K. Dixon, Ph.D.
Professor, Mathematics Education
University of Central Florida
Orlando, Florida

Edward B. Burger, Ph.D.
President, Southwestern University
Georgetown, Texas

Steven J. Leinwand
Principal Research Analyst
American Institutes for
  Research (AIR)
Washington, D.C.

Contributor

Rena Petrello
Professor, Mathematics
Moorpark College
Moorpark, CA

Matthew R. Larson, Ph.D.
K-12 Curriculum Specialist for
  Mathematics
Lincoln Public Schools
Lincoln, Nebraska

Martha E. Sandoval-Martinez
Math Instructor
El Camino College
Torrance, California

English Language Learners Consultant

Elizabeth Jiménez
CEO, GEMAS Consulting
Professional Expert on English
  Learner Education
Bilingual Education and
  Dual Language
Pomona, California

© Houghton Mifflin Harcourt Publishing Company

VOLUMEN 2

Fracciones y números decimales

Área de atención Desarrollar la comprensión de la equivalencia de las fracciones, la suma y la resta de fracciones con denominadores comunes, y la multiplicación de fracciones de números enteros

En el mundo Proyecto Construir guitarras a medida **324**

6 Equivalencia y comparación de fracciones   325

ÁREA Números y operaciones: Fracciones
ESTÁNDARES ESTATALES COMUNES 4.NF.A.1, 4.NF.A.2

✓ **Muestra lo que sabes** **325**
  Desarrollo del vocabulario. **326**
  Tarjetas de vocabulario del capítulo
  Juego de vocabulario **326A**
1 Investigar • Fracciones equivalentes **327**
2 Generar fracciones equivalentes **333**
3 Mínima expresión **339**
4 Denominadores comunes **345**
5 **Resolución de problemas** • Hallar fracciones equivalentes **351**
✓ **Revisión de la mitad del capítulo** **357**
6 Comparar fracciones usando puntos de referencia. . . **359**
7 Comparar fracciones **365**
8 Comparar y ordenar fracciones. **371**
✓ **Repaso y prueba del Capítulo 6** **377**

7 Sumar y restar fracciones   383

ÁREA Números y operaciones: Fracciones
ESTÁNDARES ESTATALES COMUNES 4.NF.B.3a, 4.NF.B.3b, 4.NF.B.3c, 4.NF.B.3d

✓ **Muestra lo que sabes** **383**
  Desarrollo del vocabulario. **384**
  Tarjetas de vocabulario del capítulo
  Juego de vocabulario **384A**
1 Investigar • Sumar y restar partes de un entero **385**
2 Escribir fracciones como sumas **391**
3 Sumar fracciones usando modelos. **397**
4 Restar fracciones usando modelos **403**
5 Sumar y restar fracciones **409**
✓ **Revisión de la mitad del capítulo** **415**
6 Convertir fracciones y números mixtos **417**
7 Sumar y restar números mixtos **423**
8 Convertir para restar **429**
9 Álgebra • Las fracciones y las propiedades de la suma **435**
10 **Resolución de problemas** • Problemas de varios pasos con fracciones **441**
✓ **Repaso y prueba del Capítulo 7** **447**

Área de atención

APRENDE EN LÍNEA

¡Aprende en línea! Tus lecciones de matemáticas son interactivas. Usa *i*Tools, Modelos matemáticos animados y el Glosario multimedia.

Presentación del Capítulo 6

En este capítulo explorarás y descubrirás las respuestas a las siguientes **Preguntas esenciales:**

- ¿Qué estrategias puedes usar para comparar fracciones y escribir fracciones equivalentes?
- ¿Qué modelos pueden ayudarte a comparar y ordenar fracciones?
- ¿Cómo puedes hallar fracciones equivalentes?
- ¿Cómo puedes resolver problemas que contienen fracciones?

Presentación del Capítulo 7

En este capítulo explorarás y descubrirás las respuestas a las siguientes **Preguntas esenciales:**

- ¿Cómo sumas o restas fracciones que tienen el mismo denominador?
- ¿Por qué sumas o restas los numeradores y no los denominadores?
- ¿Por qué conviertes los números mixtos cuando sumas o restas fracciones?
- ¿Cómo sabes que tu suma o diferencia es razonable?

Presentación del Capítulo 8

En este capítulo explorarás y descubrirás las respuestas a las siguientes **Preguntas esenciales:**

- ¿Cómo multiplicas fracciones por números enteros?
- ¿Cómo puedes escribir el producto de un número entero y una fracción como el producto de un número entero y una fracción unitaria?

Práctica y tarea

Repaso de la lección y Repaso en espiral en cada lección

Presentación del Capítulo 9

En este capítulo explorarás y descubrirás las respuestas a las siguientes **Preguntas esenciales:**

- ¿Cómo puedes anotar la notación decimal para las fracciones y comparar fracciones decimales?
- ¿Por qué puedes anotar décimos y centésimos como números decimales y fracciones?
- ¿Cuáles son algunos de los diferentes modelos que puedes usar para hallar fracciones equivalentes?
- ¿Cómo puedes comparar fracciones decimales?

 Multiplicar fracciones por números enteros **453**

ÁREA Números y operaciones: Fracciones
ESTÁNDARES ESTATALES COMUNES 4.NF.B.4a, 4.NF.B.4b, 4.NF.B.4c

✔ **Muestra lo que sabes** **453**
Desarrollo del vocabulario. **454**
Tarjetas de vocabulario del capítulo
Juego de vocabulario **454A**
1 Múltiplos de fracciones unitarias. **455**
2 Múltiplos de fracciones. **461**
✔ **Revisión de la mitad del capítulo** **467**
3 Multiplicar una fracción por un número entero usando modelos **469**
4 Multiplicar una fracción o un número mixto por un número entero **475**
5 Resolución de problemas • Problemas de comparación con fracciones **481**
✔ **Repaso y prueba del Capítulo 8** **487**

 Relacionar fracciones y números decimales **493**

ÁREAS Números y operaciones: Fracciones
Medición y datos
ESTÁNDARES ESTATALES COMUNES 4.NF.C.5, 4.NF.C.6, 4.NF.C.7, 4.MD.A.2

✔ **Muestra lo que sabes** **493**
Desarrollo del vocabulario. **494**
Tarjetas de vocabulario del capítulo
Juego de vocabulario **494A**
1 Relacionar décimos y números decimales **495**
2 Relacionar centésimos y números decimales **501**
3 Fracciones equivalentes y números decimales **507**
4 Relacionar fracciones, números decimales y dinero **513**
5 Resolución de problemas • Dinero **519**
✔ **Revisión de la mitad del capítulo** **525**
6 Sumar partes fraccionarias de 10 y de 100 . . . .**527**
7 Comparar números decimales **533**
✔ **Repaso y prueba del Capítulo 9** **539**

Geometría, medición y datos

Área de atención Comprender que las figuras geométricas se pueden analizar y clasificar de acuerdo a sus propiedades, como lados paralelos, lados perpendiculares, medidas particulares de los ángulos y la simetría

En el mundo Proyecto Los paisajistas **546**

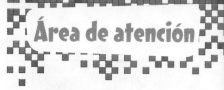

10 Figuras bidimensionales 547

ÁREAS Operaciones y pensamiento algebraico
Geometría

ESTÁNDARES ESTATALES COMUNES 4.OA.C.5, 4.G.A.1, 4.G.A.2, 4.G.A.3

✓ **Muestra lo que sabes** **547**
Desarrollo del vocabulario. **548**
Tarjetas de vocabulario del capítulo
Juego de vocabulario **548A**
1 Rectas, semirrectas y ángulos **549**
2 Clasificar triángulos por sus ángulos **555**
3 Rectas paralelas y rectas perpendiculares **561**
4 Clasificar cuadriláteros **567**
✓ **Revisión de la mitad del capítulo** **573**
5 Simetría axial **575**
6 Hallar y dibujar ejes de simetría **581**
7 Resolución de problemas • Formar patrones **587**
✓ **Repaso y prueba del Capítulo 10** **593**

Presentación del Capítulo 10

En este capítulo explorarás y descubrirás las respuestas a las siguientes **Preguntas esenciales:**

- ¿Cómo puedes dibujar e identificar rectas y ángulos y cómo puedes clasificar figuras?
- ¿Qué son los bloques de geometría?
- ¿Cómo puedes clasificar triángulos y cuadriláteros?
- ¿Cómo reconoces la simetría en un polígono?

11 Ángulos 599

ÁREA Medición y datos

ESTÁNDARES ESTATALES COMUNES 4.MD.C.5a, 4.MD.C.5b, 4.MD.C.6, 4.MD.C.7

✓ **Muestra lo que sabes** **599**
Desarrollo del vocabulario. **600**
Tarjetas de vocabulario del capítulo
Juego de vocabulario **600A**
1 Investigar • Ángulos y partes fraccionarias de un círculo **601**
2 Grados **607**
3 Medir y dibujar ángulos **613**
✓ **Revisión de la mitad del capítulo** **619**
4 Investigar • Unir y separar ángulos **621**
5 Resolución de problemas • Medidas desconocidas de ángulos. **627**
✓ **Repaso y prueba del Capítulo 11** **633**

Presentación del Capítulo 11

En este capítulo explorarás y descubrirás las respuestas a las siguientes **Preguntas esenciales:**

- ¿Cómo puedes medir ángulos y resolver problemas de medidas de ángulos?
- ¿Cómo puedes usar fracciones y grados para comprender las medidas de los ángulos?
- ¿Cómo puedes usar un transportador para medir y clasificar ángulos?
- ¿Cómo pueden ayudarte las ecuaciones a hallar la medida de un ángulo?

Tamaño relativo de las unidades de medida — 639

ÁREA Medición y datos
ESTÁNDARES ESTATALES COMUNES 4.MD.A.1, 4.MD.A.2, 4.MD.B.4

✓ Muestra lo que sabes **639**
   Desarrollo del vocabulario. **640**
   Tarjetas de vocabulario del capítulo
   Juego de vocabulario **640A**
1 Puntos de referencia para las medidas **641**
2 Unidades de longitud del sistema usual **647**
3 Unidades de peso del sistema usual **653**
4 Unidades de volumen líquido del sistema usual **659**
5 Diagramas de puntos **665**
✓ Revisión de la mitad del capítulo **671**
6 Investigar • Unidades de longitud del sistema métrico **673**
7 Unidades de masa y de volumen líquido del sistema métrico . . **679**
8 Unidades de tiempo. **685**
9 Resolución de problemas • Tiempo transcurrido **691**
10 Medidas mixtas. **697**
11 Álgebra • Patrones en las unidades de medida **703**
✓ Repaso y prueba del Capítulo 12 . . . . **709**

Álgebra: Perímetro y área — 715

ÁREA Medición y datos
ESTÁNDARES ESTATALES COMUNES 4.MD.A.3

✓ Muestra lo que sabes **715**
   Desarrollo del vocabulario. **716**
   Tarjetas de vocabulario del capítulo
   Juego de vocabulario **716A**
1 Perímetro **717**
2 Área **723**
3 Área de rectángulos combinados. **729**
✓ Revisión de la mitad del capítulo **735**
4 Hallar medidas desconocidas **737**
5 Resolución de problemas • Hallar el área **743**
✓ Repaso y prueba del Capítulo 13 . . . . **749**

   Glosario **H1**
   Correlación de los Estándares estatales comunes **H14**
   Índice. **H22**
   Tabla de medidas **H39**

Presentación del Capítulo 12

En este capítulo explorarás y descubrirás las respuestas a las siguientes **Preguntas esenciales:**

- ¿Cómo puedes usar el tamaño relativo de las unidades de medida para resolver problemas y para generar tablas de medidas que muestren una relación?
- ¿Cómo puedes comparar unidades métricas de longitud, masa o volumen líquido?
- ¿Cómo puedes comparar unidades del sistema usual de longitud, peso o volumen líquido?

Práctica y tarea

Repaso de la lección y Repaso en espiral en cada lección

Presentación del Capítulo 13

En este capítulo explorarás y descubrirás las respuestas a las siguientes **Preguntas esenciales:**

- ¿Cómo puedes usar fórmulas de perímetro y área para resolver problemas?
- ¿En qué se diferencia el área del perímetro?
- ¿Cuáles son algunos de los métodos que puedes usar para hallar el área y el perímetro de una figura?
- ¿Cómo pueden tener el mismo perímetro o la misma área dos rectángulos diferentes?

Fracciones y números decimales

Estándares comunes

ÁREA DE ATENCIÓN Desarrollar la comprensión de la equivalencia de las fracciones, la suma y la resta de fracciones con denominadores comunes, y la multiplicación de fracciones de números enteros

Un *luthier*, o fabricante de guitarras, en su taller

Construir guitarras a medida

¿Sabes tocar la guitarra o te gustaría aprender?
El tamaño de la guitarra que necesitas depende de tu estatura a la
pulgada más próxima y de la *longitud de escala*. La longitud de
escala es la distancia desde el *puente* hasta la *cejilla* de la guitarra.

Para comenzar ESCRIBE ▸ *Matemáticas*

**Ordena los tamaños de las guitarras de menor a
mayor y completa la tabla.**

Datos importantes

Tamaños de las guitarras para estudiantes

Edad del músico	Estatura del músico (a la pulgada más próxima)	Longitud de escala (de la más corta a la más larga, en pulgadas)	Tamaño de la guitarra
4-6	de 3 pies y 3 pulgadas a 3 pies y 9 pulgadas	19	
6-8	de 3 pies y 10 pulgadas a 4 pies y 5 pulgadas	20.5	
8-11	de 4 pies y 6 pulgadas a 4 pies y 11 pulgadas	22.75	
11-adulto	5 pies o más	25.5	

Tamaño de la guitarra: de $\frac{1}{2}$, de $\frac{4}{4}$, de $\frac{1}{4}$, de $\frac{3}{4}$

Los adultos tocan guitarras de $\frac{4}{4}$. Puedes ver que las
guitarras también vienen en tamaños de $\frac{3}{4}$, $\frac{1}{2}$ y $\frac{1}{4}$. Calcula
qué tamaño de guitarra necesitarías según tu estatura y
la longitud de escala para cada tamaño de guitarra. Usa
la información de la tabla de Datos importantes para
decidir el tamaño. **Explica** tu razonamiento.

Cejilla · Longitud de escala · Puente

Completado por _____

Capítulo 6

Equivalencia y comparación de fracciones

✓ Muestra lo que sabes

Entrenador personal en matemáticas
Evaluación e intervención en línea

Comprueba si comprendes las destrezas importantes.

Nombre _____

▶ **Parte de un entero** Escribe una fracción para la parte sombreada. (3.NF.A.1)

1.

2.

3.

▶ **Indicar la parte sombreada** Escribe una fracción para la parte sombreada. (3.NF.A.1)

4.

5.

6.

▶ **Comparar las partes de un entero** Colorea las tiras fraccionarias para representar las fracciones. Encierra en un círculo la fracción mayor. (3.NF.A.3d)

7. $\frac{1}{2}$

   $\frac{1}{3}$

8. $\frac{1}{5}$

   $\frac{1}{3}$

Matemáticas En el mundo

La superficie de la Tierra está formada por más de 57 millones de millas cuadradas de tierra firme. En la tabla se muestra la fracción aproximada de tierra firme de cada continente. ¿Qué continente ocupa la mayor parte de la tierra firme de la Tierra?

Continente	Parte de tierra firme
Asia	$\frac{3}{10}$
África	$\frac{1}{5}$
Antártida	$\frac{9}{100}$
Australia	$\frac{6}{100}$
Europa	$\frac{7}{100}$
América del Norte	$\frac{1}{6}$
América del Sur	$\frac{1}{8}$

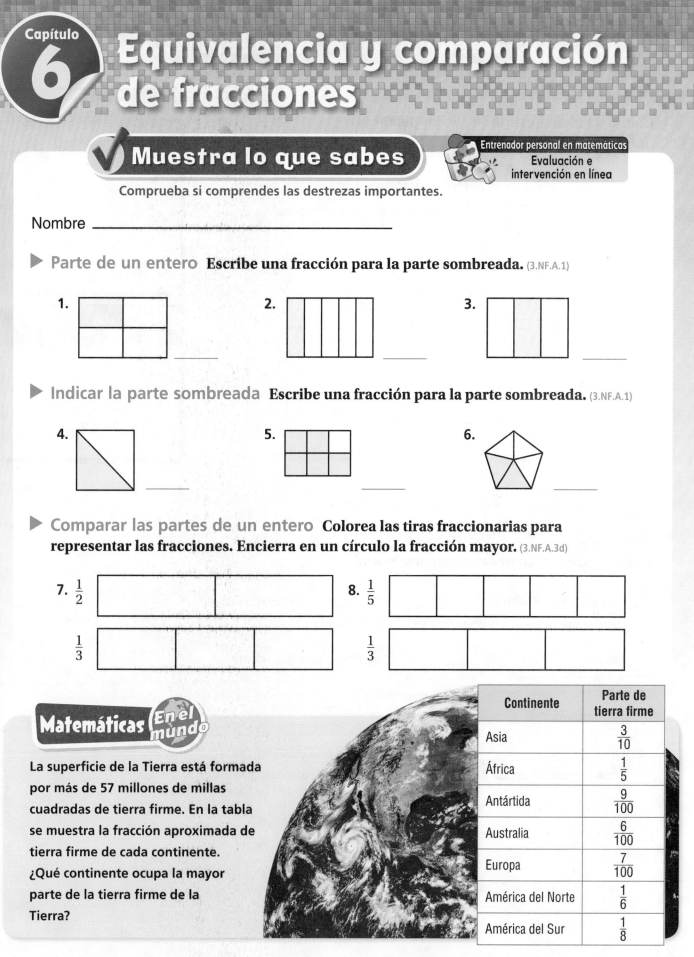

Desarrollo del vocabulario

▶ **Visualízalo**

Completa el mapa de flujo con las palabras marcadas con ✓.

Números enteros y fracciones

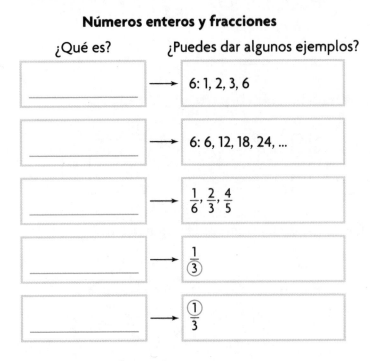

¿Qué es?   ¿Puedes dar algunos ejemplos?

_____ ⟶ 6: 1, 2, 3, 6

_____ ⟶ 6: 6, 12, 18, 24, …

_____ ⟶ $\frac{1}{6}$, $\frac{2}{3}$, $\frac{4}{5}$

_____ ⟶ $\dfrac{1}{\textcircled{3}}$

_____ ⟶ $\dfrac{\textcircled{1}}{3}$

Palabras de repaso

✓ denominador

✓ factor

✓ fracción

✓ múltiplo

  múltiplo común

✓ numerador

Palabras nuevas

denominador común

fracciones equivalentes

mínima expresión

punto de referencia

▶ **Comprende el vocabulario**

Completa las oraciones con palabras nuevas.

1. Una fracción está en su _____ si el único factor común que tienen el numerador y el denominador es 1.

2. Las _____ nombran la misma cantidad.

3. Un _____ es un múltiplo común de dos o más denominadores.

4. Un _____ es un tamaño o una cantidad que se conoce y que te ayuda a entender un tamaño o una cantidad diferente.

• **Libro interactivo del estudiante**
• **Glosario multimedia**

Vocabulario del Capítulo 6

punto de referencia

benchmark

76

denominador común

common denominator

17

denominador

denominator

16

fracciones equivalentes

equivalent fractions

37

fracción

fraction

35

múltiplo

multiple

50

numerador

numerator

52

mínima expresión

simplest form

49

Un múltiplo común de dos o más denominadores

Ejemplo: Algunos denominadores comunes para $\frac{1}{4}$ y $\frac{5}{6}$ son 12, 24 y 36.

Un tamaño o una cantidad que se conoce y que permite comprender otro tamaño o cantidad

Puedes usar $\frac{1}{2}$ como punto de referencia para ayudarte a comparar fracciones.

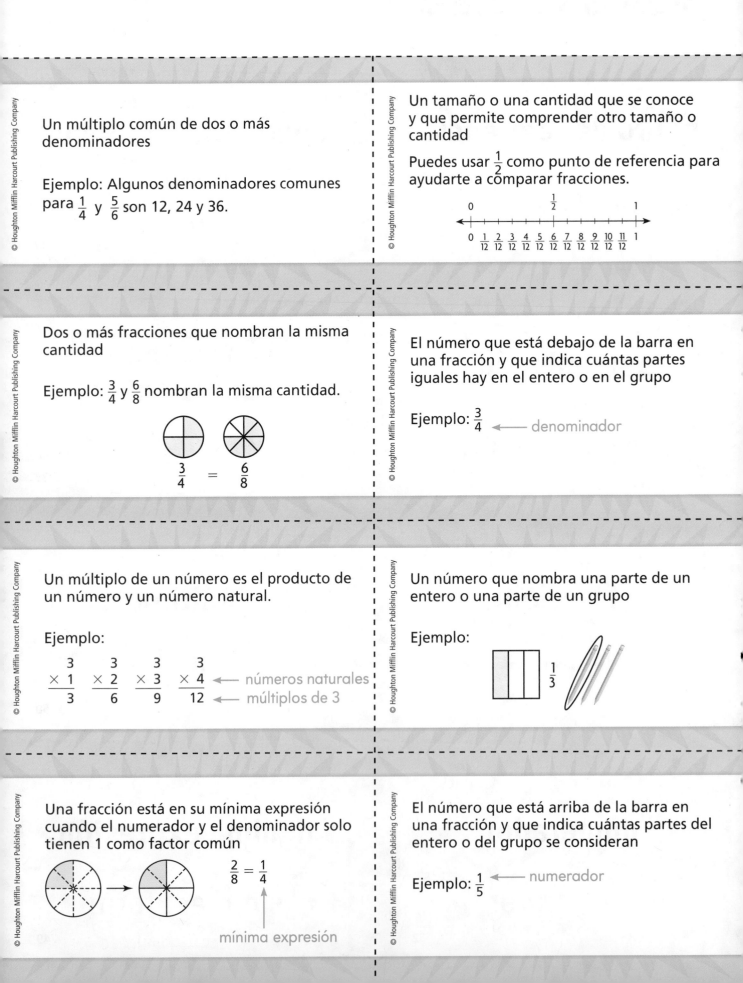

Dos o más fracciones que nombran la misma cantidad

Ejemplo: $\frac{3}{4}$ y $\frac{6}{8}$ nombran la misma cantidad.

$$\frac{3}{4} = \frac{6}{8}$$

El número que está debajo de la barra en una fracción y que indica cuántas partes iguales hay en el entero o en el grupo

Ejemplo: $\frac{3}{4}$ ← denominador

Un múltiplo de un número es el producto de un número y un número natural.

Ejemplo:

$\begin{array}{c} 3 \\ \times\, 1 \\ \hline 3 \end{array}$ $\begin{array}{c} 3 \\ \times\, 2 \\ \hline 6 \end{array}$ $\begin{array}{c} 3 \\ \times\, 3 \\ \hline 9 \end{array}$ $\begin{array}{c} 3 \\ \times\, 4 \\ \hline 12 \end{array}$ ← números naturales
← múltiplos de 3

Un número que nombra una parte de un entero o una parte de un grupo

Ejemplo:

$\frac{1}{3}$

Una fracción está en su mínima expresión cuando el numerador y el denominador solo tienen 1 como factor común

$$\frac{2}{8} = \frac{1}{4}$$

mínima expresión

El número que está arriba de la barra en una fracción y que indica cuántas partes del entero o del grupo se consideran

Ejemplo: $\frac{1}{5}$ ← numerador

Visita a San Francisco

Recuadro de palabras

denominador

denominador común

fracción

fracciones equivalentes

mínima expresión

múltiplo

numerador

punto de referencia

Para 2 a 4 jugadores

Materiales

- 3 de un color para cada jugador: fichas de juego rojas, azules, verdes y amarillas
- 1 cubo numerado

Instrucciones

1. Coloca tus 3 fichas de juego en el círculo de SALIDA del mismo color.

2. Para que salga una ficha de la SALIDA, debes sacar un 6.
   - Si sacas un 6, avanza 1 de tus fichas hasta el círculo del camino que tiene el mismo color.
   - Si no sacas un 6, espera hasta el próximo turno.

3. Una vez que tienes una ficha en el camino, lanza el cubo numerado para jugar. Avanza la ficha ese número de espacios de color café. Todas tus fichas deben estar en el camino.

4. Si caes en un espacio con una pregunta, respóndela. Si tu respuesta es correcta, avanza 1 espacio.

5. Para alcanzar la LLEGADA, mueve tu ficha por el camino que es del mismo color que la ficha. Ganará la partida el primer jugador que alcance la LLEGADA con las tres fichas.

CALIFORNIA

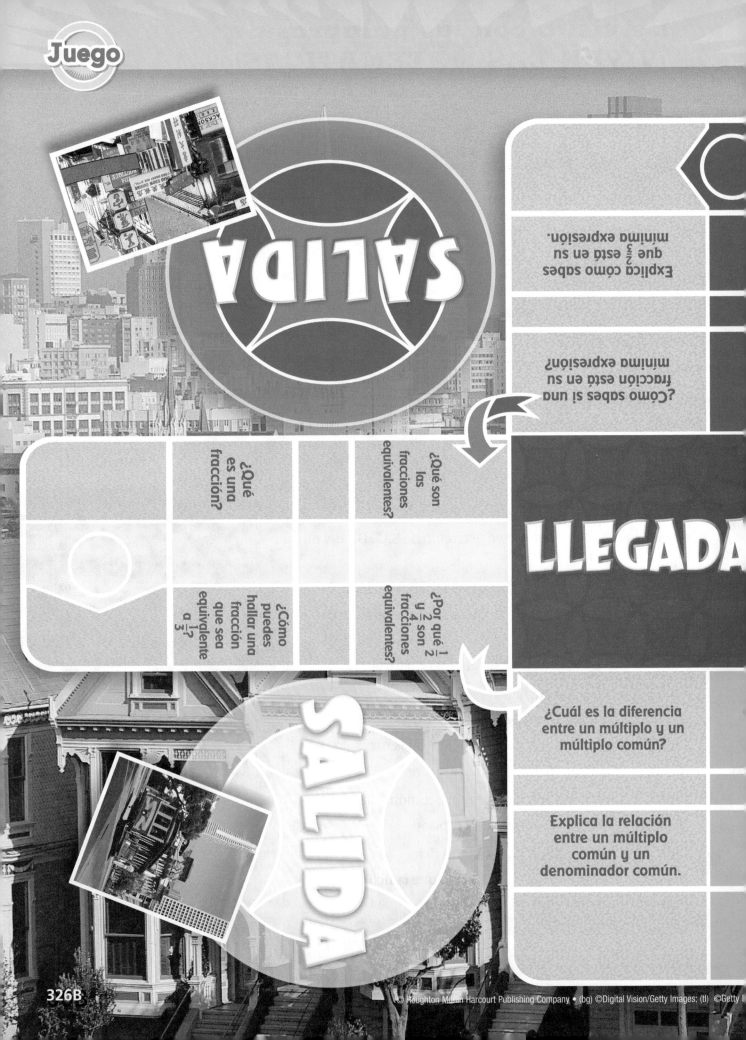

SALIDA

LLEGADA

SALIDA

Explica cómo sabes que $\frac{3}{12}$ está en su mínima expresión.

¿Cómo sabes si una fracción está en su mínima expresión?

¿Qué son las fracciones equivalentes?

¿Qué es una fracción?

¿Por qué $\frac{1}{2}$ y $\frac{2}{4}$ son fracciones equivalentes?

¿Cómo puedes hallar una fracción que sea equivalente a $\frac{1}{3}$?

¿Cuál es la diferencia entre un múltiplo y un múltiplo común?

Explica la relación entre un múltiplo común y un denominador común.

SALIDA

¿Qué significa denominador común?

¿Cuál es la mínima expresión de una fracción?

¿Cómo hallas el denominador común de $\frac{2}{3}$ y $\frac{3}{5}$?

¿Qué es un múltiplo?

LLEGADA

¿Qué es un punto de referencia?

¿Cómo se usan los puntos de referencia para comparar fracciones?

En una fracción, ¿qué representa el numerador?

En una fracción, ¿qué representa el denominador?

SALIDA

Diario

Escríbelo

Reflexiona

Elige una idea. Escribe sobre ella.

- Explica cómo hallar el denominador común de $\frac{2}{3}$ y $\frac{1}{4}$.

- Trabaja con un compañero para explicar e ilustrar dos maneras de hallar fracciones equivalentes. Haz tu dibujo en una hoja aparte.

- Escribe sobre todas las maneras en las que puedes mostrar 25.

- Resume cómo ordenarías las fracciones $\frac{2}{3}$, $\frac{7}{8}$ y $\frac{4}{5}$. Incluye cualquier "paso en falso" o "camino sin salida" de tu proceso.

Nombre _____

Fracciones equivalentes

Pregunta esencial ¿Cómo puedes usar modelos para mostrar fracciones equivalentes?

Estándares comunes Números y operaciones— Fracciones—4.NF.A.1
PRÁCTICAS MATEMÁTICAS
MP4, MP5, MP7

Investigar

Materiales ■ lápices de colores

Joe cortó una lasaña en porciones de un tercio. Se quedó con $\frac{1}{3}$ y regaló el resto. Joe no comerá su porción de una sola vez. ¿Cómo puede cortarla en partes más pequeñas del mismo tamaño?

A. Haz un dibujo en el modelo para mostrar de qué manera Joe podría cortar su porción de lasaña en 2 partes iguales.

Puedes convertir estas 2 partes iguales en una fracción de la lasaña original.

Imagina que Joe hubiera cortado la lasaña original en partes iguales de este tamaño.

¿Cuántas partes habría? _____

¿A qué fracción de la lasaña equivale 1 parte? _____

¿A qué fracción de la lasaña equivalen 2 partes? _____

Puedes convertir $\frac{1}{3}$ en _____.

B. Ahora haz un dibujo en el modelo para mostrar de qué manera Joe podría cortar su porción de lasaña en 4 partes iguales.

Puedes convertir estas 4 partes iguales en una fracción de la lasaña original.

Imagina que Joe hubiera cortado la lasaña original en partes iguales de este tamaño.

¿Cuántas partes habría? _____

¿A qué fracción de la lasaña equivale 1 parte? _____

¿A qué fracción de la lasaña equivalen 4 partes? _____

Puedes convertir $\frac{1}{3}$ en _____.

C. Las fracciones que nombran la misma cantidad son **fracciones equivalentes**. Escribe las fracciones equivalentes.

$$\frac{1}{3} = \underline{\quad\quad} = \underline{\quad\quad}$$

1. Compara los modelos de $\frac{1}{3}$ y $\frac{2}{6}$. ¿Qué relación hay entre la cantidad de partes y el tamaño de las partes?

_____

_____

2. Describe qué relación hay entre los numeradores y qué relación hay entre los denominadores en $\frac{1}{3} = \frac{2}{6}$.

_____

_____

_____

3. **PIENSA MÁS** ¿Es $\frac{1}{3} = \frac{3}{9}$? Explica.

_____

_____

Hacer conexiones

Savannah tiene $\frac{2}{4}$ de yarda de cinta e Isabel tiene $\frac{3}{8}$ de yarda de cinta. ¿Cómo puedes determinar si las cintas de Savannah y de Isabel tienen la misma longitud?

El signo de la igualdad ($=$) y el signo de no igual a ($\neq$) muestran si las fracciones son equivalentes.

Indica si $\frac{2}{4}$ y $\frac{3}{8}$ son equivalentes. Escribe = o ≠.

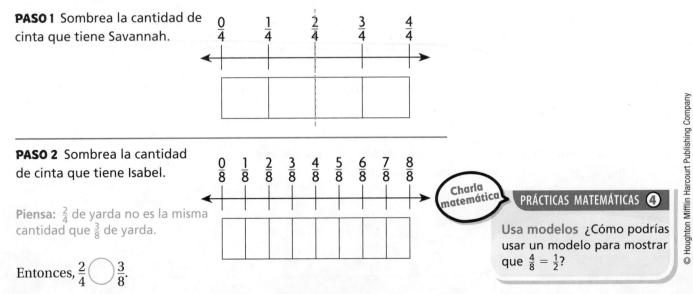

PASO 1 Sombrea la cantidad de cinta que tiene Savannah.

$\frac{0}{4}$ $\frac{1}{4}$ $\frac{2}{4}$ $\frac{3}{4}$ $\frac{4}{4}$

PASO 2 Sombrea la cantidad de cinta que tiene Isabel.

$\frac{0}{8}$ $\frac{1}{8}$ $\frac{2}{8}$ $\frac{3}{8}$ $\frac{4}{8}$ $\frac{5}{8}$ $\frac{6}{8}$ $\frac{7}{8}$ $\frac{8}{8}$

Piensa: $\frac{2}{4}$ de yarda no es la misma cantidad que $\frac{3}{8}$ de yarda.

Entonces, $\frac{2}{4}$ ◯ $\frac{3}{8}$.

Charla matemática

PRÁCTICAS MATEMÁTICAS ④

Usa modelos ¿Cómo podrías usar un modelo para mostrar que $\frac{4}{8} = \frac{1}{2}$?

Nombre _____

Comparte y muestra

Usa el modelo para escribir una fracción equivalente.

1.

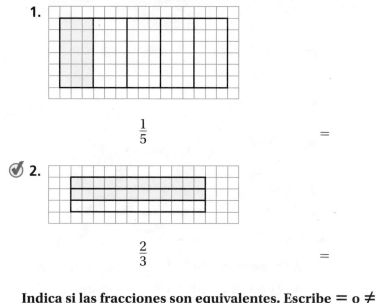

$$\frac{1}{5}$$ $=$ _____

2.

$$\frac{2}{3}$$ $=$ _____

Indica si las fracciones son equivalentes. Escribe $=$ o $\neq$.

3. $\frac{1}{6} \bigcirc \frac{2}{12}$ **4.** $\frac{2}{5} \bigcirc \frac{6}{10}$ **5.** $\frac{4}{12} \bigcirc \frac{1}{3}$

6. $\frac{5}{8} \bigcirc \frac{2}{4}$ **7.** $\frac{5}{6} \bigcirc \frac{10}{12}$ **8.** $\frac{1}{2} \bigcirc \frac{5}{10}$

Resolución de problemas • Aplicaciones

9. **MÁS AL DETALLE** Manny usó 8 partes de un décimo para representar $\frac{8}{10}$. Ana usó menos partes para representar una fracción equivalente. ¿Qué relación hay entre el tamaño de una parte del modelo de Ana y el tamaño de una parte de un décimo? ¿De qué tamaño es la parte que usó Ana?

_____

_____

_____

10. **PRÁCTICA MATEMÁTICA 5** Usa un modelo concreto

¿Cuántas partes de un octavo necesitas para representar $\frac{3}{4}$? Explica.

_____

_____

_____

_____

¿Cuál es el error?

11. **PIENSA MÁS** Ben llevó dos pizzas a una fiesta. Dice que, como quedó $\frac{1}{4}$ de cada pizza, quedó la misma cantidad de cada una. ¿Cuál es su error?

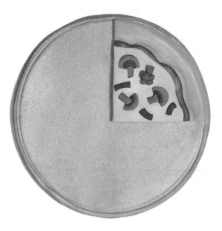

Describe el error de Ben.

Dibuja modelos de 2 pizzas, cada una con una cantidad diferente de partes iguales. Sombrea para mostrar $\frac{1}{4}$ de cada pizza.

12. **PIENSA MÁS** En los ejercicios 12a a 12d, elige el símbolo correcto para indicar si las fracciones son equivalentes.

12a. $\frac{3}{15}$ = / ≠ $\frac{1}{6}$

12b. $\frac{3}{4}$ = / ≠ $\frac{16}{20}$

12c. $\frac{2}{3}$ = / ≠ $\frac{8}{12}$

12d. $\frac{8}{10}$ = / ≠ $\frac{4}{5}$

Nombre _____

Fracciones equivalentes

 ESTÁNDAR COMÚN—4.NF.A.1
*Extienden el entendimiento de la
equivalencia y el orden de las fracciones.*

Usa el modelo para escribir una fracción equivalente.

1.

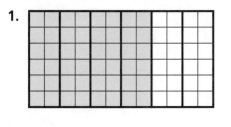   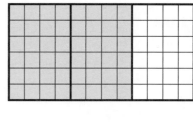

$\frac{4}{6}$ = $\frac{2}{3}$ _____

2.

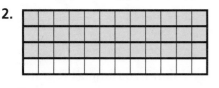

$\frac{3}{4}$ =   _____

Indica si las fracciones son equivalentes. Escribe = o ≠.

3. $\frac{8}{10}$ ◯ $\frac{4}{5}$ **4.** $\frac{1}{2}$ ◯ $\frac{7}{12}$ **5.** $\frac{3}{4}$ ◯ $\frac{8}{12}$ **6.** $\frac{2}{3}$ ◯ $\frac{4}{6}$

Resolución de problemas

7. Jamal hizo $\frac{5}{6}$ de su tarea. Margaret hizo $\frac{3}{4}$ de su tarea y Steve hizo $\frac{10}{12}$ de la suya. ¿Qué dos estudiantes hicieron la misma cantidad de tarea?

8. El huerto de Sofía está dividido en 12 secciones iguales. Sofía plantó zanahorias en 8 de las secciones. Escribe dos fracciones que sean equivalentes a la parte del huerto de Sofía en la que se plantaron zanahorias.

_____   _____

9. ESCRIBE ▸*Matemáticas* Dibuja un modelo para mostrar una fracción que sea equivalente a $\frac{1}{3}$ y una fracción que no sea equivalente a $\frac{1}{3}$.

1. Un rectángulo está dividido en 8 partes iguales. Dos partes están sombreadas. ¿Qué fracción es equivalente al área sombreada del rectángulo?

2. Jeff usa 3 tiras de un quinto para representar $\frac{3}{5}$. Quiere usar tiras de un décimo para representar una fracción equivalente. ¿Cuántas tiras de un décimo necesitará?

Repaso en espiral (4.OA.A.3, 4.OA.B.4, 4.NBT.B.5, 4.NBT.B.6)

3. Cassidy colocó 40 estampillas en cada una de las 8 páginas de un álbum. ¿Cuántas estampillas colocó en total?

4. María y 3 amigos tienen 1,200 tarjetas de fútbol. Si reparten las tarjetas de fútbol en partes iguales, ¿cuántas recibirá cada uno?

5. Seis grupos de estudiantes venden 162 globos en la feria escolar. Hay 3 estudiantes en cada grupo. Si cada estudiante vende la misma cantidad de globos, ¿cuántos globos vende cada estudiante?

6. Cuatro estudiantes hicieron una lista de números primos cada uno:

Eric: 5, 7, 17, 23

María: 3, 5, 13, 17

Beatriz: 2, 3, 17, 19

Jordan: 7, 11, 13, 21

¿Quién cometió un error e incluyó un número compuesto? Escribe el número compuesto de su lista.

PRACTICA MÁS CON EL
Entrenador personal
en matemáticas

Nombre _____

Generar fracciones equivalentes

Pregunta esencial ¿Cómo puedes usar la multiplicación para hallar fracciones equivalentes?

Estándares comunes Números y operaciones— Fracciones—4.NF.A.1
PRÁCTICAS MATEMÁTICAS
MP2, MP4, MP5

Soluciona el problema En el mundo

Sara necesita $\frac{3}{4}$ de taza de detergente para preparar un líquido para hacer burbujas. Su taza graduada está dividida en octavos. ¿Qué fracción de la taza graduada debe llenar Sara con el detergente?

> • ¿Una parte de un octavo de una taza graduada es más grande o más pequeña que una parte de un cuarto?
>
> _____

Halla cuántos octavos hay en $\frac{3}{4}$.

PASO 1 Compara los cuartos con los octavos.

Sombrea para representar $\frac{1}{4}$.
Usa partes de un cuarto.

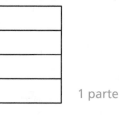

1 parte

Sombrea para representar $\frac{1}{4}$.
Usa partes de un octavo.

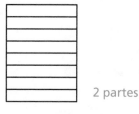

2 partes

Necesitas _____ partes de un octavo para formar 1 parte de un cuarto.

PASO 2 Halla cuántos octavos necesitas para formar 3 cuartos.

Sombrea para representar $\frac{3}{4}$.
Usa partes de un cuarto.

3 partes

Sombrea para representar $\frac{3}{4}$.
Usa partes de un octavo.

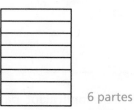

6 partes

Necesitaste 2 partes de un octavo para formar 1 parte de un cuarto. Entonces,

necesitas _____ partes de un octavo para formar 3 partes de un cuarto.

Entonces, Sara debe llenar $\dfrac{}{8}$ de la taza graduada con detergente.

Charla matemática **PRÁCTICAS MATEMÁTICAS** ④

Interpreta el resultado
Explica cómo supiste cuántas partes de un octavo necesitaste para formar 1 parte de un cuarto.

1. Explica por qué 6 partes de un octavo representan la misma cantidad que 3 partes de un cuarto.

_____

🔑 Ejemplo Escribe cuatro fracciones que sean equivalentes a $\frac{1}{2}$.

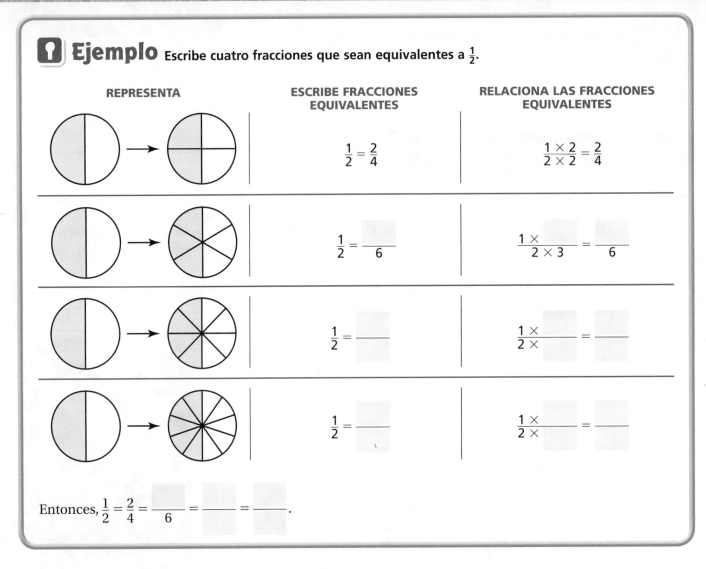

REPRESENTA	ESCRIBE FRACCIONES EQUIVALENTES	RELACIONA LAS FRACCIONES EQUIVALENTES
	$\frac{1}{2} = \frac{2}{4}$	$\frac{1 \times 2}{2 \times 2} = \frac{2}{4}$
	$\frac{1}{2} = \frac{}{6}$	$\frac{1 \times }{2 \times 3} = \frac{}{6}$
	$\frac{1}{2} = \underline{}$	$\frac{1 \times }{2 \times } = \underline{}$
	$\frac{1}{2} = \underline{}$	$\frac{1 \times }{2 \times } = \underline{}$

Entonces, $\frac{1}{2} = \frac{2}{4} = \frac{}{6} = \underline{} = \underline{}$.

2. Observa el modelo en el que se muestra $\frac{1}{2} = \frac{3}{6}$. ¿De qué manera la cantidad de partes del entero afecta a la cantidad de partes que están sombreadas? Explica.

_____

_____

3. Explica cómo puedes usar la multiplicación para escribir una fracción que sea equivalente a $\frac{3}{5}$.

_____

_____

_____

4. ¿Son equivalentes $\frac{2}{3}$ y $\frac{6}{8}$? Explica.

_____

_____

Nombre _____

1. Completa la siguiente tabla.

REPRESENTA	ESCRIBE FRACCIONES EQUIVALENTES	RELACIONA LAS FRACCIONES EQUIVALENTES
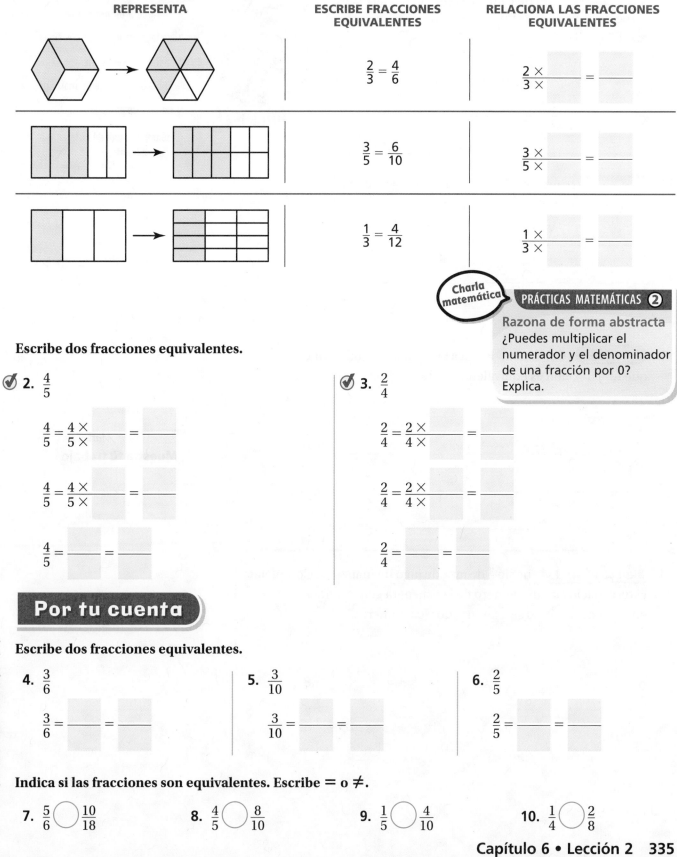	$\dfrac{2}{3} = \dfrac{4}{6}$	$\dfrac{2 \times}{3 \times} = \underline{}$
	$\dfrac{3}{5} = \dfrac{6}{10}$	$\dfrac{3 \times}{5 \times} = \underline{}$
	$\dfrac{1}{3} = \dfrac{4}{12}$	$\dfrac{1 \times}{3 \times} = \underline{}$

Charla matemática

PRÁCTICAS MATEMÁTICAS 2

Razona de forma abstracta ¿Puedes multiplicar el numerador y el denominador de una fracción por 0? Explica.

Escribe dos fracciones equivalentes.

2. $\dfrac{4}{5}$

$\dfrac{4}{5} = \dfrac{4 \times}{5 \times}\underline{} = \underline{}$

$\dfrac{4}{5} = \dfrac{4 \times}{5 \times}\underline{} = \underline{}$

$\dfrac{4}{5} = \underline{} = \underline{}$

3. $\dfrac{2}{4}$

$\dfrac{2}{4} = \dfrac{2 \times}{4 \times}\underline{} = \underline{}$

$\dfrac{2}{4} = \dfrac{2 \times}{4 \times}\underline{} = \underline{}$

$\dfrac{2}{4} = \underline{} = \underline{}$

Por tu cuenta

Escribe dos fracciones equivalentes.

4. $\dfrac{3}{6}$

$\dfrac{3}{6} = \dfrac{}{} = \dfrac{}{}$

5. $\dfrac{3}{10}$

$\dfrac{3}{10} = \dfrac{}{} = \dfrac{}{}$

6. $\dfrac{2}{5}$

$\dfrac{2}{5} = \dfrac{}{} = \dfrac{}{}$

Indica si las fracciones son equivalentes. Escribe = o ≠.

7. $\dfrac{5}{6} \bigcirc \dfrac{10}{18}$

8. $\dfrac{4}{5} \bigcirc \dfrac{8}{10}$

9. $\dfrac{1}{5} \bigcirc \dfrac{4}{10}$

10. $\dfrac{1}{4} \bigcirc \dfrac{2}{8}$

Resolución de problemas • Aplicaciones En el mundo

Usa la receta para resolver los problemas 11 y 12.

11. **PIENSA MÁS** Kim dice que la cantidad de harina de la receta se puede expresar como una fracción. ¿Tiene razón? Explica.

_____

_____

_____

Receta de pintura facial

$\frac{2}{8}$ de taza de almidón de maíz

1 cucharada de harina

$\frac{9}{12}$ de taza de jarabe de maíz ligero

$\frac{1}{4}$ de taza de agua

$\frac{1}{2}$ de cucharadita de colorante para alimentos

12. **MÁS AL DETALLE** ¿Cómo podrías usar una taza graduada de $\frac{1}{8}$ para medir el jarabe de maíz ligero?

_____

_____

_____

13. **PRÁCTICA MATEMÁTICA 5** Comunica Explica con palabras cómo sabes que una fracción es equivalente a otra fracción.

_____

_____

_____

_____

ESCRIBE ▸ *Matemáticas*
Muestra tu trabajo

14. **PIENSA MÁS** Kyle bebió $\frac{2}{3}$ de taza de jugo de manzana. Completa cada espacio con un número de la lista para generar fracciones equivalentes a $\frac{2}{3}$. No se usarán todos los números.

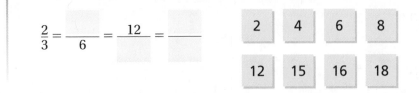

$$\frac{2}{3} = \frac{}{6} = \frac{12}{} = \underline{}$$

| 2 | 4 | 6 | 8 |
| 12 | 15 | 16 | 18 |

Generar fracciones equivalentes

Estándares comunes

ESTÁNDAR COMÚN—4.NF.A.1
Extienden el entendimiento de la equivalencia y el orden de las fracciones.

Escribe dos fracciones equivalentes para cada fracción.

1. $\frac{1}{3}$

$\frac{1 \times 2}{3 \times 2} = \frac{2}{6}$

$\frac{1 \times 4}{3 \times 4} = \frac{4}{12}$

2. $\frac{2}{3}$

_____

3. $\frac{1}{2}$

_____

4. $\frac{4}{5}$

_____

Indica si las fracciones son equivalentes.
Escribe = o $\neq$.

5. $\frac{1}{4} \bigcirc \frac{3}{12}$

6. $\frac{4}{5} \bigcirc \frac{5}{10}$

7. $\frac{3}{8} \bigcirc \frac{2}{6}$

8. $\frac{3}{4} \bigcirc \frac{6}{8}$

9. $\frac{5}{6} \bigcirc \frac{10}{12}$

10. $\frac{6}{12} \bigcirc \frac{5}{8}$

11. $\frac{2}{5} \bigcirc \frac{4}{10}$

12. $\frac{2}{4} \bigcirc \frac{3}{12}$

Resolución de problemas En el mundo

13. Jan tiene un batido de 12 onzas. Cuatro onzas del batido son de vainilla y el resto es de chocolate. ¿Qué dos fracciones equivalentes representan la fracción del batido que es de vainilla?

_____

14. Kareem vive a $\frac{4}{10}$ de milla del centro comercial. Escribe dos fracciones equivalentes que indiquen a qué fracción de milla vive Kareem del centro comercial.

_____

15. **ESCRIBE** ▸*Matemáticas* Explica cómo puedes determinar si $\frac{1}{3}$ y $\frac{4}{12}$ son fracciones equivalentes.

_____

_____

1. Jessie coloreó un cartel. Coloreó de rojo $\frac{2}{5}$ del cartel. ¿Qué fracción es equivalente a $\frac{2}{5}$?

2. Marcos prepara un refresco de frutas que tiene $\frac{1}{4}$ de jugo de arándanos. Escribe dos fracciones que sean equivalentes a $\frac{1}{4}$.

Repaso en espiral (4.OA.A.3, 4.OA.C.5, 4.NBT.B.5)

3. Una tienda de artículos electrónicos vende un televisor grande de pantalla plana por $1,699. El mes pasado, la tienda vendió 8 de estos televisores. ¿Aproximadamente por cuánto dinero se vendieron los televisores?

4. Matthew tiene 18 conjuntos de tarjetas de béisbol. Cada conjunto tiene 12 tarjetas. ¿Aproximadamente cuántas tarjetas de béisbol tiene Matthew?

5. Diana tenía 41 adhesivos. Los repartió en 7 grupos iguales. Puso la mayor cantidad posible en cada grupo. Le dio los adhesivos que sobraron a su hermana. ¿Cuántos adhesivos le dio Diana a su hermana?

6. Christopher escribió el siguiente patrón numérico. El primer término es 8.
8, 6, 9, 7, 10, ...
¿Cuál es la regla del patrón?

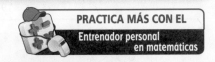

Nombre _____

Mínima expresión

Pregunta esencial ¿Cómo puedes escribir una fracción como una fracción equivalente en su mínima expresión?

Estándares comunes Números y operaciones—
Fracciones—4.NF.A.1
PRÁCTICAS MATEMÁTICAS
MP4, MP6, MP7

🔑 Soluciona el problema *En el mundo*

Vicki preparó una tarta de frutas y la cortó en 6 porciones iguales. Vicki, Silvia y Elena se llevaron cada una 2 porciones de la tarta. Vicki dice que cada una de ellas se llevó $\frac{1}{3}$ de la tarta. ¿Tiene razón?

- ¿En cuántas porciones se cortó la tarta?

_____

- ¿Cuántas porciones se llevó cada niña?

_____

🔒 Actividad

Materiales ■ lápices de colores

PASO 1 Con un lápiz azul sombrea las porciones que se llevó Vicki.

_____

PASO 2 Con un lápiz rojo sombrea las porciones que se llevó Silvia.

_____

PASO 3 Con un lápiz amarillo sombrea las porciones que se llevó Elena.

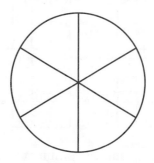

La tarta está dividida en _____ porciones del mismo tamaño. Los 3 colores del modelo muestran cómo combinar porciones de un sexto

para formar _____ porciones iguales de un tercio.

Entonces, Vicki tiene razón. Vicki, Silvia y Elena se llevaron ——— de la tarta cada una.

Charla matemática **PRÁCTICAS MATEMÁTICAS 4**

Interpreta el resultado Compara los modelos de $\frac{2}{6}$ y $\frac{1}{3}$. Explica la relación que hay entre los tamaños de las porciones.

- ¿Qué pasaría si Vicki se llevara 3 porciones de la tarta y Elena se llevara 3 porciones de la tarta? ¿Cómo podrías combinar las porciones para escribir una fracción que represente la parte que se llevó cada amiga? Explica.

_____

_____

_____

Mínima expresión Una fracción está en su **mínima expresión** cuando se puede representar con la menor cantidad posible de partes iguales de un entero. Necesitas describir la parte que tienes en partes iguales. Si no puedes describir la parte que tienes con menos partes, entonces no puedes simplificar la fracción.

🔑 De una manera Usa modelos para escribir una fracción equivalente en su mínima expresión.

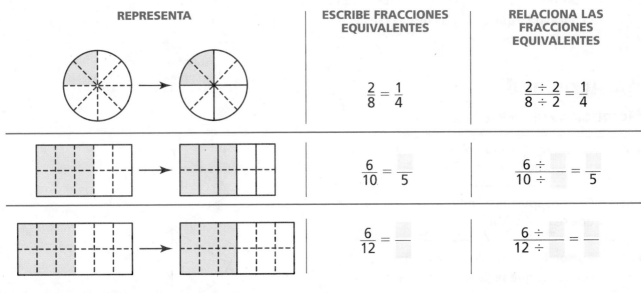

REPRESENTA	ESCRIBE FRACCIONES EQUIVALENTES	RELACIONA LAS FRACCIONES EQUIVALENTES
	$\dfrac{2}{8} = \dfrac{1}{4}$	$\dfrac{2 \div 2}{8 \div 2} = \dfrac{1}{4}$
	$\dfrac{6}{10} = \dfrac{}{5}$	$\dfrac{6 \div }{10 \div } = \dfrac{}{5}$
	$\dfrac{6}{12} = \dfrac{}{}$	$\dfrac{6 \div }{12 \div } = \dfrac{}{}$

Para simplificar $\frac{6}{10}$, puedes combinar partes de un décimo en grupos iguales con 2 partes cada uno.

Entonces, $\dfrac{6}{10} = \dfrac{6 \div }{10 \div } = \underline{}$.

🔑 De otra manera Usa factores comunes para escribir $\frac{6}{10}$ en su mínima expresión.

Una fracción está en su mínima expresión cuando el único factor que el numerador y el denominador tienen en común es 1. Las partes del entero no se pueden combinar en menos partes iguales para representar la misma fracción.

PASO 1 Escribe los factores del numerador y del denominador. Encierra en un círculo los factores comunes.

Factores de 6: _____, _____, _____, _____

Factores de 10: _____, _____, _____, _____

PASO 2 Divide el numerador y el denominador entre un factor común mayor que 1.

$\dfrac{6}{10} = \dfrac{6 \div }{10 \div } = \dfrac{}{}$

Como 1 es el único factor que 3 y 5 tienen en común, la fracción _____ está escrita en su mínima expresión.

© Houghton Mifflin Harcourt Publishing Company

Nombre _____

1. Escribe $\frac{8}{10}$ en su mínima expresión.

$$\frac{8}{10} = \frac{8 \div \boxed{}}{10 \div \boxed{}} = \frac{\boxed{}}{\boxed{}}$$

Escribe la fracción en su mínima expresión.

⊘ 2. $\frac{6}{12}$

3. $\frac{2}{10}$

⊘ 4. $\frac{6}{8}$

5. $\frac{4}{6}$

Por tu cuenta

Charla matemática

PRÁCTICAS MATEMÁTICAS ⑥

Explica cómo sabes si una fracción está en su mínima expresión.

Escribe la fracción en su mínima expresión.

6. $\frac{9}{12}$

7. $\frac{4}{8}$

8. $\frac{10}{12}$

9. $\frac{20}{100}$

Indica si la fracción está en su mínima expresión.
Escribe _sí_ o _no_.

10. $\frac{2}{8}$

11. $\frac{9}{12}$

12. $\frac{5}{6}$

13. $\frac{4}{10}$

14. _MÁS AL DETALLE_ Hay 18 estudiantes en la clase de Jacob. Seis estudiantes llevan su almuerzo a la escuela. Los demás almuerzan en la cafetería. ¿Qué fracción de los estudiantes en su mínima expresión almuerza en la cafetería?

_____

Resolución de problemas • Aplicaciones En el mundo

Usa el mapa para resolver los problemas 15 y 16.

15. **PRÁCTICA MATEMÁTICA 7** **Identifica las relaciones** ¿Qué fracción de los estados de la región sudoeste comparten la frontera con México? ¿Esta fracción está en su mínima expresión?

_____

16. **PIENSA MÁS** **¿Cuál es la pregunta?** $\frac{1}{3}$ de los estados de esta región están en el golfo de México.

_____

_____

_____

Regiones de los Estados Unidos

Noreste
Sudeste
Centro Oeste
Sudoeste
Oeste

17. **MÁS AL DETALLE** Peter dice que para escribir $\frac{4}{6}$ como $\frac{2}{3}$, se combinan las partes, pero para escribir $\frac{4}{6}$ como $\frac{8}{12}$, se descomponen las partes. ¿Tiene sentido? Explica.

_____

_____

_____

ESCRIBE ▶ _Matemáticas_
Muestra tu trabajo

18. **PIENSA MÁS +** En la clase de Michelle, $\frac{9}{15}$ de los estudiantes toman el autobús para ir a la escuela, $\frac{4}{12}$ van en carro y $\frac{2}{30}$ van caminando. En los ejercicios 18a a 18c, elige Verdadero o Falso para cada enunciado.

18a. En su mínima expresión, $\frac{3}{5}$ de los estudiantes toman el autobús. ○ Verdadero ○ Falso

18b. En su mínima expresión, $\frac{1}{4}$ de los estudiantes van a la escuela en carro. ○ Verdadero ○ Falso

18c. En su mínima expresión, $\frac{1}{15}$ de los estudiantes van a la escuela caminando. ○ Verdadero ○ Falso

Nombre _____

Mínima expresión

Estándares comunes
ESTÁNDAR COMÚN—4.NF.A.1
Extienden el entendimiento de la equivalencia y el orden de las fracciones.

Escribe la fracción en su mínima expresión.

1. $\dfrac{6}{10}$

$$\dfrac{6}{10} = \dfrac{6 \div 2}{10 \div 2} = \dfrac{3}{5}$$

2. $\dfrac{6}{8}$

_____

3. $\dfrac{5}{5}$

_____

4. $\dfrac{8}{12}$

_____

5. $\dfrac{100}{100}$

_____

6. $\dfrac{2}{6}$

_____

7. $\dfrac{2}{8}$

_____

8. $\dfrac{4}{10}$

_____

Indica si las fracciones son equivalentes.
Escribe = o ≠.

9. $\dfrac{6}{12} \bigcirc \dfrac{1}{12}$

10. $\dfrac{3}{4} \bigcirc \dfrac{5}{6}$

11. $\dfrac{6}{10} \bigcirc \dfrac{3}{5}$

12. $\dfrac{3}{12} \bigcirc \dfrac{1}{3}$

Resolución de problemas En el mundo

13. En el hospital Memorial, 9 de los 12 bebés que nacieron el martes fueron niños. En su mínima expresión, ¿qué fracción de los bebés que nacieron el martes fueron niños?

_____

14. Cristina usó una regla para medir la longitud de su libro de matemáticas. Dice que el libro mide $\dfrac{4}{10}$ de metro de longitud. ¿Está la medida en su mínima expresión? Si no lo está, ¿cuál es la longitud del libro en su mínima expresión?

_____

15. **ESCRIBE** *Matemáticas* Explica con palabras o con dibujos cómo puedes escribir $\dfrac{6}{9}$ en su mínima expresión.

_____

_____

_____

Repaso de la lección (4.NF.A.1)

1. Seis de los 12 miembros del coro de la escuela son niños. En su mínima expresión, ¿qué fracción del coro representan los niños?

_____

2. Escribe $\frac{10}{12}$ en su mínima expresión.

_____

Repaso en espiral (4.OA.A.3, 4.OA.B.4, 4.NBT.B.5, 4.NF.A.1)

3. Cada uno de los 23 estudiantes de la clase de la maestra Evans recaudó $45 para la escuela vendiendo libros de cupones. ¿Cuánto dinero recaudó la clase en total?

_____

_____

4. Escribe dos factores comunes de 36 y 48.

_____

_____

5. Bart usa $\frac{3}{12}$ de taza de leche para preparar panecillos. Escribe una fracción que sea equivalente a $\frac{3}{12}$.

_____

6. Ashley compró 4 paquetes de cajas de jugo. En cada paquete hay 6 cajas de jugo. Le dio 2 cajas de jugo a cada uno de sus 3 amigos. ¿Cuántas cajas de jugo le quedan a Ashley?

_____

PRACTICA MÁS CON EL
Entrenador personal
en matemáticas

Nombre _____

Denominadores comunes

Pregunta esencial ¿Cómo puedes escribir un par de fracciones como fracciones con un denominador común?

Estándares comunes Números y operaciones— Fracciones—4.NF.A.1

PRÁCTICAS MATEMÁTICAS
MP4, MP6, MP7

🔑 Soluciona el problema En el mundo

Martín tiene dos rectángulos del mismo tamaño. Un rectángulo está cortado en partes de $\frac{1}{2}$. El otro rectángulo está cortado en partes de $\frac{1}{3}$. Martín quiere cortar los rectángulos de manera que todas las partes tengan el mismo tamaño. ¿Cómo puede cortar cada rectángulo?

Un **denominador común** es un múltiplo común de los denominadores de dos o más fracciones. Las fracciones con denominadores comunes representan enteros divididos en la misma cantidad de partes.

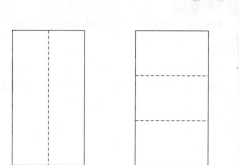

🔒 Actividad Usa el plegado de papel y el sombreado.

Materiales ■ 2 hojas de papel

Halla un denominador común de $\frac{1}{2}$ y $\frac{1}{3}$.

PASO 1

Representa el rectángulo cortado en partes de $\frac{1}{2}$. Pliega una hoja de papel por la mitad. Dibuja una línea en el pliegue.

_____

PASO 2

Representa el rectángulo cortado en partes de $\frac{1}{3}$. Pliega la otra hoja de papel en tercios. Dibuja líneas en los pliegues.

_____

PASO 3

Pliega cada hoja de papel de manera que ambas hojas tengan la misma cantidad de partes. Dibuja líneas en los pliegues. ¿Cuántas partes iguales tiene cada hoja de papel? _____

Charla matemática PRÁCTICAS MATEMÁTICAS ④

Usa modelos ¿De qué manera los modelos te ayudaron a hallar el denominador común de $\frac{1}{2}$ y $\frac{1}{3}$?

PASO 4

Haz un dibujo que represente tus hojas de papel para mostrar la cantidad de partes que podría tener cada rectángulo.

Entonces, cada rectángulo podría cortarse en _____ partes.

🔑 Ejemplo Escribe $\frac{4}{5}$ y $\frac{1}{2}$ como un par de fracciones con denominadores comunes.

Puedes usar múltiplos comunes para hallar un denominador común. Escribe los múltiplos de cada denominador. Se puede usar un múltiplo común como denominador común.

PASO 1 Escribe los múltiplos de 5 y de 2. Encierra en un círculo los múltiplos comunes.

5:     5,   10,   _____, _____, _____, _____

2:     _____, _____, _____, _____, _____, _____

PASO 2 Escribe fracciones equivalentes.

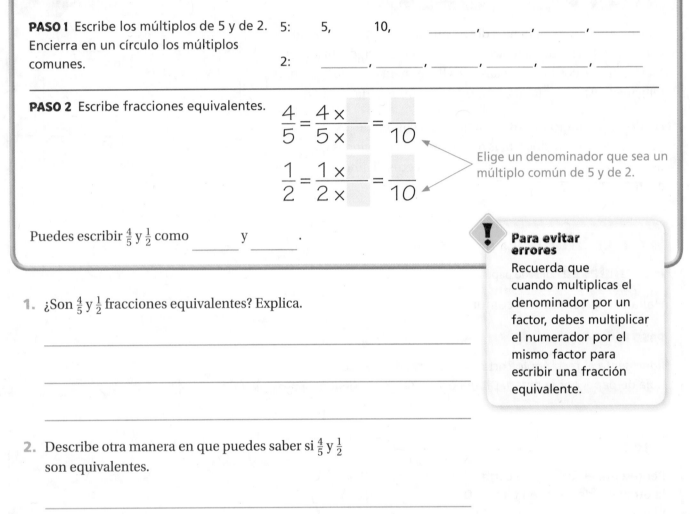

$$\frac{4}{5} = \frac{4 \times \quad}{5 \times \quad} = \frac{\quad}{10}$$

$$\frac{1}{2} = \frac{1 \times \quad}{2 \times \quad} = \frac{\quad}{10}$$

Elige un denominador que sea un múltiplo común de 5 y de 2.

Puedes escribir $\frac{4}{5}$ y $\frac{1}{2}$ como _____ y _____ .

1. ¿Son $\frac{4}{5}$ y $\frac{1}{2}$ fracciones equivalentes? Explica.

_____

_____

_____

> **⚠ Para evitar errores**
> Recuerda que cuando multiplicas el denominador por un factor, debes multiplicar el numerador por el mismo factor para escribir una fracción equivalente.

2. Describe otra manera en que puedes saber si $\frac{4}{5}$ y $\frac{1}{2}$ son equivalentes.

_____

_____

_____

Comparte y muestra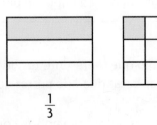

1. Divide los enteros en el mismo número de partes iguales para hallar un denominador común de $\frac{1}{3}$ y $\frac{1}{12}$. Usa los modelos como ayuda.

denominador común: _____

$\frac{1}{3}$ $\frac{1}{12}$

Escribe el par de fracciones como un par de fracciones con un denominador común.

2. $\frac{1}{2}$ y $\frac{1}{4}$

3. $\frac{3}{4}$ y $\frac{5}{8}$

_____

✓ **4.** $\frac{1}{3}$ y $\frac{1}{4}$

✓ **5.** $\frac{4}{12}$ y $\frac{5}{8}$

_____

Charla matemática

PRÁCTICAS MATEMÁTICAS ⑥

Explica de qué manera usar un modelo o escribir los múltiplos te ayuda a hallar un denominador común.

Por tu cuenta

Escribe el par de fracciones como un par de fracciones con un denominador común.

6. $\frac{1}{4}$ y $\frac{5}{6}$

7. $\frac{3}{5}$ y $\frac{4}{10}$

_____

Indica si las fracciones son equivalentes. Escribe = o ≠.

8. $\frac{3}{4}$ ◯ $\frac{1}{2}$

9. $\frac{3}{4}$ ◯ $\frac{6}{8}$

10. $\frac{1}{2}$ ◯ $\frac{4}{8}$

11. $\frac{6}{8}$ ◯ $\frac{4}{8}$

12. **MÁS AL DETALLE** Jerry tiene dos círculos del mismo tamaño divididos en el mismo número de partes iguales. En uno de los círculos hay $\frac{3}{4}$ de las partes sombreadas y en el otro hay $\frac{2}{3}$ de las partes sombreadas. Su hermana dice que el número menor de partes en que se puede dividir cada círculo es 7. ¿Tiene razón? Explica.

_____

_____

Resolución de problemas • Aplicaciones En el mundo

13. **MÁS AL DETALLE** Carrie tiene una serpentina roja que mide $\frac{3}{4}$ de yarda de longitud y una serpentina azul que mide $\frac{5}{6}$ de yarda de longitud. Carrie dice que las serpentinas miden lo mismo. ¿Tiene sentido? Explica.

_____

_____

_____

14. **PIENSA MÁS** Lilian tiene dos rectángulos del mismo tamaño divididos en la misma cantidad de partes iguales. Un rectángulo tiene $\frac{1}{3}$ de sus partes sombreadas y el otro tiene $\frac{2}{5}$ de sus partes sombreadas. ¿Cuál es el menor número de partes en que podrían estar divididos ambos rectángulos?

_____

15. **PRÁCTICA MATEMÁTICA 6** Jonah dice que 9 es un denominador común de $\frac{3}{4}$ y $\frac{2}{5}$. ¿Cuál es el error de Jonah? **Explica.**

ESCRIBE ▸ *Matemáticas*
Muestra tu trabajo

_____

_____

_____

Entrenador personal en matemáticas

16. **PIENSA MÁS +** Miguel tiene dos rectángulos del mismo tamaño divididos en el mismo número de partes iguales. Un rectángulo tiene $\frac{3}{4}$ de las partes sombreadas y el otro $\frac{5}{8}$ de las partes sombreadas.

¿En cuántas partes podría estar dividido cada rectángulo? Dibuja los rectángulos para mostrar tu trabajo.

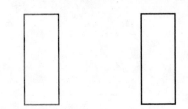

Denominadores comunes

ESTÁNDAR COMÚN—4.NF.A.1
Extienden el entendimiento de la equivalencia y el orden de las fracciones.

Escribe cada par de fracciones como un par de fracciones con un denominador común.

1. $\frac{2}{3}$ y $\frac{3}{4}$

Piensa: Halla un múltiplo común.
3: 3, 6, 9, (12,) 15
4: 4, 8, (12,) 16, 20

$\frac{8}{12}, \frac{9}{12}$

2. $\frac{1}{4}$ y $\frac{2}{3}$

3. $\frac{3}{10}$ y $\frac{1}{2}$

4. $\frac{3}{5}$ y $\frac{3}{4}$

5. $\frac{2}{4}$ y $\frac{7}{8}$

6. $\frac{2}{3}$ y $\frac{5}{12}$

7. $\frac{1}{4}$ y $\frac{1}{6}$

Indica si las fracciones son equivalentes. Escribe = o ≠.

8. $\frac{1}{2}$ ◯ $\frac{2}{5}$

9. $\frac{1}{2}$ ◯ $\frac{3}{6}$

10. $\frac{3}{4}$ ◯ $\frac{5}{6}$

11. $\frac{6}{10}$ ◯ $\frac{3}{5}$

Resolución de problemas *En el mundo*

12. Adam dibujó dos rectángulos del mismo tamaño y los dividió en la misma cantidad de partes iguales. Sombreó $\frac{1}{3}$ de un rectángulo y $\frac{1}{4}$ del otro rectángulo. ¿Cuál es la menor cantidad de partes en las que podrían dividirse los rectángulos?

13. María pintó secciones iguales de la pared de su dormitorio para formar un patrón. Pintó $\frac{2}{5}$ de la pared de blanco y $\frac{1}{2}$ de color lavanda. Escribe una fracción equivalente para cada fracción usando un denominador común.

14. **ESCRIBE** *Matemáticas* ¿En qué se parecen y en qué se diferencian un denominador común y un múltiplo común?

_____

_____

1. Escribe un denominador común de $\frac{1}{4}$ y $\frac{5}{6}$.

2. Un denominador común de dos fracciones es 8. ¿Cuáles podrían ser las dos fracciones?

_____

_____

Repaso en espiral (4.NBT.A.2, 4.NBT.B.5, 4.NBT.B.6, 4.NF.A.1)

3. ¿Qué número es 100,000 más que setecientos dos mil ochenta y tres?

4. Aiden horneó 8 docenas de panecillos. ¿Cuántos panecillos horneó en total?

_____

5. En un tablero de anuncios, la directora, la Sra. Gómez, colocó 115 fotografías de los estudiantes de cuarto grado de la escuela. Puso las fotografías en 5 hileras iguales. ¿Cuántas fotografías puso en cada hilera?

6. Judy usa 12 fichas cuadradas para hacer un mosaico. Ocho de las fichas son azules. ¿Qué fracción en su mínima expresión representa las fichas que son azules?

_____

PRACTICA MÁS CON EL
Entrenador personal
en matemáticas

Nombre _____

Resolución de problemas •
Hallar fracciones equivalentes

Pregunta esencial ¿Cómo puedes usar la estrategia *hacer una tabla* para resolver problemas con fracciones equivalentes?

Estándares comunes Números y operaciones—
Fracciones—4.NF.A.1
PRÁCTICAS MATEMÁTICAS
MP1, MP4, MP6

Soluciona el problema *En el mundo*

Anaya está sembrando un jardín de flores. El jardín tendrá un máximo de 12 secciones iguales. En $\frac{3}{4}$ del jardín habrá margaritas. ¿Qué otras fracciones podrían representar la parte del jardín que tendrá margaritas?

Lee el problema

¿Qué debo hallar?	¿Qué información debo usar?	¿Cómo usaré la información?
Otras _____ que podrían representar la parte del jardín que tendrá margaritas	En _____ del jardín, habrá margaritas. El jardín tendrá un máximo de _____ secciones iguales.	Puedo hacer una _____ para hallar fracciones _____ para resolver el problema.

Resuelve el problema

Puedo hacer una tabla y dibujar modelos para hallar fracciones equivalentes.

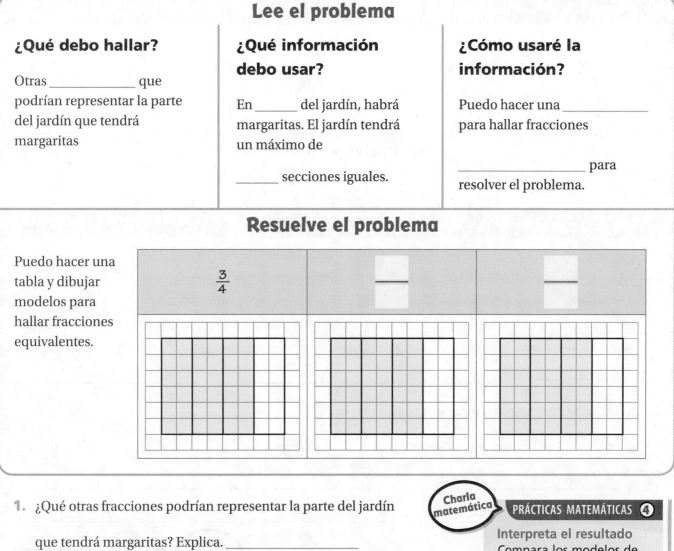

1. ¿Qué otras fracciones podrían representar la parte del jardín que tendrá margaritas? Explica. _____

_____

_____

Charla matemática **PRÁCTICAS MATEMÁTICAS ④**

Interpreta el resultado
Compara los modelos de las fracciones equivalentes. ¿Qué relación hay entre la cantidad de partes y el tamaño de las partes?

🔒 Haz otro problema

Dos amigas están tejiendo bufandas. Cada bufanda tiene 3 rectángulos y $\frac{2}{3}$ de los rectángulos tienen rayas. Si las amigas van a hacer 10 bufandas, ¿cuántos rectángulos necesitan? ¿Cuántos rectángulos tendrán rayas?

Lee el problema

¿Qué debo hallar?	¿Qué información debo usar?	¿Cómo usaré la información?

Resuelve el problema

2. ¿Tiene sentido tu respuesta? Explica cómo lo sabes.

_____

_____

_____

Charla matemática

PRÁCTICAS MATEMÁTICAS ❶

Analiza ¿Qué otra estrategia podrías haber usado y por qué?

Nombre _____

1. Keisha ayuda a planificar el recorrido de una maratón benéfica de 10 kilómetros. El comité quiere colocar los siguientes elementos a lo largo del recorrido.

> **Áreas de observación:** cada un medio de la ruta
>
> **Puestos de agua:** cada un quinto de la ruta
>
> **Señalizadores de distancia:** cada un décimo de la ruta

¿Qué lugares de la ruta tendrán más de uno de estos elementos?

Primero, haz una tabla para organizar la información.

	Total de lugares	Primer lugar	Todos los lugares
Áreas de observación	2	$\frac{1}{2}$	$\frac{1}{2}$
Puestos de agua	5	$\frac{1}{5}$	$\frac{1}{5}$
Señalizadores de distancia	10	$\frac{1}{10}$	$\frac{1}{10}$

A continuación, identifica una relación. Usa un denominador común y halla fracciones equivalentes.

Por último, identifica los lugares en donde habrá más de un elemento. Encierra en un círculo esos lugares.

_____

_____

2. PIENSA MÁS ¿Qué pasaría si también se colocaran señalizadores de distancia cada un cuarto de la ruta? ¿La ubicación de alguno de esos señalizadores coincidiría con la de otro señalizador de distancia, un puesto de agua o un

área de observación? Explica. _____

_____

_____

3. Cincuenta y seis estudiantes se anotaron como voluntarios para la maratón. Había 4 grupos iguales de estudiantes y cada grupo tenía una tarea diferente.

¿Cuántos estudiantes había en cada grupo? _____

Por tu cuenta

4. **PIENSA MÁS**   Un panadero cortó un pastel por la mitad. Cortó cada mitad en 3 porciones iguales y cada porción en 2 trozos iguales. Vendió 6 trozos. ¿Qué fracción del pastel vendió el panadero?

_____

5. **MÁS AL DETALLE**   Andy cortó un emparedado de atún y un emparedado de pollo en un total de 15 trozos del mismo tamaño. Cortó el emparedado de atún en 9 trozos más que el emparedado de pollo. Andy comió 8 trozos del emparedado de atún. ¿Qué fracción del emparedado de atún comió Andy?

_____

ESCRIBE ▸ *Matemáticas*
Muestra tu trabajo

6. **PRÁCTICA MATEMÁTICA ⑥**   Luke fue a una feria y jugó a lanzar pelotas en estas cubetas. El número de cada cubeta indica la cantidad de puntos que se ganan por cada pelota que entre. ¿Cuál es la menor cantidad de pelotas que se debe acertar en las cubetas para anotar exactamente 100 puntos? **Explica.**

_____

_____

_____

7. **PIENSA MÁS**   Victoria coloca flores en los floreros de su restaurante. En cada florero, $\frac{2}{3}$ de las flores son amarillas. ¿Qué otras fracciones pueden representar la parte de las flores que son amarillas? Sombrea los modelos para mostrar tu trabajo.

$\frac{2}{3}$ $\frac{}{12}$

Nombre _____

Resolución de problemas • Hallar fracciones equivalentes

ESTÁNDAR COMÚN—4.NF.A.1
Extienden el entendimiento de la equivalencia y el orden de las fracciones.

Resuelve los problemas.

1. Miranda se está haciendo una trenza en el cabello. Luego decorará la trenza con cuentas. Quiere que $\frac{1}{3}$ de las cuentas sean rojas. Si el número mayor de cuentas que cabrán en la trenza es 12, ¿qué otras fracciones podrían representar la parte de las cuentas que serán rojas?

$\dfrac{2}{6}, \dfrac{3}{9}, \dfrac{4}{12}$

2. La maestra Groves tiene bandejas de pintura para sus estudiantes de la clase de arte. En cada bandeja hay 5 colores. Uno de los colores es morado. ¿Qué fracción de los colores de las 20 bandejas es morado?

_____

3. Miguel está armando una pista de obstáculos para el día al aire libre. Cada un sexto de la pista hay un neumático. Cada un tercio de la pista hay un cono. Cada un medio de la pista hay una valla. ¿En qué lugares de la pista se deberá superar más de un obstáculo?

_____

4. **ESCRIBE** ▸*Matemáticas* Dibuja y compara modelos de $\frac{3}{4}$ de una pizza y $\frac{6}{8}$ de otra pizza del mismo tamaño.

_____

_____

_____

Repaso de la lección (4.NF.A.1)

1. Una tienda de libros usados cambia 2 de sus libros por 3 de los de sus clientes. Si Val lleva 18 libros para intercambiar, ¿cuántos libros podrá recibir de la tienda?

_____

2. Cada $\frac{1}{2}$ hora, Naomi estira el cuello; cada $\frac{1}{3}$ de hora, estira las piernas y cada $\frac{1}{6}$ de hora, estira los brazos. ¿Qué partes del cuerpo estirará Naomi cuando haya pasado $\frac{2}{3}$ de hora?

_____

Repaso en espiral (4.OA.B.4, 4.NBT.B.4, 4.NBT.B.6, 4.NF.A.1)

3. A comienzos de año, la familia Wong había recorrido 14,539 millas en su carro. Al finalizar el año, había recorrido 21,844 millas. ¿Cuántas millas recorrió la familia Wong en su carro durante ese año?

_____

4. La empresa de artículos varios De todo un poco fabricó 3,600 unidades en 4 horas. Fabricó la misma cantidad de unidades cada hora. ¿Cuántas unidades fabricó la empresa en una hora?

_____

5. Tyler está pensando en un número que sea divisible entre 2 y entre 3. Escribe otro número entre el cual el número de Tyler también deba ser divisible.

_____

6. Jessica dibujó un círculo dividido en 8 partes iguales. Sombreó 6 de las partes. ¿Qué fracción es equivalente a la parte del círculo que está sombreada?

_____

PRACTICA MÁS CON EL
Entrenador personal
en matemáticas

 **Revisión de la mitad del capítulo**

Entrenador personal en matemáticas
Evaluación e
intervención en línea

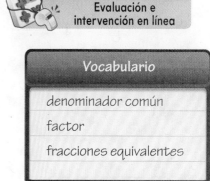

Vocabulario

Vocabulario
denominador común
factor
fracciones equivalentes

Elige el término del recuadro que mejor corresponda.

1. Las _____ nombran la misma cantidad. (pág. 327)

2. Un _____ es un múltiplo común de dos o más denominadores. (pág. 345)

Conceptos y destrezas

Escribe dos fracciones equivalentes. (4.NF.A.1)

3. $\frac{2}{5} =$ _____ = _____

4. $\frac{1}{3} =$ _____ = _____

5. $\frac{3}{4} =$ _____ = _____

Indica si las fracciones son equivalentes. Escribe = o ≠. (4.NF.A.1)

6. $\frac{2}{3} \bigcirc \frac{4}{12}$

7. $\frac{5}{6} \bigcirc \frac{10}{12}$

8. $\frac{1}{4} \bigcirc \frac{4}{8}$

Escribe la fracción en su mínima expresión. (4.NF.A.1)

9. $\frac{6}{8}$

10. $\frac{25}{100}$

11. $\frac{8}{10}$

Escribe el par de fracciones como un par de fracciones con un denominador común. (4.NF.A.1)

12. $\frac{3}{10}$ y $\frac{2}{5}$

13. $\frac{1}{3}$ y $\frac{3}{4}$

14. Sam necesita $\frac{5}{6}$ de taza de puré de plátanos y $\frac{3}{4}$ de taza de puré de fresas para una receta. Quiere saber si necesita más plátanos o más fresas. ¿Cómo puede escribir $\frac{5}{6}$ y $\frac{3}{4}$ como un par de fracciones con un denominador común? (4.NF.A.1)

15. Karen dividirá su huerto en partes iguales. Plantará maíz en $\frac{8}{12}$ del huerto. ¿Cuál es la menor cantidad de partes en las que puede dividir su huerto? (4.NF.A.1)

16. *MÁS AL DETALLE* Olivia está tejiendo bufandas. Cada bufanda tendrá 5 rectángulos y $\frac{2}{5}$ de los rectángulos serán morados. ¿Cuántos rectángulos morados necesita para hacer 3 bufandas? (4.NF.A.1)

17. Paul necesita comprar $\frac{5}{8}$ de libra de cacahuates. La balanza de la tienda mide partes de una libra en dieciseisavos. ¿Qué medida es equivalente a $\frac{5}{8}$ de libra? (4.NF.A.1)

Nombre _____

Comparar fracciones usando puntos de referencia

Pregunta esencial ¿Cómo puedes usar puntos de referencia para comparar fracciones?

Estándares comunes Números y operaciones— Fracciones—4.NF.A.2
PRÁCTICAS MATEMÁTICAS
MP2, MP6, MP7

Soluciona el problema En el mundo

David preparó un refrigerio de palomitas de maíz. Mezcló $\frac{5}{8}$ de galón de palomitas de maíz con $\frac{1}{2}$ de galón de aros de manzana deshidratada. ¿Usó más aros de manzana o más palomitas de maíz?

Actividad Compara $\frac{5}{8}$ y $\frac{1}{2}$.

Materiales ■ tiras fraccionarias

Usa tiras fraccionarias para comparar $\frac{5}{8}$ y $\frac{1}{2}$. Anota tus resultados en el siguiente modelo.

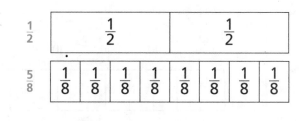

$\frac{5}{8} \bigcirc \frac{1}{2}$

Entonces, David usó más _____.

Charla matemática **PRÁCTICAS MATEMÁTICAS 7**

Busca estructuras ¿Cuál es la relación entre el número de partes de un octavo que hay en $\frac{5}{8}$ y el número de partes de un octavo que necesitas para formar $\frac{1}{2}$?

1. Escribe cinco fracciones equivalentes a $\frac{1}{2}$. ¿Qué relación hay entre el numerador y el denominador de las fracciones equivalentes a $\frac{1}{2}$?

_____

_____

2. ¿Cuántos octavos son equivalentes a $\frac{1}{2}$?

_____

3. ¿Cómo puedes comparar $\frac{5}{8}$ y $\frac{1}{2}$ sin usar un modelo?

_____

_____

Puntos de referencia Un **punto de referencia** es un tamaño o una cantidad que se conoce y que te ayuda a entender un tamaño o una cantidad diferente. Puedes usar $\frac{1}{2}$ como punto de referencia para comparar fracciones.

🔒 Ejemplo Usa puntos de referencia para comparar fracciones.

Una familia caminó por el mismo sendero de montaña. Elsy y su papá caminaron $\frac{5}{12}$ del sendero antes de detenerse a almorzar. Jane y su mamá caminaron $\frac{9}{10}$ del sendero antes de detenerse a almorzar. ¿Quiénes caminaron una distancia mayor antes del almuerzo?

Compara $\frac{5}{12}$ y $\frac{9}{10}$ con el punto de referencia $\frac{1}{2}$.

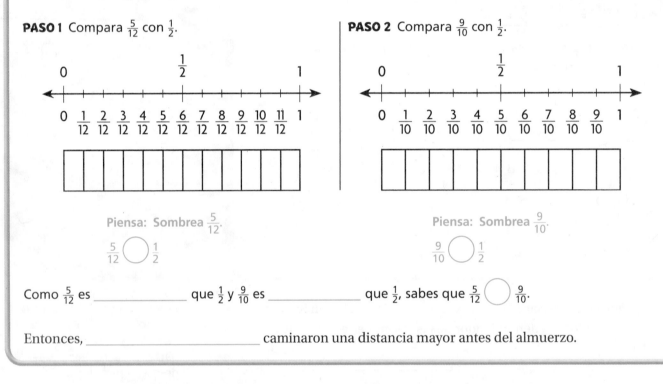

PASO 1 Compara $\frac{5}{12}$ con $\frac{1}{2}$.

Piensa: Sombrea $\frac{5}{12}$.

$\frac{5}{12}$ ◯ $\frac{1}{2}$

PASO 2 Compara $\frac{9}{10}$ con $\frac{1}{2}$.

Piensa: Sombrea $\frac{9}{10}$.

$\frac{9}{10}$ ◯ $\frac{1}{2}$

Como $\frac{5}{12}$ es _____ que $\frac{1}{2}$ y $\frac{9}{10}$ es _____ que $\frac{1}{2}$, sabes que $\frac{5}{12}$ ◯ $\frac{9}{10}$.

Entonces, _____ caminaron una distancia mayor antes del almuerzo.

4. Explica cómo puedes saber que $\frac{5}{12}$ es menor que $\frac{1}{2}$ sin usar un modelo.

_____

_____

5. Explica cómo puedes saber que $\frac{7}{10}$ es mayor que $\frac{1}{2}$ sin usar un modelo.

_____

_____

Nombre _____

1. Compara $\frac{2}{5}$ y $\frac{1}{8}$. Escribe $<$ o $>$.

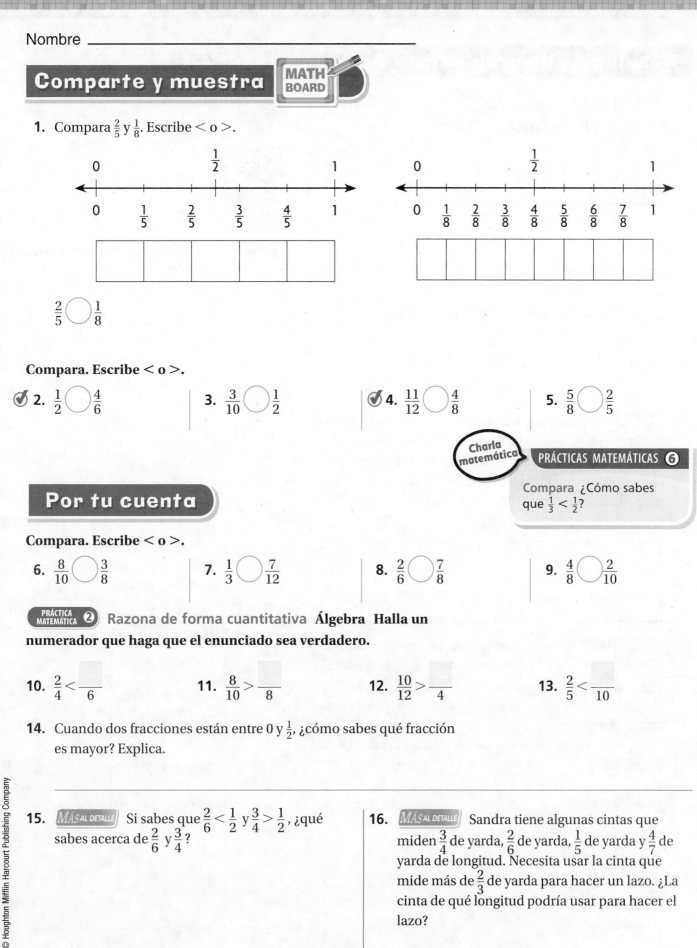

$\frac{2}{5}$ ◯ $\frac{1}{8}$

Compara. Escribe $<$ o $>$.

☑ **2.** $\frac{1}{2}$ ◯ $\frac{4}{6}$

3. $\frac{3}{10}$ ◯ $\frac{1}{2}$

☑ **4.** $\frac{11}{12}$ ◯ $\frac{4}{8}$

5. $\frac{5}{8}$ ◯ $\frac{2}{5}$

> **Charla matemática**
>
> **PRÁCTICAS MATEMÁTICAS 6**
>
> Compara ¿Cómo sabes que $\frac{1}{3} < \frac{1}{2}$?

Por tu cuenta

Compara. Escribe $<$ o $>$.

6. $\frac{8}{10}$ ◯ $\frac{3}{8}$

7. $\frac{1}{3}$ ◯ $\frac{7}{12}$

8. $\frac{2}{6}$ ◯ $\frac{7}{8}$

9. $\frac{4}{8}$ ◯ $\frac{2}{10}$

PRÁCTICA MATEMÁTICA 2 Razona de forma cuantitativa **Álgebra Halla un numerador que haga que el enunciado sea verdadero.**

10. $\frac{2}{4} < \frac{\ }{6}$

11. $\frac{8}{10} > \frac{\ }{8}$

12. $\frac{10}{12} > \frac{\ }{4}$

13. $\frac{2}{5} < \frac{\ }{10}$

14. Cuando dos fracciones están entre 0 y $\frac{1}{2}$, ¿cómo sabes qué fracción es mayor? Explica.

15. *MÁS AL DETALLE* Si sabes que $\frac{2}{6} < \frac{1}{2}$ y $\frac{3}{4} > \frac{1}{2}$, ¿qué sabes acerca de $\frac{2}{6}$ y $\frac{3}{4}$?

16. *MÁS AL DETALLE* Sandra tiene algunas cintas que miden $\frac{3}{4}$ de yarda, $\frac{2}{6}$ de yarda, $\frac{1}{5}$ de yarda y $\frac{4}{7}$ de yarda de longitud. Necesita usar la cinta que mide más de $\frac{2}{3}$ de yarda para hacer un lazo. ¿La cinta de qué longitud podría usar para hacer el lazo?

Resolución de problemas • Aplicaciones En el mundo

17. **PIENSA MÁS** Saundra corrió $\frac{7}{12}$ de milla. Lamar corrió $\frac{3}{4}$ de milla. ¿Quién corrió más? Explica.

_____

_____

_____

_____

ESCRIBE ▸ *Matemáticas* • **Muestra tu trabajo**

18. **¿Cuál es la pregunta?** Selena corrió más que Manny.

_____

_____

19. **MÁS AL DETALLE** Chloe preparó una fuente pequeña de ziti y una fuente pequeña de lasaña. Cortó el ziti en 8 partes iguales y la lasaña en 9 partes iguales. Su familia comió $\frac{2}{3}$ de la lasaña. Si comieron más lasaña que ziti, ¿qué fracción del ziti podrían haber comido?

_____

20. **PIENSA MÁS** James, Ema y Ryan anduvieron en bicicleta alrededor del lago Eagle. James recorrió $\frac{2}{10}$ de la distancia en una hora. Ema recorrió $\frac{4}{8}$ de la distancia en una hora. Ryan recorrió $\frac{2}{5}$ de la distancia en una hora. Empareja los enunciados con el símbolo correcto para comparar las distancias que recorrió cada uno. Cada símbolo se puede usar más de una vez o ninguna.

$\frac{2}{10}$ ● $\frac{4}{8}$ •   • =

$\frac{4}{8}$ ● $\frac{2}{5}$ •   • <

$\frac{2}{10}$ ● $\frac{2}{5}$ •   • >

Nombre _____

Comparar fracciones usando puntos de referencia

ESTÁNDAR COMÚN—4.NF.A.2
Extienden el entendimiento de la equivalencia y el orden de las fracciones.

Compara. Escribe < o >.

1. $\frac{1}{8}$ $<$ $\frac{6}{10}$

    Piensa: $\frac{1}{8}$ es menor que $\frac{1}{2}$.

    $\frac{6}{10}$ es mayor que $\frac{1}{2}$.

2. $\frac{4}{12}$ ◯ $\frac{4}{6}$

3. $\frac{2}{8}$ ◯ $\frac{1}{2}$

4. $\frac{3}{5}$ ◯ $\frac{3}{3}$

5. $\frac{7}{8}$ ◯ $\frac{5}{10}$

6. $\frac{9}{12}$ ◯ $\frac{1}{3}$

7. $\frac{4}{6}$ ◯ $\frac{7}{8}$

8. $\frac{2}{4}$ ◯ $\frac{2}{3}$

9. $\frac{3}{5}$ ◯ $\frac{1}{4}$

10. $\frac{6}{10}$ ◯ $\frac{2}{5}$

11. $\frac{1}{8}$ ◯ $\frac{2}{10}$

12. $\frac{2}{3}$ ◯ $\frac{5}{12}$

Resolución de problemas En el mundo

13. Érika corrió $\frac{3}{8}$ de milla. María corrió $\frac{3}{4}$ de milla. ¿Quién corrió más?

14. Carlos hizo $\frac{1}{3}$ de su proyecto de arte el lunes. Tyler hizo $\frac{1}{2}$ de su proyecto de arte el lunes.

    ¿Quién avanzó más en su proyecto de arte el lunes?

_____

_____

15. **ESCRIBE** *Matemáticas* Explica una estrategia que podrías usar para comparar $\frac{2}{2}$ y $\frac{5}{8}$.

_____

_____

_____

Repaso de la lección (4.NF.A.2)

1. ¿Qué símbolo hace que el enunciado sea verdadero?

$$\frac{4}{6} \bigcirc \frac{3}{8}$$

2. Escribe una fracción menor que 1, que tenga un demoninador de 6 y sea mayor que $\frac{3}{4}$.

_____

Repaso en espiral (4.OA.A.3, 4.OA.B.4, 4.NBT.B.6)

3. Abigail está colocando fichas cuadradas sobre una mesa. Necesita 48 fichas para cada una de las 8 hileras. En cada hilera habrá 6 fichas blancas. Las demás fichas serán moradas. ¿Cuántas fichas moradas necesitará?

_____

4. Cada autobús escolar puede llevar a 36 estudiantes y 4 adultos a una excursión. Hay 6 autobuses completos para la excursión. ¿Cuántas personas van a la excursión?

_____

5. Noah quiere exhibir sus 72 banderas de colección. Pondrá 6 banderas en cada hilera. ¿Cuántas hileras de banderas habrá en su exhibición?

_____

6. Julián escribió el siguiente patrón numérico en el pizarrón:

3, 10, 17, 24, 31, 38.

¿Qué números del patrón de Julián son números compuestos?

_____

PRACTICA MÁS CON EL
Entrenador personal
en matemáticas

Nombre _____

Comparar fracciones

Pregunta esencial ¿Cómo puedes comparar fracciones?

Estándares comunes
Números y operaciones—
Fracciones —4.NF.A.2
PRÁCTICAS MATEMÁTICAS
MP2, MP3, MP6

🔑 Soluciona el problema En el mundo

Todos los años, la escuela de Avery organiza una feria. Este año, $\frac{3}{8}$ de los puestos fueron de pintura facial y $\frac{1}{4}$ fueron de arte con arena. ¿Hubo más puestos de pintura facial o de arte con arena?

Compara $\frac{3}{8}$ y $\frac{1}{4}$.

🔒 De una manera Usa un denominador común.

Cuando dos fracciones tienen el mismo denominador, tienen partes del mismo tamaño. Puedes comparar el número de partes.

PIENSA	REPRESENTA Y ANOTA

PIENSA

Piensa: 8 es un múltiplo de 4 y de 8.
Usa 8 como un denominador común.

$$\frac{1}{4} = \frac{1 \times}{4 \times} = \frac{}{8}$$

$\frac{3}{8}$ ya tiene a 8 como un denominador.

REPRESENTA Y ANOTA

Sombrea el modelo. Luego compara.

$\frac{3}{8}$ ◯ $\frac{2}{8}$

🔒 De otra manera Usa un numerador común.

Cuando dos fracciones tienen el mismo numerador, representan el mismo número de partes. Puedes comparar el tamaño de las partes.

PIENSA

Piensa: 3 es un múltiplo de 3 y de 1.
Usa 3 como un numerador común.

$\frac{3}{8}$ ya tiene a 3 como un numerador.

$$\frac{1}{4} = \frac{1 \times}{4 \times} = \frac{3}{}$$

Como $\frac{3}{8}$ ◯ $\frac{1}{4}$, hubo más puestos de _____.

REPRESENTA Y ANOTA

Sombrea el modelo. Luego compara.

$\frac{3}{8}$ ◯ $\frac{3}{12}$

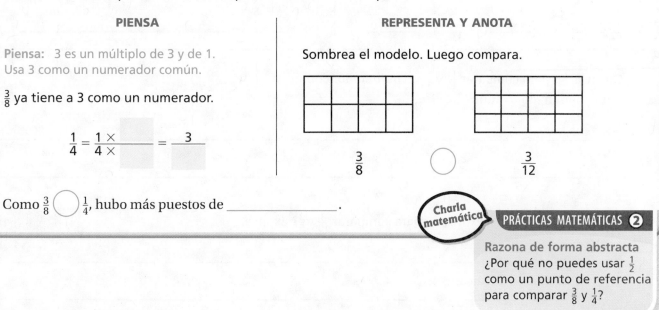

Charla matemática PRÁCTICAS MATEMÁTICAS ②

Razona de forma abstracta
¿Por qué no puedes usar $\frac{1}{2}$ como un punto de referencia para comparar $\frac{3}{8}$ y $\frac{1}{4}$?

¡Inténtalo! **Compara las fracciones. Explica tu razonamiento.**

A $\frac{3}{4}$ ◯ $\frac{1}{3}$

_____

_____

_____

_____

B $\frac{3}{5}$ ◯ $\frac{3}{8}$

_____

_____

_____

_____

C $\frac{3}{4}$ ◯ $\frac{7}{8}$

_____

_____

_____

_____

_____

D $\frac{4}{5}$ ◯ $\frac{2}{3}$

_____

_____

_____

_____

_____

1. ¿Qué usarías para comparar $\frac{11}{12}$ y $\frac{5}{6}$, un numerador común
o un denominador común? Explica.

_____

_____

2. ¿Puedes usar la mínima expresión para comparar $\frac{8}{10}$ y $\frac{3}{5}$? Explica.

_____

_____

© Houghton Mifflin Harcourt Publishing Company

Nombre _____

1. Compara $\frac{2}{5}$ y $\frac{1}{10}$.

Piensa: Usa _____ como un denominador común.

$\frac{2}{5} = \frac{ \times }{ \times } = \underline{}$

$\frac{1}{10}$

Piensa: 4 partes de un décimo ◯ 1 parte de un décimo.

$\frac{2}{5}$ ◯ $\frac{1}{10}$

2. Compara $\frac{6}{10}$ y $\frac{3}{4}$.

Piensa: Usa _____ como un numerador común.

$\frac{6}{10}$

$\frac{3}{4} = \frac{ \times }{ \times } = \underline{}$

Piensa: Una parte de un décimo ◯ una parte de un octavo.

$\frac{6}{10}$ ◯ $\frac{3}{4}$

Compara. Escribe <, > o =.

☑ 3. $\frac{7}{8}$ ◯ $\frac{2}{8}$

☑ 4. $\frac{5}{12}$ ◯ $\frac{3}{6}$

5. $\frac{4}{10}$ ◯ $\frac{4}{6}$

6. $\frac{6}{12}$ ◯ $\frac{2}{4}$

> **Charla matemática**
>
> **PRÁCTICAS MATEMÁTICAS ❷**
>
> **Usa el razonamiento** ¿De qué manera usar un numerador común o un denominador común puede ayudarte a comparar fracciones?

Por tu cuenta

Compara. Escribe <, > o =.

7. $\frac{1}{3}$ ◯ $\frac{1}{4}$

8. $\frac{4}{5}$ ◯ $\frac{8}{10}$

9. $\frac{3}{4}$ ◯ $\frac{2}{6}$

10. $\frac{1}{2}$ ◯ $\frac{5}{8}$

PRÁCTICA MATEMÁTICA ❷ **Razona de forma cuantitativa** **Álgebra** **Halla un número que haga que el enunciado sea verdadero.**

11. $\frac{1}{2} > \frac{}{3}$

12. $\frac{3}{10} < \frac{}{5}$

13. $\frac{5}{12} < \frac{}{3}$

14. $\frac{2}{3} > \frac{4}{}$

15. **MÁS AL DETALLE** Los estudiantes cortaron una pizza de pepperoni en 12 porciones iguales y comieron 5 porciones. Cortaron una pizza vegetariana en 6 porciones iguales y comieron 4 porciones. Usa fracciones para comparar la cantidad que comieron de cada pizza.

Soluciona el problema En el mundo

16. **PIENSA MÁS** Jerry está haciendo un batido de fresa. ¿Qué medida es mayor: la cantidad de leche, de queso requesón o de fresas?

Batido de fresa

3 cubos de hielo

$\frac{3}{4}$ de taza de leche

$\frac{2}{6}$ de taza de queso requesón

$\frac{8}{12}$ de taza de fresas

$\frac{1}{4}$ de cucharadita de vainilla

$\frac{1}{8}$ de cucharadita de azúcar

a. ¿Qué debes hallar?

_____

_____

b. ¿Cómo hallarás la respuesta?

_____

_____

c. Muestra tu trabajo.

d. Jerry necesita más cantidad de _____ que de los otros dos ingredientes.

17. **MÁS AL DETALLE** Angie, Blake, Carlos y Daisy salieron a correr. Angie corrió $\frac{1}{3}$ de milla, Blake corrió $\frac{3}{5}$ de milla, Carlos corrió $\frac{7}{10}$ de milla y Daisy corrió $\frac{1}{2}$ de milla. ¿Qué corredor corrió la distancia más corta? ¿Quién corrió la mayor distancia?

_____

18. **PIENSA MÁS** Elaine compró $\frac{5}{8}$ de libra de ensalada de papa y $\frac{4}{6}$ de libra de ensalada de macarrones para un picnic. Usa los números para comparar la cantidad de ensalada de papa y de ensalada de macarrones que compró Elaine.

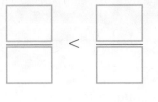

$<$

| 4 |
| 5 |
| 6 |
| 8 |

Comparar fracciones

 ESTÁNDAR COMÚN—4.NF.A.2
Extienden el entendimiento de la equivalencia y el orden de las fracciones.

Compara. Escribe <, > o =.

1. $\dfrac{3}{4}$ ◯ $<$ $\dfrac{5}{6}$

Piensa: 12 es un denominador común.

$\dfrac{3}{4} = \dfrac{3 \times 3}{4 \times 3} = \dfrac{9}{12}$

$\dfrac{5}{6} = \dfrac{5 \times 2}{6 \times 2} = \dfrac{10}{12}$

$\dfrac{9}{12} < \dfrac{10}{12}$

2. $\dfrac{1}{5}$ ◯ $\dfrac{2}{10}$

3. $\dfrac{2}{4}$ ◯ $\dfrac{2}{5}$

4. $\dfrac{3}{5}$ ◯ $\dfrac{7}{10}$

5. $\dfrac{4}{12}$ ◯ $\dfrac{1}{6}$

6. $\dfrac{2}{6}$ ◯ $\dfrac{1}{3}$

7. $\dfrac{1}{3}$ ◯ $\dfrac{2}{4}$

Resolución de problemas · En el mundo

8. En una receta se usan $\dfrac{2}{3}$ de taza de harina y $\dfrac{5}{8}$ de taza de arándanos. ¿Qué se usa más en la receta, harina o arándanos?

9. Peggy hizo $\dfrac{5}{6}$ de la tarea de matemáticas y Alonso hizo $\dfrac{4}{5}$ de la tarea de matemáticas. ¿Cuál de los dos hizo una mayor cantidad de la tarea de matemáticas?

_____

_____

10. **ESCRIBE** ▸*Matemáticas* Da un ejemplo de fracciones que compararías para hallar denominadores comunes y otro ejemplo de fracciones que compararías para hallar numeradores comunes.

_____

_____

Repaso de la lección (4.NF.A.2)

1. Pedro llenó $\frac{2}{4}$ de un vaso con jugo de naranja. Escribe una fracción con un demoninador de 6 que sea mayor que $\frac{2}{4}$.

_____

_____

2. Hoy, Ian quiere correr menos de $\frac{7}{12}$ de milla. Escribe una fracción con un denominador de 4 que represente una distancia menor que $\frac{7}{12}$ de milla.

_____

_____

Repaso en espiral (4.OA.B.4, 4.NBT.A.1, 4.NBT.B.5, 4.NF.A.1)

3. El año pasado, la Sra. Davis recorrió 372,645 millas en sus viajes de negocios. ¿Cuál es el valor de 6 en 372,645?

_____

4. En un sector de un auditorio hay 12 hileras de butacas. En cada hilera hay 13 butacas. ¿Cuál es la cantidad total de butacas en ese sector?

_____

5. Sam tiene 12 fotografías en blanco y negro y 18 fotografías en color. Quiere ordenarlas en hileras iguales de modo que en cada hilera solo haya fotografías en blanco y negro o en color. ¿En cuántas hileras puede Sam ordenar las fotografías?

_____

6. El maestro escribió $\frac{10}{12}$ en el pizarrón. Escribe esa fracción en su mínima expresión.

_____

© Houghton Mifflin Harcourt Publishing Company

PRACTICA MÁS CON EL
Entrenador personal
en matemáticas

Nombre _____

Comparar y ordenar fracciones

Pregunta esencial ¿Cómo puedes ordenar fracciones?

Estándares comunes **Números y operaciones—Fracciones—4.NF.A.2**
PRÁCTICAS MATEMÁTICAS
MP2, MP4, MP6

? Soluciona el problema (En el mundo)

Julia tiene recipientes para residuos del mismo tamaño para el centro de reciclaje. Llenó $\frac{3}{5}$ de un recipiente con residuos de plástico, $\frac{1}{12}$ de otro recipiente con residuos de papel y $\frac{9}{10}$ de otro recipiente con residuos de vidrio. ¿Qué recipiente está más lleno?

- Subraya lo que debes hallar.

- Encierra en un círculo las fracciones que compararás.

🔑 Ejemplo 1 Ubica y rotula $\frac{3}{5}$, $\frac{1}{12}$ y $\frac{9}{10}$ en la recta numérica.

Idea matemática

A veces no es razonable hallar la ubicación exacta de un punto en una recta numérica. Los puntos de referencia pueden ayudarte a hallar ubicaciones aproximadas.

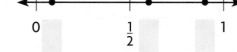

0          $\frac{1}{2}$ 1

PASO 1 Compara cada fracción con $\frac{1}{2}$.

$\frac{3}{5}\bigcirc\frac{1}{2}$ $\frac{1}{12}\bigcirc\frac{1}{2}$ $\frac{9}{10}\bigcirc\frac{1}{2}$

Tanto _____ como _____ son mayores que $\frac{1}{2}$.

_____ es menor que $\frac{1}{2}$.

Rotula $\frac{1}{12}$ en la recta numérica de arriba.

PASO 2 Compara $\frac{3}{5}$ y $\frac{9}{10}$.

Piensa: Usa 10 como un denominador común.

$$\frac{3}{5} = \frac{ \times }{ \times } = \underline{}$$

Como $\frac{6}{10}\bigcirc\frac{9}{10}$, sabes que $\frac{3}{5}\bigcirc\frac{9}{10}$.

Rotula $\frac{3}{5}$ y $\frac{9}{10}$ en la recta numérica de arriba.

La fracción que está más alejada del 0 tiene el valor mayor.

La fracción de mayor valor es _____.

Entonces, el recipiente con residuos de_____ es el que está más lleno.

- Compara la distancia que hay entre $\frac{3}{5}$ y 0 y la distancia que hay entre $\frac{9}{10}$ y 0. ¿Qué conclusión puedes sacar sobre la relación que hay entre $\frac{3}{5}$ y $\frac{9}{10}$? Explica.

Charla matemática PRÁCTICAS MATEMÁTICAS ④

Usa modelos ¿Cómo sabes que ubicaste $\frac{3}{5}$ correctamente en la recta numérica?

_____

_____

🔒 Ejemplo 2 Ordena $\frac{7}{10}$, $\frac{1}{3}$, $\frac{7}{12}$ y $\frac{8}{10}$ de menor a mayor.

PASO 1 Compara cada fracción con $\frac{1}{2}$.

Escribe las fracciones menores que $\frac{1}{2}$: _____

Escribe las fracciones mayores que $\frac{1}{2}$: _____

La fracción con el valor menor es _____.

Ubica y rotula $\frac{1}{3}$ en la recta numérica de arriba.

_____

PASO 2 Compara $\frac{7}{10}$ con $\frac{7}{12}$ y $\frac{8}{10}$.

Piensa: $\frac{7}{10}$ y $\frac{7}{12}$ tienen un numerador común.

$$\frac{7}{10} \bigcirc \frac{7}{12}$$

Piensa: $\frac{7}{10}$ y $\frac{8}{10}$ tienen un denominador común.

$$\frac{7}{10} \bigcirc \frac{8}{10}$$

Ubica y rotula $\frac{7}{10}$, $\frac{7}{12}$ y $\frac{8}{10}$ en la recta numérica de arriba.

Las fracciones ordenadas de menor a mayor son _____.

Entonces, _____ < _____ < _____ < _____.

¡Inténtalo! Ordena $\frac{3}{4}$, $\frac{3}{6}$, $\frac{1}{3}$ y $\frac{2}{12}$ de menor a mayor.

_____ < _____ < _____ < _____

Nombre _____

Comparte y muestra

1. Ubica y rotula puntos en la recta numérica como ayuda para ordenar $\frac{3}{10}$, $\frac{11}{12}$ y $\frac{5}{8}$ de menor a mayor.

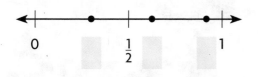

0        $\frac{1}{2}$ 1

_____

Escribe la fracción que tiene el valor mayor.

2. $\frac{7}{10}, \frac{1}{5}, \frac{9}{10}$

3. $\frac{5}{6}, \frac{7}{12}, \frac{7}{10}$

4. $\frac{2}{8}, \frac{1}{8}, \frac{2}{4}, \frac{2}{6}$

Ordena las fracciones de menor a mayor.

5. $\frac{1}{4}, \frac{3}{6}, \frac{1}{8}$

6. $\frac{3}{5}, \frac{2}{3}, \frac{3}{10}, \frac{4}{5}$

7. $\frac{3}{4}, \frac{7}{12}, \frac{5}{12}$

Charla matemática

PRÁCTICAS MATEMÁTICAS ❷

Usa el razonamiento ¿Cómo pueden ayudarte los puntos de referencia a ordenar fracciones?

Por tu cuenta

Ordena las fracciones de menor a mayor.

8. $\frac{2}{5}, \frac{1}{3}, \frac{5}{6}$

9. $\frac{4}{8}, \frac{5}{12}, \frac{1}{6}$

10. $\frac{7}{100}, \frac{9}{10}, \frac{4}{5}$

PRÁCTICA MATEMÁTICA ❷ Razona de forma cuantitativa **Álgebra** Escribe un numerador que haga que el enunciado sea verdadero.

11. $\frac{1}{2} < \frac{}{10} < \frac{4}{5}$

12. $\frac{1}{4} < \frac{5}{12} < \frac{}{6}$

13. $\frac{}{8} < \frac{3}{4} < \frac{7}{8}$

Soluciona el problema En el mundo

14. **PIENSA MÁS** Nancy, Lionel y Mavis corrieron una carrera de 5 kilómetros. En la tabla se muestran sus tiempos de llegada. ¿En qué orden Nancy, Lionel y Mavis terminaron la carrera?

a. ¿Qué debes hallar?

_____

_____

b. ¿Qué información necesitas para resolver el problema?

_____

_____

c. ¿Qué información no es necesaria?

_____

d. ¿Cómo resolverás el problema?

_____

_____

Meta

Resultados de la carrera de 5 kilómetros

Nombre	Tiempo
Nancy	$\frac{2}{3}$ de hora
Lionel	$\frac{7}{12}$ de hora
Mavis	$\frac{3}{4}$ de hora

e. Muestra los pasos para resolver el problema.

f. Completa las oraciones.

_____ terminó en primer lugar.

_____ terminó en segundo lugar.

_____ terminó en tercer lugar.

15. **MÁS AL DETALLE** Alma usó 3 cuentas para hacer un collar. Las cuentas miden $\frac{5}{6}$ de pulgada, $\frac{5}{12}$ de pulgada y $\frac{1}{3}$ de pulgada de longitud. ¿Cuáles son las longitudes de menor a mayor?

16. **PIENSA MÁS** Víctor tiene la receta de su abuela para preparar frutos secos surtidos.

$\frac{3}{4}$ de taza de nueces pecán	$\frac{2}{12}$ de taza de cacahuates
$\frac{1}{2}$ de taza de almendras	$\frac{7}{8}$ de taza de nueces

Ordena los ingredientes de la receta de menor a mayor.

_____

Comparar y ordenar fracciones

 ESTÁNDAR COMÚN—4.NF.A.2
*Extienden el entendimiento de la
equivalencia y el orden de las fracciones.*

Ordena las fracciones de menor a mayor.

1. $\frac{5}{8}, \frac{2}{12}, \frac{8}{10}$

Usa puntos de referencia y una recta numérica.

Piensa: $\frac{5}{8}$ está cerca de $\frac{1}{2}$. $\frac{2}{12}$ está cerca de 0.

$\frac{8}{10}$ está cerca de 1.

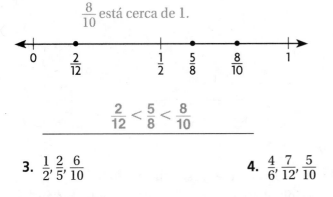

$$\frac{2}{12} < \frac{5}{8} < \frac{8}{10}$$

2. $\frac{1}{5}, \frac{2}{3}, \frac{5}{8}$

_____

3. $\frac{1}{2}, \frac{2}{5}, \frac{6}{10}$

4. $\frac{4}{6}, \frac{7}{12}, \frac{5}{10}$

5. $\frac{1}{4}, \frac{5}{8}, \frac{1}{2}$

_____   _____   _____

Resolución de problemas · En el mundo

6. El cuaderno de matemáticas de Amy pesa $\frac{1}{2}$ de libra, su cuaderno de ciencias pesa $\frac{7}{8}$ de libra y su cuaderno de historia pesa $\frac{3}{4}$ de libra. ¿Cómo se ordenan los pesos del más liviano al más pesado?

_____

_____

7. Carl tiene tres portarretratos. Los grosores de los marcos son $\frac{4}{5}$ de pulgada, $\frac{3}{12}$ de pulgada y $\frac{5}{6}$ de pulgada. ¿Cómo se ordenan los grosores de menor a mayor?

_____

_____

8. **ESCRIBE** ▸*Matemáticas* ¿En qué se parecen y en qué se diferencian ordenar fracciones en una recta numérica y ordenar números enteros en una recta numérica?

_____

_____

1. A Juan le llevó $\frac{1}{3}$ de hora, $\frac{4}{6}$ de hora y $\frac{1}{5}$ de hora completar las tres pruebas de matemáticas de esta semana. Ordena las cantidades de tiempo de menor a mayor.

2. Tres días de la semana pasada, María corrió $\frac{3}{4}$ de milla, $\frac{7}{8}$ de milla y $\frac{3}{5}$ de milla. Ordena las distancias de menor a mayor.

_____

_____

3. Santiago juntó 435 centavos en monedas de 5¢. ¿Cuántas monedas de 5¢ juntó?

4. Luisa asiste a tres clases que duran 50 minutos cada una. ¿Cuántos minutos duran las tres clases en total?

_____

_____

5. Alicia escribió estos números: 2, 9, 15, 21. ¿Cuál de esos números NO es un número compuesto?

6. La Sra. Carmel sirvió $\frac{6}{8}$ de una barra de pan con la cena. Escribe una fracción con un denominador de 4 que sea equivalente a $\frac{6}{8}$.

_____

_____

PRACTICA MÁS CON EL
Entrenador personal
en matemáticas

✓ Repaso y prueba del Capítulo 6

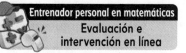

1. En los ejercicios 1a a 1d, elige el símbolo correcto para
   indicar si las fracciones son equivalentes.

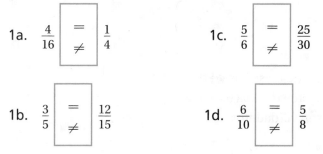

1a. $\dfrac{4}{16}$ ☐ = / ≠ ☐ $\dfrac{1}{4}$ 1c. $\dfrac{5}{6}$ ☐ = / ≠ ☐ $\dfrac{25}{30}$

1b. $\dfrac{3}{5}$ ☐ = / ≠ ☐ $\dfrac{12}{15}$ 1d. $\dfrac{6}{10}$ ☐ = / ≠ ☐ $\dfrac{5}{8}$

2. La mamá de Juan le dio una receta para una mezcla de cereal.

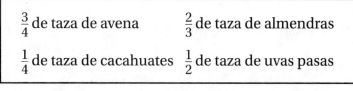

| $\dfrac{3}{4}$ de taza de avena | $\dfrac{2}{3}$ de taza de almendras |
| $\dfrac{1}{4}$ de taza de cacahuates | $\dfrac{1}{2}$ de taza de uvas pasas |

Ordena los ingredientes de la receta de menor a mayor.

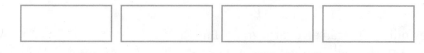

☐ ☐ ☐ ☐

3. Taylor corta $\dfrac{1}{5}$ de cartulina para un proyecto de su clase de arte
   y manualidades. Escribe fracciones equivalentes a $\dfrac{1}{5}$ con los
   denominadores dados.

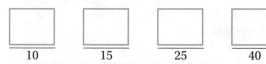

☐ / 10   ☐ / 15   ☐ / 25   ☐ / 40

4. Un mecánico tiene llaves de tubo de los siguientes tamaños.
   Escribe cada fracción en la columna correcta.

$\dfrac{7}{8}$ de in $\dfrac{3}{16}$ de in $\dfrac{1}{4}$ de in $\dfrac{3}{8}$ de in $\dfrac{4}{8}$ de in $\dfrac{11}{16}$ de in

menor que $\dfrac{1}{2}$ de in	igual a $\dfrac{1}{2}$ de in	mayor que $\dfrac{1}{2}$ de in

5. Darcy compró $\frac{1}{2}$ de libra de queso y $\frac{3}{4}$ de libra de hamburguesas para una barbacoa. Usa los números para comparar las cantidades de queso y de hamburguesas que compró Darcy.

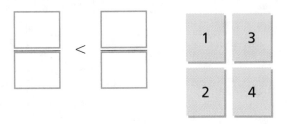

6. Brad está estudiando piano. Dedica $\frac{1}{4}$ de hora a practicar escalas y $\frac{1}{3}$ de hora a practicar la canción para su recital. En los ejercicios 6a a 6c, elige Sí o No para indicar si los siguientes enunciados son verdaderos.

6a. 12 es un denominador común de $\frac{1}{4}$ y $\frac{1}{3}$.   ○ Sí   ○ No

6b. La cantidad de tiempo que dedica a practicar escalas se puede escribir como $\frac{3}{12}$.   ○ Sí   ○ No

6c. La cantidad de tiempo que dedica a practicar la canción para el recital se puede escribir como $\frac{6}{12}$.   ○ Sí   ○ No

7. En el coro de la escuela, $\frac{4}{24}$ de los estudiantes están en cuarto grado. En su mínima expresión, ¿qué fracción de los estudiantes del coro de la escuela están en cuarto grado?

_____ de los estudiantes

8. ¿Qué pares de fracciones son equivalentes? Marca todas las opciones que correspondan.

○ $\frac{8}{12}$ y $\frac{2}{3}$ ○ $\frac{4}{5}$ y $\frac{12}{16}$

○ $\frac{3}{4}$ y $\frac{20}{28}$ ○ $\frac{7}{10}$ y $\frac{21}{30}$

9. Sam trabajó en su proyecto para la feria de ciencias durante $\frac{1}{4}$ de hora el viernes y $\frac{1}{2}$ hora el sábado. ¿Cuáles son cuatro denominadores comunes para esas fracciones? Explica tu razonamiento.

10. Mónica trabaja en una florería y hace arreglos florales. Pone 10 flores en cada florero y $\frac{2}{10}$ de las flores son margaritas.

Parte A

Si Mónica hace 4 arreglos, ¿cuántas margaritas necesita? Muestra cómo puedes comprobar tu respuesta.

_____ margaritas

Parte B

El fin de semana pasado, Mónica usó 10 margaritas para hacer arreglos de flores. ¿Cuántas flores que no eran margaritas usó para hacer los arreglos? Explica tu razonamiento.

_____ otras flores

Entrenador personal en matemáticas

11. **PIENSA MÁS** En la clase de Mary, $\frac{10}{28}$ de los estudiantes tienen un gato, $\frac{6}{12}$ tienen un perro y $\frac{2}{14}$ tienen un ave como mascota. En los ejercicios 11a a 11c, elige Verdadero o Falso para cada enunciado.

11a. En su mínima expresión, $\frac{5}{14}$ de los estudiantes tienen un gato. ○ Verdadero ○ Falso

11b. En su mínima expresión, $\frac{2}{4}$ de los estudiantes tienen un perro. ○ Verdadero ○ Falso

11c. En su mínima expresión, $\frac{1}{7}$ de los estudiantes tienen un ave. ○ Verdadero ○ Falso

12. Regina, Courtney y Ellen fueron a caminar alrededor del lago Bear. Regina caminó $\frac{7}{10}$ de la distancia en una hora. Courtney caminó $\frac{3}{6}$ de la distancia en una hora. Ellen caminó $\frac{3}{8}$ de la distancia en una hora. Empareja los enunciados con el símbolo correcto para comparar las distancias que caminó cada una. Cada símbolo se puede usar más de una vez o ninguna.

$\frac{7}{10}$ ⬤ $\frac{3}{6}$ •   • <

$\frac{3}{8}$ ⬤ $\frac{3}{6}$ •   • >

$\frac{7}{10}$ ⬤ $\frac{3}{8}$ •   • =

13. Ramón invitó a unos amigos a su casa después de un juego de béisbol. Ramón hará una salsa para vegetales. Estos son los ingredientes de la receta:

Ingredientes de la salsa para vegetales	
$\frac{3}{4}$ de taza de perejil	$\frac{5}{8}$ de taza de suero de mantequilla
$\frac{1}{3}$ de taza de eneldo	$\frac{1}{2}$ de taza de queso crema
$\frac{6}{8}$ de taza de cebolleta	$\frac{1}{16}$ de taza de jugo de limón

Parte A

¿Cuál es el ingrediente del que Ramón tiene que usar la mayor cantidad, suero de mantequilla o queso crema? Explica cómo hallaste tu respuesta.

Parte B

Ramón dice que necesita la misma cantidad de dos ingredientes. ¿Tiene razón? Apoya tu respuesta con información del problema.

_____

14. Sandy comprará panecillos para su fiesta. Quiere que $\frac{3}{5}$ de los panecillos sean integrales. ¿Qué otras fracciones pueden representar la parte de los panecillos que serán integrales? Sombrea los modelos para mostrar tu trabajo.

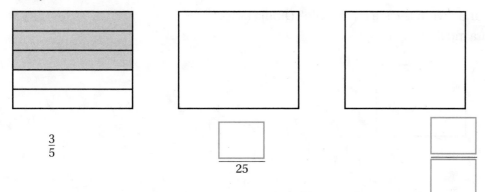

$\frac{3}{5}$

$\overline{25}$

15. Ángel tiene $\frac{4}{8}$ de yarda de cinta y Lynn tiene $\frac{3}{4}$ de yarda de cinta. ¿Tienen Ángel y Lynn la misma cantidad de cinta? Sombrea el modelo para mostrar cómo hallaste la respuesta. Explica tu razonamiento.

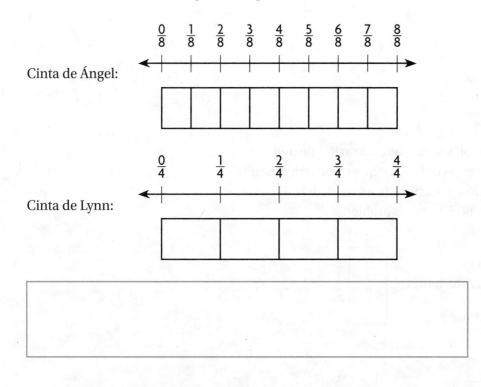

Cinta de Ángel:

Cinta de Lynn:

16. Ema usó $\frac{1}{4}$ de yarda de cinta roja. Completa los recuadros con un número de la lista para mostrar fracciones equivalentes a $\frac{1}{4}$. No se usarán todos los números.

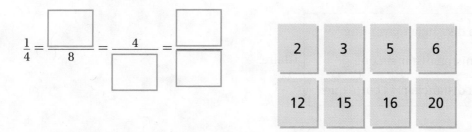

$\frac{1}{4} = \frac{\Box}{8} = \frac{4}{\Box} = \frac{\Box}{\Box}$

| 2 | 3 | 5 | 6 |
| 12 | 15 | 16 | 20 |

17. **MÁS AL DETALLE**   Frank tiene dos rectángulos del mismo tamaño divididos en la misma cantidad de partes iguales. Un rectángulo tiene $\frac{3}{4}$ de las partes sombreadas y el otro tiene $\frac{1}{3}$ de las partes sombreadas.

Parte A

¿En cuántas partes podría dividirse cada rectángulo? Dibuja las partes de cada rectángulo para mostrar tu trabajo.

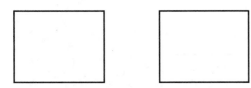

Parte B

¿Hay más de una respuesta posible para la Parte A? Si la hay, ¿hallaste el menor número de partes en que se podrían dividir ambos rectángulos? Explica tu razonamiento.

18. Suki recorrió $\frac{4}{5}$ de milla en bicicleta. Claire recorrió $\frac{1}{3}$ de milla en bicicleta. Quieren comparar las distancias que recorrieron usando el punto de referencia $\frac{1}{2}$. En los ejercicios 18a a 18c, elige la respuesta correcta para describir cómo resolver el problema.

18a. Comparo la distancia de Suki con el punto de referencia: $\frac{4}{5}$ $\boxed{\begin{array}{c} < \\ > \\ = \end{array}}$ $\frac{1}{2}$.

18b. Comparo la distancia de Claire con el punto de referencia: $\frac{1}{3}$ $\boxed{\begin{array}{c} < \\ > \\ = \end{array}}$ $\frac{1}{2}$.

18c. Suki recorrió $\boxed{\begin{array}{l} \text{una distancia mayor que} \\ \text{la misma distancia que} \\ \text{una distancia más corta que} \end{array}}$ Claire.

Sumar y restar fracciones

✔ Muestra lo que sabes

Comprueba si comprendes las destrezas importantes.

Nombre _____

▶ **Fracciones iguales a 1** Escribe la fracción que indica el entero. (2.G.A.2)

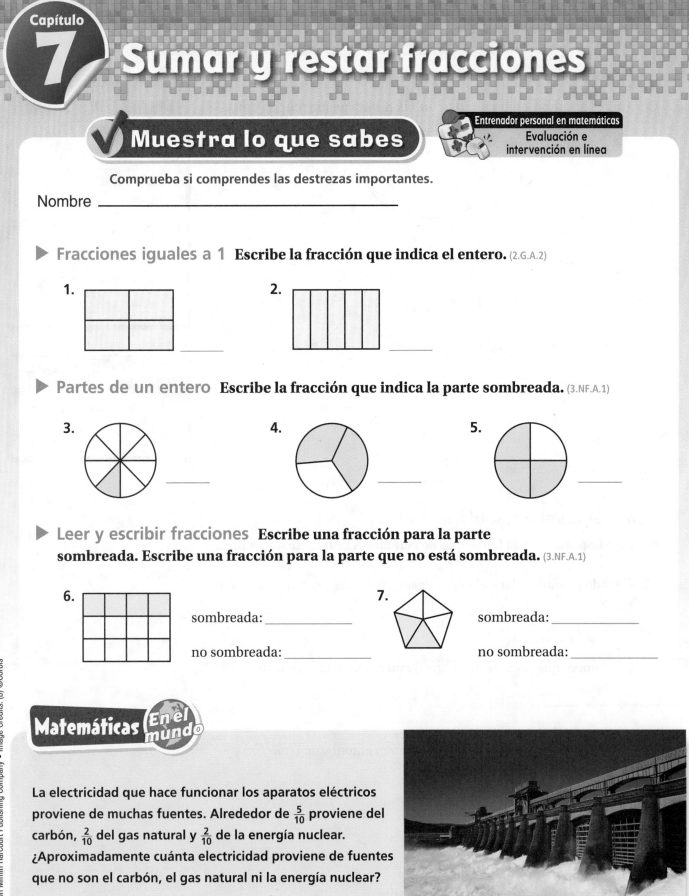

1. _____

2. _____

▶ **Partes de un entero** Escribe la fracción que indica la parte sombreada. (3.NF.A.1)

3. _____

4. _____

5. _____

▶ **Leer y escribir fracciones** Escribe una fracción para la parte sombreada. Escribe una fracción para la parte que no está sombreada. (3.NF.A.1)

6.

sombreada: _____

no sombreada: _____

7.

sombreada: _____

no sombreada: _____

Matemáticas En el mundo

La electricidad que hace funcionar los aparatos eléctricos proviene de muchas fuentes. Alrededor de $\frac{5}{10}$ proviene del carbón, $\frac{2}{10}$ del gas natural y $\frac{2}{10}$ de la energía nuclear. ¿Aproximadamente cuánta electricidad proviene de fuentes que no son el carbón, el gas natural ni la energía nuclear?

▶ Visualízalo • • • • • • • • • •

Completa el mapa de burbujas con las palabras marcadas con ✓.

(mapa de burbujas con círculo central "fracción" y cuatro burbujas vacías)

▶ Comprende el vocabulario •

Escribe la palabra o la frase que se relaciona con la descripción.

1. Cuando el numerador y el denominador tienen el 1 como único factor común

   _____

2. Un número que nombra una parte de un entero o una parte de un grupo

   _____

3. Una cantidad representada por un número entero y una fracción

   _____

4. El número de una fracción que indica cuántas partes iguales hay en el entero o en el grupo

   _____

5. Una fracción que tiene 1 como numerador

   _____

• **Libro interactivo del estudiante**
• **Glosario multimedia**

Vocabulario del Capítulo 7

propiedad asociativa de la suma

Associative Property of Addition

70

propiedad conmutativa de la suma

Commutative Property of Addition

72

denominador

denominator

16

fracción

fraction

35

número mixto

mixed number

55

numerador

numerator

52

mínima expresión

simplest form

49

fracción unitaria

unit fraction

36

La propiedad que establece que, cuando cambia el orden de dos sumandos, el total es el mismo

Ejemplo: $4 + 5 = 5 + 4$

La propiedad que establece que los sumandos se pueden agrupar de diferente manera sin cambiar el total

Ejemplo: $3 + (8 + 5) = (3 + 8) + 5$

Un número que nombra una parte de un entero o una parte de un grupo

Ejemplo:

$\frac{1}{3}$

El número que está debajo de la barra en una fracción y que indica cuántas partes iguales hay en el entero o en el grupo

Ejemplo: $\frac{3}{4}$ ← denominador

El número que está arriba de la barra en una fracción y que indica cuántas partes del entero o del grupo se consideran

Ejemplo: $\frac{1}{5}$ ← numerador

Una cantidad que se da como un número entero y una fracción

Ejemplo: $2\frac{3}{6}$ es un número mixto.

| 1 | | 1 | | $\frac{1}{6}$ | $\frac{1}{6}$ | $\frac{1}{6}$ |

1   1 $\frac{3}{6}$

parte del entero → $2\frac{3}{6}$ ← parte fraccionaria

Una fracción que tiene un numerador de uno

$\frac{1}{2}$ ← fracción unitaria

Una fracción está en su mínima expresión cuando el numerador y el denominador solo tienen 1 como factor común

$\frac{2}{8} = \frac{1}{4}$

mínima expresión

¡Bingo!

Para 3 a 6 jugadores

Materiales

- 1 juego de tarjetas de palabras
- 1 tablero de bingo para cada jugador
- fichas de juego

Instrucciones

1. El árbitro elige una tarjeta y lee la definición. Luego coloca la tarjeta en una segunda pila.
2. Los jugadores colocan una ficha sobre la palabra que coincide con la definición cada vez que aparece en sus tableros de bingo.
3. Repitan el Paso 1 y el Paso 2 hasta que un jugador marque 5 casillas en una línea vertical, horizontal o diagonal y diga: "¡Bingo!".
4. Comprueben las respuestas. Pidan al jugador que dijo "¡Bingo!" que lea las palabras en voz alta mientras el árbitro comprueba las definiciones en las tarjetas de la segunda pila.

Recuadro de palabras

denominador

fracción

fracción unitaria

mínima expresión

numerador

número mixto

propiedad asociativa de la suma

propiedad conmutativa de la suma

Escríbelo

Reflexiona

Elige una idea. Escribe sobre ella.

- ¿Es $\frac{3}{4}$ una fracción unitaria? Explica por qué.
- Explica qué es lo más importante que hay que comprender sobre los números mixtos.
- Escribe un cuento creativo en el que se incluya la suma y la resta de fracciones.

Nombre _____

Sumar y restar partes de un entero

Pregunta esencial ¿Cuándo puedes sumar o restar partes de un entero?

Estándares comunes
Números y operaciones—
Fracciones—4.NF.B.3a
PRÁCTICAS MATEMÁTICAS
MP2, MP4

Investigar

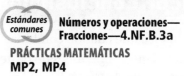

Materiales ■ círculos fraccionarios ■ lápices de colores

A la Sra. Clark le sobraron las siguientes porciones de pastel después de una feria de pastelería.

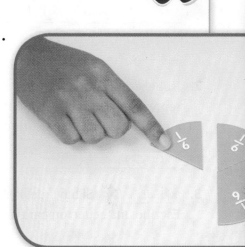

Combinará las porciones en el mismo plato. ¿Cuánto pastel habrá en el plato?

A. Usa círculos fraccionarios para representar el problema. Haz un dibujo de tu modelo. Luego escribe la suma.

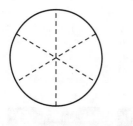 + 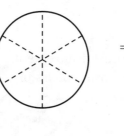 =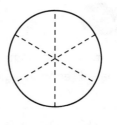

_____ + _____ = _____

Entonces, hay _____ de pastel en el plato.

B. Imagina que la Sra. Clark come 2 porciones del pastel. ¿Cuánto pastel quedará en el plato? Usa círculos fraccionarios para representar el problema. Haz un dibujo de tu modelo. Luego escribe la diferencia.

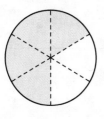

_____ − _____ = _____

Entonces, quedan _____ del pastel en el plato.

Sacar conclusiones

1. Kevin dice que cuando combinas 3 porciones de pastel y 1 porción de pastel, tienes 4 porciones de pastel. Explica de qué manera se relaciona el enunciado de Kevin con la ecuación $\frac{3}{6} + \frac{1}{6} = \frac{4}{6}$.

_____

_____

_____

2. Isabel escribió la ecuación $\frac{1}{2} + \frac{1}{6} = \frac{4}{6}$ y Jonah escribió $\frac{3}{6} + \frac{1}{6} = \frac{4}{6}$ para representar la combinación de las porciones de pastel. Explica por qué ambas ecuaciones son correctas.

_____

3. **PIENSA MÁS** Si hay $\frac{4}{6}$ de pastel en un plato, ¿qué parte del pastel falta? Escribe una ecuación para justificar tu respuesta.

_____

Hacer conexiones

Solamente puedes unir o separar partes que forman parte del mismo entero. Imagina que Randy tiene $\frac{1}{4}$ de un pastel redondo y $\frac{1}{4}$ de un pastel cuadrado.

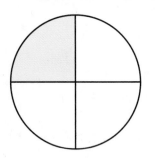 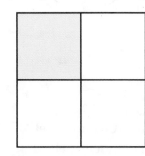

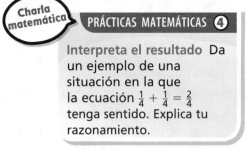

Charla matemática

PRÁCTICAS MATEMÁTICAS ④

Interpreta el resultado Da un ejemplo de una situación en la que la ecuación $\frac{1}{4} + \frac{1}{4} = \frac{2}{4}$ tenga sentido. Explica tu razonamiento.

a. ¿Son iguales los enteros? Explica.

_____

b. ¿Tiene sentido la suma $\frac{1}{4} + \frac{1}{4} = \frac{2}{4}$ en esta situación? Explica.

_____

_____

_____

Name _____

Usa el modelo para escribir una ecuación.

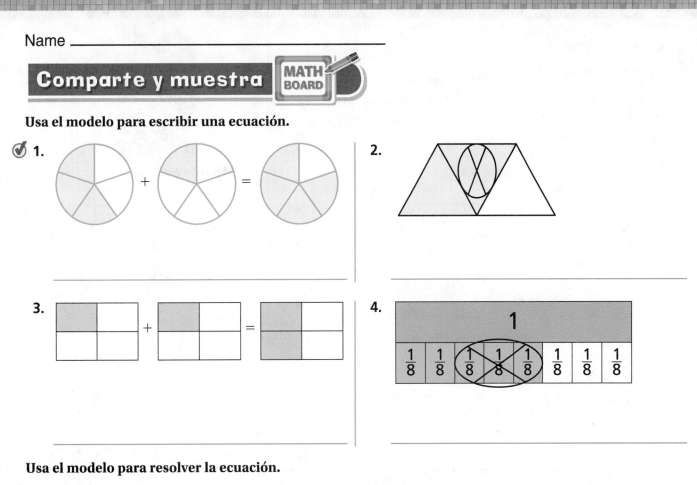

1.

2.

3.

4.

Usa el modelo para resolver la ecuación.

5. $\frac{3}{4} - \frac{1}{4} =$ _____

6. $\frac{5}{6} + \frac{1}{6} =$ _____

Resolución de problemas • Aplicaciones En el mundo

7. **PRÁCTICA MATEMÁTICA 2** **Razona de forma abstracta** Samuel tiene $\frac{1}{5}$ de una magdalena y $\frac{1}{5}$ de un pastel grande.

a. ¿Son iguales los enteros? Explica.

_____

b. ¿Tiene sentido la suma $\frac{1}{5} + \frac{1}{5} = \frac{2}{5}$ en esta situación? Explica.

_____

8. **MÁS AL DETALLE** La clase de danza de Carrie aprendió $\frac{1}{5}$ de un baile nuevo el lunes y $\frac{2}{5}$ del baile el martes. ¿Qué fracción de baile queda para que la clase aprenda el miércoles?

¿Tiene sentido?

9. **PIENSA MÁS** Samantha y Kim usaron modelos diferentes para hallar $\frac{1}{3} + \frac{1}{6}$. ¿Cuál de los dos modelos tiene sentido? ¿Cuál no tiene sentido? Explica tu razonamiento debajo de cada modelo.

Modelo de Samantha

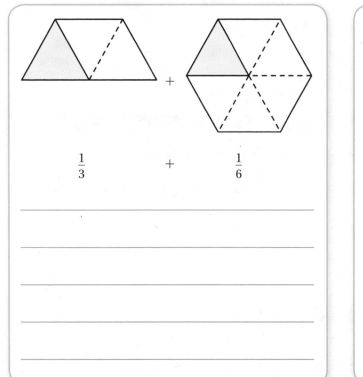

$\frac{1}{3}$ + $\frac{1}{6}$

_____

_____

_____

_____

_____

Modelo de Kim

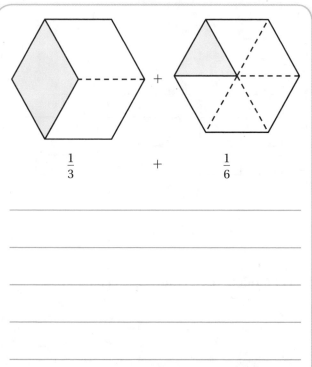

$\frac{1}{3}$ + $\frac{1}{6}$

_____

_____

_____

_____

_____

10. **MÁS AL DETALLE** Dibuja un modelo que podrías usar para sumar $\frac{1}{4} + \frac{1}{2}$.

Entrenador personal en matemáticas

11. **PIENSA MÁS +** Cindy tiene dos tarros de pintura. Uno de los tarros está lleno hasta $\frac{3}{8}$. El otro está lleno hasta $\frac{2}{8}$.

$\frac{3}{8}$ $\frac{2}{8}$

Usa las fracciones para escribir una ecuación que muestre la cantidad de pintura que tiene Cindy.

$\frac{1}{8}$ $\frac{2}{8}$ $\frac{3}{8}$ $\frac{5}{8}$ $\frac{7}{8}$

_____ + _____ = _____

Sumar y restar partes de un entero

ESTÁNDAR COMÚN—4.NF.B.3a
Forman fracciones a partir de fracciones unitarias al aplicar y ampliar los conocimientos previos de las operaciones con números enteros.

Estándares comunes

Usa el modelo para escribir una ecuación.

1.

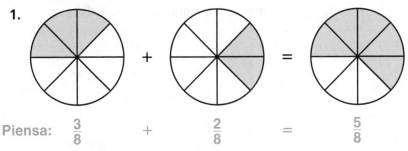

Piensa: $\dfrac{3}{8}$ + $\dfrac{2}{8}$ = $\dfrac{5}{8}$

$\dfrac{3}{8} + \dfrac{2}{8} = \dfrac{5}{8}$

2.

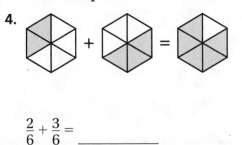

_____

3.

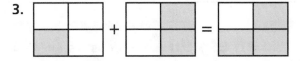

_____

Usa el modelo para resolver la ecuación.

4.

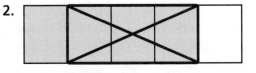

$\dfrac{2}{6} + \dfrac{3}{6} =$ _____

5.

$\dfrac{3}{5} - \dfrac{2}{5} =$ _____

Resolución de problemas En el mundo

6. Jack comió $\dfrac{4}{8}$ de una pizza. Millie comió $\dfrac{3}{8}$ de la misma pizza. ¿Qué cantidad de pizza comieron Jack y Millie?

_____

7. **ESCRIBE** ▸*Matemáticas* Dibuja un círculo fraccionario para representar $\dfrac{5}{6} - \dfrac{1}{6}$ y escribe la diferencia.

Repaso de la lección

1. Un pastel entero está cortado en 8 trozos iguales. Se sirven tres trozos. ¿Cuánto pastel queda?

_____

2. Una naranja está cortada en 6 trozos iguales. Judy come 1 trozo. Luego come 3 trozos más. ¿Qué cantidad de naranja comió Judy?

_____

Repaso en espiral (4.OA.C.5, 4.NBT.B.5, 4.NF.A.1, 4.NF.A.2)

3. Ordena estas distancias de menor a mayor: $\frac{3}{16}$ de milla, $\frac{1}{8}$ de milla, $\frac{3}{4}$ de milla

_____

4. Para ir a la escuela, Jeremy caminó $\frac{6}{8}$ del camino y corrió el resto. ¿Qué fracción, en su mínima expresión, muestra la parte del recorrido que Jeremy caminó?

_____

5. Un elevador arranca en el piso 100 de un edificio. Desciende 4 pisos cada 10 segundos. ¿En qué piso se encontrará el elevador 60 segundos después de arrancar?

_____

6. Para una obra de teatro escolar, el maestro pidió a la clase que ordenara las sillas en 20 hileras de 25 sillas cada una. Después de ordenar todas las sillas, faltaban 5 sillas. ¿Cuántas sillas ordenó la clase?

_____

PRACTICA MÁS CON EL
Entrenador personal en matemáticas

Nombre _____

Escribir fracciones como sumas

Pregunta esencial ¿Cómo puedes escribir una fracción como una suma de fracciones con los mismos denominadores?

Estándares comunes Números y operaciones— Fracciones—4.NF.B.3b
PRÁCTICAS MATEMÁTICAS
MP2, MP3, MP8

🔑 Soluciona el problema En el mundo

Emilio cortó un emparedado en 8 partes iguales y comió 1 parte. Le quedan $\frac{7}{8}$ del emparedado. Emilio colocó cada parte restante en un plato. ¿Cuántos platos usó? ¿Qué parte del emparedado colocó en cada plato?

Cada parte del emparedado es $\frac{1}{8}$ del entero. Llamamos **fracción unitaria** a $\frac{1}{8}$ porque indica la parte del entero que representa 1 parte. Una fracción unitaria siempre tiene 1 como numerador.

🔑 Ejemplo 1 Escribe $\frac{7}{8}$ como la suma de fracciones unitarias.

1						
$\frac{1}{8}$	$\frac{1}{8}$	$\frac{1}{8}$	$\frac{1}{8}$	$\frac{1}{8}$	$\frac{1}{8}$	$\frac{1}{8}$

$\frac{7}{8} = $ _____ + _____ + _____ + _____ + _____ + _____ + _____

El número de sumandos representa el número de platos que usó.

Las fracciones unitarias representan la parte del emparedado que hay en cada plato.

Entonces, Emilio usó _____ platos. Colocó _____ del emparedado en cada plato.

---

1. ¿Qué pasaría si Emilio comiera 3 partes del emparedado en vez de 1 parte? ¿Cuántos platos necesitaría? ¿Qué parte del emparedado habría en cada plato? Explica.

_____

_____

_____

_____

🔑 Ejemplo 2 Escribe una fracción como una suma.

Kevin e Isabel compartirán una pizza entera. La pizza está cortada en
6 trozos iguales. Colocarán los trozos en dos platos. ¿Qué parte de la pizza
entera podría haber en cada plato?

Sombrea los modelos para mostrar tres maneras diferentes en las
que Kevin e Isabel podrían repartir la pizza. Escribe una ecuación
para cada modelo.

Piensa: $\frac{6}{6}$ = 1 pizza entera.

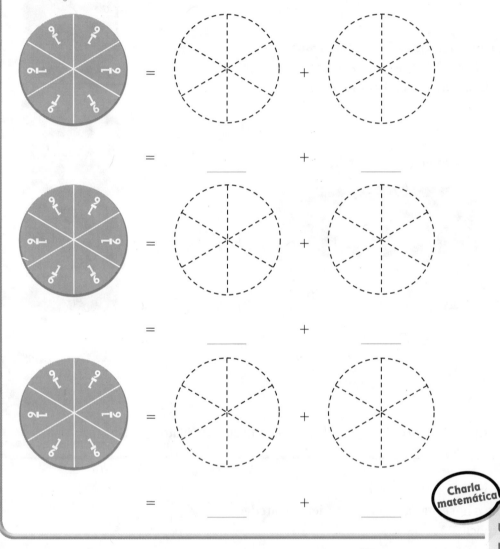

$=$ _____ $+$ _____

$=$ _____ $+$ _____

$=$ _____ $+$ _____

Charla matemática

PRÁCTICAS MATEMÁTICAS ⑧

Usa el razonamiento
repetitivo Si hubiera 8
platos, ¿podrían colocar $\frac{1}{6}$
de la pizza entera en cada
plato? Explica.

2. ¿Qué pasaría si 3 amigos compartieran la pizza y colocaran los
trozos en tres platos diferentes? ¿Qué parte de la pizza podría
haber en cada plato? Escribe ecuaciones para justificar tu respuesta.

_____

_____

Nombre _____

1. Escribe $\frac{3}{4}$ como la suma de fracciones unitarias.

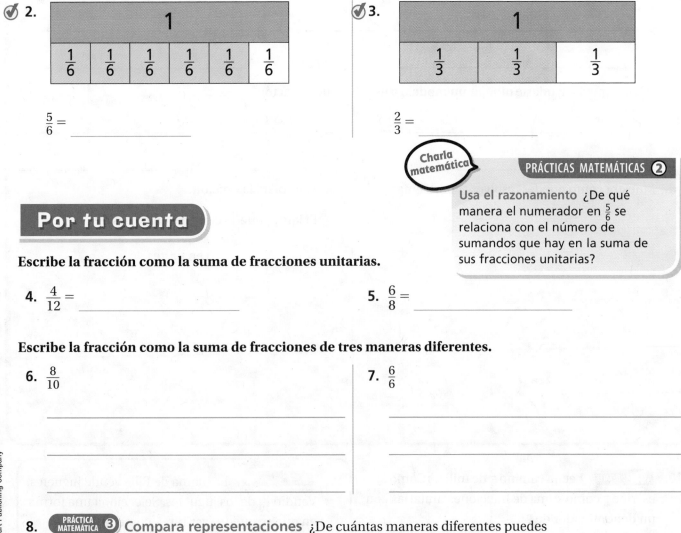

$$\frac{3}{4} = \underline{\hspace{1cm}} + \underline{\hspace{1cm}} + \underline{\hspace{1cm}}$$

Escribe la fracción como la suma de fracciones unitarias.

2.

$$\frac{5}{6} = \underline{\hspace{3cm}}$$

3.

$$\frac{2}{3} = \underline{\hspace{3cm}}$$

Charla matemática

PRÁCTICAS MATEMÁTICAS ②

Usa el razonamiento ¿De qué manera el numerador en $\frac{5}{6}$ se relaciona con el número de sumandos que hay en la suma de sus fracciones unitarias?

Por tu cuenta

Escribe la fracción como la suma de fracciones unitarias.

4. $\frac{4}{12} =$ _____

5. $\frac{6}{8} =$ _____

Escribe la fracción como la suma de fracciones de tres maneras diferentes.

6. $\frac{8}{10}$

_____

_____

_____

7. $\frac{6}{6}$

_____

_____

_____

8. **PRÁCTICA MATEMÁTICA** ③ **Compara representaciones** ¿De cuántas maneras diferentes puedes escribir una fracción con numerador 2 como la suma de fracciones? Explica.

_____

_____

Soluciona el problema *En el mundo*

9. **PIENSA MÁS** El jardín de Holly está dividido en 5 secciones iguales. Ella cercará el jardín en 3 áreas y, para eso, agrupará algunas de las secciones iguales. ¿Qué partes del jardín podrían formar parte de cada área cercada?

a. ¿Qué información debes usar?

_____

_____

b. ¿Cómo puede ayudarte escribir una ecuación a resolver el problema? _____

_____

_____

c. ¿Cómo puede ayudarte dibujar un modelo a escribir una ecuación? _____

_____

_____

d. Muestra cómo puedes resolver el problema.

e. Completa la oración.

El jardín puede cercarse en partes de _____,

_____ y _____ o en partes de _____,

_____ y _____ .

---

10. **MÁS AL DETALLE** Leena caminó $\frac{2}{3}$ de milla. ¿Cómo se escribe $\frac{2}{3}$ como suma de fracciones unitarias con un denominador de 9?

_____

11. **PIENSA MÁS** La mamá de Ellie vende juguetes. Vendió $\frac{7}{10}$ de los juguetes. Selecciona una forma en que se puede escribir $\frac{7}{10}$ como una suma de fracciones. Marca todas las opciones que correspondan.

Ⓐ $\frac{4}{10} + \frac{1}{10} + \frac{1}{10} + \frac{1}{10}$

Ⓑ $\frac{4}{10} + \frac{3}{10} + \frac{1}{10} + \frac{1}{10} + \frac{1}{10}$

Ⓒ $\frac{1}{10} + \frac{2}{10} + \frac{3}{10} + \frac{1}{10}$

Escribir fracciones como sumas

Estándares comunes

ESTÁNDAR COMÚN—4.NF.B.3b
Forman fracciones a partir de fracciones unitarias al aplicar y ampliar los conocimientos previos de las operaciones con números enteros.

Escribe la fracción como una suma de fracciones unitarias.

1. $\dfrac{4}{5} =$ ___$\dfrac{1}{5} + \dfrac{1}{5} + \dfrac{1}{5} + \dfrac{1}{5}$___

   Piensa: Suma $\dfrac{1}{5}$ cuatro veces.

2. $\dfrac{3}{8} =$ _____

3. $\dfrac{6}{12} =$ _____

   _____

4. $\dfrac{4}{4} =$ _____

Escribe la fracción como una suma de fracciones de tres maneras diferentes.

5. $\dfrac{7}{10}$

   _____

   _____

   _____

6. $\dfrac{6}{6}$

   _____

   _____

   _____

Resolución de problemas En el mundo

7. Petra debe colorear $\dfrac{6}{6}$ de una cuadrícula. Debe usar 3 colores: azul, rojo y rosado. Debe haber más secciones azules que secciones rojas o rosadas. ¿De qué maneras puede colorear Petra las secciones de la cuadrícula respetando todas las reglas?

   _____

   _____

   _____

8. **ESCRIBE** ▸ *Matemáticas* Escribe $\dfrac{9}{12}$ como una suma de fracciones unitarias.

   _____

   _____

Repaso de la lección (4.NF.B.3b)

1. Jorge quiere escribir $\frac{4}{5}$ como una suma de fracciones unitarias. ¿Qué debe escribir?

2. ¿Qué fracción es equivalente a la expresión $\frac{4}{8} + \frac{2}{8} + \frac{1}{8}$?

_____

_____

Repaso en espiral (4.OA.A.3, 4.OA.B.4, 4.NBT.B.6, 4.NF.B.3a)

3. Una manzana está cortada en 6 trozos iguales. Nancy come 2 trozos. ¿Qué fracción de la manzana queda?

4. ¿Cuál de estos números es un número primo: 1, 11, 21, 51?

_____

_____

5. Una maestra tiene una bolsa con 100 cubos unitarios. Reparte la misma cantidad de cubos a los 7 grupos de su clase. A cada grupo le da la mayor cantidad posible de cubos. ¿Cuántos cubos unitarios quedan?

6. Jessie clasificó las monedas de su alcancía. Hizo 7 pilas de 6 monedas de 10¢ y 8 pilas de 5 monedas de 5¢. Luego halló 1 moneda de 10¢ y 1 de 5¢. ¿Cuántas monedas de 10¢ y de 5¢ tiene Jessie en total?

_____

_____

PRACTICA MÁS CON EL
Entrenador personal
en matemáticas

Sumar fracciones usando modelos

Pregunta esencial ¿Cómo puedes sumar fracciones con denominadores semejantes usando modelos?

Estándares comunes Números y operaciones—Fracciones— **4.NF.B.3d** *También 4.MD.A.2*
PRÁCTICAS MATEMÁTICAS
MP2, MP3, MP4

¡ Soluciona el problema

La Sra. Clark hizo una barra de pan. Usó $\frac{1}{8}$ del pan para preparar un refrigerio y $\frac{5}{8}$ del pan para el almuerzo. ¿Cuánto pan usó en total la Sra. Clark?

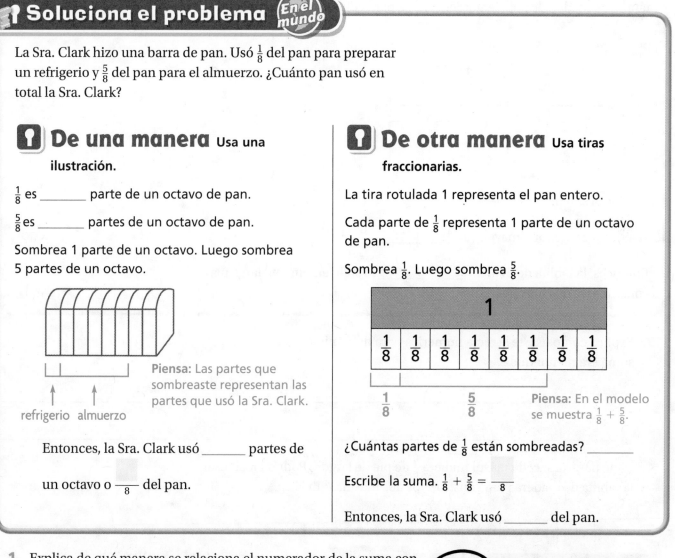

De una manera Usa una ilustración.

$\frac{1}{8}$ es _____ parte de un octavo de pan.

$\frac{5}{8}$ es _____ partes de un octavo de pan.

Sombrea 1 parte de un octavo. Luego sombrea 5 partes de un octavo.

Piensa: Las partes que sombreaste representan las partes que usó la Sra. Clark.

refrigerio almuerzo

Entonces, la Sra. Clark usó _____ partes de

un octavo o $\frac{}{8}$ del pan.

De otra manera Usa tiras fraccionarias.

La tira rotulada 1 representa el pan entero.

Cada parte de $\frac{1}{8}$ representa 1 parte de un octavo de pan.

Sombrea $\frac{1}{8}$. Luego sombrea $\frac{5}{8}$.

Piensa: En el modelo se muestra $\frac{1}{8} + \frac{5}{8}$.

¿Cuántas partes de $\frac{1}{8}$ están sombreadas? _____

Escribe la suma. $\frac{1}{8} + \frac{5}{8} = \frac{}{8}$

Entonces, la Sra. Clark usó _____ del pan.

---

1. Explica de qué manera se relaciona el numerador de la suma con el modelo de tiras fraccionarias.

_____

_____

Charla matemática PRÁCTICAS MATEMÁTICAS ②

Razona de forma abstracta
Explica por qué $\frac{1}{8} + \frac{5}{8} \neq \frac{6}{16}$.

2. Explica de qué manera se relaciona el denominador de la suma con el modelo de tiras fraccionarias.

_____

_____

🔑 Ejemplo

Jacob necesita dos tablitas de madera para construir los mástiles de un velero en miniatura. Un mástil medirá $\frac{3}{6}$ de pie de largo. El otro mástil medirá $\frac{2}{6}$ de pie de largo. Él tiene una tablita de madera que mide $\frac{4}{6}$ de pie de largo. ¿Es esta tablita de madera lo suficientemente larga para construir los dos mástiles?

Sombrea el modelo para mostrar $\frac{3}{6} + \frac{2}{6}$.

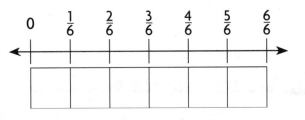

Escribe la suma. $\frac{3}{6} + \frac{2}{6} = \frac{}{6}$

¿La suma es menor o mayor que $\frac{4}{6}$? _____

Entonces, la tablita de madera _____ lo suficientemente larga para construir los dos mástiles.

---

3. Explica cómo usaste la recta numérica para determinar si la suma era menor que $\frac{4}{6}$.

_____

_____

4. ¿Qué pasaría si cada mástil midiera $\frac{2}{6}$ de pie de largo? ¿Podría Jacob usar la tablita de madera para construir los dos mástiles? Explica.

_____

Comparte y muestra  MATH BOARD

1. En septiembre, el gato de Adrian comió $\frac{3}{5}$ de una bolsa de golosinas para gatos y en octubre comió $\frac{1}{5}$ de la misma bolsa de golosinas para gatos. ¿Qué parte de la bolsa de golosinas para gatos comió el gato de Adrian en los dos meses?

Usa el modelo para hallar la suma $\frac{3}{5} + \frac{1}{5}$.

¿Cuántas partes de un quinto se muestran? _____

$\frac{3}{5} + \frac{1}{5} = \frac{}{5}$ de una bolsa

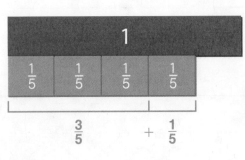

Nombre _____

Usa el modelo para hallar la suma.

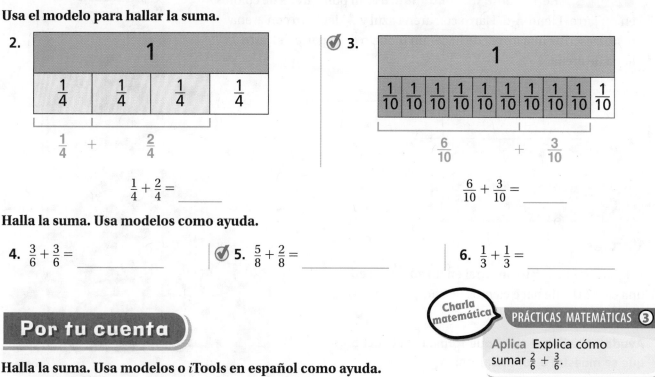

2.

1			
$\frac{1}{4}$	$\frac{1}{4}$	$\frac{1}{4}$	$\frac{1}{4}$

$\frac{1}{4}$ + $\frac{2}{4}$

$\frac{1}{4} + \frac{2}{4} =$ _____

3.

1									
$\frac{1}{10}$	$\frac{1}{10}$	$\frac{1}{10}$	$\frac{1}{10}$	$\frac{1}{10}$	$\frac{1}{10}$	$\frac{1}{10}$	$\frac{1}{10}$	$\frac{1}{10}$	$\frac{1}{10}$

$\frac{6}{10}$ + $\frac{3}{10}$

$\frac{6}{10} + \frac{3}{10} =$ _____

Halla la suma. Usa modelos como ayuda.

4. $\frac{3}{6} + \frac{3}{6} =$ _____

5. $\frac{5}{8} + \frac{2}{8} =$ _____

6. $\frac{1}{3} + \frac{1}{3} =$ _____

Por tu cuenta

Halla la suma. Usa modelos o iTools en español como ayuda.

7. $\frac{5}{8} + \frac{2}{8} =$ _____

8. $\frac{2}{5} + \frac{2}{5} =$ _____

9. $\frac{4}{6} + \frac{1}{6} =$ _____

> **Charla matemática**
>
> **PRÁCTICAS MATEMÁTICAS** ③
>
> Aplica Explica cómo sumar $\frac{2}{6} + \frac{3}{6}$.

10. MÁS AL DETALLE Jason preparó una bebida de frutas. Mezcló $\frac{2}{8}$ de cuarto de jugo de uva con $\frac{3}{8}$ de cuarto de jugo de manzana. Luego agregó $\frac{1}{8}$ de cuarto de limonada. ¿Cuánta bebida de frutas preparó Jason?

Resolución de problemas • Aplicaciones En el mundo

11. PIENSA MÁS Una suma tiene cinco sumandos. Cada sumando es una fracción unitaria. La suma es 1. ¿Cuáles son los sumandos?

_____

12. PIENSA MÁS En una encuesta, $\frac{4}{12}$ de los estudiantes escogieron el viernes y $\frac{5}{12}$ escogieron el sábado como su día preferido de la semana. ¿Qué fracción muestra a los estudiantes que escogieron el viernes o el sábado como su día preferido? Sombrea el modelo para mostrar tu respuesta.

1											
$\frac{1}{12}$	$\frac{1}{12}$	$\frac{1}{12}$	$\frac{1}{12}$	$\frac{1}{12}$	$\frac{1}{12}$	$\frac{1}{12}$	$\frac{1}{12}$	$\frac{1}{12}$	$\frac{1}{12}$	$\frac{1}{12}$	$\frac{1}{12}$

_____ de los estudiantes escogieron el viernes o el sábado.

13. **PRÁCTICA MATEMÁTICA 4** **Representa las matemáticas** Jin pone arena de colores en un jarro. Llenó $\frac{2}{10}$ del jarro con arena azul y $\frac{4}{10}$ del jarro con arena rosa. Describe una forma de hacer un modelo de la parte del jarro llena de arena.

_____

_____

Conectar con el Arte

Vitrales

¿Alguna vez has visto un vitral en un edificio o en una casa? Desde hace cientos de años, los artistas han diseñado vitrales.

Ayuda a diseñar el vitral que forma la vela del bote que se muestra a continuación.

Materiales ▪ lápices de colores

Observa los ocho triángulos de la vela. Usa la siguiente guía para colorear los triángulos:

- $\frac{2}{8}$ azul
- $\frac{3}{8}$ rojo
- $\frac{2}{8}$ anaranjado
- $\frac{1}{8}$ amarillo

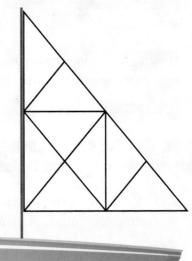

14. **PRÁCTICA MATEMÁTICA 4** **Escribe una ecuación** Escribe una ecuación que muestre la fracción de los triángulos que son rojos o azules.

_____

_____

15. **MÁS AL DETALLE** ¿Qué color tiene la mayor parte de la vela? Escribe una fracción para ese color. ¿Cómo sabes que esa fracción es mayor que las demás fracciones? Explica.

_____

_____

_____

Sumar fracciones usando modelos

 ESTÁNDAR COMÚN—4.NF.B.3d
Forman fracciones a partir de fracciones unitarias al aplicar y ampliar los conocimientos previos de las operaciones con números enteros.

Halla el total. Usa tiras fraccionarias como ayuda.

1. $\frac{2}{6} + \frac{1}{6} =$ _____ $\frac{3}{6}$

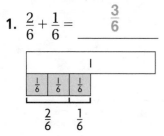

2. $\frac{4}{10} + \frac{5}{10} =$ _____

3. $\frac{1}{3} + \frac{2}{3} =$ _____

4. $\frac{2}{4} + \frac{1}{4} =$ _____

5. $\frac{2}{12} + \frac{4}{12} =$ _____

6. $\frac{1}{6} + \frac{2}{6} =$ _____

Resolución de problemas · En el mundo

7. Lola camina $\frac{4}{10}$ de milla para ir a la casa de su amiga. Luego camina $\frac{5}{10}$ de milla hacia la tienda. ¿Cuánto camina en total?

_____

8. Evan come $\frac{1}{8}$ de una bandeja de lasaña y su hermano come $\frac{2}{8}$. ¿Qué fracción de la bandeja de lasaña comen en total?

_____

9. Jacqueline compra $\frac{2}{4}$ de yarda de cinta verde y $\frac{1}{4}$ de yarda de cinta rosada. ¿Cuántas yardas de cinta compra en total?

_____

10. Shu mezcla $\frac{2}{3}$ de libra de cacahuates y $\frac{1}{3}$ de libra de almendras. ¿Cuántas libras de frutos secos mezcla en total?

_____

11. **ESCRIBE** ▸*Matemáticas* Busca una receta en un libro o en línea que incluya la cantidad de sal como fracción. Representa cómo hallar la cantidad de sal necesaria cuando se duplica la receta.

1. A Mary Jane le quedan $\frac{3}{8}$ de una pizza mediana. A Héctor le quedan $\frac{2}{8}$ de otra pizza mediana. ¿Qué cantidad de pizza tienen entre los dos? Usa modelos como ayuda.

_____

2. Jeannie comió $\frac{1}{4}$ de una manzana. Kelly comió $\frac{2}{4}$ de la manzana. ¿Qué cantidad de manzana comieron en total? Usa modelos como ayuda.

_____

Repaso en espiral (4.NBT.B.5, 4.NBT.B.6, 4.NF.A.1)

3. Karen está preparando 14 tipos de tarjetas de felicitación diferentes. Prepara 12 de cada tipo. ¿Cuántas tarjetas de felicitación está preparando?

_____

4. Jefferson tiene un trabajo de medio tiempo y gana $1,520 en cuatro semanas. ¿Cuánto dinero gana por semana?

_____

5. Si se instalan enseres para baño y cocina eficaces, el estadounidense promedio puede reducir el consumo de agua diario a 45 galones. Si se usa este tipo de enseres, ¿aproximadamente cuántos galones de agua usaría el estadounidense promedio en el mes de diciembre?

_____

6. Collin prepara un tablero de anuncios y centro de notas. Usa piezas cuadradas de corcho y fichas de pizarra cuadradas. Una de cada 3 piezas será de corcho. Si usa 12 piezas en total, ¿cuántas piezas serán de corcho?

_____

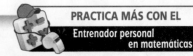

PRACTICA MÁS CON EL
Entrenador personal
en matemáticas

Nombre _____

Restar fracciones usando modelos

Pregunta esencial ¿Cómo puedes restar fracciones con denominadores semejantes usando modelos?

Estándares comunes Números y operaciones— Fracciones— 4.NF.B.3d *También* 4.MD.A.2

PRÁCTICAS MATEMÁTICAS
MP1, MP2, MP4, MP6

Soluciona el problema En el mundo

Una sonda espacial debe recorrer $\frac{5}{8}$ de milla para llegar a su destino. Ya ha recorrido $\frac{3}{8}$ de milla. ¿Cuánto le falta recorrer a la sonda?

Compara fracciones para hallar la diferencia.

PASO 1 Sombrea el modelo.

Sombrea el modelo para representar la distancia total.

Luego sombrea el modelo para representar la distancia que ya recorrió la sonda.

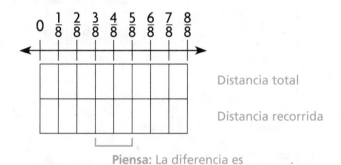

Distancia total

Distancia recorrida

Piensa: La diferencia es _____.

PASO 2 Escribe la diferencia.

$$\frac{5}{8} - \frac{3}{8} = \frac{}{8}$$

Entonces, la sonda debe recorrer _____ de milla más.

---

1. Explica cómo se muestra en el modelo la distancia que le falta recorrer a la sonda.

_____

_____

2. Explica cómo puedes usar el modelo para hallar $\frac{6}{8} - \frac{2}{8}$.

_____

_____

🔑 Ejemplo

Sam pidió una pizza pequeña que estaba cortada en 6 trozos iguales. Comió $\frac{2}{6}$ de la pizza y guardó el resto para más tarde. ¿Qué cantidad de pizza guardó para más tarde?

Halla $1 - \frac{2}{6}$.

- ¿Cuánta pizza tenía Sam al comienzo?

  _____

- ¿Cuántos trozos tiene el entero? _____

- ¿Cuántos trozos comió Sam? _____

🔑 De una manera Usa una ilustración.

Sombrea 1 entero.

Tacha las partes que comió Sam.

Piensa: Comió $\frac{2}{6}$ de la pizza o 2 partes de un sexto.

¿Cuántas partes de un sexto quedan? _____

Entonces, Sam guardó _____ de la pizza para más tarde.

🔑 De otra manera Usa tiras fraccionarias.

Usa seis partes de $\frac{1}{6}$ para representar la pizza entera.

¿Cuántas partes de $\frac{1}{6}$ deberías tachar para representar los trozos que comió Sam? _____

¿Cuántas partes de $\frac{1}{6}$ quedan? _____

Escribe la diferencia.

$$1 - \frac{}{} = \frac{}{}$$

Charla matemática

PRÁCTICAS MATEMÁTICAS ④

Usa modelos Explica por qué en este problema tiene sentido considerar 1 entero como $\frac{6}{6}$.

3. Explica cómo se relaciona la ecuación $\frac{6}{6} - \frac{2}{6} = \frac{4}{6}$ con la situación que se presenta en el problema.

_____

_____

4. Sam comió $\frac{2}{3}$ de la pizza y guardó el resto para más tarde. Explica cómo puedes usar el círculo para hallar cuánto de la pizza guardó Sam para más tarde.

_____

_____

_____

Nombre _____

1. Lisa necesita $\frac{4}{5}$ de libra de camarones para preparar una ensalada. Tiene $\frac{1}{5}$ de libra de camarones. ¿Qué cantidad más de camarones necesita Lisa para preparar la ensalada?

   Resta $\frac{4}{5} - \frac{1}{5}$. Usa el modelo como ayuda.

   Sombrea el modelo para representar la cantidad de camarones que necesita Lisa.

   Luego sombrea el modelo para representar la cantidad de camarones que tiene Lisa. Compara la diferencia entre las dos hileras sombreadas.

   $\frac{4}{5} - \frac{1}{5} = \frac{\quad}{5}$ de libra

   Lisa necesita _____ de libra más de camarones.

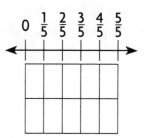

Usa el modelo para hallar la diferencia.

2. $\frac{3}{6} - \frac{2}{6} = \frac{\quad}{6}$

3. $\frac{8}{10} - \frac{3}{10} = \frac{\quad}{10}$

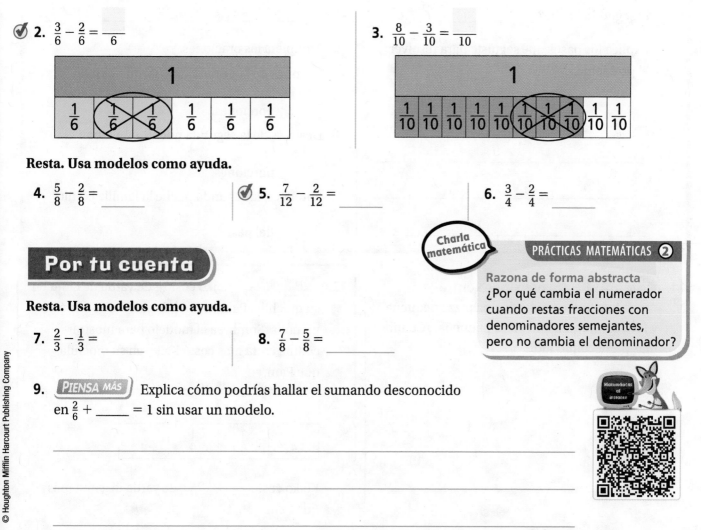

Resta. Usa modelos como ayuda.

4. $\frac{5}{8} - \frac{2}{8} =$ _____

5. $\frac{7}{12} - \frac{2}{12} =$ _____

6. $\frac{3}{4} - \frac{2}{4} =$ _____

Por tu cuenta

Resta. Usa modelos como ayuda.

7. $\frac{2}{3} - \frac{1}{3} =$ _____

8. $\frac{7}{8} - \frac{5}{8} =$ _____

9. **PIENSA MÁS** Explica cómo podrías hallar el sumando desconocido en $\frac{2}{6} +$ _____ $= 1$ sin usar un modelo.

_____

_____

_____

Charla matemática

PRÁCTICAS MATEMÁTICAS ②

Razona de forma abstracta
¿Por qué cambia el numerador cuando restas fracciones con denominadores semejantes, pero no cambia el denominador?

Soluciona el problema En el mundo

10. **MÁS AL DETALLE** Durante dos noches seguidas, la Sra. Ruiz sirvió pastel de postre. En las siguientes ilustraciones se muestra el pastel después de que la familia de la Sra. Ruiz comiera el postre cada noche. ¿Qué fracción del pastel comieron la segunda noche?

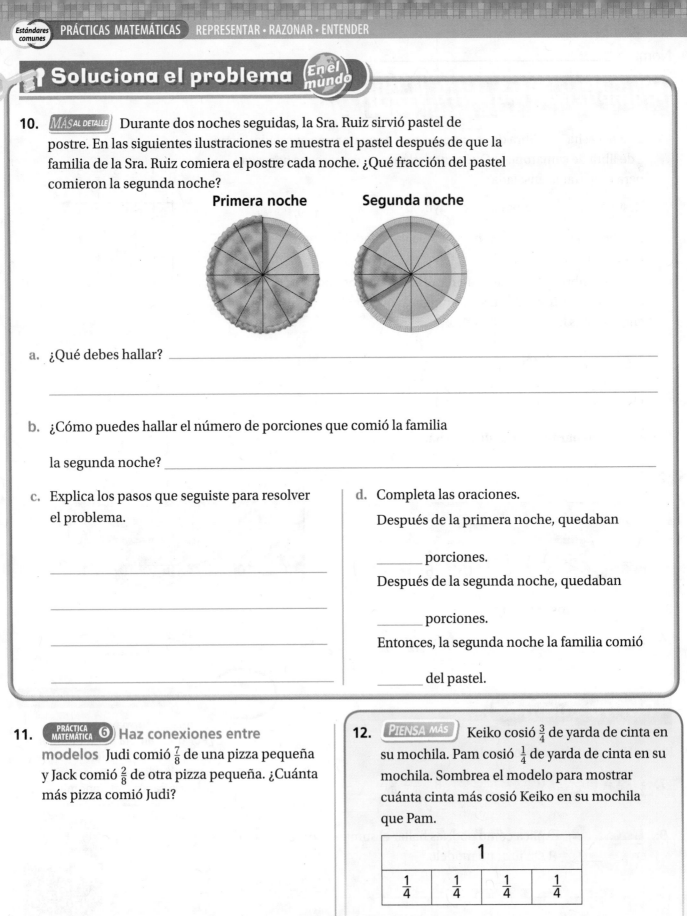

Primera noche   **Segunda noche**

a. ¿Qué debes hallar? _____

_____

b. ¿Cómo puedes hallar el número de porciones que comió la familia

la segunda noche? _____

c. Explica los pasos que seguiste para resolver el problema.

_____

_____

_____

_____

d. Completa las oraciones.

Después de la primera noche, quedaban

_____ porciones.

Después de la segunda noche, quedaban

_____ porciones.

Entonces, la segunda noche la familia comió

_____ del pastel.

11. **PRÁCTICA MATEMÁTICA ⑥ Haz conexiones entre modelos** Judi comió $\frac{7}{8}$ de una pizza pequeña y Jack comió $\frac{2}{8}$ de otra pizza pequeña. ¿Cuánta más pizza comió Judi?

_____

12. **PIENSA MÁS** Keiko cosió $\frac{3}{4}$ de yarda de cinta en su mochila. Pam cosió $\frac{1}{4}$ de yarda de cinta en su mochila. Sombrea el modelo para mostrar cuánta cinta más cosió Keiko en su mochila que Pam.

1			
$\frac{1}{4}$	$\frac{1}{4}$	$\frac{1}{4}$	$\frac{1}{4}$

Keiko cosió _____ de yarda de cinta más que Pam.

Nombre _____

Restar fracciones usando modelos

Estándares comunes

ESTÁNDAR COMÚN—4.NF.B.3d
Forman fracciones a partir de fracciones unitarias al aplicar y ampliar los conocimientos previos de las operaciones con números enteros.

Resta. Usa tiras fraccionarias como ayuda.

1. $\dfrac{4}{5} - \dfrac{1}{5} =$ _____ $\dfrac{3}{5}$

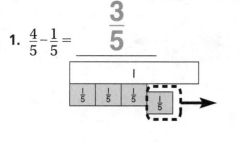

2. $\dfrac{3}{4} - \dfrac{1}{4} =$ _____

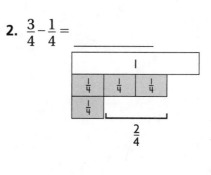

3. $\dfrac{5}{6} - \dfrac{1}{6} =$ _____

4. $\dfrac{7}{8} - \dfrac{1}{8} =$ _____

Resolución de problemas · En el mundo

Usa la tabla para resolver los ejercicios 5 y 6.

5. Emma está preparando frutos secos surtidos. Compra los productos que se muestran en la tabla. ¿Cuántas libras más de *pretzels* que de pasas compra?

_____

6. ¿Cuántas libras más de cereal que de rodajas de plátano frito compra?

_____

Producto	Peso (en libras)
Pretzels	$\dfrac{7}{8}$
Cacahuates	$\dfrac{4}{8}$
Pasas	$\dfrac{2}{8}$
Rodajas de plátano frito	$\dfrac{3}{8}$
Cereal	$\dfrac{5}{8}$

7. **ESCRIBE** ▸ *Matemáticas* Enumera y describe los pasos que seguirías para hacer un modelo de $\dfrac{7}{10} - \dfrac{4}{10}$.

_____

_____

1. Leonardo lee durante $\frac{3}{4}$ de hora por la mañana y $\frac{2}{4}$ de hora por la tarde. ¿Cuánto tiempo más lee por la mañana que por la tarde? Usa modelos como ayuda.

2. ¿Qué ecuación representa el siguiente modelo?

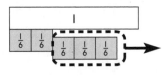

_____

_____

Repaso en espiral (4.NBT.B.5, 4.NF.A.2, 4.NF.B.3d)

3. En una ciudad cayeron 2 pulgadas de lluvia por día durante 3 días. Los meteorólogos dijeron que, si hubiera caído nieve en vez de lluvia, cada pulgada de lluvia habría representado 10 pulgadas de nieve. ¿Cuánta nieve habría caído en esa ciudad durante esos 3 días?

4. En una fiesta había cuatro emparedados grandes del mismo tamaño. Durante la fiesta se consumieron $\frac{2}{3}$ del emparedado de pollo, $\frac{3}{4}$ del emparedado de atún, $\frac{7}{12}$ del emparedado de carne asada y $\frac{5}{6}$ del emparedado de verduras. ¿De qué emparedado queda menos?

_____

_____

5. Deena usa $\frac{3}{8}$ de taza de leche y $\frac{2}{8}$ de taza de aceite para preparar una receta. ¿Qué cantidad de líquido usa en total?

6. En el estacionamiento, $\frac{4}{12}$ de los carros son blancos y $\frac{3}{12}$ son azules. ¿Qué fracción de los carros del estacionamiento son blancos o azules?

_____

_____

PRACTICA MÁS CON EL
Entrenador personal
en matemáticas

Nombre _____

Sumar y restar fracciones

Pregunta esencial ¿Cómo puedes sumar y restar fracciones con denominadores semejantes?

Estándares comunes Números y operaciones—Fracciones— 4.NF.B.3d

PRÁCTICAS MATEMÁTICAS
MP2, MP6, MP7

🔑 Soluciona el problema En el mundo

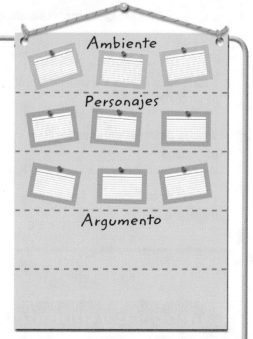

Julie hace un cartel como informe sobre un libro. Según las instrucciones, debe usar $\frac{1}{5}$ del cartel para describir el ambiente, $\frac{2}{5}$ del cartel para describir los personajes y el resto del cartel para describir el argumento. ¿Qué parte del cartel usará para describir el argumento?

🔑 Ejemplo Usa un modelo.

Sombrea _____ para representar la parte que corresponde al ambiente.

Sombrea _____ para representar la parte que corresponde a los personajes.

1				
$\frac{1}{5}$	$\frac{1}{5}$	$\frac{1}{5}$	$\frac{1}{5}$	$\frac{1}{5}$

• Escribe una ecuación para la parte del cartel que ocupa la descripción del ambiente y los personajes. _____

• ¿Qué representa la parte del modelo que no está sombreada?

_____

• Escribe una ecuación para la parte del cartel en la que describirá el argumento.

_____

Entonces, Julie usará _____ del cartel para describir el argumento.

Charla matemática PRÁCTICAS MATEMÁTICAS ❼

Busca estructuras ¿Por qué Julie debería dividir su cartel en 5 partes iguales en lugar de dividirlo en 3 partes iguales?

1. **¿Cuál es el error?** Luke dice que $\frac{1}{5} + \frac{2}{5} = \frac{3}{10}$. Describe su error.

_____

_____

_____

Denominadores comunes Las fracciones que tienen denominadores comunes representan enteros que están divididos entre el mismo número de partes iguales. Para sumar o restar fracciones que tienen el mismo denominador, puedes sumar o restar el número de partes que indican los numeradores.

🔑 Ejemplo Completa cada ecuación.

En palabras	Fracciones
1 parte de un cuarto + 2 partes de un cuarto = _____ partes de un cuarto	$\frac{1}{4} + \frac{2}{4} = \frac{}{4}$
3 partes de un sexto + 2 partes de un sexto = _____	$\frac{3}{6} + \frac{2}{6} = $ ____
7 partes de un décimo − 4 partes de un décimo = _____	____ − ____ = ____

Comparte y muestra
MATH BOARD

Charla matemática PRÁCTICAS MATEMÁTICAS ②
Razona de forma abstracta
Explica por qué $\frac{11}{12} - \frac{5}{6} \neq \frac{6}{6}$.

1. 9 partes de un doceavo − 5 partes de un doceavo = _____

$\frac{9}{12} - \frac{5}{12} = $ _____

Halla la suma o la diferencia.

2. $\frac{3}{12} + \frac{8}{12} = $ _____

3. $\frac{1}{3} + \frac{1}{3} = $ _____

4. $\frac{3}{4} - \frac{1}{4} = $ _____

✓ **5.** $\frac{2}{6} + \frac{2}{6} = $ _____

6. $\frac{3}{8} + \frac{1}{8} = $ _____

✓ **7.** $\frac{6}{10} - \frac{2}{10} = $ _____

Por tu cuenta

Halla la suma o la diferencia.

8. $\frac{1}{2} + \frac{1}{2} = $ _____

9. $\frac{5}{6} - \frac{4}{6} = $ _____

10. $\frac{4}{5} - \frac{2}{5} = $ _____

Práctica: Copia y resuelve Halla la suma o la diferencia.

11. $\frac{1}{4} + \frac{1}{4} = $ _____

12. $\frac{9}{10} - \frac{5}{10} = $ _____

13. $\frac{1}{12} + \frac{7}{12} = $ _____

14. *MÁS AL DETALLE* Christopher mezcla $\frac{3}{8}$ de galón de pintura roja con $\frac{5}{8}$ de galón de pintura azul para formar pintura morada. Usa $\frac{2}{8}$ de galón de pintura morada. ¿Cuánta pintura morada le sobra?

Nombre _____

15. PRÁCTICA MATEMÁTICA 6 Un trabajador público pinta una línea en el centro de la calle Main. La calle Main mide $\frac{8}{10}$ de milla de largo. El trabajador pintó $\frac{4}{10}$ de milla de la calle. **Explica** cómo hallar qué parte de una milla le queda por pintar.

_____

_____

_____

16. PIENSA MÁS ¿Tiene sentido? Brian dice que cuando sumas o restas fracciones con el mismo denominador, puedes sumar o restar los numeradores y mantener el mismo denominador. ¿Está en lo cierto Brian? Explica.

_____

_____

_____

_____

_____

17. MÁS AL DETALLE La longitud de una cuerda era $\frac{6}{8}$ de yarda. Jeff cortó la cuerda en 3 partes. Cada parte tiene una longitud diferente medida en octavos de yarda. ¿Cuál es la longitud de cada parte de la cuerda?

_____

18. PIENSA MÁS En los ejercicios 18a a 18d, escoge Sí o No para mostrar si la suma o la diferencia es correcta.

18a. $\frac{3}{5} + \frac{1}{5} = \frac{4}{5}$ ○ Sí ○ No

18b. $\frac{1}{4} + \frac{2}{4} = \frac{3}{8}$ ○ Sí ○ No

18c. $\frac{5}{8} - \frac{4}{8} = \frac{1}{8}$ ○ Sí ○ No

18d. $\frac{4}{9} - \frac{2}{9} = \frac{6}{9}$ ○ Sí ○ No

¿Tiene sentido?

19. Harry dice que $\frac{1}{4} + \frac{1}{8} = \frac{2}{8}$. Jane dice que $\frac{1}{4} + \frac{1}{8} = \frac{3}{8}$.

¿Cuál de las respuestas tiene sentido? ¿Cuál no tiene sentido?

Explica tu razonamiento. Dibuja un modelo como ayuda.

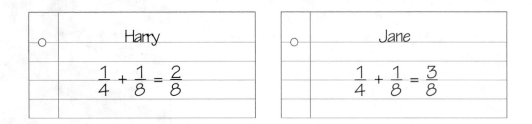

Modelo

Harry

Jane

Sumar y restar fracciones

ESTÁNDAR COMÚN—4.NF.B.3d
Forman fracciones a partir de fracciones unitarias al aplicar y ampliar los conocimientos previos de las operaciones con números enteros.

Halla la suma o la diferencia.

1. $\frac{4}{12} + \frac{8}{12} = \underline{\frac{12}{12}}$

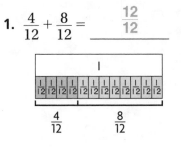

2. $\frac{3}{6} - \frac{1}{6} = \underline{\hspace{2cm}}$

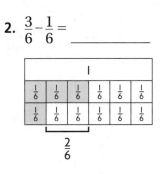

3. $\frac{4}{5} - \frac{3}{5} = \underline{\hspace{2cm}}$

4. $\frac{6}{10} + \frac{3}{10} = \underline{\hspace{2cm}}$

5. $1 - \frac{3}{8} = \underline{\hspace{2cm}}$

6. $\frac{1}{4} + \frac{2}{4} = \underline{\hspace{2cm}}$

Resolución de problemas (En el mundo)

Usa la tabla para resolver los ejercicios 7 y 8.

7. Guy averigua a qué distancia está su casa de varios otros lugares y hace la siguiente tabla. ¿Cuánto más lejos de la casa de Guy está la biblioteca que la cafetería?

_____

8. Si Guy camina desde su casa hasta la escuela y regresa, ¿cuánto camina?

_____

Distancia desde la casa de Guy	
Lugar	**Distancia (en millas)**
Biblioteca	$\frac{9}{10}$
Escuela	$\frac{5}{10}$
Tienda	$\frac{7}{10}$
Cafetería	$\frac{4}{10}$
Tienda de yogur	$\frac{6}{10}$

9. **ESCRIBE** ▸ *Matemáticas* Compara cómo harías un modelo y anotarías la forma de hallar la suma y la diferencia de dos piedras que pesan $\frac{2}{8}$ de libra y $\frac{3}{8}$ de libra.

_____

_____

1. El Sr. Arréguez compra $\frac{5}{8}$ de libra de uvas rojas y $\frac{3}{8}$ de libra de uvas verdes. ¿Cuántas libras de uvas compró el Sr. Arréguez en total?

2. ¿Qué ecuación representa el siguiente modelo?

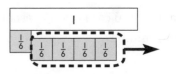

Repaso en espiral (4.OA.A.3, 4.NBT.B.5, 4.NF.B.3.d)

3. En un paquete hay 6 panecillos. ¿Cuántos paquetes se necesitan para alimentar a 48 personas si cada persona recibe 2 panecillos?

4. El campamento Oaks recibe 32 cajas de jugo de naranja y 56 cajas de jugo de manzana. Cada estante de la despensa tiene capacidad para 8 cajas de jugo. ¿Cuál es la menor cantidad de estantes que se necesitan para ubicar todas las cajas de jugo?

5. Una máquina produce 18 piezas por hora. Si la máquina funciona 24 horas por día, ¿cuántas piezas puede producir en un día?

6. ¿Qué ecuación representa el siguiente modelo?

PRACTICA MÁS CON EL
Entrenador personal
en matemáticas

✓ Revisión de la mitad del capítulo

Entrenador personal en matemáticas
Evaluación e intervención en línea

Vocabulario

Elige el término del recuadro que mejor corresponda.

Vocabulario
fracción
fracción unitaria
mínima expresión

1. Una _____ siempre tiene 1 como numerador. (pág. 391)

Conceptos y destrezas

Escribe la fracción como la suma de fracciones unitarias. (4.NF.B.3b)

2. $\frac{3}{10} =$ _____

3. $\frac{6}{6} =$ _____

Usa el modelo para escribir una ecuación. (4.NF.B.3a)

4.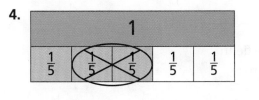

_____

5.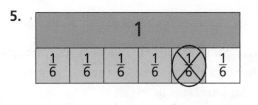

_____

Usa el modelo para resolver la ecuación. (4.NF.B.3a)

6. $\frac{3}{8} + \frac{2}{8} =$ _____

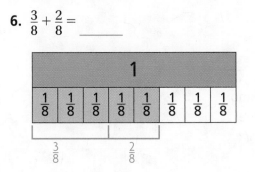

7. $\frac{4}{10} + \frac{5}{10} =$ _____

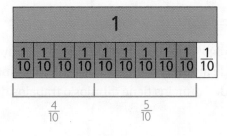

Halla la suma o la diferencia. (4.NF.B.3d)

8. $\frac{9}{12} - \frac{7}{12} =$ _____

9. $\frac{2}{3} + \frac{1}{3} =$ _____

10. $\frac{1}{5} + \frac{3}{5} =$ _____

11. $\frac{2}{6} + \frac{2}{6} =$ _____

12. $\frac{4}{4} - \frac{2}{4} =$ _____

13. $\frac{7}{8} - \frac{4}{8} =$ _____

14. Tyrone mezcló $\frac{7}{12}$ de cuarto de pintura roja con $\frac{1}{12}$ de cuarto de pintura amarilla. ¿Cuánta pintura tiene Tyrone en la mezcla? (4.NF.B.3d)

_____

15. Jorge vive a $\frac{6}{8}$ de milla de la escuela y a $\frac{2}{8}$ de milla de un estadio de béisbol. ¿Cuánto más lejos de la escuela que del estadio de béisbol vive Jorge? (4.NF.B.3d)

_____

16. _MÁS AL DETALLE_ Su Ling comenzó un proyecto de arte con 1 yarda de fieltro. Usó $\frac{2}{6}$ de yarda el martes y $\frac{3}{6}$ de yarda el miércoles. ¿Cuánto fieltro le queda a Su Ling? (4.NF.3d)

_____

17. Eloise colgó dibujos en $\frac{2}{5}$ de un tablero de anuncios. En $\frac{1}{5}$ del mismo tablero de anuncios, colgó trabajos de matemáticas. ¿Qué parte del tablero de anuncios tiene dibujos o trabajos de matemáticas? (4.NF.B.3d)

_____

Convertir fracciones y números mixtos

Pregunta esencial ¿Cómo puedes convertir números mixtos en fracciones mayores que 1 y convertir fracciones mayores que 1 en números mixtos?

Estándares comunes Números y operaciones—Fracciones—**4.NF.B.3b** También 4.MD.A.2

PRÁCTICAS MATEMÁTICAS
MP2, MP6, MP7, MP8

Soluciona el problema (En el mundo)

El Sr. Fox tiene $2\frac{3}{6}$ barras de pan de maíz. Cortó cada barra en trozos de $\frac{1}{6}$. Si invitó a 14 personas a cenar, ¿tiene suficiente pan para que cada invitado coma 1 trozo?

Un **número mixto** es un número representado por un número entero y una fracción. Puedes escribir un número mixto como una fracción.

Para hallar cuántas partes de $\frac{1}{6}$ hay en $2\frac{3}{6}$, escribe $2\frac{3}{6}$ como una fracción.

- ¿Cuál es el tamaño de 1 trozo de pan con relación al entero?

_____

- ¿Qué cantidad de pan necesita el Sr. Fox para 14 personas?

_____

🔑 Ejemplo Escribe un número mixto como una fracción.

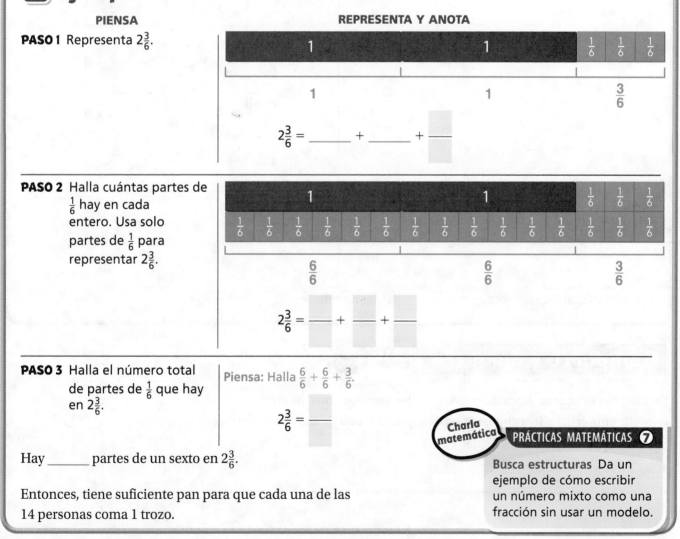

PIENSA

PASO 1 Representa $2\frac{3}{6}$.

REPRESENTA Y ANOTA

1   1 $\frac{1}{6}$ $\frac{1}{6}$ $\frac{1}{6}$

1   1 $\frac{3}{6}$

$2\frac{3}{6} = $ _____ + _____ + _____

PASO 2 Halla cuántas partes de $\frac{1}{6}$ hay en cada entero. Usa solo partes de $\frac{1}{6}$ para representar $2\frac{3}{6}$.

$\frac{6}{6}$ $\frac{6}{6}$ $\frac{3}{6}$

$2\frac{3}{6} = $ _____ + _____ + _____

PASO 3 Halla el número total de partes de $\frac{1}{6}$ que hay en $2\frac{3}{6}$.

Piensa: Halla $\frac{6}{6} + \frac{6}{6} + \frac{3}{6}$.

$2\frac{3}{6} = $ _____

Hay _____ partes de un sexto en $2\frac{3}{6}$.

Entonces, tiene suficiente pan para que cada una de las 14 personas coma 1 trozo.

Charla matemática **PRÁCTICAS MATEMÁTICAS 7**

Busca estructuras Da un ejemplo de cómo escribir un número mixto como una fracción sin usar un modelo.

🔑 Ejemplo Escribe una fracción mayor que 1 como un número mixto.

Para hacer una pulsera, Charlene necesita 7 hilos color café. Cada hilo debe medir $\frac{1}{3}$ de yarda de largo. ¿Cuánto hilo debe comprar para hacer la pulsera?

Escribe $\frac{7}{3}$ como un número mixto.

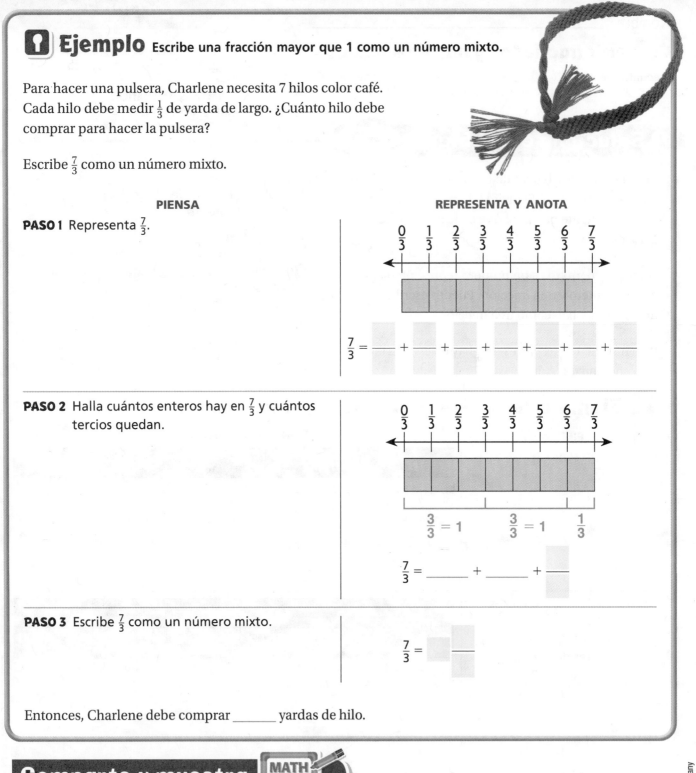

PIENSA

PASO 1 Representa $\frac{7}{3}$.

PASO 2 Halla cuántos enteros hay en $\frac{7}{3}$ y cuántos tercios quedan.

PASO 3 Escribe $\frac{7}{3}$ como un número mixto.

REPRESENTA Y ANOTA

$\frac{0}{3}$ $\frac{1}{3}$ $\frac{2}{3}$ $\frac{3}{3}$ $\frac{4}{3}$ $\frac{5}{3}$ $\frac{6}{3}$ $\frac{7}{3}$

$\frac{7}{3} = $ ___ + ___ + ___ + ___ + ___ + ___ + ___

$\frac{0}{3}$ $\frac{1}{3}$ $\frac{2}{3}$ $\frac{3}{3}$ $\frac{4}{3}$ $\frac{5}{3}$ $\frac{6}{3}$ $\frac{7}{3}$

$\frac{3}{3} = 1$ $\frac{3}{3} = 1$ $\frac{1}{3}$

$\frac{7}{3} = $ _____ + _____ + ___

$\frac{7}{3} = $ ___

Entonces, Charlene debe comprar _____ yardas de hilo.

Comparte y muestra 🖊 MATH BOARD

Escribe los números desconocidos. Escribe números mixtos sobre la recta numérica y fracciones mayores que uno debajo de la recta numérica.

1.

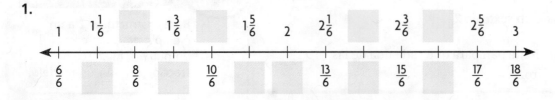

1    $1\frac{1}{6}$ ☐ $1\frac{3}{6}$ ☐ $1\frac{5}{6}$ 2 $2\frac{1}{6}$ ☐ $2\frac{3}{6}$ ☐ $2\frac{5}{6}$ 3

$\frac{6}{6}$ $\frac{8}{6}$ ☐ $\frac{10}{6}$ ☐ $\frac{13}{6}$ $\frac{15}{6}$ ☐ $\frac{17}{6}$ $\frac{18}{6}$

Nombre _____

Escribe el número mixto como una fracción.

2. $1\frac{1}{8}$

3. $1\frac{3}{5}$

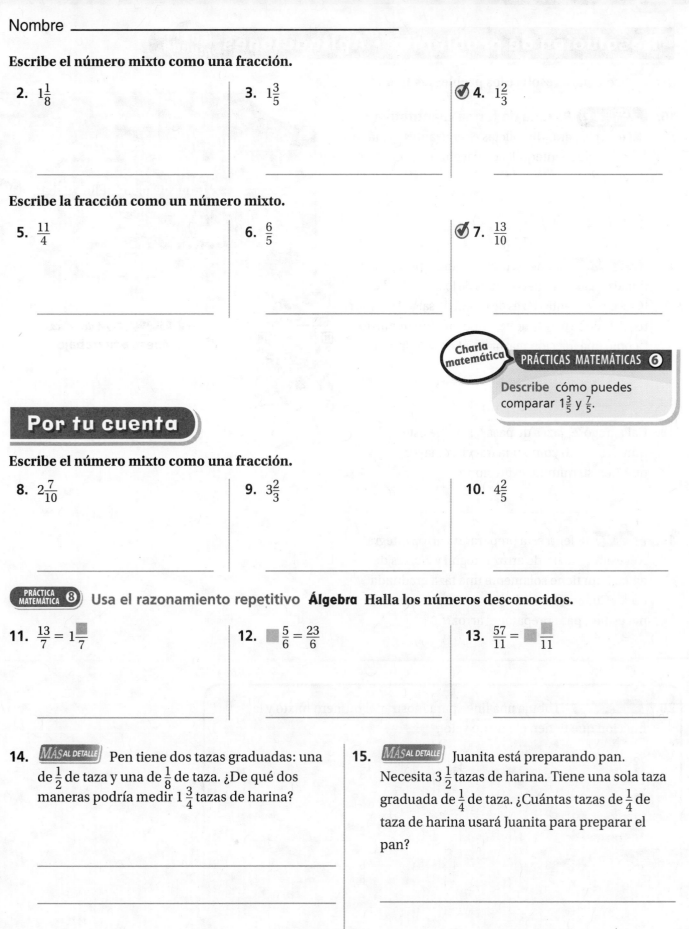 **4.** $1\frac{2}{3}$

_____

Escribe la fracción como un número mixto.

5. $\frac{11}{4}$

6. $\frac{6}{5}$

7. $\frac{13}{10}$

_____

Charla matemática **PRÁCTICAS MATEMÁTICAS 6**

Describe cómo puedes comparar $1\frac{3}{5}$ y $\frac{7}{5}$.

Por tu cuenta

Escribe el número mixto como una fracción.

8. $2\frac{7}{10}$

9. $3\frac{2}{3}$

10. $4\frac{2}{5}$

_____

PRÁCTICA MATEMÁTICA 8 Usa el razonamiento repetitivo **Álgebra** Halla los números desconocidos.

11. $\frac{13}{7} = 1\frac{\blacksquare}{7}$

12. $\blacksquare\frac{5}{6} = \frac{23}{6}$

13. $\frac{57}{11} = \blacksquare\frac{\blacksquare}{11}$

_____

14. *MÁS AL DETALLE* Pen tiene dos tazas graduadas: una de $\frac{1}{2}$ de taza y una de $\frac{1}{8}$ de taza. ¿De qué dos maneras podría medir $1\frac{3}{4}$ tazas de harina?

15. *MÁS AL DETALLE* Juanita está preparando pan. Necesita $3\frac{1}{2}$ tazas de harina. Tiene una sola taza graduada de $\frac{1}{4}$ de taza. ¿Cuántas tazas de $\frac{1}{4}$ de taza de harina usará Juanita para preparar el pan?

Resolución de problemas · Aplicaciones En el mundo

Usa la receta para resolver los problemas 16 a 18.

16. **PRÁCTICA MATEMÁTICA ②** Razona de forma cuantitativa
Cal está preparando galletas energizantes. ¿Cuántos $\frac{1}{2}$ de taza de mantequilla de cacahuate se usan en la receta?

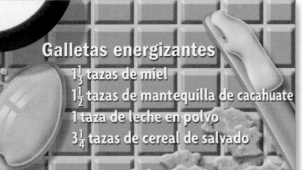

Galletas energizantes
$1\frac{1}{3}$ tazas de miel
$1\frac{1}{2}$ tazas de mantequilla de cacahuate
1 taza de leche en polvo
$3\frac{1}{4}$ tazas de cereal de salvado

17. **PIENSA MÁS** Imagina que Cal quiere preparar el doble de galletas energizantes de lo que se indica en la receta. ¿Cuántas tazas de cereal de salvado debería usar? Escribe tu respuesta como un número mixto y como una fracción mayor que 1 en su mínima expresión.

ESCRIBE *Matemáticas*
Muestra tu trabajo

18. Cal agregó $2\frac{3}{8}$ tazas de pasas. Escribe este número mixto como una fracción mayor que 1 en su mínima expresión.

19. **MÁS AL DETALLE** Jenn está preparando arroz integral. Necesita $1\frac{1}{2}$ tazas de arroz integral y 2 tazas de agua. Jenn tiene solamente una taza graduada de $\frac{1}{8}$. ¿Cuántas tazas de $\frac{1}{8}$ de arroz y de agua necesitará para preparar el arroz?

20. **PIENSA MÁS** Dibuja una línea para mostrar el número mixto y la fracción que tienen el mismo valor.

$1\frac{2}{5}$	$2\frac{3}{8}$	$4\frac{1}{3}$	$1\frac{2}{3}$
•	•	•	•
•	•	•	•
$\frac{30}{3}$	$\frac{13}{3}$	$\frac{4}{3}$	$\frac{8}{5}$

Convertir fracciones y números mixtos

Estándares comunes

ESTÁNDAR COMÚN—4.NF.B.3b
Forman fracciones a partir de fracciones unitarias al aplicar y ampliar los conocimientos previos de las operaciones con números enteros.

Escribe el número mixto como una fracción.

1. $2\frac{3}{5}$

Piensa: Halla $\frac{5}{5} + \frac{5}{5} + \frac{3}{5}$.

$\dfrac{13}{5}$
_____

2. $4\frac{1}{3}$

_____

3. $1\frac{2}{5}$

_____

4. $3\frac{2}{3}$

_____

5. $4\frac{1}{8}$

_____

6. $1\frac{7}{10}$

_____

7. $5\frac{1}{2}$

_____

8. $2\frac{3}{8}$

_____

Escribe la fracción como un número mixto.

9. $\dfrac{31}{6}$

_____

10. $\dfrac{20}{10}$

_____

11. $\dfrac{15}{8}$

_____

12. $\dfrac{13}{6}$

_____

Resolución de problemas En el mundo

13. Para preparar una receta se necesitan $2\frac{2}{4}$ tazas de pasas, pero Julie solo tiene una taza graduada de $\frac{1}{4}$. ¿Cuántas tazas de $\frac{1}{4}$ necesita medir Julie para obtener $2\frac{2}{4}$ tazas de pasas?

_____

14. Si Julie necesita $3\frac{1}{4}$ tazas de harina de avena, ¿cuántas tazas de $\frac{1}{4}$ de harina de avena usará?

_____

15. **ESCRIBE** ▸*Matemáticas* Dibuja y explica cómo puedes usar una recta numérica para convertir una fracción mayor que 1 en un número mixto.

_____

_____

Repaso de la lección (4.NF.B.3c)

1. Escribe un número mixto que sea equivalente a $\frac{16}{3}$.

2. Stacey llenó siete veces una taza graduada de $\frac{1}{2}$ de taza para obtener la cantidad de harina que requiere la receta de un pastel. ¿Cuánta harina se necesita para preparar el pastel?

Repaso en espiral (4.NBT.B.5, 4.NBT.B.6, 4.NF.A.1, 4.NF.B.3d)

3. Becki pegó algunas estampillas en su álbum. Puso 14 estampillas en cada página. Si completó 16 páginas enteras, ¿cuántas estampillas pegó en el álbum?

4. Brian maneja 324 millas para visitar a unos amigos. Quiere llegar en 6 horas. ¿Cuántas millas debe recorrer por hora?

5. Durante un desafío en bicicleta, los ciclistas deben recoger varias cintas de colores. Cada $\frac{1}{2}$ de milla recogen una cinta roja, cada $\frac{1}{8}$ de milla recogen una cinta verde y cada $\frac{1}{4}$ de milla recogen una cinta azul. ¿Qué colores de cinta recogerán en la marca de $\frac{3}{4}$ de milla?

6. Stephanie tenía $\frac{7}{8}$ de libra de alpiste. Llenó un comedero de aves con $\frac{3}{8}$ de libra. ¿Cuánto alpiste le queda?

PRACTICA MÁS CON EL
Entrenador personal
en matemáticas

Nombre _____

Sumar y restar números mixtos

Pregunta esencial ¿Cómo puedes sumar y restar números mixtos con denominadores semejantes?

Estándares comunes Números y operaciones— Fracciones— 4.NF.B.3c *También* 4.MD.A.2
PRÁCTICAS MATEMÁTICAS
MP1, MP2, MP4, MP8

Soluciona el problema *En el mundo*

Después de una fiesta, quedaron $1\frac{4}{6}$ quesadillas en una bandeja y $2\frac{3}{6}$ quesadillas en otra bandeja. ¿Cuántas quesadillas quedaron en total?

- ¿Qué operación usarás?

  _____

- ¿La suma de las partes fraccionarias de los números mixtos es mayor que 1?

  _____

Ejemplo Suma números mixtos.

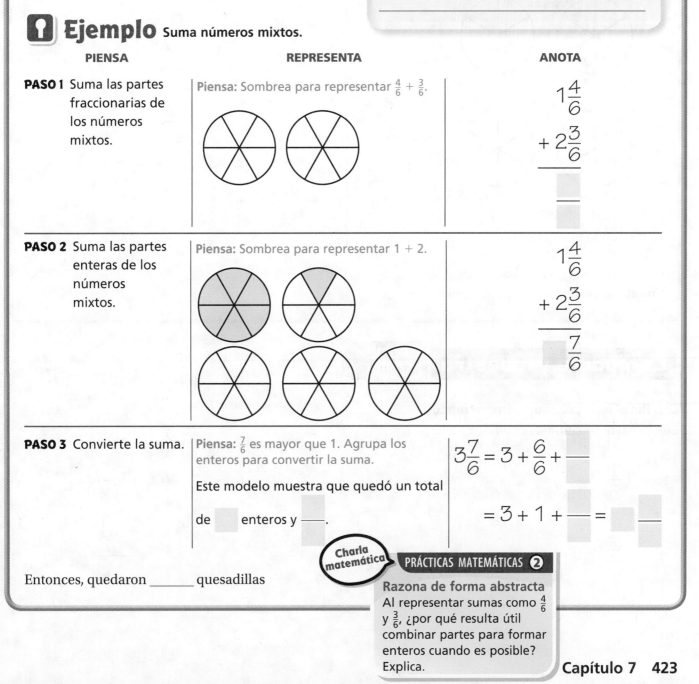

PIENSA	REPRESENTA	ANOTA
PASO 1 Suma las partes fraccionarias de los números mixtos.	**Piensa:** Sombrea para representar $\frac{4}{6} + \frac{3}{6}$.	$1\frac{4}{6}$ $+ 2\frac{3}{6}$
PASO 2 Suma las partes enteras de los números mixtos.	**Piensa:** Sombrea para representar $1 + 2$.	$1\frac{4}{6}$ $+ 2\frac{3}{6}$ $\overline{\frac{7}{6}}$

PASO 3 Convierte la suma. **Piensa:** $\frac{7}{6}$ es mayor que 1. Agrupa los enteros para convertir la suma.

Este modelo muestra que quedó un total

de ☐ enteros y ___.

$3\frac{7}{6} = 3 + \frac{6}{6} + \underline{}$

$= 3 + 1 + \underline{} = \boxed{}\ \underline{}$

Entonces, quedaron _____ quesadillas

Charla matemática PRÁCTICAS MATEMÁTICAS ❷

Razona de forma abstracta Al representar sumas como $\frac{4}{6}$ y $\frac{3}{6}$, ¿por qué resulta útil combinar partes para formar enteros cuando es posible? Explica.

Capítulo 7 **423**

🔑 Ejemplo Resta números mixtos.

Alejandro tenía $3\frac{4}{6}$ quesadillas. Su familia comió $2\frac{3}{6}$ quesadillas. ¿Cuántas quesadillas quedan?

Halla $3\frac{4}{6} - 2\frac{3}{6}$.

REPRESENTA

Sombrea el modelo para representar $3\frac{4}{6}$.

Luego tacha $2\frac{3}{6}$ para representar la resta.

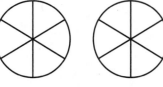

La diferencia es _____.

Entonces, quedan _____ quesadillas.

ANOTA

Resta las partes fraccionarias de los números mixtos.

Luego resta las partes enteras de los números mixtos.

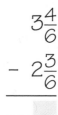

$$3\frac{4}{6}$$
$$-\ 2\frac{3}{6}$$

Comparte y muestra MATH BOARD

Escribe el total como un número mixto con la parte fraccionaria menor que 1.

1.
$$1\frac{1}{6}$$
$$+3\frac{3}{6}$$

Suma números enteros.   Suma fracciones.

___ + ___   ___ + ___

___ + ___ = ___

2.
$$1\frac{4}{5}$$
$$+7\frac{2}{5}$$

✓ 3.
$$2\frac{1}{2}$$
$$+3\frac{1}{2}$$

Halla la diferencia.

4. $3\dfrac{7}{12}$
$-2\dfrac{5}{12}$

5. $4\dfrac{2}{3}$
$-3\dfrac{1}{3}$

✓ **6.** $6\dfrac{9}{10}$
$-3\dfrac{7}{10}$

Charla matemática

PRÁCTICAS MATEMÁTICAS ⑧

Saca conclusiones Explica en qué se diferencia sumar y restar números mixtos de sumar y restar fracciones.

Por tu cuenta

Escribe el total como un número mixto con la parte fraccionaria menor que 1.

7. $7\dfrac{4}{6}$
$+4\dfrac{3}{6}$

8. $8\dfrac{1}{3}$
$+3\dfrac{2}{3}$

9. $5\dfrac{4}{8}$
$+3\dfrac{5}{8}$

10. $3\dfrac{5}{12}$
$+4\dfrac{2}{12}$

Halla la diferencia.

11. $5\dfrac{7}{8}$
$-2\dfrac{3}{8}$

12. $5\dfrac{7}{12}$
$-4\dfrac{1}{12}$

13. $3\dfrac{5}{10}$
$-1\dfrac{3}{10}$

14. $7\dfrac{3}{4}$
$-2\dfrac{2}{4}$

Práctica: Copia y resuelve Halla la suma o la diferencia.

15. $1\dfrac{3}{8} + 2\dfrac{7}{8}$

16. $6\dfrac{5}{8} - 4$

17. $9\dfrac{1}{2} + 8\dfrac{1}{2}$

18. $6\dfrac{3}{5} + 4\dfrac{3}{5}$

19. $8\dfrac{7}{10} - \dfrac{4}{10}$

20. $7\dfrac{3}{5} - 6\dfrac{3}{5}$

Resolución de problemas • Aplicaciones

Resuelve. Escribe tu respuesta como un número mixto.

ESCRIBE ▸ *Matemáticas*
Muestra tu trabajo

21. PRÁCTICA MATEMÁTICA ❶ **Entiende los problemas** La distancia en carro desde la casa de Alex hasta el museo es $6\frac{7}{10}$ millas. ¿Cuál es la distancia de ida y vuelta?

_____

22. PIENSA MÁS La distancia desde el estadio hasta la casa de Kristina es $10\frac{9}{10}$ millas. La distancia desde el estadio hasta la casa de Luke es $2\frac{7}{10}$ millas. ¿Cuánto mayor es la distancia desde el estadio hasta la casa de Kristina que la distancia desde el estadio hasta la casa de Luke?

_____

23. Pedro recorrió en bicicleta una distancia de $23\frac{4}{5}$ millas para ir desde su casa hasta la reserva natural. Sandra recorrió en bicicleta una distancia de $12\frac{2}{5}$ millas para ir desde su casa hasta el lago. ¿Cuántas millas menos que Pedro recorrió Sandra?

_____

24. MÁS AL DETALLE La familia Martínez recorrió en carro una distancia de $55\frac{4}{5}$ millas para ir desde su casa hasta un centro de esquí, y luego recorrió $12\frac{4}{5}$ millas más para visitar amigos. Si la familia hizo el mismo recorrido para volver a su casa, ¿cuál fue la distancia total recorrida?

_____

25. PIENSA MÁS En los ejercicios 25a a 25d, selecciona Verdadero o Falso para cada enunciado.

25a. $2\frac{3}{8} + 1\frac{6}{8}$ es igual a $4\frac{1}{8}$. ○ Verdadero ○ Falso

25b. $3\frac{6}{12} + 1\frac{4}{12}$ es igual a $2\frac{2}{12}$. ○ Verdadero ○ Falso

25c. $5\frac{5}{6} - 2\frac{4}{6}$ es igual a $1\frac{3}{6}$. ○ Verdadero ○ Falso

25d. $5\frac{5}{8} - 3\frac{2}{8}$ es igual a $2\frac{3}{8}$. ○ Verdadero ○ Falso

Sumar y restar números mixtos

Estándares comunes

ESTÁNDAR COMÚN—4.NF.B.3c
Forman fracciones a partir de fracciones unitarias al aplicar y ampliar los conocimientos previos de las operaciones con números enteros.

Halla la suma. Escribe la suma como un número mixto con una parte fraccionaria menor que 1.

1. $6\frac{4}{5}$
    $+3\frac{3}{5}$
    $9\frac{7}{5} = 10\frac{2}{5}$

2. $4\frac{1}{2}$
    $+2\frac{1}{2}$

3. $2\frac{2}{3}$
    $+3\frac{2}{3}$

4. $6\frac{4}{5}$
    $+7\frac{4}{5}$

5. $9\frac{3}{6}$
    $+2\frac{2}{6}$

6. $8\frac{4}{12}$
    $+3\frac{6}{12}$

7. $4\frac{3}{8}$
    $+1\frac{5}{8}$

8. $9\frac{5}{10}$
    $+6\frac{3}{10}$

Halla la diferencia.

9. $6\frac{7}{8}$
    $-4\frac{3}{8}$

10. $4\frac{2}{3}$
    $-3\frac{1}{3}$

11. $6\frac{4}{5}$
    $-3\frac{3}{5}$

12. $7\frac{3}{4}$
    $-2\frac{1}{4}$

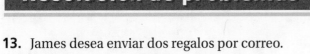

Resolución de problemas · En el mundo

13. James desea enviar dos regalos por correo. Un paquete pesa $2\frac{3}{4}$ libras. El otro paquete pesa $1\frac{3}{4}$ libras. ¿Cuánto pesan los paquetes en total?

    _____

    _____

14. **ESCRIBE** *Matemáticas* Describe cómo saber sumar y restar números mixtos te puede ayudar a preparar una receta.

    _____

    _____

Repaso de la lección (4.NF.B.3c)

1. Brad tiene que unir dos trozos de tubería de cobre. Uno mide $2\frac{5}{12}$ pies y el otro mide $3\frac{7}{12}$ pies. ¿Cuántos pies de tubería tiene en total?

2. Para un patrón se necesitan $2\frac{1}{4}$ yardas de material y $1\frac{1}{4}$ yardas de forro. ¿Cuánta tela se necesita en total?

Repaso en espiral (4.OA.A.3, 4.NBT.B.4, 4.NBT.B.5, 4.NBT.B.6)

3. Shanice tiene 23 tarjetas de colección de jugadores de béisbol. Acordó venderlas a $16 cada una. ¿Cuánto dinero obtendrá por las tarjetas?

4. Nanci es voluntaria en un refugio para animales. Quiere pasar la misma cantidad de tiempo jugando con cada perro. Tiene 145 minutos para jugar con los 7 perros. ¿Aproximadamente cuánto tiempo puede pasar con cada uno de ellos?

5. Frieda tiene 12 manzanas rojas y 15 verdes. Repartirá las manzanas en partes iguales entre 8 personas y se quedará con las manzanas restantes. ¿Con cuántas manzanas se quedará?

6. La familia Lynch compró una casa por $75,300. Unos años más tarde, la vendieron por $80,250. ¿Cuánto mayor fue el precio de venta que el precio de compra?

PRACTICA MÁS CON EL
Entrenador personal
en matemáticas

Nombre _____

Convertir para restar

Pregunta esencial ¿Cómo puedes convertir un número mixto para restar más fácilmente?

Estándares comunes
Números y operaciones— Fracciones—4.NF.B.3c *También* *4.MD.A.2*
PRÁCTICAS MATEMÁTICAS
MP1, MP4, MP7

🔑 Soluciona el problema En el mundo

Ramón, Chandler y Chase salen a andar en bicicleta los fines de semana. Un fin de semana, Chase anduvo en bicicleta durante 3 horas, Chandler durante $2\frac{1}{4}$ horas y Ramón durante $1\frac{3}{4}$ horas. ¿Cuánto tiempo más que Ramón anduvo en bicicleta Chandler?

- ¿Qué operación usarás?

  _____

- Encierra en un círculo los números del problema que debes usar para hallar la solución.

🔓 De una manera Usa un modelo. Halla $2\frac{1}{4} - 1\frac{3}{4}$.

Sombrea el modelo para representar el tiempo que Chandler anduvo en bicicleta.

Luego sombrea el modelo para representar el tiempo que Ramón anduvo en bicicleta.

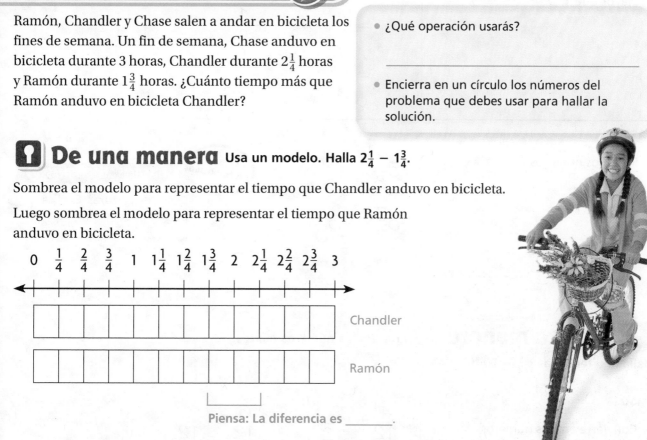

Piensa: La diferencia es _____.

Entonces, Chandler anduvo en bicicleta _____ hora más que Ramón.

1. Si tienes 1 parte de un cuarto, ¿puedes restar 3 partes de un cuarto? Explica.

   _____

   _____

2. Si tienes 1 entero y 1 parte de un cuarto, ¿puedes restar 3 partes de un cuarto? Explica.

   _____

   _____

Charla matemática PRÁCTICAS MATEMÁTICAS ❹

Usa modelos ¿Cómo puedes usar modelos para hallar cuánto tiempo más que Chandler anduvo Chase en bicicleta?

🔓 De una manera Convierte el primer número mixto.

Halla la diferencia. $5\frac{1}{8} - 3\frac{3}{8}$

PASO 1

Convierte $5\frac{1}{8}$ en un número mixto con una fracción mayor que 1.

Piensa:

$$5\frac{1}{8} = 4 + 1 + \frac{1}{8}$$

$$= 4 + \frac{}{8} + \frac{1}{8}$$

$$=$$

PASO 2

Resta los números mixtos.

$$5\frac{1}{8} =$$

$$-3\frac{3}{8} = -3\frac{3}{8}$$

Charla matemática

PRÁCTICAS MATEMÁTICAS ❼

Busca estructuras Explica por qué debes convertir $5\frac{1}{8}$.

🔓 De otra manera Convierte ambos números mixtos.

Halla la diferencia. $3\frac{4}{12} - 1\frac{6}{12}$

PASO 1

Convierte ambos números mixtos en fracciones mayores que 1.

$$3\frac{4}{12} = \frac{}{12} \qquad 1\frac{6}{12} = \frac{}{12}$$

PASO 2

Resta las fracciones mayores que 1.

$$\frac{}{12}$$

$$-\frac{}{12}$$

• Explica cómo podrías convertir 5 para restar $3\frac{1}{4}$.

_____

_____

Nombre _____

1. Convierte ambos números mixtos en fracciones. Halla la diferencia.

$$3\frac{3}{6} = \frac{}{6}$$

$$-1\frac{4}{6} = -\frac{}{6}$$

Halla la diferencia.

☑ **2.** $1\frac{1}{3}$
$-\frac{2}{3}$

3. $4\frac{7}{10}$
$-1\frac{9}{10}$

☑ **4.** $3\frac{5}{12}$
$-\frac{8}{12}$

> **Charla matemática**
>
> **PRÁCTICAS MATEMÁTICAS** ❹
>
> **Representa las matemáticas**
> Describe cómo representarías
> $\frac{13}{6} - \frac{8}{6}$.

Por tu cuenta

Halla la diferencia.

5. $8\frac{1}{10}$
$-2\frac{9}{10}$

6. 2
$-1\frac{1}{4}$

7. $4\frac{1}{5}$
$-3\frac{2}{5}$

Práctica: Copia y resuelve **Halla la diferencia.**

8. $4\frac{1}{6} - 2\frac{5}{6}$

9. $6\frac{9}{12} - 3\frac{10}{12}$

10. $3\frac{3}{10} - \frac{7}{10}$

11. $4 - 2\frac{3}{5}$

12. _MÁS AL DETALLE_ Lisa mezcló $4\frac{2}{6}$ vasos de jugo de naranja con $3\frac{1}{6}$ vasos de jugo de piña para hacer jugo de frutas. Lisa y los amigos tomaron $3\frac{4}{6}$ vasos de jugo. ¿Cuánto jugo de frutas sobró?

Resolución de problemas • Aplicaciones En el mundo

Convierte las fracciones para resolver los problemas.

Muchos instrumentos se doblan o curvan para que sea más fácil tocarlos, pero serían bastante largos si estuvieran completamente estirados.

13. **PRÁCTICA MATEMÁTICA ❶ Analiza relaciones** La trompeta y la corneta son instrumentos de metal. Si se los estira por completo, la longitud de una trompeta es $5\frac{1}{4}$ pies y la de una corneta es $4\frac{2}{4}$ pies. ¿Cuánto más larga que la corneta es la trompeta?

_____

14. **PIENSA MÁS** La tuba, el trombón y el corno francés son instrumentos de metal. Si se los estira por completo, la longitud de una tuba es 18 pies, la de un trombón es $9\frac{11}{12}$ pies y la de un corno francés es $17\frac{1}{12}$ pies. ¿Cuánto más larga que el corno francés es la tuba? ¿Cuánto más largo que el trombón es el corno francés?

_____

ESCRIBE ▸ *Matemáticas*
Muestra tu trabajo

15. **MÁS AL DETALLE** El tono de un instrumento musical está relacionado con su longitud. Por lo general, cuanto mayor es la longitud de un instrumento musical, más bajo es el tono. Ordena los instrumentos de metal de esta página según el tono, del más bajo al más alto.

_____

Entrenador personal en matemáticas

16. **PIENSA MÁS ✚** Alicia tenía $3\frac{1}{6}$ yardas de tela. Después de hacer un mantel, tenía $1\frac{4}{6}$ yardas de tela. Alicia dijo que usó $2\frac{3}{6}$ yardas de tela para hacer el mantel. ¿Estás de acuerdo? Explica.

_____

_____

_____

Convertir para restar

Estándares comunes

ESTÁNDAR COMÚN—4.NF.B.3c
Forman fracciones a partir de fracciones unitarias al aplicar y ampliar los conocimientos previos de las operaciones con números enteros.

Halla la diferencia.

1.

$$5\frac{1}{3} \longrightarrow 4\frac{4}{3}$$
$$-3\frac{2}{3} \longrightarrow 3\frac{2}{3}$$
$$\overline{\qquad 1\frac{2}{3}}$$

2.

$$6$$
$$-3\frac{2}{5}$$
$$\overline{\qquad}$$

3.

$$5\frac{1}{4}$$
$$-2\frac{3}{4}$$
$$\overline{\qquad}$$

4.

$$9\frac{3}{8}$$
$$-8\frac{7}{8}$$
$$\overline{\qquad}$$

5.

$$12\frac{3}{10}$$
$$-7\frac{7}{10}$$
$$\overline{\qquad}$$

6.

$$8\frac{1}{6}$$
$$-3\frac{5}{6}$$
$$\overline{\qquad}$$

7.

$$7\frac{3}{5}$$
$$-4\frac{4}{5}$$
$$\overline{\qquad}$$

8.

$$10\frac{1}{2}$$
$$-8\frac{1}{2}$$
$$\overline{\qquad}$$

9.

$$7\frac{1}{6}$$
$$-2\frac{5}{6}$$
$$\overline{\qquad}$$

10.

$$9\frac{3}{12}$$
$$-4\frac{7}{12}$$
$$\overline{\qquad}$$

11.

$$9\frac{1}{10}$$
$$-8\frac{7}{10}$$
$$\overline{\qquad}$$

12.

$$9\frac{1}{3}$$
$$-\frac{2}{3}$$
$$\overline{\qquad}$$

Resolución de problemas · En el mundo

13. Alicia compra una bolsa de 5 libras de piedras para una pecera. Coloca $1\frac{1}{8}$ libras en una pequeña pecera. ¿Cuánto le queda?

_____

14. Xavier preparó 25 libras de almendras asadas para una feria. Al final de la feria, le quedan $3\frac{1}{2}$ libras. ¿Cuántas libras de almendras asadas vendió en la feria?

_____

15. **ESCRIBE** *Matemáticas* Explica cómo sabes que debes convertir un número mixto para restar.

_____

_____

_____

Repaso de la lección (4.NF.B.3c)

1. Reggie está preparando un pastel de dos capas. Para preparar la primera capa necesita $2\frac{1}{4}$ tazas de azúcar. Para la segunda capa necesita $1\frac{1}{4}$ tazas de azúcar. Reggie tiene 5 tazas de azúcar. ¿Cuánta azúcar le quedará después de preparar las dos capas?

2. Kate tiene $4\frac{3}{8}$ yardas de tela y necesita $2\frac{7}{8}$ yardas para hacer una falda. ¿Cuánta tela le quedará después de terminarla?

Repaso en espiral (4.OA.B.4, 4.NBT.B.5, 4.NBT.B.6, 4.NF.B.3c)

3. Paulo tiene 128 cuentas de vidrio para decorar marcos. Quiere usar la misma cantidad de cuentas en cada marco. Si decora 8 marcos, ¿cuántas cuentas colocará en cada uno de ellos?

4. Madison está preparando bolsitas con sorpresas para su fiesta. Quiere hacer suficientes bolsitas para que todos los invitados reciban la misma cantidad. Sabe que habrá 6 u 8 invitados en la fiesta. ¿Cuál es la menor cantidad de bolsitas con sorpresas que debe preparar?

5. Un autobús de traslado hace 4 rondas de ida y vuelta por día entre dos centros comerciales. El autobús tiene capacidad para 24 personas. Si está lleno en cada viaje de un tramo, ¿cuántos pasajeros viajan por día?

6. Para preparar una ensalada de frutas, Marvin mezcla $1\frac{3}{4}$ tazas de duraznos en cubos con $2\frac{1}{4}$ tazas de peras en cubos. ¿Cuántas tazas de duraznos y de peras hay en la ensalada de frutas?

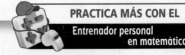

PRACTICA MÁS CON EL
Entrenador personal
en matemáticas

Nombre _____

Las fracciones y las propiedades de la suma

Estándares comunes **Números y operaciones— Fracciones—4.NF.B.3c**

PRÁCTICAS MATEMÁTICAS
MP2, MP7, MP8

Pregunta esencial ¿Cómo puedes sumar fracciones con denominadores semejantes usando las propiedades de la suma?

RELACIONA Las propiedades asociativa y conmutativa de la suma pueden ayudarte a agrupar y ordenar sumandos para hallar sumas mentalmente. Puedes usar el cálculo mental para combinar fracciones que suman 1.

- La propiedad conmutativa de la suma establece que, cuando se cambia el orden de dos sumandos, la suma es la misma. Por ejemplo, $4 + 5 = 5 + 4$.

- La propiedad asociativa de la suma establece que, al agrupar los sumandos de diferentes maneras, se obtiene el mismo resultado. Por ejemplo, $(5 + 8) + 4 = 5 + (8 + 4)$.

Soluciona el problema En el mundo

En el mapa se muestran cuatro faros de Florida Keys y la distancia que hay entre ellos en millas. El faro Dry Tortugas es el que está más al oeste y el faro Alligator Reef es el que está más al este.

¿Cuál es la distancia desde el faro Dry Tortugas hasta el faro Alligator Reef por el camino que atraviesa los cuatro faros?

Golfo de México

$70\frac{5}{10}$ $43\frac{6}{10}$ $34\frac{5}{10}$

Faro Dry Tortugas · Faro Key West · Faro Sombrero Key · Faro Alligator Reef

 Usa propiedades para ordenar y agrupar.

Suma. $70\frac{5}{10} + 43\frac{6}{10} + 34\frac{5}{10}$

$$70\frac{5}{10} + 43\frac{6}{10} + 34\frac{5}{10} = \underline{\quad} + \underline{\quad} + \underline{\quad}$$

$$= (\underline{\quad} + \underline{\quad}) + \underline{\quad}$$

$$= (\underline{\quad}) + \underline{\quad}$$

$$= \underline{\quad}$$

Usa la propiedad conmutativa para ordenar los sumandos de manera que las fracciones que suman 1 estén juntas.

Usa la propiedad asociativa para agrupar los sumandos que puedes sumar mentalmente.

Suma los números que agrupaste y luego suma el otro número mixto.

Escribe la suma.

Entonces, la distancia desde el faro Dry Tortugas hasta el faro Alligator

Reef, por el camino que atraviesa los cuatro faros, es _____ millas.

¡Inténtalo! Usa las propiedades y el cálculo mental para resolver los ejercicios. Muestra cada paso e indica la propiedad que usaste.

$$1\frac{1}{3} + \left(2 + 3\frac{2}{3}\right)$$

Comparte y muestra   MATH BOARD

1. Completa. Indica la propiedad que se usa.

$$\left(3\frac{4}{10} + 5\frac{2}{10}\right) + \frac{6}{10} = \left(5\frac{2}{10} + 3\frac{4}{10}\right) + \underline{\hspace{1cm}} \qquad \underline{\hspace{3cm}}$$

$$= 5\frac{2}{10} + \left(3\frac{4}{10} + \underline{\hspace{1cm}}\right) \qquad \underline{\hspace{3cm}}$$

$$= 5\frac{2}{10} + \underline{\hspace{1cm}}$$

$$= \underline{\hspace{1cm}}$$

> **Charla matemática**
>
> **PRÁCTICAS MATEMÁTICAS ②**
>
> **Razona de forma abstracta** Describe cómo podrías usar las propiedades para hallar la suma $1\frac{1}{3} + 2\frac{5}{8} + 1\frac{2}{3}$.

Usa las propiedades y el cálculo mental para hallar la suma.

2. $\left(2\frac{7}{8} + 3\frac{2}{8}\right) + 1\frac{1}{8}$

3. $1\frac{2}{5} + \left(1 + \frac{3}{5}\right)$

4. $5\frac{3}{6} + \left(5\frac{5}{6} + 4\frac{3}{6}\right)$

✓5. $\left(1\frac{1}{4} + 1\frac{1}{4}\right) + 2\frac{3}{4}$

6. $\left(12\frac{4}{9} + 1\frac{2}{9}\right) + 3\frac{5}{9}$

✓7. $\frac{3}{12} + \left(1\frac{8}{12} + \frac{9}{12}\right)$

Nombre _____

Usa las propiedades y el cálculo mental para hallar la suma.

8. $\left(45\frac{1}{3} + 6\frac{1}{3}\right) + 38\frac{2}{3}$

9. $\frac{1}{2} + \left(103\frac{1}{2} + 12\right)$

10. $\left(3\frac{5}{10} + 10\right) + 11\frac{5}{10}$

11. _MÁS AL DETALLE_ Pablo está entrenando para un maratón. Corrió $5\frac{4}{8}$ millas el viernes, $6\frac{5}{8}$ millas el sábado y $7\frac{4}{8}$ millas el domingo. ¿Cuántas millas corrió en total los tres días?

12. _MÁS AL DETALLE_ En el almuerzo, el restaurante Dale's Diner sirvió un total de $2\frac{2}{6}$ ollas de sopa de verduras, $3\frac{5}{6}$ ollas de sopa de pollo y $4\frac{3}{6}$ ollas de sopa de tomate. ¿Cuántas ollas de sopa sirvieron en total?

Resolución de problemas • Aplicaciones _En el mundo_

Usa las expresiones del recuadro para responder las preguntas 13 y 14.

13. ¿Qué propiedad de la suma usarías para reagrupar los sumandos en la expresión A?

_____

14. _PIENSA MÁS_ ¿Qué dos expresiones tienen el mismo valor?

_____

A	$\frac{1}{8} + \left(\frac{7}{8} + \frac{4}{8}\right)$
B	$\frac{1}{2} + 2$
C	$\frac{3}{7} + \left(\frac{1}{2} + \frac{4}{7}\right)$
D	$\frac{1}{3} + \frac{4}{3} + \frac{2}{3}$

15. _PIENSA MÁS_ Une la ecuación con la propiedad utilizada.

$\frac{6}{12} + \left(\frac{6}{12} + \frac{3}{12}\right) = \left(\frac{6}{12} + \frac{6}{12}\right) + \frac{3}{12}$ •

$3\frac{2}{5} + \left(5\frac{4}{5} + 2\frac{1}{5}\right) = 3\frac{2}{5} + \left(2\frac{1}{5} + 5\frac{4}{5}\right)$ •

   • Propiedad conmutativa

$\left(4\frac{1}{6} + 3\frac{5}{6}\right) + 2\frac{2}{6} = \left(3\frac{5}{6} + 4\frac{1}{6}\right) + 2\frac{2}{6}$ •

   • Propiedad asociativa

$\left(1\frac{1}{8} + \frac{5}{8}\right) + 3\frac{3}{8} = 1\frac{1}{8} + \left(\frac{5}{8} + 3\frac{3}{8}\right)$ •

Plantea un problema

16. [MÁS AL DETALLE] Se están confeccionando los disfraces para el musical escolar. En la tabla de la derecha se muestra la cantidad de tela que se necesita para hacer los disfraces del protagonista masculino y la protagonista femenina. Alice usa la expresión $7\frac{3}{8} + 1\frac{5}{8} + 2\frac{4}{8}$ para hallar la cantidad total de tela necesaria para el disfraz de la protagonista femenina.

Para hallar el valor de la expresión mediante el cálculo mental, Alice usó las propiedades de la suma.

$$7\frac{3}{8} + 1\frac{5}{8} + 2\frac{4}{8} = \left(7\frac{3}{8} + 1\frac{5}{8}\right) + 2\frac{4}{8}$$

Alice sumó $7 + 1$ y pudo sumar rápidamente $\frac{3}{8}$ y $\frac{5}{8}$ al resultado de 8 para obtener 9. Sumó $2\frac{4}{8}$ a 9, entonces, su resultado fue $11\frac{4}{8}$.

Entonces, la cantidad de tela que se necesita para el disfraz de la protagonista femenina es $11\frac{4}{8}$ yardas.

Tela para disfraces (en yardas)

Material	Protagonista femenina	Protagonista masculino
Seda	$7\frac{3}{8}$	$1\frac{2}{8}$
Fieltro	$1\frac{5}{8}$	$2\frac{3}{8}$
Algodón	$2\frac{4}{8}$	$5\frac{6}{8}$

Usa la información sobre el disfraz del protagonista masculino para escribir un problema nuevo.

Plantea un problema.	Resuelve tu problema. Comprueba tu solución.

- **PRÁCTICA MATEMÁTICA ⑦ Identifica las relaciones** Explica por qué usar las propiedades de la suma hace que ambos problemas sean más fáciles de resolver.

_____

_____

Las fracciones y las propiedades de la suma

Estándares comunes

ESTÁNDAR COMÚN—4.NF.B.3c
Forman fracciones a partir de fracciones unitarias al aplicar y ampliar los conocimientos previos de las operaciones con números enteros.

Usa las propiedades y el cálculo mental para hallar la suma.

1. $5\frac{1}{3} + \left(2\frac{2}{3} + 1\frac{1}{3}\right)$

$5\frac{1}{3} + (4)$

$\underline{\qquad 9\frac{1}{3} \qquad}$

2. $10\frac{1}{8} + \left(3\frac{5}{8} + 2\frac{7}{8}\right)$

$\underline{\qquad\qquad}$

3. $8\frac{1}{5} + \left(3\frac{2}{5} + 5\frac{4}{5}\right)$

$\underline{\qquad\qquad}$

4. $6\frac{3}{4} + \left(4\frac{2}{4} + 5\frac{1}{4}\right)$

$\underline{\qquad\qquad}$

5. $\left(6\frac{3}{6} + 10\frac{4}{6}\right) + 9\frac{2}{6}$

$\underline{\qquad\qquad}$

6. $\left(6\frac{2}{5} + 1\frac{4}{5}\right) + 3\frac{1}{5}$

$\underline{\qquad\qquad}$

Resolución de problemas · En el mundo

7. En el salón de clases de Nate hay tres mesas de longitudes diferentes. Una mide $4\frac{1}{2}$ pies, otra mide 4 pies y la tercera mide $2\frac{1}{2}$ pies. ¿Cuál es la longitud total de las tres mesas si se las coloca en fila?

$\underline{\qquad\qquad}$

8. El Sr. Warren usa $2\frac{1}{4}$ bolsas de mantillo para el jardín y otras $4\frac{1}{4}$ bolsas para el jardín delantero. También usa $\frac{3}{4}$ de bolsa para poner alrededor de una fuente. ¿Cuántas bolsas de mantillo usa en total?

$\underline{\qquad\qquad}$

9. **ESCRIBE** ▸ *Matemáticas* Describe cómo las propiedades conmutativa y asociativa de la suma pueden hacer que sumar números mixtos sea más fácil.

$\underline{\qquad\qquad\qquad\qquad}$

$\underline{\qquad\qquad\qquad\qquad}$

$\underline{\qquad\qquad\qquad\qquad}$

$\underline{\qquad\qquad\qquad\qquad}$

Repaso de la lección (4.NF.B.3c)

1. Un carpintero cortó un trozo de madera en tres partes. Una parte mide $2\frac{5}{6}$ pies de largo. La segunda mide $3\frac{1}{6}$ pies de largo. La tercera mide $1\frac{5}{6}$ pies de largo. ¿Cuánto medía el trozo de madera?

2. Harry trabaja en un huerto de manzanas. El lunes recogió $45\frac{7}{8}$ libras de manzanas. El miércoles recogió $42\frac{3}{8}$ libras de manzanas. El viernes recogió $54\frac{1}{8}$ libras de manzanas. ¿Cuántas libras de manzanas recogió en esos tres días?

Repaso en espiral (4.OA.B.4, 4.NBT.B.5, 4.NBT.B.6, 4.NF.B.3c)

3. Había 6 naranjas en el refrigerador. Joey y sus amigos comieron $3\frac{2}{3}$ naranjas. ¿Cuántas naranjas quedaron?

4. Darlene debe identificar cuál de los siguientes números es un número primo:

   2, 12, 21, 39

   ¿Qué número debe elegir?

5. Un maestro tiene que acomodar 100 sillas para una reunión en hileras iguales. Escribe una de las maneras en que podría acomodar las sillas. Anota la cantidad de hileras y de sillas por hilera.

6. Nic compró 28 sillas plegables a $16 cada una. ¿Cuánto dinero gastó?

PRACTICA MÁS CON EL
Entrenador personal
en matemáticas

Resolución de problemas • Problemas de varios pasos con fracciones

Pregunta esencial ¿Cómo puedes usar la estrategia *representar* para resolver problemas de varios pasos con fracciones?

Estándares comunes **Números y operaciones—Fracciones—4.NF.B.3d** *También 4.MD.A.2*
PRÁCTICAS MATEMÁTICAS
MP1, MP3, MP4

Soluciona el problema En el mundo

En una tienda se venden nueces en bolsas de $\frac{3}{4}$ de libra. Ann comprará algunas bolsas de nueces y las empaquetará en bolsas de 1 libra. ¿Cuál es la menor cantidad de bolsas de $\frac{3}{4}$ de libra que Ann debería comprar si quiere llenar todas las bolsas de 1 libra sin que sobren nueces?

Lee el problema

¿Qué debo hallar?

Debo hallar cuántas bolsas de

_____ necesita Ann para armar bolsas de nueces de 1 libra sin que sobren nueces.

¿Qué información debo usar?

Las bolsas que comprará tienen

_____ de libra de nueces. Va a empaquetar las nueces en bolsas de

_____ libra.

¿Cómo usaré la información?

Puedo usar círculos fraccionarios

para _____ el problema.

Resuelve el problema

Describe cómo representarlo. Usa círculos fraccionarios.

Una bolsa de $\frac{3}{4}$ de libra   No alcanza para una bolsa de 1 libra

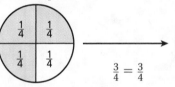

$$\frac{3}{4} = \frac{3}{4}$$

Dos bolsas de $\frac{3}{4}$ de libra   Una bolsa de 1 libra y sobran $\frac{2}{4}$ de libra

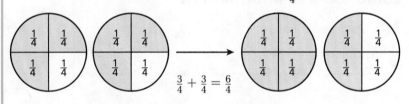

$$\frac{3}{4} + \frac{3}{4} = \frac{6}{4}$$

Tres bolsas de $\frac{3}{4}$ de libra tienen $\frac{3}{4} + \frac{3}{4} + \frac{3}{4} = \frac{\quad}{4}$ de libra de

nueces. Con esto se pueden armar _____ bolsas de 1 libra y

sobra _____ de libra.

Cuatro bolsas de $\frac{3}{4}$ de libra tienen $\frac{3}{4} + \frac{3}{4} + \frac{3}{4} + \frac{3}{4} = \frac{\quad}{4}$ de libra de

nueces. Con esto se pueden armar _____ bolsas de 1 libra y

sobran _____ nueces.

Entonces, Ann debería comprar _____ bolsas de $\frac{3}{4}$ de libra de nueces.

🔓 Haz otro problema

Al final de la cena, un restaurante tenía varios platos con tartas, cada uno con 2 porciones de un sexto de tarta. El cocinero pudo juntar estas porciones y formar 2 tartas enteras sin que sobrara ninguna porción. ¿Cuántos platos juntó el cocinero?

Lee el problema	Resuelve el problema
¿Qué debo hallar?	**Describe cómo representarlo.**
¿Qué información debo usar?	
¿Cómo usaré la información?	

Entonces, el cocinero juntó _____ platos, cada uno con $\frac{2}{6}$ de tarta.

Nombre _____

1. La semana pasada, Sia corrió $1\frac{1}{4}$ millas todos los días durante 5 días y luego se tomó 2 días libres. ¿Corrió por lo menos 6 millas la semana pasada?

Primero, representa el problema. Describe tu modelo.

_____

_____

_____

_____

_____

Luego, reagrupa las partes del modelo para calcular la cantidad de millas enteras que corrió Sia.

Sia corrió _____ millas enteras y _____ de milla.

Por último, compara la cantidad total de millas que corrió con 6 millas.

$6\frac{1}{4}$ millas $\bigcirc$ 6 millas

Entonces, Sia _____ por lo menos 6 millas la semana pasada.

2. ¿Qué pasaría si Sia corriera solamente $\frac{3}{4}$ de milla por día? ¿Habría corrido al menos 6 millas la semana pasada? Explica.

_____

_____

3. Una moneda de 25¢ es $\frac{1}{4}$ de dólar. Noah tiene 20 monedas de 25¢. ¿Cuánto dinero tiene? Explica.

_____

_____

_____

_____

4. PIENSA MÁS ¿Cuántas partes de $\frac{2}{5}$ hay en 2 enteros?

_____

Soluciona el problema

√ Subraya la pregunta.

√ Encierra en un círculo los datos importantes.

√ Tacha la información innecesaria.

ESCRIBE *Matemáticas*
Muestra tu trabajo

Por tu cuenta

5. Una empresa despachó 15,325 cajas de manzanas y 12,980 cajas de naranjas. ¿Cuántas más cajas de manzanas que de naranjas despachó la empresa?

_____

6. **PRÁCTICA MATEMÁTICA ①** **Analiza** En una feria se vendieron 3,300 boletos el viernes y el sábado. El viernes se vendieron 100 boletos más que el sábado. ¿Cuántos boletos se vendieron el viernes?

_____

7. **PIENSA MÁS** Emma caminó $\frac{1}{4}$ de milla el lunes, $\frac{2}{4}$ de milla el martes y $\frac{3}{4}$ de milla el miércoles. Si el patrón continúa, ¿cuántas millas caminará el viernes? Explica cómo hallaste el número de millas.

_____

_____

_____

_____

_____

8. **MÁS AL DETALLE** Jared pintó $\frac{5}{12}$ de una taza de rojo y $\frac{4}{12}$ de azul. ¿Qué parte de la taza **no** es roja ni azul?

_____

9. **PIENSA MÁS** Escoge el número que completa correctamente la oración.

Cada día, la Sra. Hewes teje $\frac{1}{3}$ de una bufanda en la mañana y $\frac{1}{3}$ de una bufanda en la tarde.

Le llevará
| 2 |
| 3 |
| 4 |
días a la Sra. Hewes tejer dos bufandas.

© Houghton Mifflin Harcourt Publishing Company

Matemáticas al instante

Resolución de problemas • Problemas de varios pasos con fracciones

Estándares comunes

ESTÁNDAR COMÚN—4.NF.B.3d
Forman fracciones a partir de fracciones unitarias al aplicar y ampliar los conocimientos previos de las operaciones con números enteros.

Lee los problemas y resuélvelos.

1. Todos los niños de la familia Smith recibieron una naranja cortada en 8 trozos iguales. Cada uno comió $\frac{5}{8}$ de la naranja. La Sra. Smith combinó los trozos que quedaban y descubrió que formaban exactamente 3 naranjas enteras. ¿Cuántos niños hay en la familia Smith?

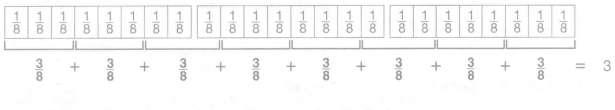

$$\frac{3}{8} + \frac{3}{8} + \frac{3}{8} + \frac{3}{8} + \frac{3}{8} + \frac{3}{8} + \frac{3}{8} + \frac{3}{8} = 3$$

Hay 8 sumandos, entonces, hay 8 niños en la familia Smith.

_____8 niños_____

2. Val camina $2\frac{3}{5}$ millas por día. Bill corre 10 millas cada 4 días. En 4 días, ¿quién recorre la mayor distancia?

_____

3. Chad compra cacahuates en bolsas de 2 libras. Los empaqueta en bolsas de $\frac{5}{6}$ de libra. ¿Cuántas bolsas de cacahuates de 2 libras debe comprar para llenar las bolsas de $\frac{5}{6}$ de libra sin que sobre ningún cacahuate?

_____

4. **ESCRIBE** *Matemáticas* Escribe un problema en el que haya que sumar o restar dos fracciones. Dibuja un modelo y describe cómo representarías el problema para resolverlo.

_____

_____

_____

Repaso de la lección (4.NF.B.3d)

1. Karyn corta un trozo de cinta en 4 partes iguales. Cada una mide $1\frac{1}{4}$ pies de largo. ¿Cuánto medía la cinta?

2. Cada uno de varios amigos tenía $\frac{2}{5}$ de una bolsa de cacahuates que había sobrado de un partido de béisbol. Se dieron cuenta de que podrían haber comprado 2 bolsas menos de cacahuates entre todos. ¿Cuántos amigos fueron al partido?

Repaso en espiral (4.OA.C.5, 4.NF.A.1, 4.NF.B.3b, 4.NF.B.3d)

3. Una rana hizo tres saltos. El primero midió $12\frac{5}{6}$ pulgadas. El segundo midió $8\frac{3}{6}$ pulgadas. El tercero midió $15\frac{1}{6}$ pulgadas. ¿Qué distancia saltó la rana en total?

4. LaDanian quiere escribir la fracción $\frac{4}{6}$ como una suma de fracciones unitarias. ¿Qué expresión debe escribir?

5. Greta creó un diseño con cuadrados. Coloreó de azul 8 de los 12 cuadrados. ¿Qué fracción de los cuadrados coloreó de azul?

6. El maestro da a los estudiantes el siguiente patrón: el primer término es 5 y la regla es *sumar* 4, *restar* 1. Cada estudiante dice un número. El primero dice 5. Víctor es el décimo de la fila. ¿Qué número debe decir?

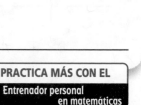

PRACTICA MÁS CON EL
Entrenador personal
en matemáticas

Nombre _____

 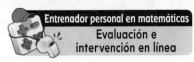
1. Un pintor mezcló $\frac{1}{4}$ de pintura roja con $\frac{3}{4}$ de pintura azul para formar pintura morada.

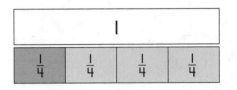

¿Cuánta pintura morada hizo el pintor?

[   ] cuarto de pintura morada

2. Iván anduvo en bicicleta durante $1\frac{1}{2}$ horas el lunes, $2\frac{1}{3}$ horas el martes y $2\frac{2}{3}$ horas el miércoles. ¿Cuál es la cantidad total de horas que Iván anduvo en bicicleta?

Iván anduvo en bicicleta [   ] horas.

Entrenador personal en matemáticas

3. **PIENSA MÁS +** Tricia tenía $4\frac{1}{8}$ yardas de tela para hacer cortinas. Cuando terminó, le quedaban $2\frac{3}{8}$ yardas de tela. Dijo que había usado $2\frac{2}{8}$ yardas de tela para las cortinas. ¿Estás de acuerdo? Explica.

4. La clase de Miguel asistió a la feria estatal. El terreno de la feria está dividido en secciones. Las atracciones están en $\frac{6}{10}$ del terreno. Los juegos están en $\frac{2}{10}$ del terreno. Las exhibiciones de granja están en $\frac{1}{10}$ del terreno.

Parte A

Usa el modelo. ¿Qué fracción del terreno de la feria está cubierta por atracciones y juegos?

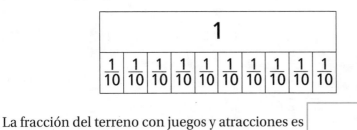

La fracción del terreno con juegos y atracciones es ⬚.

Parte B

¿Cuánto más grande es la sección del terreno de la feria con atracciones que la de exhibiciones de granja? Explica cómo se podría usar el modelo para hallar la respuesta.

5. Rita está haciendo chile. La receta requiere $2\frac{3}{4}$ tazas de tomates. ¿Cuántas tazas de tomates, escritas como una fracción mayor que 1, se usan en la receta?

⬚ de taza

6. La madre de Lamar vende equipamiento deportivo a través de Internet. Vendió $\frac{9}{10}$ del equipamiento deportivo. Selecciona una forma en que se puede escribir $\frac{9}{10}$ como una suma de fracciones. Marca todas las opciones que correspondan.

Ⓐ $\frac{1}{10} + \frac{1}{10} + \frac{1}{10} + \frac{1}{10} + \frac{2}{10}$

Ⓓ $\frac{4}{10} + \frac{1}{10} + \frac{1}{10} + \frac{3}{10}$

Ⓑ $\frac{3}{10} + \frac{2}{10} + \frac{3}{10} + \frac{1}{10}$

Ⓔ $\frac{4}{10} + \frac{3}{10} + \frac{1}{10} + \frac{1}{10} + \frac{1}{10}$

Ⓒ $\frac{2}{10} + \frac{2}{10} + \frac{2}{10} + \frac{2}{10}$

Ⓕ $\frac{2}{10} + \frac{2}{10} + \frac{2}{10} + \frac{3}{10}$

7. Beatriz llevó $\frac{8}{10}$ de galón de agua a una excursión a pie. Tomó $\frac{6}{10}$ del galón de agua. ¿Cuánta agua queda?

☐ de galón

8. En una encuesta, $\frac{6}{10}$ de los estudiantes escogieron el sábado y $\frac{1}{10}$ escogió el lunes como su día preferido de la semana. ¿Qué fracción muestra a los estudiantes que escogieron el sábado o el lunes como su día preferido?

Parte A

Sombrea el modelo para mostrar tu respuesta.

1									
$\frac{1}{10}$	$\frac{1}{10}$	$\frac{1}{10}$	$\frac{1}{10}$	$\frac{1}{10}$	$\frac{1}{10}$	$\frac{1}{10}$	$\frac{1}{10}$	$\frac{1}{10}$	$\frac{1}{10}$

☐ de los estudiantes escogieron el lunes o el sábado.

Parte B

¿Cómo se relacionan con el modelo el numerador y el denominador de tu respuesta? Explica.

9. Une la ecuación con la propiedad utilizada.

$\frac{6}{10} + \left(\frac{4}{10} + \frac{3}{10}\right) = \left(\frac{6}{10} + \frac{4}{10}\right) + \frac{3}{10}$ •

$1\frac{1}{4} + \left(3 + 2\frac{1}{4}\right) = 1\frac{1}{4} + \left(2\frac{1}{4} + 3\right)$ •

• Propiedad conmutativa

$\left(2\frac{6}{10} + \frac{1}{10}\right) + 3\frac{9}{10} = 2\frac{6}{10} + \left(\frac{1}{10} + 3\frac{9}{10}\right)$ •

• Propiedad asociativa

$\left(3\frac{4}{7} + 2\frac{1}{7}\right) + 6\frac{3}{7} = \left(2\frac{1}{7} + 3\frac{4}{7}\right) + 6\frac{3}{7}$ •

10. En los números 10a a 10e, selecciona Sí o No para mostrar si la suma o la diferencia es correcta.

10a. $\frac{2}{8} + \frac{1}{8} = \frac{3}{8}$ ○ Sí   ○ No

10b. $\frac{4}{5} + \frac{1}{5} = \frac{5}{5}$ ○ Sí   ○ No

10c. $\frac{4}{6} + \frac{1}{6} = \frac{5}{12}$ ○ Sí   ○ No

10d. $\frac{6}{12} - \frac{4}{12} = \frac{2}{12}$ ○ Sí   ○ No

10e. $\frac{7}{9} - \frac{2}{9} = \frac{9}{9}$ ○ Sí   ○ No

11. Gina tiene $5\frac{2}{6}$ pies de cinta plateada y $2\frac{4}{6}$ de cinta dorada. ¿Cuánta más cinta plateada que cinta dorada tiene Gina?

_____ pies más de cinta plateada

12. Jill está haciendo una capa larga. Necesita $4\frac{1}{3}$ yardas de tela azul para el exterior de la capa. Necesita $3\frac{2}{3}$ de tela morada para el interior de la capa.

Parte A

Jill restó incorrectamente los dos números mixtos para hallar cuánto más de tela azul que de tela morada debía comprar. Su trabajo se muestra a continuación.

$$4\frac{1}{3} - 3\frac{2}{3} = \frac{12}{3} - \frac{9}{3} = \frac{3}{3}$$

¿Por qué no es correcto el trabajo de Jill?

Parte B

¿Cuánta más tela azul que tela morada debería comprar Jill? Muestra tu trabajo.

13. Russ tiene dos frascos de pegamento. Un frasco está lleno hasta $\frac{1}{5}$. El otro frasco está lleno hasta $\frac{2}{5}$.

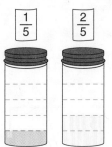

Usa las fracciones para escribir una ecuación con la que puedes hallar la cantidad de pegamento que tiene Russ.

$\boxed{} + \boxed{} = \boxed{}$

14. Gertie corrió $\frac{3}{4}$ de milla durante la clase de educación física. Sarah corrió $\frac{2}{4}$ de milla durante la misma clase. ¿Cuánto más corrió Gertie que Sarah? Sombrea el modelo para mostrar tu respuesta.

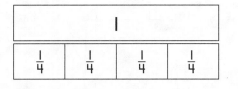

Gertie corrió $\boxed{}$ de milla más que Sarah.

15. Teresa plantó margaritas en $\frac{2}{8}$ de su jardín y petunias en $\frac{3}{8}$ de su jardín. ¿Qué fracción del jardín tiene margaritas y petunias?

El jardín de Teresa tiene $\boxed{}$ de margaritas y petunias.

16. Dibuja una línea para mostrar el número mixto y la fracción que tienen el mismo valor.

- $3\frac{2}{7}$ - $4\frac{5}{8}$ - $2\frac{3}{5}$ - $2\frac{3}{8}$

- $\frac{21}{8}$ - $\frac{37}{3}$ - $\frac{21}{7}$ - $\frac{37}{8}$

17. MÁS AL DETALLE Cada día, la hermana pequeña de Tally come $\frac{1}{4}$ de taza de cereal de arroz en la mañana y $\frac{1}{4}$ de taza de cereal de arroz en la tarde.

A la hermana de Tally le llevará $\boxed{\begin{array}{c}2\\3\\4\end{array}}$ días comer 2 tazas de cereal de arroz.

18. Tres niñas están vendiendo cajas de palomitas de maíz porque quieren ganar dinero para realizar un viaje con su banda de música. En la semana 1, Emily vendió $2\frac{3}{4}$ cajas, Brenda vendió $4\frac{1}{4}$ cajas y Shannon vendió $3\frac{1}{2}$ cajas.

Parte A

¿Cuántas cajas de palomitas vendieron las niñas en total? Explica cómo hallaste la respuesta.

Parte B

Las niñas deben vender un total de 35 cajas para tener el dinero suficiente para el viaje. Imagina que en la semana 2 y en la semana 3 venden la misma cantidad que en la semana 1. ¿Habrán vendido suficientes cajas para ir de viaje? Explica.

19. Henry comió $\frac{3}{8}$ de un emparedado. Keith comió $\frac{4}{8}$ del mismo emparedado. ¿Cuánto más comió Keith que Henry?

[   ] del emparedado

20. En los números 20a a 20d, selecciona Verdadero o Falso para cada enunciado.

20a. $1\frac{4}{9} + 2\frac{6}{9}$ es igual a $4\frac{1}{9}$.   ○ Verdadero   ○ Falso

20b. $3\frac{5}{6} + 2\frac{3}{6}$ es igual a $5\frac{2}{6}$.   ○ Verdadero   ○ Falso

20c. $4\frac{5}{8} - 2\frac{4}{8}$ es igual a $2\frac{3}{8}$.   ○ Verdadero   ○ Falso

20d. $5\frac{5}{8} - 3\frac{2}{8}$ es igual a $2\frac{3}{8}$.   ○ Verdadero   ○ Falso

21. Justin vive a $4\frac{3}{5}$ millas de la casa de su abuelo. Escribe el número mixto como una fracción mayor que 1.

$$4\frac{3}{5} = \boxed{}$$

Capítulo 8
Multiplicar fracciones por números enteros

✓ Muestra lo que sabes

Entrenador personal en matemáticas
Evaluación e intervención en línea

Comprueba si comprendes las destrezas importantes.

Nombre _____

▶ **Relacionar la suma con la multiplicación** **Completa.** (2.0A.C.4)

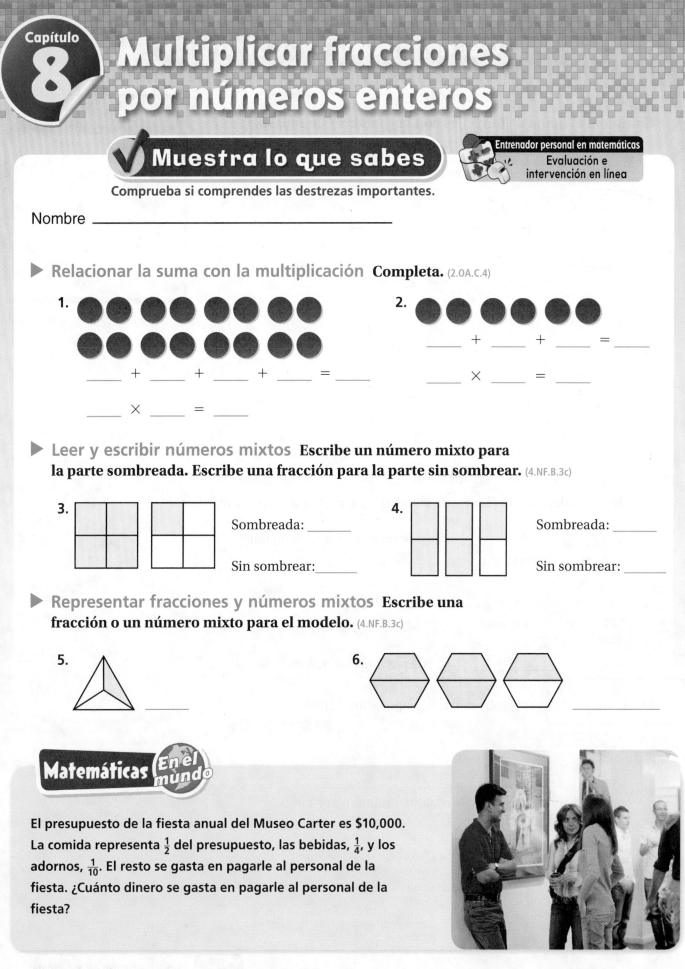

1. ____ + ____ + ____ + ____ = ____

____ × ____ = ____

2. ____ + ____ + ____ = ____

____ × ____ = ____

▶ **Leer y escribir números mixtos** **Escribe un número mixto para la parte sombreada. Escribe una fracción para la parte sin sombrear.** (4.NF.B.3c)

3. Sombreada: _____

Sin sombrear: _____

4. Sombreada: _____

Sin sombrear: _____

▶ **Representar fracciones y números mixtos** **Escribe una fracción o un número mixto para el modelo.** (4.NF.B.3c)

5. _____

6. _____

Matemáticas En el mundo

El presupuesto de la fiesta anual del Museo Carter es $10,000. La comida representa $\frac{1}{2}$ del presupuesto, las bebidas, $\frac{1}{4}$, y los adornos, $\frac{1}{10}$. El resto se gasta en pagarle al personal de la fiesta. ¿Cuánto dinero se gasta en pagarle al personal de la fiesta?

© Houghton Mifflin Harcourt Publishing Company • Image Credits: (br) ©Juliet Brauner/Alamy Images

Desarrollo del vocabulario

▶ **Visualízalo**

Completa el mapa de burbujas con las palabras de repaso.

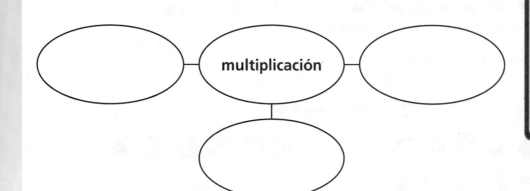

Palabras de repaso

fracción

fracción unitaria

múltiplo

producto

propiedad de identidad
de la multiplicación

▶ **Comprende el vocabulario**

Escribe la palabra o la frase que se relaciona con la descripción.

1. Una _____ puede nombrar una parte de un grupo
o una parte de un entero.

2. Puedes escribir los _____ de 10 como 10, 20,
30 y así sucesivamente.

3. Las _____ tienen uno como numerador.

4. El resultado de un problema de multiplicación se llama

_____ .

5. La _____
establece que el producto de cualquier número por 1 es
ese número.

© Houghton Mifflin Harcourt Publishing Company

• **Libro interactivo del estudiante**
• **Glosario multimedia**

Vocabulario del Capítulo 8

ecuación

equation

22

fracción

fraction

35

propiedad de identidad de la multiplicación

Identity Property of Multiplication

73

número mixto

mixed number

55

múltiplo

multiple

50

patrón

pattern

63

producto

product

67

fracción unitaria

unit fraction

36

Un número que nombra una parte de un entero o una parte de un grupo

Ejemplo:

$\frac{1}{3}$

Un enunciado numérico que indica que dos cantidades son iguales

Ejemplo: $3 + 1 = 4$

Una cantidad que se da como un número entero y una fracción

Ejemplo: $2\frac{3}{6}$ es un número mixto.

| 1 | 1 | $\frac{1}{6}$ $\frac{1}{6}$ $\frac{1}{6}$ |

1   1 $\frac{3}{6}$

parte del entero → $2\frac{3}{6}$ ← parte fraccionaria

La propiedad que establece que el producto de cualquier número y 1 es ese número

Ejemplo: $9 \times 1 = 9$

Un conjunto ordenado de números u objetos; el orden permite predecir qué sigue a continuación

Ejemplos: 2, 4, 6, 8, 10

☆ ♥ ☆ ♥ ☆ ♥

Un múltiplo de un número es el producto de un número y un número natural.

Ejemplo:

$$\begin{array}{cccc} 3 & 3 & 3 & 3 \\ \times\,1 & \times\,2 & \times\,3 & \times\,4 \\ \hline 3 & 6 & 9 & 12 \end{array}$$

← números naturales
← múltiplos de 3

Una fracción que tiene un numerador de uno

→ $\frac{1}{2}$ ← fracción unitaria

El resultado de una multiplicación

Ejemplo: $4 \times 5 = 20$

↑
producto

¡Toma una!

Para 3 jugadores

Materiales

- 4 juegos de tarjetas de palabras

Instrucciones

1. Se reparten 5 tarjetas a cada jugador. Con las tarjetas que quedan se forma una pila.

2. Cuando sea tu turno, pregunta a algún jugador si tiene una palabra que coincide con una de tus tarjetas de palabras.

3. Si el jugador tiene la palabra, te da la tarjeta de palabras y tú debes decir la definición de la palabra.
   - Si aciertas, quédate con la tarjeta y coloca el par que coincide frente a ti. Vuelve a jugar.
   - Si te equivocas, devuelve la tarjeta. Tu turno terminó.

4. Si el jugador no tiene la palabra, contesta: "¡Toma una!" y tomas una tarjeta de la pila.

5. Si la tarjeta que sacaste coincide con una de tus tarjetas de palabras, sigue las instrucciones del Paso 3. Si no coincide, tu turno terminó.

6. El juego terminará cuando un jugador se quede sin tarjetas. Ganará la partida el jugador con la mayor cantidad de pares.

Recuadro de palabras

ecuación
fracción
fracción unitaria
múltiplo
número mixto
patrón
producto
propiedad de identidad de la multiplicación

Diario

Escríbelo

Reflexiona

Elige una idea. Escribe sobre ella en el espacio de abajo.

- Explica cómo hallar múltiplos de una fracción unitaria.

- Pablo practicó piano $1\frac{1}{2}$ horas 3 veces a la semana. Elsa practicó $\frac{3}{4}$ de hora 5 veces a la semana. Explica cómo sabes quién practicó más tiempo cada semana.

- Escribe dos preguntas que tengas sobre multiplicar fracciones por números enteros.

Nombre _____

Múltiplos de fracciones unitarias

Pregunta esencial ¿Cómo puedes escribir una fracción como el producto de un número entero y una fracción unitaria?

Estándares comunes Números y operaciones— Fracciones— 4.NF.B.4a

PRÁCTICAS MATEMÁTICAS
MP4, MP6, MP7

🔑 Soluciona el problema En el mundo

En una fiesta en la que se sirvieron pizzas, cada pizza se cortó en 6 trozos iguales. Al final de la fiesta, quedaron $\frac{5}{6}$ de una pizza. Roberta colocó cada uno de los trozos que quedaron en una bolsa para congelados distinta. ¿Cuántas bolsas usó? ¿Qué parte de una pizza colocó en cada bolsa?

- ¿Cuántos trozos de la pizza se comieron?

_____

- ¿Qué fracción de la pizza es 1 trozo?

_____

🗝 Ejemplo Escribe $\frac{5}{6}$ como el producto de un número entero y una fracción unitaria.

En la ilustración se muestran $\frac{5}{6}$ o

_____ partes de un sexto.

Cada parte de un sexto de una pizza se puede mostrar con la fracción

unitaria _____ .

Recuerda
Puedes usar la multiplicación para mostrar la suma repetida.

3×4 significa $4 + 4 + 4$.

4×2 significa $2 + 2 + 2 + 2$.

Puedes usar fracciones unitarias para mostrar $\frac{5}{6}$ de dos maneras.

$$\frac{5}{6} = \underline{\quad} + \underline{\quad} + \underline{\quad} + \underline{\quad} + \underline{\quad}$$

$$\frac{5}{6} = \underline{\quad} \times \frac{1}{6}$$

El número de sumandos, o multiplicador, representa el número de bolsas que se usan.

Las fracciones unitarias representan la parte de la pizza que va en cada bolsa.

Entonces, Roberta usó _____ bolsas. Colocó _____ de una pizza en cada bolsa.

Charla matemática

PRÁCTICAS MATEMÁTICAS ➐

Busca estructuras Di un ejemplo de cómo escribirías una fracción mayor que 1 como un número mixto.

- Explica cómo puedes escribir $\frac{3}{2}$ como el producto de un número entero y una fracción unitaria.

_____

_____

_____

Múltiplos El producto de un número y un número natural es un múltiplo del número. Has aprendido acerca de múltiplos de números enteros.

Los productos de 1×4, 2×4, 3×4 y así sucesivamente son múltiplos de 4.
Los números 4, 8, 12 y así sucesivamente son múltiplos de 4.

También puedes hallar múltiplos de fracciones unitarias.

🔑 $1 \times \frac{1}{4}$ es $\frac{1}{4}$. **Usa modelos para escribir los siguientes cuatro múltiplos de $\frac{1}{4}$. Completa el último modelo.**

$\frac{1}{4}$	$\frac{1}{4}$	$\frac{1}{4}$	$\frac{1}{4}$
$\frac{1}{4}$	$\frac{1}{4}$	$\frac{1}{4}$	$\frac{1}{4}$

$2 \times \frac{1}{4}$

$= \frac{2}{4}$

$\frac{1}{4}$	$\frac{1}{4}$	$\frac{1}{4}$	$\frac{1}{4}$
$\frac{1}{4}$	$\frac{1}{4}$	$\frac{1}{4}$	$\frac{1}{4}$
$\frac{1}{4}$	$\frac{1}{4}$	$\frac{1}{4}$	$\frac{1}{4}$

$3 \times \underline{}$

$= \dfrac{}{4}$

$\frac{1}{4}$	$\frac{1}{4}$	$\frac{1}{4}$	$\frac{1}{4}$
$\frac{1}{4}$	$\frac{1}{4}$	$\frac{1}{4}$	$\frac{1}{4}$
$\frac{1}{4}$	$\frac{1}{4}$	$\frac{1}{4}$	$\frac{1}{4}$
$\frac{1}{4}$	$\frac{1}{4}$	$\frac{1}{4}$	$\frac{1}{4}$

$4 \times \underline{}$

$= \dfrac{}{4}$

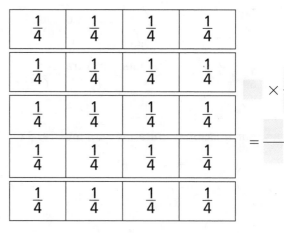

$\underline{} \times \underline{}$

$= \underline{}$

Los múltiplos de $\frac{1}{4}$ son $\frac{1}{4}$, ___ , ___ , y ___ .

🔑 **Usa una recta numérica para escribir múltiplos de $\frac{1}{5}$.**

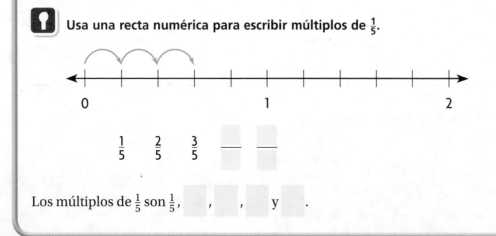

$\frac{1}{5}$ $\frac{2}{5}$ $\frac{3}{5}$ ___ ___

Los múltiplos de $\frac{1}{5}$ son $\frac{1}{5}$, ___ , ___ , y ___ .

Nombre _____

1. Usa la ilustración para completar las ecuaciones.

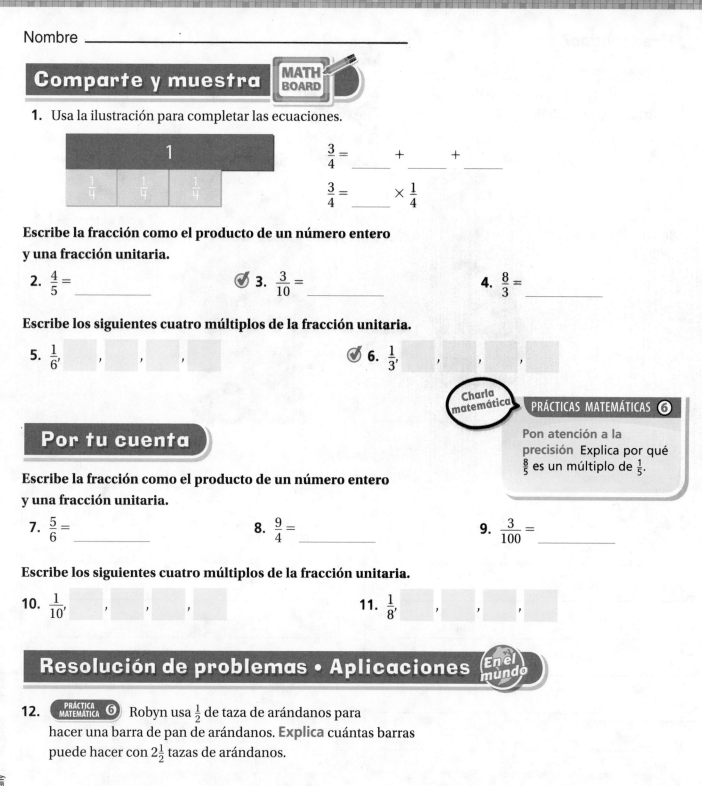

$\dfrac{3}{4} =$ _____ + _____ + _____

$\dfrac{3}{4} =$ _____ $\times \dfrac{1}{4}$

Escribe la fracción como el producto de un número entero y una fracción unitaria.

2. $\dfrac{4}{5} =$ _____

3. $\dfrac{3}{10} =$ _____

4. $\dfrac{8}{3} =$ _____

Escribe los siguientes cuatro múltiplos de la fracción unitaria.

5. $\dfrac{1}{6}$, ☐ , ☐ , ☐ ,

6. $\dfrac{1}{3}$, ☐ , ☐ , ☐ ,

Charla matemática

PRÁCTICAS MATEMÁTICAS 6

Pon atención a la precisión Explica por qué $\dfrac{8}{5}$ es un múltiplo de $\dfrac{1}{5}$.

Por tu cuenta

Escribe la fracción como el producto de un número entero y una fracción unitaria.

7. $\dfrac{5}{6} =$ _____

8. $\dfrac{9}{4} =$ _____

9. $\dfrac{3}{100} =$ _____

Escribe los siguientes cuatro múltiplos de la fracción unitaria.

10. $\dfrac{1}{10}$, ☐ , ☐ , ☐ ,

11. $\dfrac{1}{8}$, ☐ , ☐ , ☐ ,

Resolución de problemas • Aplicaciones En el mundo

12. **PRÁCTICA MATEMÁTICA 6** Robyn usa $\dfrac{1}{2}$ de taza de arándanos para hacer una barra de pan de arándanos. **Explica** cuántas barras puede hacer con $2\dfrac{1}{2}$ tazas de arándanos.

_____

13. **MÁS AL DETALLE** Nigel cortó un pan en 12 piezas iguales. Su familia comió un poco de pan y ahora quedan $\dfrac{5}{12}$ del pan. Nigel quiere poner cada una de las piezas restantes en su propia bolsa. ¿Cuántas bolsas necesita Nigel?

_____

14. **PIENSA MÁS** ¿Qué fracción es un múltiplo de $\dfrac{1}{5}$? Selecciona todas las opciones que correspondan.

○ $\dfrac{4}{5}$ ○ $\dfrac{5}{9}$

○ $\dfrac{5}{7}$ ○ $\dfrac{3}{5}$

¿Tiene sentido?

15. PIENSA MÁS ¿Qué enunciado tiene sentido? ¿Qué enunciado no tiene sentido? Explica tu razonamiento.

Gavin: No hay múltiplos de $\frac{1}{6}$ entre $\frac{3}{6}$ y $\frac{4}{6}$.

Abigail: $\frac{4}{5}$ es un múltiplo de $\frac{1}{4}$.

Gavin

_____

_____

_____

_____

_____

_____

_____

Abigail

_____

_____

_____

_____

_____

_____

_____

- Para el enunciado que no tiene sentido, escribe un enunciado nuevo que tenga sentido.

_____

_____

Nombre _____

Múltiplos de fracciones unitarias

Estándares comunes

ESTÁNDAR COMÚN—4.NF.B.4a
Forman fracciones a partir de fracciones unitarias al aplicar y ampliar los conocimientos previos de las operaciones con números enteros.

Escribe la fracción como el producto de un número entero y una fracción unitaria.

1. $\dfrac{5}{6} =$ _____ $5 \times \dfrac{1}{6}$ _____

2. $\dfrac{7}{8} =$ _____

3. $\dfrac{5}{3} =$ _____

4. $\dfrac{9}{10} =$ _____

5. $\dfrac{3}{4} =$ _____

6. $\dfrac{11}{12} =$ _____

Escribe los cuatro siguientes múltiplos de la fracción unitaria.

7. $\dfrac{1}{5},$ _____, _____, _____, _____

8. $\dfrac{1}{8},$ _____, _____, _____, _____

Resolución de problemas En el mundo

9. Hasta ahora, Mónica ha leído $\dfrac{5}{6}$ de un libro. Ha leído la misma cantidad de páginas cada día durante 5 días. ¿Qué fracción del libro lee Mónica cada día?

_____

10. Nicholas compra $\dfrac{3}{8}$ de libra de queso. Pone la misma cantidad de queso en 3 emparedados. ¿Qué cantidad de queso pone Nicholas en cada emparedado?

_____

11. **ESCRIBE** ▸ *Matemáticas* Explica cómo escribir $\dfrac{5}{3}$ como el producto de un número entero y una fracción unitaria.

_____

_____

_____

1. Selena camina desde su casa hasta la escuela todas las mañanas y vuelve caminando todas las tardes. En total, camina $\frac{2}{3}$ de milla por día. ¿A qué distancia de la escuela vive Selena?

2. Will usa $\frac{3}{4}$ de taza de aceite de oliva para hacer 3 tandas de condimento para ensalada. ¿Qué cantidad de aceite usa Will para una tanda de condimento para ensalada?

Repaso en espiral (4.OA.B.4, 4.NF.A.1, 4.NF.B.3b, 4.NF.B.3d)

3. Liza compró $\frac{5}{8}$ de libra de frutos secos surtidos. Le da $\frac{2}{8}$ de libra a Michael. ¿Qué cantidad de frutos secos surtidos le queda a Liza?

4. Leigh tiene un pedazo de cuerda que mide $6\frac{2}{3}$ pies de longitud. ¿Cómo se escribe $6\frac{2}{3}$ como una fracción mayor que 1?

5. Un grupo de estudiantes tiene los siguientes números: 29, 39, 59 y 79. El número de la casa de Randy es un número compuesto. ¿Cuál es el número de la casa de Randy?

6. Mindy compra 12 magdalenas. Nueve de las magdalenas tienen glaseado de chocolate y el resto tienen glaseado de vainilla. ¿Qué fracción de las magdalenas tienen glaseado de vainilla?

PRACTICA MÁS CON EL
Entrenador personal
en matemáticas

Nombre _____

Múltiplos de fracciones

Pregunta esencial ¿Cómo puedes escribir el producto de un número entero y una fracción como el producto de un número entero y una fracción unitaria?

Estándares comunes **Números y operaciones— Fracciones—**
4.NF.B.4b *También 4.NF.B.4c*
PRÁCTICAS MATEMÁTICAS
MP2, MP7, MP8

🔑 Soluciona el problema · En el mundo

Jen está preparando 4 bandejas de pasta al horno. Para cada bandeja, necesita $\frac{2}{3}$ de taza de queso. Con su pala puede medir $\frac{1}{3}$ de taza de queso. ¿Cuántas palas de queso necesita para las 4 bandejas?

🔑 Ejemplo 1 Usa un modelo para escribir el producto de $4 \times \frac{2}{3}$ como el producto de un número entero y una fracción unitaria.

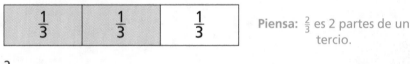

| $\frac{1}{3}$ | $\frac{1}{3}$ | $\frac{1}{3}$ |

Piensa: $\frac{2}{3}$ es 2 partes de un tercio.

$$\frac{2}{3} = \underline{\quad} + \underline{\quad} \text{ o } 2 \times \underline{\quad}.$$

Hay 4 bandejas de pasta al horno. Cada bandeja necesita $\frac{2}{3}$ de taza de queso.

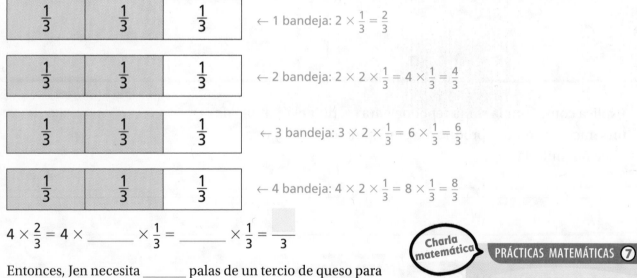

← 1 bandeja: $2 \times \frac{1}{3} = \frac{2}{3}$

← 2 bandeja: $2 \times 2 \times \frac{1}{3} = 4 \times \frac{1}{3} = \frac{4}{3}$

← 3 bandeja: $3 \times 2 \times \frac{1}{3} = 6 \times \frac{1}{3} = \frac{6}{3}$

← 4 bandeja: $4 \times 2 \times \frac{1}{3} = 8 \times \frac{1}{3} = \frac{8}{3}$

$$4 \times \frac{2}{3} = 4 \times \underline{\quad} \times \frac{1}{3} = \underline{\quad} \times \frac{1}{3} = \frac{\square}{3}$$

Entonces, Jen necesita _____ palas de un tercio de queso para las 4 bandejas de pasta.

Charla matemática **PRÁCTICAS MATEMÁTICAS** ❼

Identifica relaciones Explica cómo este modelo de $4 \times \frac{2}{3}$ se relaciona con un modelo de 4×2.

1. ¿Qué pasaría si Jen decidiera preparar 10 bandejas de pasta? Describe un patrón que podrías usar para hallar el número de palas de queso que necesitaría.

_____

_____

_____

Múltiplos Has aprendido a escribir múltiplos de fracciones unitarias. También puedes escribir múltiplos de fracciones no unitarias.

🔒 Ejemplo 2 Usa una recta numérica para escribir múltiplos de $\frac{2}{5}$.

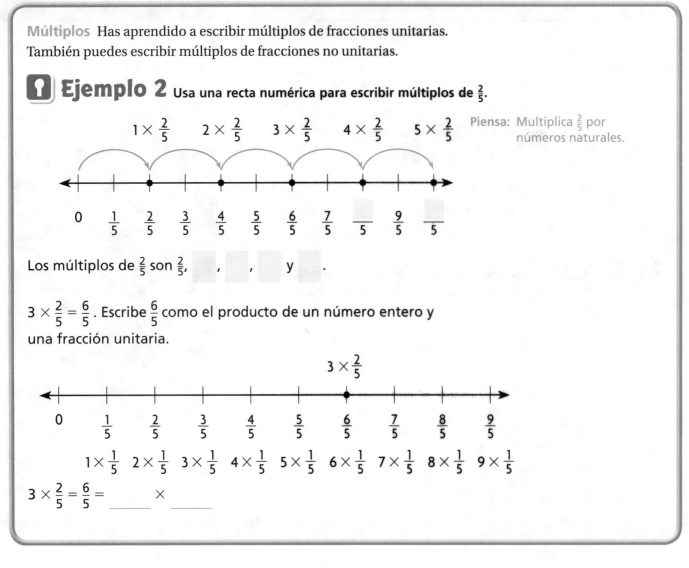

Piensa: Multiplica $\frac{2}{5}$ por números naturales.

Los múltiplos de $\frac{2}{5}$ son $\frac{2}{5}$, ___ , ___ , ___ y ___ .

$3 \times \frac{2}{5} = \frac{6}{5}$. Escribe $\frac{6}{5}$ como el producto de un número entero y una fracción unitaria.

$3 \times \frac{2}{5} = \frac{6}{5} =$ _____ × _____

2. Explica cómo usar la suma repetida para escribir el múltiplo de una fracción como el producto de un número entero y una fracción unitaria.

_____

_____

Comparte y muestra 🖊 MATH BOARD

1. Escribe tres múltiplos de $\frac{3}{8}$.

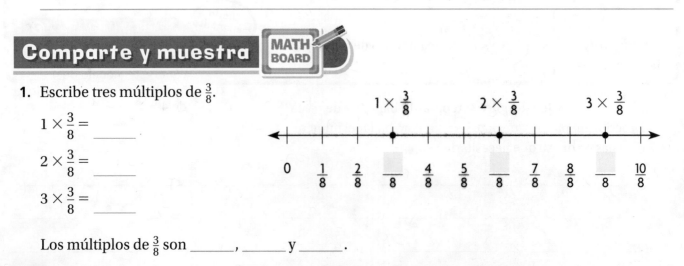

$1 \times \frac{3}{8} =$ _____

$2 \times \frac{3}{8} =$ _____

$3 \times \frac{3}{8} =$ _____

Los múltiplos de $\frac{3}{8}$ son _____ , _____ y _____ .

Escribe los siguientes cuatro múltiplos de la fracción.

2. $\frac{3}{6}$, ___, ___, ___,

3. $\frac{2}{10}$, ___, ___, ___,

Escribe el producto como el producto de un número entero y una fracción unitaria.

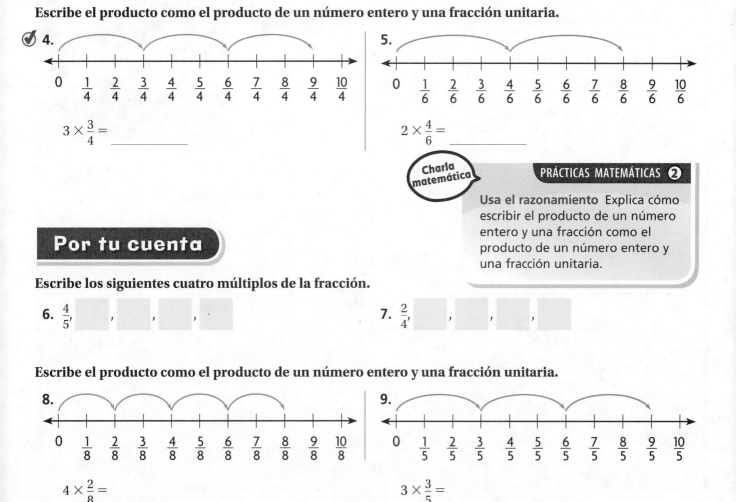

4.

$$3 \times \frac{3}{4} = \underline{\hspace{2cm}}$$

5.

$$2 \times \frac{4}{6} = \underline{\hspace{2cm}}$$

Charla matemática

PRÁCTICAS MATEMÁTICAS ②

Usa el razonamiento Explica cómo escribir el producto de un número entero y una fracción como el producto de un número entero y una fracción unitaria.

Por tu cuenta

Escribe los siguientes cuatro múltiplos de la fracción.

6. $\frac{4}{5}$, ___, ___, ___,

7. $\frac{2}{4}$, ___, ___, ___,

Escribe el producto como el producto de un número entero y una fracción unitaria.

8.

$$4 \times \frac{2}{8} = \underline{\hspace{2cm}}$$

9.

$$3 \times \frac{3}{5} = \underline{\hspace{2cm}}$$

10. **PRÁCTICA MATEMÁTICA ⑧ Usa razonamiento repetido** ¿$\frac{6}{10}$ y $\frac{6}{30}$ son múltiplos de $\frac{3}{10}$? Explica.

_____

_____

11. **MÁS AL DETALLE** ¿Qué es mayor, $4 \times \frac{2}{7}$ o $3 \times \frac{3}{7}$? Explica.

_____

_____

12. **PIENSA MÁS** Josh está regando sus plantas. Le pone $\frac{3}{5}$ de pinta de agua a cada una de sus 2 plantas. Su regadera contiene $\frac{1}{5}$ de pinta. ¿Cuántas veces llenará su regadera para regar ambas plantas?

a. ¿Qué debes hallar?

_____

b. ¿Qué información debes usar?

_____

_____

c. ¿De qué manera dibujar un modelo puede ayudarte a resolver el problema?

_____

_____

_____

_____

_____

_____

d. Muestra los pasos que sigues para resolver el problema.

e. Completa la oración.

Josh llenará su regadera _____ veces.

13. **PIENSA MÁS** ➕ Alma está haciendo tres tandas de tortillas. Ella agrega $\frac{3}{4}$ de taza de agua a cada tanda. La taza graduada puede contener hasta $\frac{1}{4}$ de taza. ¿Cuántas veces debe Alma medir $\frac{1}{4}$ de taza de agua para tener lo suficiente para las tortillas? Sombrea el modelo para mostrar tu respuesta.

Alma debe medir $\frac{1}{4}$ de taza ☐ veces.

$\frac{1}{4}$	$\frac{1}{4}$	$\frac{1}{4}$	$\frac{1}{4}$
$\frac{1}{4}$	$\frac{1}{4}$	$\frac{1}{4}$	$\frac{1}{4}$
$\frac{1}{4}$	$\frac{1}{4}$	$\frac{1}{4}$	$\frac{1}{4}$

Múltiplos de fracciones

Estándares comunes

ESTÁNDAR COMÚN—4.NF.B.4a
Forman fracciones a partir de fracciones unitarias al aplicar y ampliar los conocimientos previos de las operaciones con números enteros.

Escribe los cuatro siguientes múltiplos de la fracción.

1. $\frac{3}{5}$, _____, _____, _____, _____

2. $\frac{2}{6}$, _____, _____, _____, _____

Escribe el producto como el producto de un número entero y una fracción unitaria.

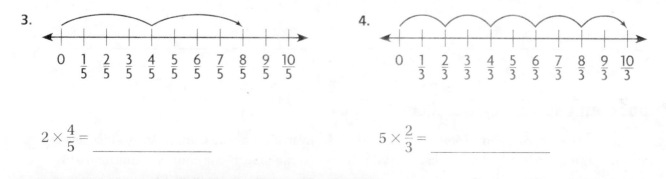

3.

$0 \quad \frac{1}{5} \quad \frac{2}{5} \quad \frac{3}{5} \quad \frac{4}{5} \quad \frac{5}{5} \quad \frac{6}{5} \quad \frac{7}{5} \quad \frac{8}{5} \quad \frac{9}{5} \quad \frac{10}{5}$

$2 \times \frac{4}{5} =$ _____

4.

$0 \quad \frac{1}{3} \quad \frac{2}{3} \quad \frac{3}{3} \quad \frac{4}{3} \quad \frac{5}{3} \quad \frac{6}{3} \quad \frac{7}{3} \quad \frac{8}{3} \quad \frac{9}{3} \quad \frac{10}{3}$

$5 \times \frac{2}{3} =$ _____

Resolución de problemas · En el mundo

5. Jéssica prepara 2 barras de pan de plátano. Necesita $\frac{3}{4}$ de taza de azúcar para cada barra. En su taza graduada solo cabe $\frac{1}{4}$ de taza de azúcar. ¿Cuántas veces deberá llenar Jéssica la taza graduada para obtener el azúcar suficiente para las dos barras de pan?

6. Un grupo de cuatro estudiantes hace un experimento con sal. Cada estudiante debe agregar $\frac{3}{8}$ de cucharadita de sal a una solución. El grupo tiene solo una cuchara para medir $\frac{1}{8}$ de cucharadita. ¿Cuántas veces deberán llenar la cuchara para medir para poder hacer el experimento?

_____

_____

7. **ESCRIBE** ▸ *Matemáticas* Explica cómo se escribe $3 \times \frac{3}{8}$ como el producto de un número entero y una fracción unitaria.

_____

_____

_____

Repaso de la lección (4.NF.B.4b)

1. Eloise hizo una lista de algunos múltiplos de $\frac{8}{5}$. Escribe 5 fracciones que podrían estar en la lista de Eloise.

_____

_____

2. David llena cinco botellas de $\frac{3}{4}$ de cuarto con una bebida deportiva. En su taza graduada sólo cabe $\frac{1}{4}$ de cuarto. ¿Cuántas veces deberá llenar David su taza graduada para llenar las 5 botellas?

_____

_____

Repaso en espiral (4.NBT.B.6, 4.OA.A.3, 4.NF.B.3c, 4.NF.A.2)

3. Ira tiene 128 estampillas en su álbum. Tiene la misma cantidad de estampillas en cada una de las 8 páginas. ¿Cuántas estampillas hay en cada página?

_____

4. Ryan ahorra para comprarse una bicicleta que cuesta $198. Hasta ahora, ha ahorrado $15 por semana durante las 12 últimas semanas. ¿Cuánto dinero más necesita Ryan para poder comprarse la bicicleta?

_____

5. Tina compra $3\frac{7}{8}$ yardas de tela en la tienda. Las usa para hacer una falda. Después de hacerla, le quedan $1\frac{3}{8}$ yardas de tela. ¿Cuántas yardas de tela usó Tina?

_____

6. Ordena las siguientes fracciones de **menor** a **mayor**: $\frac{2}{3}$, $\frac{7}{12}$, $\frac{3}{4}$

_____

PRACTICA MÁS CON EL
Entrenador personal
en matemáticas

✓ Revisión de la mitad del capítulo

Entrenador personal en matemáticas
Evaluación e intervención en línea

Vocabulario

Elige el mejor término del recuadro.

Vocabulario
fracción unitaria
múltiplo
producto

1. El _____ de un número es el producto de ese número y un número natural. (pág. 456)

2. Una _____ siempre tiene 1 como numerador. (pág. 455)

Conceptos y destrezas

Escribe los siguientes cuatro múltiplos de la fracción unitaria. (4.NF.B.4a)

3. $\frac{1}{2}$, _____ , _____ , _____ ,

4. $\frac{1}{5}$, _____ , _____ , _____ ,

Escribe la fracción como el producto de un número entero y una fracción unitaria. (4.NF.B.4a)

5. $\frac{4}{10} =$ _____

6. $\frac{8}{12} =$ _____

7. $\frac{3}{4} =$ _____

Escribe los siguientes cuatro múltiplos de la fracción. (4.NF.B.4b)

8. $\frac{2}{5}$, _____ , _____ , _____ ,

9. $\frac{5}{6}$, _____ , _____ , _____ ,

Escribe el producto como el producto de un número entero y una fracción unitaria. (4.NF.B.4b)

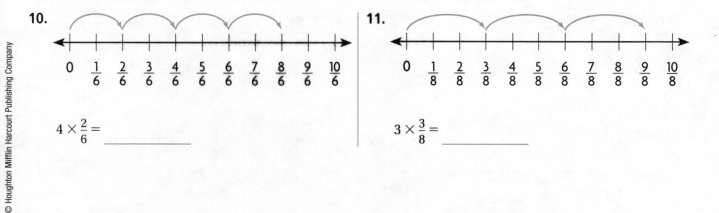

10.

$$4 \times \frac{2}{6} =$$ _____

11.

$$3 \times \frac{3}{8} =$$ _____

12. Pedro cortó una hoja de cartón para cartel en 10 partes iguales. Su hermano usó un poco de cartón para cartel y ahora quedan $\frac{8}{10}$. Pedro quiere hacer un letrero con cada una de las partes del cartón para cartel que quedan. ¿Cuántos letreros puede hacer? (4.NF.B.4a)

13. Ella está preparando 3 tandas de batidos de plátano. Necesita $\frac{3}{4}$ de galón de leche para cada tanda. En su taza graduada cabe $\frac{1}{4}$ de galón. ¿Cuántas veces deberá llenar la taza graduada para preparar las 3 tandas de batidos? (4.NF.B.4b)

14. Darren cortó una tarta de limón en 8 trozos iguales. Sus amigos comieron un poco y ahora quedan $\frac{5}{8}$. Darren quiere colocar cada uno de los trozos de la tarta de limón que quedan en un plato distinto. ¿Qué parte de la tarta colocará en cada plato? (4.NF.B.4a)

15. *MÁS AL DETALLE* Beth está regando con fertilizante líquido las plantas de 4 macetas. En su cuchara para medir cabe $\frac{1}{8}$ de cucharadita. Las instrucciones dicen que se deben verter $\frac{5}{8}$ de cucharadita de fertilizante en cada maceta. ¿Cuántas veces deberá llenar la cuchara para medir para fertilizar las plantas de las 4 macetas? (4.NF.B.4b)

Nombre _____

Multiplicar una fracción por un número entero usando modelos

Estándares comunes · Números y operaciones— Fracciones—4.NF.B.4b También 4.NF.B.4c
PRÁCTICAS MATEMÁTICAS
MP2, MP4, MP7

Pregunta esencial ¿Cómo puedes usar un modelo para multiplicar una fracción por un número entero?

🔑 Soluciona el problema En el mundo

Rafael practica tocar el violín durante $\frac{3}{4}$ de hora cada día. Tiene un concierto dentro de 3 días. ¿Cuánto tiempo practicará en 3 días?

• ¿Cuántos grupos iguales de $\frac{3}{4}$ debes representar?

_____

🔒 Ejemplo 1 Usa un modelo para multiplicar $3 \times \frac{3}{4}$.

Piensa: $3 \times \frac{3}{4}$ es igual a 3 grupos de $\frac{3}{4}$ de un entero. Sombrea el modelo para mostrar 3 grupos de $\frac{3}{4}$.

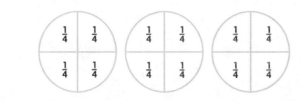

1 grupo de $\frac{3}{4} =$ _____

2 grupos de $\frac{3}{4} =$ _____

3 grupos de $\frac{3}{4} =$ _____

$3 \times \frac{3}{4} =$ _____

Entonces, Rafael practicará durante _____ horas en total.

Charla matemática PRÁCTICAS MATEMÁTICAS ②

Razona de forma abstracta Si multiplicas $4 \times \frac{2}{6}$, ¿el producto es mayor o menor que 4? Explica.

1. Explica cómo puedes usar la suma repetida con el modelo para hallar el producto de $3 \times \frac{3}{4}$.

_____

_____

2. Rafael practica diariamente $\frac{3}{4}$ de hora en sesiones que duran $\frac{1}{4}$ de hora cada una. Describe de qué manera el modelo muestra la cantidad de sesiones de práctica que Rafael tiene en 3 días.

_____

_____

🔒 Ejemplo 2 Usa un patrón para multiplicar.

Sabes cómo usar un modelo y la suma repetida para multiplicar una fracción por un número entero. Busca un patrón en la tabla para descubrir otra manera de multiplicar una fracción por un número entero.

Problema de multiplicación		Número entero (cantidad de grupos)	Fracción (tamaño de los grupos)	Producto
$\frac{1}{6}$ $\frac{1}{6}$ $\frac{1}{6}$ $\frac{1}{6}$ $\frac{1}{6}$ $\frac{1}{6}$ / $\frac{1}{6}$ $\frac{1}{6}$ $\frac{1}{6}$ $\frac{1}{6}$ $\frac{1}{6}$ $\frac{1}{6}$	$2 \times \frac{1}{6}$	2	$\frac{1}{6}$ de un entero	$\frac{2}{6}$
$\frac{1}{6}$ $\frac{1}{6}$ $\frac{1}{6}$ $\frac{1}{6}$ $\frac{1}{6}$ $\frac{1}{6}$ / $\frac{1}{6}$ $\frac{1}{6}$ $\frac{1}{6}$ $\frac{1}{6}$ $\frac{1}{6}$ $\frac{1}{6}$	$2 \times \frac{2}{6}$	2	$\frac{2}{6}$ de un entero	$\frac{4}{6}$
$\frac{1}{6}$ $\frac{1}{6}$ $\frac{1}{6}$ $\frac{1}{6}$ $\frac{1}{6}$ $\frac{1}{6}$ / $\frac{1}{6}$ $\frac{1}{6}$ $\frac{1}{6}$ $\frac{1}{6}$ $\frac{1}{6}$ $\frac{1}{6}$	$2 \times \frac{3}{6}$	2	$\frac{3}{6}$ de un entero	$\frac{6}{6}$

Cuando multiplicas una fracción por un número entero, el numerador del

producto es el producto del_____ y el _____

de la fracción. El denominador del producto es el mismo que el

_____ de la fracción.

3. ¿Cómo multiplicas una fracción por un número entero sin usar un modelo ni la suma repetida?

_____

_____

4. Describe dos maneras diferentes de hallar el producto de $4 \times \frac{2}{3}$.

_____

_____

_____

_____

Nombre _____

1. Halla el producto de $3 \times \frac{5}{8}$.

1 grupo de $\frac{5}{8} = \frac{}{8}$

2 grupos de $\frac{5}{8} = \frac{}{8}$

3 grupos de $\frac{5}{8} = \frac{}{8}$

$3 \times \frac{5}{8} =$ _____

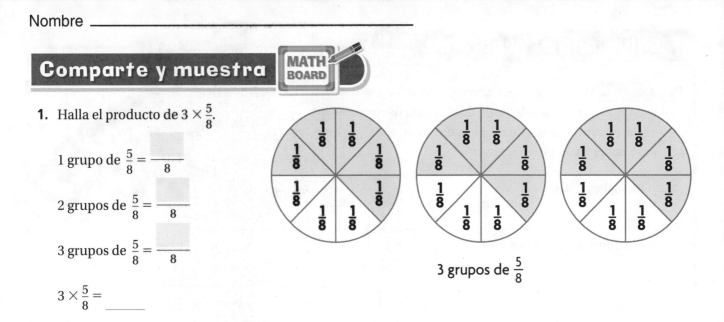

3 grupos de $\frac{5}{8}$

Multiplica.

2.

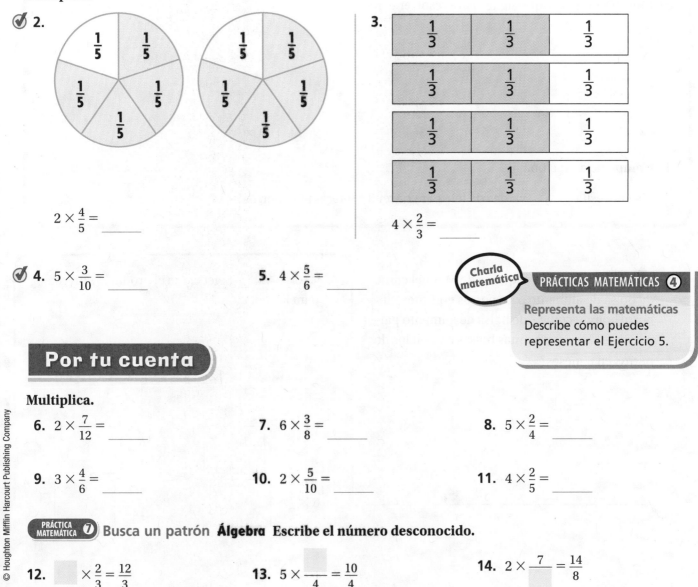

$2 \times \frac{4}{5} =$ _____

3.

$4 \times \frac{2}{3} =$ _____

4. $5 \times \frac{3}{10} =$ _____

5. $4 \times \frac{5}{6} =$ _____

Charla matemática PRÁCTICAS MATEMÁTICAS ④

Representa las matemáticas
Describe cómo puedes representar el Ejercicio 5.

Por tu cuenta

Multiplica.

6. $2 \times \frac{7}{12} =$ _____

7. $6 \times \frac{3}{8} =$ _____

8. $5 \times \frac{2}{4} =$ _____

9. $3 \times \frac{4}{6} =$ _____

10. $2 \times \frac{5}{10} =$ _____

11. $4 \times \frac{2}{5} =$ _____

PRÁCTICA MATEMÁTICA ⑦ **Busca un patrón** **Álgebra** **Escribe el número desconocido.**

12. $\boxed{} \times \frac{2}{3} = \frac{12}{3}$

13. $5 \times \frac{\boxed{}}{4} = \frac{10}{4}$

14. $2 \times \frac{7}{\boxed{}} = \frac{14}{8}$

Soluciona el problema (En el mundo)

15. *PIENSA MÁS* Lisa confecciona ropa para mascotas. Necesita $\frac{5}{6}$ de yarda de tela para hacer 1 suéter para perros. ¿Cuánta tela necesita para hacer 3 suéteres para perros?

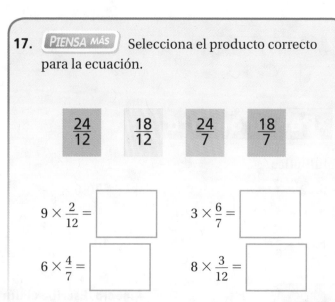

a. ¿Qué debes hallar?

_____

b. ¿Qué información debes usar?

_____

_____

c. Muestra los pasos que sigues para resolver el problema.

d. Completa la oración.

Lisa necesita _____ yardas de tela para hacer 3 suéteres para perros.

16. *MÁS AL DETALLE* El perro pequeño de Manuel come $\frac{2}{4}$ de bolsa de alimento para perros en 1 mes. El perro grande come $\frac{3}{4}$ de bolsa de alimento para perros en 1 mes. ¿Cuántas bolsas comen los dos perros en 6 meses?

_____

17. *PIENSA MÁS* Selecciona el producto correcto para la ecuación.

$\frac{24}{12}$	$\frac{18}{12}$	$\frac{24}{7}$	$\frac{18}{7}$

$$9 \times \frac{2}{12} = \boxed{}$$

$$3 \times \frac{6}{7} = \boxed{}$$

$$6 \times \frac{4}{7} = \boxed{}$$

$$8 \times \frac{3}{12} = \boxed{}$$

Multiplicar una fracción por un número entero usando modelos

ESTÁNDAR COMÚN—4.NF.B.4
Forman fracciones a partir de fracciones unitarias al aplicar y ampliar los conocimientos previos de las operaciones con números enteros.

Estándares comunes

Multiplica.

1. $2 \times \dfrac{5}{6} =$ ___$\dfrac{10}{6}$___

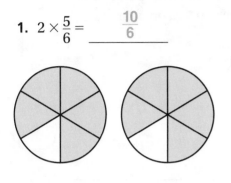

2. $3 \times \dfrac{2}{5} =$ _____

3. $7 \times \dfrac{3}{10} =$ _____

4. $3 \times \dfrac{5}{12} =$ _____

5. $6 \times \dfrac{3}{4} =$ _____

6. $4 \times \dfrac{2}{5} =$ _____

Resolución de problemas En el mundo

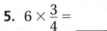

7. Matthew camina $\dfrac{5}{8}$ de milla hasta la parada del autobús todas las mañanas. ¿Qué distancia caminará en 5 días?

_____

8. Emily usa $\dfrac{2}{3}$ de taza de leche para preparar una tanda de panecillos. ¿Cuántas tazas de leche usará Emily para preparar 3 tandas de panecillos?

_____

9. ESCRIBE ▸ *Matemáticas* Explica cómo puedes usar un modelo para hallar $4 \times \dfrac{3}{8}$. Incluye un dibujo y una solución.

_____

_____

_____

_____

Repaso de la lección (4.NF.B.4b)

1. Durante 4 semanas, el perrito de Alejandra engordó $\frac{3}{8}$ de libra por semana. En total, ¿cuánto engordó el perrito durante las 4 semanas?

_____

2. Pedro mezcla $\frac{3}{4}$ de cucharadita de fertilizante para plantas en cada galón de agua. ¿Cuántas cucharaditas de fertilizante para plantas debería mezclar en 5 galones de agua?

_____

Repaso en espiral (4.NF.A.2, 4.NF.B.3b, 4.NF.B.3c, 4.NF.B.4a)

3. Ivana tiene $\frac{3}{4}$ de libra de carne para hamburguesas. Prepara 3 hamburguesas. Las tres hamburguesas tienen el mismo peso. ¿Cuánto pesa cada hamburguesa?

_____

4. Escribe $\frac{7}{10}$ como una suma de fracciones de dos maneras diferentes.

_____

_____

5. Luciano quiere hallar la longitud total de 3 tablas. Usa la expresión $3\frac{1}{2} + (2 + 4\frac{1}{2})$. ¿De qué manera puede Luciano usar las propiedades asociativa y conmutativa de la suma para volver a escribir la expresión?

_____

6. Escribe el símbolo que corresponda para que el siguiente enunciado sea verdadero.

$$\frac{5}{12} \bigcirc \frac{1}{3}$$

PRACTICA MÁS CON EL
Entrenador personal
en matemáticas

Nombre _____

Multiplicar una fracción o un número mixto por un número entero

Estándares comunes Números y operaciones— Fracciones—4.NF.B.4c

PRÁCTICAS MATEMÁTICAS
MP1, MP7, MP8

Pregunta esencial ¿Cómo puedes multiplicar una fracción por un número entero para resolver un problema?

🔑 Soluciona el problema En el mundo

Christina está planeando una rutina de baile. Al final de cada compás de la música, hará $1\frac{1}{4}$ de giro. ¿Cuántos giros hará después de los 3 primeros compases de la música?

Puedes multiplicar un número mixto por un número entero.

- ¿Christina hará más o menos que $1\frac{1}{4}$ de giro en 3 compases de la música?

_____

- ¿Qué operación usarás para resolver el problema?

_____

🔑 Ejemplo

PASO 1 Escribe y resuelve una ecuación.

$3 \times 1\frac{1}{4} = 3 \times$ ▭ $=$ ▭   Escribe $1\frac{1}{4}$ como una fracción. Multiplica.

PASO 2 Escribe el producto como un número mixto.

$\frac{15}{4} = \frac{1}{4} + \frac{1}{4} + \frac{1}{4} + \frac{1}{4} +$ ___ $+$ ___ $+$ ___ $+$ ___ $+$ ___ $+$ ___ $+$ ___ $+$ ___ $+$ ___ $+$ ___ $+$ ___

$\underbrace{\qquad}_{1} + \underbrace{\qquad}_{1} + \underbrace{\qquad}_{1} + \frac{1}{4} + \frac{1}{4} + \frac{1}{4}$

$=$ ▭ $+$ ___   Combina los enteros. Luego combina las partes restantes.

$=$ ▭ ___   Escribe el número mixto.

Entonces, Christina dará _____ giros.

Charla matemática

PRÁCTICAS MATEMÁTICAS ⑧

Generaliza ¿Cómo se relaciona con la división escribir un número mixto como una fracción en el Paso 2?

1. Si multiplicas $3 \times \frac{1}{4}$, ¿el producto es mayor o menor que 3? Explica.

_____

_____

2. Explica cómo puedes saber que $3 \times 1\frac{1}{4}$ es mayor que 3 sin hallar el producto exacto.

_____

Convierte números mixtos y fracciones Puedes usar la multiplicación y la división para convertir fracciones y números mixtos.

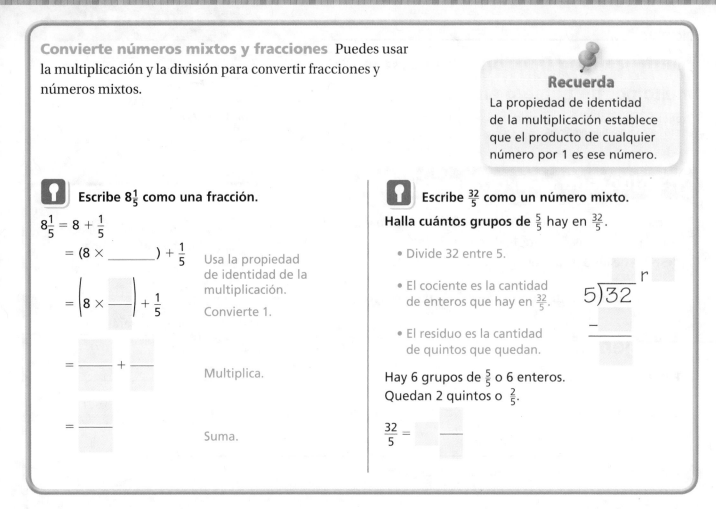

🔑 Escribe $8\frac{1}{5}$ como una fracción.

$8\frac{1}{5} = 8 + \frac{1}{5}$

$= (8 \times \underline{\quad\quad}) + \frac{1}{5}$ — Usa la propiedad de identidad de la multiplicación.

$= \left(8 \times \dfrac{\quad}{\quad}\right) + \frac{1}{5}$ — Convierte 1.

$= \dfrac{\quad}{\quad} + \dfrac{\quad}{\quad}$ — Multiplica.

$= \dfrac{\quad}{\quad}$ — Suma.

🔑 Escribe $\frac{32}{5}$ como un número mixto.

Halla cuántos grupos de $\frac{5}{5}$ hay en $\frac{32}{5}$.

- Divide 32 entre 5.
- El cociente es la cantidad de enteros que hay en $\frac{32}{5}$.
- El residuo es la cantidad de quintos que quedan.

$5\overline{)32}$ r

Hay 6 grupos de $\frac{5}{5}$ o 6 enteros.
Quedan 2 quintos o $\frac{2}{5}$.

$\dfrac{32}{5} = \dfrac{\quad}{\quad}$

¡Inténtalo! Halla $5 \times 2\frac{2}{3}$. Escribe el producto como un número mixto.

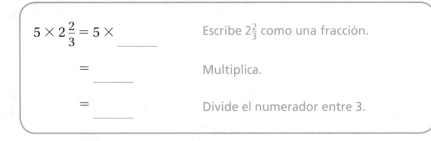

$5 \times 2\frac{2}{3} = 5 \times \underline{\quad\quad}$ — Escribe $2\frac{2}{3}$ como una fracción.

$= \underline{\quad\quad}$ — Multiplica.

$= \underline{\quad\quad}$ — Divide el numerador entre 3.

---

3. Explica por qué tu solución para $5 \times 2\frac{2}{3} = 13\frac{1}{3}$ es razonable.

_____

_____

4. **¿Tiene sentido?** Dylan dice que para hallar $5 \times 2\frac{2}{3}$, puede hallar $(5 \times 2) + \left(5 \times \frac{2}{3}\right)$. ¿Tiene sentido? Explica.

_____

_____

Nombre _____

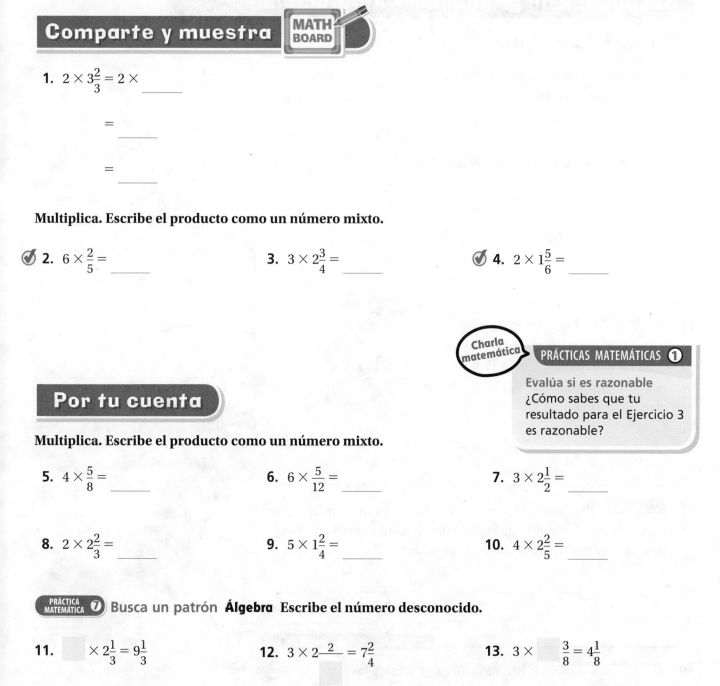

1. $2 \times 3\frac{2}{3} = 2 \times$ _____

$=$ _____

$=$ _____

Multiplica. Escribe el producto como un número mixto.

2. $6 \times \frac{2}{5} =$ _____

3. $3 \times 2\frac{3}{4} =$ _____

4. $2 \times 1\frac{5}{6} =$ _____

Charla matemática PRÁCTICAS MATEMÁTICAS **1**

Evalúa si es razonable
¿Cómo sabes que tu resultado para el Ejercicio 3 es razonable?

Por tu cuenta

Multiplica. Escribe el producto como un número mixto.

5. $4 \times \frac{5}{8} =$ _____

6. $6 \times \frac{5}{12} =$ _____

7. $3 \times 2\frac{1}{2} =$ _____

8. $2 \times 2\frac{2}{3} =$ _____

9. $5 \times 1\frac{2}{4} =$ _____

10. $4 \times 2\frac{2}{5} =$ _____

PRÁCTICA MATEMÁTICA 7 Busca un patrón **Álgebra** Escribe el número desconocido.

11. ☐ $\times 2\frac{1}{3} = 9\frac{1}{3}$

12. $3 \times 2\frac{2}{\underline{}} = 7\frac{2}{4}$

13. $3 \times$ ☐ $\frac{3}{8} = 4\frac{1}{8}$

14. Describe dos maneras diferentes de escribir $\frac{7}{3}$ como un número mixto.

_____

_____

_____

_____

© Houghton Mifflin Harcourt Publishing Company

Resolución de problemas • Aplicaciones En el mundo

Usa la receta para resolver los problemas 15 a 18.

15. Otis planea hacer 3 tandas de tizas para la acera. ¿Cuánto yeso necesita?

_____

16. **¿Cuál es la pregunta?** El resultado es $\frac{32}{3}$.

_____

_____

_____

17. **PIENSA MÁS** Patty tiene 2 tazas de agua tibia. ¿Es suficiente esa cantidad de agua para preparar 4 tandas de tizas para la acera? Explica cómo lo sabes sin hallar el producto exacto.

_____

_____

> **Receta de tiza para la acera**
>
> $\frac{3}{4}$ de taza de agua tibia
>
> $1\frac{1}{2}$ tazas de yeso
>
> $2\frac{2}{3}$ cucharadas de pintura en polvo

18. **MÁS AL DETALLE** Rita hace tiza para la acera dos veces a la semana. Cada día, pasa $1\frac{1}{4}$ horas haciendo la tiza. ¿Cuánto tiempo dedica Rita a hacer tiza para la acera en 3 semanas?

_____

Entrenador personal en matemáticas

19. **PIENSA MÁS ➕** Oliver tiene lecciones de música los lunes, miércoles y viernes. Cada lección dura $\frac{3}{4}$ de hora. Oliver dice que tendrá lecciones durante $3\frac{1}{2}$ horas esta semana. Sin multiplicar, explica cómo sabes que Oliver está equivocado.

Nombre _____

Multiplicar una fracción o un número mixto por un número entero

ESTÁNDAR COMÚN—4.NF.B.4c
Forman fracciones a partir de fracciones unitarias al aplicar y ampliar los conocimientos previos de las operaciones con números enteros.

Multiplica. Escribe el producto como un número mixto.

1. $5 \times \dfrac{3}{10} =$ _$1\dfrac{5}{10}$_

2. $3 \times \dfrac{3}{5} =$ _____

3. $5 \times \dfrac{3}{4} =$ _____

4. $4 \times 1\dfrac{1}{5} =$ _____

5. $2 \times 2\dfrac{1}{3} =$ _____

6. $5 \times 1\dfrac{1}{6} =$ _____

Resolución de problemas · En el mundo

7. Brielle ejercita durante $\dfrac{3}{4}$ de hora cada día durante 6 días seguidos. En total, ¿cuántas horas ejercita en esos 6 días?

_____

8. Una receta para preparar quinua lleva $2\dfrac{2}{3}$ tazas de leche. Conner quiere preparar 4 tandas de quinua. ¿Cuánta leche necesita?

_____

9. **ESCRIBE** *Matemáticas* Escribe un problema que puedas resolver multiplicando un número mixto por un número entero. Incluye una solución.

_____

_____

_____

_____

1. Una madre es $1\frac{3}{4}$ veces más alta que su hijo. Su hijo mide 3 pies de estatura. ¿Cuánto mide la madre?

_____

2. Las porristas hacen un cartel que mide 8 pies de ancho. La longitud del cartel es $1\frac{1}{3}$ veces su ancho. ¿Cuál es la longitud del cartel?

_____

Repaso en espiral (4.NF.B.3c, 4.NF.B.4a, 4.NF.B.4b)

3. Karleigh camina $\frac{5}{8}$ de milla hasta la escuela todos los días. ¿Qué distancia camina hasta la escuela en 5 días?

_____

4. Escribe una fracción que sea múltiplo de $\frac{4}{5}$.

_____

5. Julia corta un pastel de lima en 8 trozos iguales. Al día siguiente, quedan $\frac{7}{8}$ del pastel. Julia coloca cada trozo en un plato diferente. ¿Cuántos platos necesita?

_____

6. Durante el fin de semana, Ed dedicó $1\frac{1}{4}$ horas a su tarea de matemáticas y $1\frac{3}{4}$ horas a su proyecto de ciencias. En total, ¿cuánto tiempo dedicó Ed a su tarea durante el fin de semana?

_____

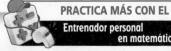

PRACTICA MÁS CON EL
Entrenador personal
en matemáticas

Resolución de problemas • Problemas de comparación con fracciones

Pregunta esencial ¿Cómo puedes usar la estrategia *hacer un diagrama* para resolver problemas de comparación con fracciones?

Estándares comunes **Números y operaciones— Fracciones—4.NF.B.4c**
PRÁCTICAS MATEMÁTICAS
MP1, MP6, MP7

🔑 Soluciona el problema *En el mundo*

La parte más profunda del Gran Cañón mide aproximadamente $1\frac{1}{6}$ millas de profundidad. La parte más profunda del océano está ubicada en la fosa de las Marianas, en el océano Pacífico. Es casi 6 veces más profunda que la parte más profunda del Gran Cañón. ¿Aproximadamente qué profundidad tiene la parte más profunda del océano?

Lee el problema	Resuelve el problema
¿Qué debo hallar? Debo hallar _____ _____ _____	Dibuja un modelo de barras. Compara la parte más profunda del Gran Cañón y la parte más profunda del océano en millas. 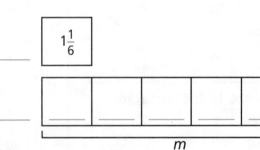

¿Qué información debo usar?

La parte más profunda del Gran Cañón mide alrededor de _____ millas de profundidad. La parte más profunda del océano es aproximadamente _____ veces más profunda.

¿Cómo usaré la información?

Puedo _____ para comparar las profundidades.

Escribe una ecuación y resuélvela.

m es la parte más profunda del _____, en millas.

$m =$ _____ _____   Escribe una ecuación.

$m =$ _____ _____   Escribe el número mixto como una fracción.

$m =$ _____   Multiplica.

$m =$ _____   Escribe la fracción como un número entero.

Entonces, la parte más profunda del océano mide aproximadamente _____ millas de profundidad.

🔒 Haz otro problema

Las montañas suelen medirse según la distancia que se elevan sobre el nivel del mar. El monte Washington se eleva más de $1\frac{1}{10}$ millas sobre el nivel del mar. El monte Everest se eleva aproximadamente 5 veces más. ¿Aproximadamente cuántas millas sobre el nivel del mar se eleva el monte Everest?

Lee el problema	Resuelve el problema
¿Qué debo hallar?	
¿Qué información debo usar?	
¿Cómo usaré la información?	

Entonces, el monte Everest se eleva aproximadamente _____ millas sobre el nivel del mar.

- ¿Cómo te ayudó a resolver el problema hacer un diagrama?

_____

_____

_____

Charla matemática

PRÁCTICAS MATEMÁTICAS 7

Busca estructuras ¿Qué estrategia podrías usar para hallar la altura del monte Everest?

Nombre _____

Comparte y muestra

1. Los dragones de Komodo son los lagartos más pesados del planeta. Una cría de dragón de Komodo mide $1\frac{1}{4}$ pies de longitud al nacer. La madre es 6 veces más larga. ¿Cuál es la longitud de la madre?

   Primero, dibuja un modelo de barras para representar el problema.

   Luego, escribe la ecuación que debes resolver.

   _____

   Por último, halla la longitud de la madre del dragón de Komodo.

   La madre del dragón de Komodo mide _____ pies de longitud.

2. **PIENSA MÁS** ¿Qué pasaría si un dragón de Komodo macho midiera 7 veces más que la cría de dragón de Komodo? ¿Cuál sería la longitud del macho? ¿Cuánto más largo sería el macho que la hembra?

   _____

✓ 3. El colibrí más pequeño es el zunzuncito. Su masa es alrededor de $1\frac{1}{2}$ gramos. La masa de un colibrí rufo es 3 veces la masa del colibrí zunzuncito. ¿Cuál es la masa del colibrí rufo?

   _____

✓ 4. Sloane debe manejar durante $\frac{3}{4}$ hora para llegar a la casa de su abuela. Tarda 5 veces más en manejar hasta la casa de su primo. ¿Cuánto tarda en manejar hasta la casa de su primo?

   _____

ESCRIBE ▸ *Matemáticas*
Muestra tu trabajo

Por tu cuenta

Usa la tabla para resolver los problemas 5 y 6.

Payton tiene varios tipos de flores en su jardín. En la tabla se muestran las alturas promedio de las flores.

Flor	Altura
tulipán	$1\frac{1}{4}$ pies
margarita	$2\frac{1}{2}$ pies
lirio atigrado	$3\frac{1}{3}$ pies
girasol	$7\frac{3}{4}$ pies

5. **PRÁCTICA MATEMÁTICA ❶ Entiende los problemas** ¿Cuál es la diferencia entre la altura de la flor más alta y la altura de la flor más baja del jardín de Payton?

_____

ESCRIBE ▸ *Matemáticas*
Muestra tu trabajo

6. **PIENSA MÁS** Payton dice que la altura promedio de su girasol es 7 veces la de su tulipán. ¿Estás de acuerdo con su enunciado? Explica tu razonamiento.

_____

_____

_____

_____

7. **MÁS AL DETALLE** Miguel corrió $1\frac{3}{10}$ millas el lunes. El viernes, Miguel corrió 3 veces la distancia que corrió el lunes. ¿Cuánta distancia más corrió Miguel el viernes que el lunes?

_____

Entrenador personal en matemáticas

8. **PIENSA MÁS ➕** La tabla muestra las longitudes de diferentes tipos de tortugas de un zoológico.

Nombre de la tortuga	Tipo de tortuga	Longitud
Tuck	Tortuga de agua común	$1\frac{1}{6}$ pies
Lolly	Tortuga laúd	$5\frac{5}{6}$ pies
Daisy	Tortuga caguama	$3\frac{1}{2}$ pies

En los ejercicios 8a a 8d, elige Verdadero o Falso para cada enunciado.

8a. Daisy es 4 veces más larga que Tuck. ○ Verdadero ○ Falso

8b. Lolly es 5 veces más larga que Tuck. ○ Verdadero ○ Falso

8c. Daisy es 3 veces más larga que Tuck. ○ Verdadero ○ Falso

8d. Lolly es 2 veces más larga que Daisy. ○ Verdadero ○ Falso

Resolución de problemas • Problemas de comparación con fracciones

ESTÁNDAR COMÚN—4.NF.B.4c
Forman fracciones a partir de fracciones unitarias al aplicar y ampliar los conocimientos previos de las operaciones con números enteros.

Estándares comunes

Lee los problemas y resuélvelos.

1. Un arbusto mide $1\frac{2}{3}$ pies de altura. Un árbol pequeño es 3 veces más alto que el arbusto. ¿Cuánto mide el árbol?

a es la altura del árbol, en pies.

$a = 3 \times 1\frac{2}{3}$

$a = 3 \times \frac{5}{3}$

$a = \frac{15}{3}$

$a = 5$

Entonces, el árbol mide 5 pies de altura.

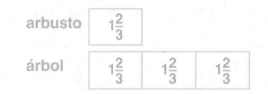

arbusto $1\frac{2}{3}$

árbol $1\frac{2}{3}$ $1\frac{2}{3}$ $1\frac{2}{3}$

_____ 5 pies _____

2. Tú corres $1\frac{3}{4}$ millas todos los días. Tu amigo corre una distancia 4 veces mayor que tú. ¿Qué distancia corre tu amigo todos los días?

_____

3. En la tienda de comestibles, Ayla compra $1\frac{1}{3}$ libras de carne de pavo picada. Tasha compra 2 veces más carne de pavo picada que Ayla. ¿Cuánta carne de pavo picada compra Tasha?

_____

4. ESCRIBE ▸ *Matemáticas* Dibuja un modelo de barras que muestre que una pluma es 4 veces más larga que un borrador que mide $1\frac{1}{3}$ pulgadas de largo.

Repaso de la lección (4.NF.B.4c)

1. El petrel de Wilson es un ave pequeña que tiene una envergadura de $1\frac{1}{3}$ pies. El cóndor de California es un ave más grande, cuya envergadura es casi 7 veces mayor que la del petrel. ¿Aproximadamente cuántos pies tiene de envergadura el cóndor de California? (Podrías dibujar un modelo como ayuda).

_____

2. La distancia a pie desde el edificio Empire State en New York City hasta la plaza Times Square es alrededor de $\frac{9}{10}$ de milla. La distancia a pie desde el Empire State hasta el hotel de Sue es alrededor de 8 veces mayor. ¿Aproximadamente qué distancia hay entre el hotel de Sue y el edificio Empire State? (Podrías dibujar un modelo como ayuda).

_____

Repaso en espiral (4.OA.B.4, 4.NF.A.2, 4.NF.B.3d, 4.NF.B.4c)

3. Escribe una expresión que sea igual a $3 \times 2\frac{1}{4}$.

_____

_____

4. En una feria de pastelería, Ron vende $\frac{7}{8}$ de una tarta de manzana y $\frac{5}{8}$ de una tarta de cereza. En total, ¿qué cantidad de tarta vendió en la feria?

_____

_____

5. En una regla, ¿qué medida está entre $\frac{3}{16}$ de pulgada y $\frac{7}{8}$ de pulgada?

_____

_____

6. Escribe un número compuesto que sea menor que 5.

_____

_____

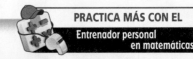

PRACTICA MÁS CON EL
Entrenador personal en matemáticas

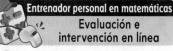
Entrenador personal en matemáticas
Evaluación e
intervención en línea

✓ Repaso y prueba del Capítulo 8

1. ¿Cuáles son los siguientes cuatro múltiplos de $\frac{1}{8}$?

Entrenador personal en matemáticas

2. **PIENSA MÁS +** Marta está haciendo ensalada de fruta para tres personas. Agrega $\frac{3}{8}$ de taza de arándanos para cada porción. Su taza graduada puede contener $\frac{1}{8}$ de taza. ¿Cuántas veces debe medir Marta $\frac{1}{8}$ de taza de arándanos para tener lo suficiente para la ensalada de frutas? Sombrea los modelos para mostrar tu respuesta.

$\frac{1}{8}$	$\frac{1}{8}$	$\frac{1}{8}$	$\frac{1}{8}$	$\frac{1}{8}$	$\frac{1}{8}$	$\frac{1}{8}$	$\frac{1}{8}$
$\frac{1}{8}$	$\frac{1}{8}$	$\frac{1}{8}$	$\frac{1}{8}$	$\frac{1}{8}$	$\frac{1}{8}$	$\frac{1}{8}$	$\frac{1}{8}$
$\frac{1}{8}$	$\frac{1}{8}$	$\frac{1}{8}$	$\frac{1}{8}$	$\frac{1}{8}$	$\frac{1}{8}$	$\frac{1}{8}$	$\frac{1}{8}$

Marta debe medir $\frac{1}{8}$ de taza _____ veces.

3. Mickey ejercita $\frac{3}{4}$ de hora cada día. ¿Cuántas horas ejercita en 8 días?

_____ horas

**Opciones de evaluación
Prueba del capítulo**

4. Molly está horneando para el evento de Madres y Pastelitos en su escuela. Horneará 4 tandas de pastelitos de plátano. Necesita $1\frac{3}{4}$ tazas de plátanos para cada tanda de pastelitos.

Parte A

Molly completó la multiplicación que se muestra a continuación y dijo que necesitaba 8 tazas de plátanos para las 4 tandas de pastelitos. ¿Cuál es el error de Molly?

$$4 \times 1\frac{3}{4} = 4 \times \frac{8}{4} = \frac{32}{4} = 8$$

Parte B

¿Cuál es el número correcto de tazas que Molly necesita para 4 tandas de pastelitos? Explica cómo encontraste tu respuesta.

5. ¿Qué fracción es un múltiplo de $\frac{1}{9}$? Selecciona todas las que sean correctas.

○ $\frac{3}{9}$ ○ $\frac{9}{12}$ ○ $\frac{2}{9}$

○ $\frac{4}{9}$ ○ $\frac{9}{10}$ ○ $\frac{9}{9}$

6. Mimi grabó un juego de fútbol que duró $1\frac{2}{3}$ horas. Lo miró 3 veces en el transcurso del fin de semana para estudiar las jugadas. ¿Cuántas horas pasó Mimi viendo el partido de fútbol? Muestra tu trabajo.

7. Theo está comparando longitudes de tiburones. Aprendió que un tiburón cornudo mide $2\frac{3}{4}$ pies de largo. Un tiburón azul tiene 4 veces esa longitud. Completa el modelo. Luego halla la longitud de un tiburón azul.

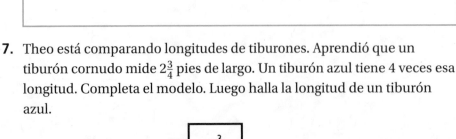

Tiburón cornudo $2\frac{3}{4}$

Tiburón azul

Un tiburón azul mide [ ] pies de largo.

© Houghton Mifflin Harcourt Publishing Company

8. Joel dibujó una recta numérica que muestra los múltiplos de $\frac{3}{5}$.

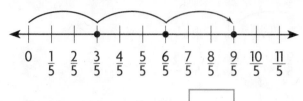

El producto $2 \times \frac{3}{5}$ se muestra en la fracción [ ] en la recta numérica.

9. Bobby tiene práctica de béisbol los lunes, miércoles y viernes. Cada práctica dura $2\frac{1}{2}$ horas. Bobby dice que tendrá práctica durante 4 horas esta semana.

Parte A

Sin multiplicar, explica cómo sabes que lo que dice Bobby no es correcto.

Parte B

¿Cuántas horas de práctica tendrá Bobby esta semana? Escribe tu respuesta como un número mixto. Muestra tu trabajo.

10. Observa la recta numérica. Escribe las fracciones faltantes.

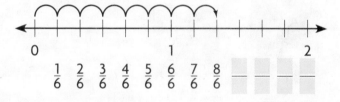

11. El perro de Ana pesó $5\frac{5}{8}$ libras cuando nació. A los 4 años de edad, el perro pesaba 6 veces su peso inicial. Completa cada recuadro con un número o símbolo de la lista para mostrar cómo encontrar el peso del perro de Ana a los 4 años. No todos los números y símbolos se deben usar.

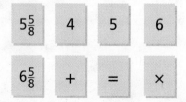

Peso = [ ] [ ] [ ]

12. Asta creó una recta numérica fraccionaria para que la ayudara a encontrar $3 \times \frac{4}{5}$.

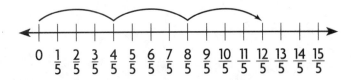

Selecciona una forma de escribir $3 \times \frac{4}{5}$ como el producto de un número entero y una fracción unitaria.

$$3 \times \frac{4}{5} = \begin{array}{c} 4 \times \frac{3}{5} \\[6pt] 12 \times \frac{1}{5} \\[6pt] 6 \times \frac{1}{5} \end{array}$$

13. Yusif quiere darle a cada uno de sus dos amigos $\frac{1}{3}$ del total de su colección de carros de juguete. ¿Cuánto del total de su colección de carros de juguete regalará?

14. Selecciona el producto correcto para la ecuación.

$$\frac{8}{16} \qquad \frac{32}{8} \qquad \frac{16}{8} \qquad \frac{20}{8}$$

$$4 \times \frac{5}{8} = \boxed{} \qquad\qquad 4 \times \frac{4}{8} = \boxed{}$$

490

15. En la tabla se muestran las longitudes de diferentes tipos de serpientes de un zoológico.

En los ejercicios 15a a 15d, elige Verdadero o Falso para la afirmación.

Nombre de la serpiente	Tipo de serpiente	Longitud
Kenny	Boa de arena	$1\frac{1}{2}$ pies
Bobby	Pitón real	$4\frac{1}{2}$ pies
Puck	Pitón de cola corta	$7\frac{1}{2}$ pies

15a. Bobby es 4 veces más larga que Kenny. ○ Verdadero ○ Falso

15b. Bobby es 3 veces más larga que Kenny. ○ Verdadero ○ Falso

15c. Puck es 5 veces más larga que Kenny. ○ Verdadero ○ Falso

15d. Puck es 2 veces más larga que Bobby. ○ Verdadero ○ Falso

16. Hank usó $3\frac{1}{2}$ bolsas de semillas para plantar césped en el jardín del frente de su casa. Usó 3 veces más semillas para plantar césped en el jardín de la parte trasera de su casa. ¿Cuántas semillas necesitó Hank para el jardín trasero?

_____ bolsas

17. Jess hizo una gran olla de arroz y frijoles. Usó $1\frac{1}{2}$ tazas de frijoles. Usó 4 veces más arroz.

Parte A

Dibuja un modelo para mostrar el problema.

Parte B

Usa tu modelo para escribir una ecuación. Luego resuelve la ecuación para hallar la cantidad de arroz que necesita Jess.

18. La Sra. Burnham hace arcilla para modelar para su clase. Necesita $\frac{2}{3}$ de taza de agua tibia para cada tanda.

Parte A

La Sra. Burnham tiene una medida de 1 taza que no tiene ninguna otra marca. ¿Puede hacer 6 tandas de arcilla para modelar usando solamente la medida de 1 taza? Describe dos formas en que puedes encontrar la respuesta.

Parte B

La receta de la arcilla para modelar también requiere $\frac{1}{2}$ taza de almidón de maíz. Nikki dice que la Sra. Burnham también necesitará 4 tazas de almidón de maíz. ¿Estás de acuerdo o en desacuerdo con esta afirmación? Explica.

19. Donna compra telas para hacer posa platos. Necesita $\frac{1}{5}$ de yarda de cada tipo de tela. Tiene 9 tipos diferentes de telas para hacer su diseño. Usa la ecuación que se presenta a continuación. Escribe en el espacio en blanco el número que hace que el enunciado sea verdadero.

$$\frac{9}{5} = \underline{\hspace{2cm}} \times \frac{1}{5}$$

20. El Sr. Tuyen usa $\frac{5}{8}$ de un tanque de combustible cada semana para manejar hacia y desde su trabajo. ¿Cuántos tanques de combustible usa el Sr. Tuyen en 5 semanas? Escribe tu respuesta de dos formas diferentes.

El Sr. Tuyen usa _____ o _____ tanques de combustible.

21. MÁS AL DETALLE Rico está haciendo 4 tandas de salsa. Cada tanda requiere $\frac{2}{3}$ de taza de maíz. Rico tiene solamente una medida de $\frac{1}{3}$ de taza. ¿Cuántas veces debe medir $\frac{1}{3}$ de taza de maíz para tener lo suficiente para toda la salsa?

_____ veces

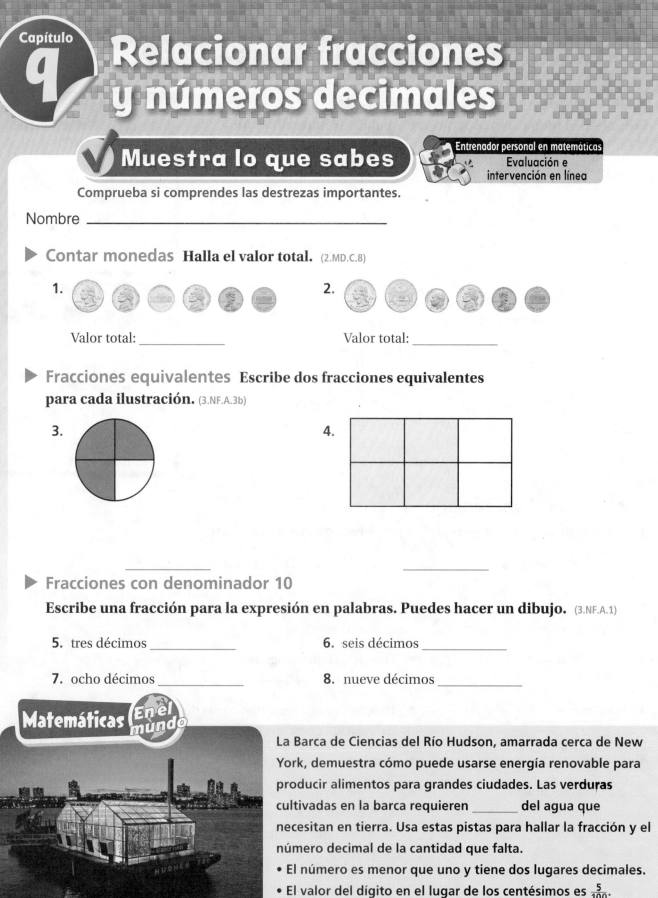

Capítulo 9

Relacionar fracciones y números decimales

Muestra lo que sabes

Comprueba si comprendes las destrezas importantes.

Nombre _____

▶ **Contar monedas** **Halla el valor total.** (2.MD.C.8)

1.

Valor total: _____

2.

Valor total: _____

▶ **Fracciones equivalentes** **Escribe dos fracciones equivalentes para cada ilustración.** (3.NF.A.3b)

3.

_____

4.

_____

▶ **Fracciones con denominador 10**

Escribe una fracción para la expresión en palabras. Puedes hacer un dibujo. (3.NF.A.1)

5. tres décimos _____

6. seis décimos _____

7. ocho décimos _____

8. nueve décimos _____

Matemáticas En el mundo

La Barca de Ciencias del Río Hudson, amarrada cerca de New York, demuestra cómo puede usarse energía renovable para producir alimentos para grandes ciudades. Las verduras cultivadas en la barca requieren _____ del agua que necesitan en tierra. Usa estas pistas para hallar la fracción y el número decimal de la cantidad que falta.

• El número es menor que uno y tiene dos lugares decimales.
• El valor del dígito en el lugar de los centésimos es $\frac{5}{100}$.
• El valor del dígito en el lugar de los décimos es $\frac{2}{10}$.

Desarrollo del vocabulario

▶ **Visualízalo**

Completa el mapa semántico con las palabras marcadas con ✓.

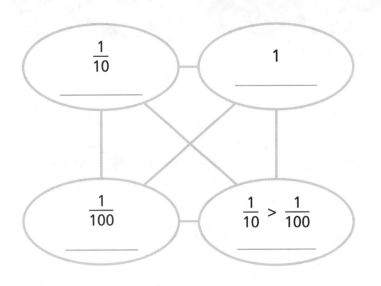

▶ **Comprende el vocabulario**

Traza una línea para emparejar las palabras con sus definiciones.

Palabra	Definición

1. número decimal

   • Dos o más números decimales que nombran la misma cantidad

2. punto decimal

   • Una de cien partes iguales

3. décimo

   • Un número que tiene uno o más dígitos a la derecha del punto decimal

4. centésimo

   • Una de diez partes iguales

5. números decimales equivalentes

   • Un símbolo que se usa para separar dólares de centavos en cantidades de dinero y el lugar de las unidades del lugar de los décimos en un número decimal

• **Libro interactivo del estudiante**
• **Glosario multimedia**

Vocabulario del Capítulo 9

comparar

compare

12

número decimal

decimal

54

punto decimal

decimal point

77

números decimales equivalentes

equivalent decimals

58

fracciones equivalentes

equivalent fractions

37

centésimo

hundredth

8

décimo

tenth

15

entero

whole

26

Un número con uno o más dígitos a la derecha del punto decimal

Ejemplos: 0.5, 0.06 y 12.679 son números decimales.

Describir si un número es menor, mayor o igual que otro número

Unidades	.	Décimos	Centésimos
1	.	1	5
1	.	3	

$1.3 > 1.15$

Dos o más números decimales que nombran la misma cantidad

Unidades	.	Décimos	Centésimos
0	.	8	
0	.	8	0

Ejemplos: 0.8 y 0.80 son números decimales equivalentes.

Un símbolo que se usa para separar dólares de centavos en cantidades de dinero y el lugar de las unidades del lugar de los décimos en un número decimal

Ejemplo: 6.4
↑ punto decimal

Una de cien partes iguales

centésimo →

Dos o más fracciones que nombran la misma cantidad

Ejemplo: $\frac{3}{4}$ y $\frac{6}{8}$ nombran la misma cantidad.

$\frac{3}{4} = \frac{6}{8}$

Todas las partes de una figura o de un grupo

Una de diez partes iguales

décimo

Juego

El juego de emparejar

Para 2 a 3 jugadores

Materiales

- 1 juego de tarjetas de palabras

Instrucciones

1. Coloca las tarjetas boca abajo en filas. Túrnense para jugar.

2. Elige dos tarjetas y ponlas boca arriba.

   - Si las tarjetas muestran una palabra y su significado, coinciden. Conserva el par y vuelve a jugar.

   - Si las tarjetas no coinciden, vuelve a ponerlas boca abajo.

3. El juego terminará cuando todas las tarjetas coincidan. Los jugadores cuentan sus pares. Ganará la partida el jugador con más pares.

> **Recuadro de palabras**
> centécimo
> comparar
> décimo
> entero
> fracciones equivalentes
> número decimal
> números decimales equivalentes
> punto decimal

Escríbelo

Reflexiona

Elige una idea. Escribe sobre ella.

- Escribe un párrafo en el que se usen al menos tres de estas palabras o frases.

  número decimal   punto decimal   centésimo   décimo   entero

- Explica con tus propias palabras qué son los números decimales equivalentes.

- Como escritor de una columna de consejos matemáticos, a menudo los lectores te cuentan que tienen problemas para relacionar las fracciones y las formas decimales. Escribe una carta que explique lo que deben saber esos lectores para comprender mejor ese tema.

Nombre _____

Relacionar décimos y números decimales

Pregunta esencial ¿Cómo puedes registrar décimos como fracciones y números decimales?

🔑 Soluciona el problema En el mundo

Ty lee un libro sobre rocas metamórficas. Leyó $\frac{7}{10}$ del libro. ¿Qué número decimal describe la parte del libro que leyó Ty?

Un **número decimal** es un número que tiene uno o más dígitos a la derecha del **punto decimal**. Puedes escribir décimos y centésimos como fracciones o números decimales.

🔑 De una manera Usa un modelo y una tabla de valor posicional.

Fracción

Sombrea $\frac{7}{10}$ del modelo.

Piensa: El modelo está dividido en 10 partes iguales. Cada parte representa un **décimo**.

Escribe: _____

Lee: siete décimos

Número decimal

$\frac{7}{10}$ es 7 décimos.

Unidades	.	Décimos	Centésimos
	.		

↑ punto decimal

Escribe: _____

Lee: _____

🔑 De otra manera Usa una recta numérica.

Rotula la recta numérica con números decimales que sean equivalentes a las fracciones. Ubica el punto $\frac{7}{10}$.

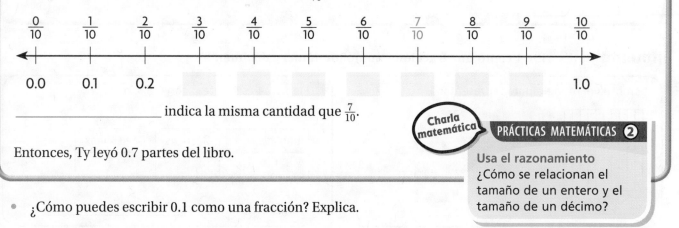

$\frac{0}{10}$ $\frac{1}{10}$ $\frac{2}{10}$ $\frac{3}{10}$ $\frac{4}{10}$ $\frac{5}{10}$ $\frac{6}{10}$ $\frac{7}{10}$ $\frac{8}{10}$ $\frac{9}{10}$ $\frac{10}{10}$

0.0   0.1   0.2   1.0

_____ indica la misma cantidad que $\frac{7}{10}$.

Entonces, Ty leyó 0.7 partes del libro.

Charla matemática PRÁCTICAS MATEMÁTICAS ②

Usa el razonamiento ¿Cómo se relacionan el tamaño de un entero y el tamaño de un décimo?

• ¿Cómo puedes escribir 0.1 como una fracción? Explica.

Lara recorrió $1\frac{6}{10}$ millas en su bicicleta. ¿Qué número decimal describe la distancia que recorrió en su bicicleta?

Ya escribiste una fracción como un número decimal. También puedes escribir un número mixto como un número decimal.

🔑 De una manera Usa un modelo y una tabla de valor posicional.

Fracción

Sombrea $1\frac{6}{10}$ del modelo.

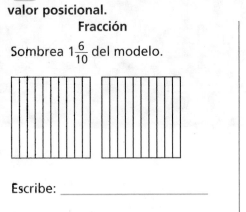

Escribe: _____

Lee: uno con seis décimos

Número decimal

$1\frac{6}{10}$ es 1 entero con 6 décimos.

Piensa: Usa el lugar de las unidades para anotar los enteros.

Unidades	.	Décimos	Centésimos
	.		

Escribe: _____

Lee: _____

🔑 De otra manera Usa una recta numérica.

Rotula la recta numérica con números mixtos y números decimales equivalentes. Ubica el punto $1\frac{6}{10}$.

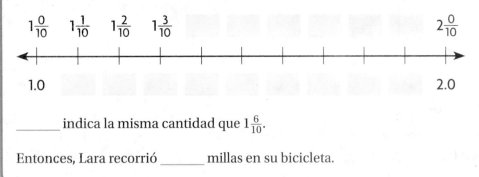

$1\frac{0}{10}$ $1\frac{1}{10}$ $1\frac{2}{10}$ $1\frac{3}{10}$ $2\frac{0}{10}$

1.0   2.0

_____ indica la misma cantidad que $1\frac{6}{10}$.

Entonces, Lara recorrió _____ millas en su bicicleta.

¡Inténtalo! Escribe 1 como una fracción y como un número decimal.

Sombrea el modelo para representar 1.

Fracción: _____

Piensa: 1 es 1 entero con 0 décimos.

Unidades	.	Décimos	Centésimos
	.		

Número decimal: _____

Nombre _____

1. Escribe cinco décimos como una fracción y como un número decimal.

Fracción: _____   Número decimal: _____

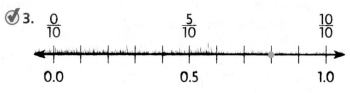

Unidades	.	Décimos	Centésimos
	.		

Escribe la fracción o el número mixto y el número decimal que indican los modelos.

✓ **2.**

_____   _____   _____

✓ **3.**

$\frac{0}{10}$ $\frac{5}{10}$ $\frac{10}{10}$

0.0   0.5   1.0

_____   _____

> **Charla matemática**
>
> **PRÁCTICAS MATEMÁTICAS 6**
>
> Pon atención a la precisión
> ¿Cómo puedes escribir $1\frac{3}{10}$ como un número decimal? Explica.

Por tu cuenta

Escribe la fracción o el número mixto y el número decimal que indican los modelos.

4.

_____   _____

5. $1\frac{0}{10}$ $1\frac{5}{10}$

1.0   1.5

_____   _____

6.

_____   _____

7. $3\frac{0}{10}$ $3\frac{5}{10}$ $4\frac{0}{10}$

3.0   3.5   4.0

_____   _____

Práctica: Copia y resuelve Escribe la fracción o el número mixto como un número decimal.

8. $5\frac{9}{10}$ **9.** $\frac{1}{10}$ **10.** $\frac{7}{10}$ **11.** $8\frac{9}{10}$

12. $\frac{6}{10}$ **13.** $6\frac{3}{10}$ **14.** $\frac{5}{10}$ **15.** $9\frac{7}{10}$

Resolución de problemas • Aplicaciones En el mundo

Usa la tabla para resolver los ejercicios 16 a 19.

16. ¿Qué parte de las rocas que se mencionan en la tabla son ígneas? Escribe el resultado como un número decimal.

_____

17. ¿Qué parte de la colección de Ramón está formada por rocas sedimentarias? Escribe la respuesta como una fracción y en forma escrita

_____

18. PIENSA MÁS ¿Qué parte de las rocas que se mencionan en la tabla son metamórficas? Escribe el resultado como una fracción y como un número decimal.

_____

19. PRÁCTICA MATEMÁTICA ⑤ **Comparte** Niki escribió el siguiente enunciado en su informe: "Las rocas metamórficas forman 2.0 de la colección de rocas de Ramón". Describe su error.

_____

_____

| Colección de rocas de Ramón ||
Nombre	Tipo
Basalto	Ígnea
Riolita	Ígnea
Granito	Ígnea
Peridotita	Ígnea
Escoria	Ígnea
Esquisto	Sedimentaria
Piedra caliza	Sedimentaria
Arenisca	Sedimentaria
Mica	Metamórfica
Pizarra	Metamórfica

▲ **Granito: ígnea**   ▲ **Mica: metamórfica**

▲ **Arenisca: sedimentaria**

20. MÁS AL DETALLE Josh pagó 3 libros con dos billetes de $20. Recibió $1 de cambio. Todos los libros tenían el mismo precio. ¿Cuánto costaba cada libro?

_____

21. PIENSA MÁS Elige el número que muestra el modelo. Marca todas las opciones que sean correctas.

$1\frac{7}{10}$	$\frac{70}{10}$	1.7
7	0.7	$\frac{17}{10}$

Nombre _____

Relacionar décimos y números decimales

ESTÁNDAR COMÚN—4.NF.C.6
Entienden la notación decimal para las fracciones, y comparan fracciones decimales.

Escribe la fracción o el número mixto y el número decimal que indican los modelos.

1. 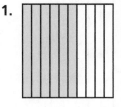 Piensa: El modelo está dividido en 10 partes iguales. Cada parte representa un décimo.

2.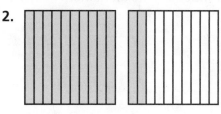

$\frac{6}{10}$; 0.6 _____

3.

_____

Escribe la fracción o el número mixto como un número decimal.

4. $\frac{4}{10}$ **5.** $3\frac{1}{10}$ **6.** $\frac{7}{10}$ **7.** $6\frac{5}{10}$ **8.** $\frac{9}{10}$

____   ____   ____   ____   ____

Resolución de problemas En el mundo

9. Hay 10 pelotas en el armario de artículos deportivos. Tres son pelotas de *kickball*. Escribe la porción de las pelotas de *kickball* como una fracción, como un número decimal y en forma escrita.

10. Peyton tiene 2 pizzas. Se corta cada pizza en 10 trozos iguales. Peyton y sus amigos comen 14 trozos. ¿Qué parte de las pizzas comieron? Escribe tu resultado como un número decimal.

_____   _____

11. **ESCRIBE** *Matemáticas* ¿Tienen 0.3 y 3.0 el mismo valor? Explica.

_____

Repaso de la lección (4.NF.C.6)

1. Valerie tiene 10 CD en su estuche de música. Siete de los CD son de música pop. ¿Cómo se escribe esa cantidad como un número decimal?

_____

2. ¿Qué cantidad decimal se representa a continuación?

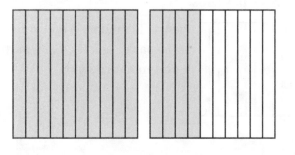

_____

Repaso en espiral (4.OA.B.4, 4.NF.A.1, 4.NF.B.3b)

3. Escribe un número que sea un factor de 13.

_____

4. En una pared de una galería de arte se exhiben 18 cuadros y 4 fotografías en hileras iguales, con la misma cantidad de cada tipo de arte en cada hilera. ¿Cuál podría ser el número de hileras?

_____

5. ¿Cómo se escribe el número mixto que se muestra como una fracción mayor que 1?

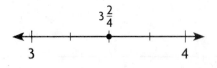

_____

6. ¿Qué fracción, en su expresión mínima, está sombreada en este modelo?

_____

Nombre _____

Relacionar centésimos y números decimales

Estándares comunes · Números y operaciones— Fracciones—4.NF.C.6
PRÁCTICAS MATEMÁTICAS
MP1, MP2, MP7

Pregunta esencial ¿Cómo puedes registrar centésimos como fracciones y números decimales?

🔑 Soluciona el problema En el mundo

En los Juegos Olímpicos de Verano de 2008, el mejor tiempo de la competencia de 100 metros estilo mariposa, categoría caballeros, fue solo $\frac{1}{100}$ segundo más rápido que el segundo tiempo. ¿Qué número decimal representa esta fracción de segundo?

Puedes escribir los centésimos como fracciones o números decimales.

• Encierra en un círculo los números que debes usar.

🔑 De una manera Usa un modelo y una tabla de valor posicional.

Fracción

Sombrea $\frac{1}{100}$ del modelo.

Piensa: El modelo está dividido en 100 partes iguales. Cada parte representa un **centésimo**.

Escribe: _____

Lee: un centésimo

Número decimal

Completa la tabla de valor posicional. $\frac{1}{100}$ es 1 centésimo.

Unidades	.	Décimos	Centésimos
0	.	0	1

Escribe: _____

Lee: un centésimo

🔑 De otra manera Usa una recta numérica.

Rotula la recta numérica con números decimales equivalentes. Ubica el punto $\frac{1}{100}$.

Charla matemática · PRÁCTICAS MATEMÁTICAS ②

Usa el razonamiento ¿Cómo se relacionan el tamaño de un décimo y el tamaño de un centésimo?

$\frac{1}{100}$

| $\frac{0}{100}$ | $\frac{10}{100}$ | $\frac{20}{100}$ | $\frac{30}{100}$ | $\frac{40}{100}$ | $\frac{50}{100}$ | $\frac{60}{100}$ | $\frac{70}{100}$ | $\frac{80}{100}$ | $\frac{90}{100}$ | $\frac{100}{100}$ |

0.00   0.10   0.20   1.00
0.01

_____ indica la misma cantidad que $\frac{1}{100}$.

Entonces, el mejor tiempo fue _____ segundos más rápido.

Alicia ganó la carrera de 400 metros estilo libre por $4\frac{25}{100}$ segundos. ¿Cómo puedes escribir este número mixto como un número decimal?

🔑 De una manera Usa un modelo y una tabla de valor posicional.

Número mixto

Sombrea el modelo para representar $4\frac{25}{100}$.

Escribe: _____

Lee: cuatro con veinticinco centésimos

Número decimal

Completa la tabla de valor posicional.

Piensa: Observa el modelo anterior. $4\frac{25}{100}$ es igual a 4 unidades con 2 décimos y 5 centésimos

Unidades	.	Décimos	Centésimos
	.		

Escribe: _____

Lee: _____

🔑 De otra manera Usa una recta numérica.

Rotula la recta numérica con números mixtos y números decimales equivalentes. Ubica el punto $4\frac{25}{100}$.

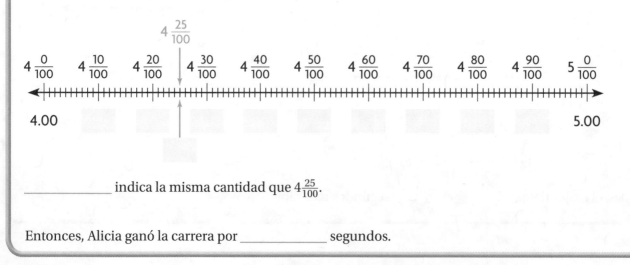

_____ indica la misma cantidad que $4\frac{25}{100}$.

Entonces, Alicia ganó la carrera por _____ segundos.

Comparte y muestra

1. Sombrea el modelo para representar $\frac{31}{100}$. Escribe la cantidad como un número decimal.

Unidades	.	Décimos	Centésimos
	.		

_____

Escribe la fracción o el número mixto y el número decimal que indican los modelos.

2. _____ _____

3. _____ _____

4.

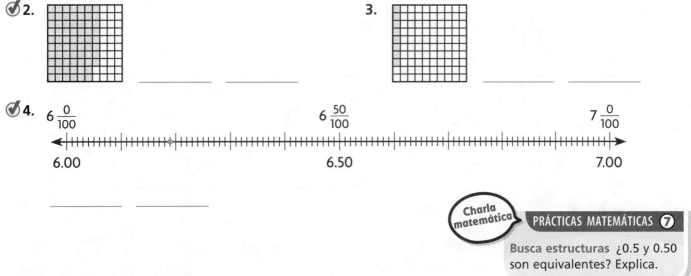

$6\frac{0}{100}$ $6\frac{50}{100}$ $7\frac{0}{100}$

6.00   6.50   7.00

_____ _____

Charla matemática

PRÁCTICAS MATEMÁTICAS ❼

Busca estructuras ¿0.5 y 0.50 son equivalentes? Explica.

Por tu cuenta

Escribe la fracción o el número mixto y el número decimal que indican los modelos..

5. _____ _____

6. _____ _____

7.

$\frac{0}{100}$ $\frac{50}{100}$ $\frac{100}{100}$

0.00   0.50   1.00

_____ _____

Práctica: Copia y resuelve Escribe la fracción o el número mixto como un número decimal.

8. $\frac{9}{100}$
9. $4\frac{55}{100}$
10. $\frac{10}{100}$
11. $9\frac{33}{100}$
12. $\frac{92}{100}$
13. $14\frac{16}{100}$

Resolución de problemas • Aplicaciones En el mundo

14. PIENSA MÁS Sombrea las cuadrículas para mostrar tres maneras diferentes de usar modelos para representar $\frac{16}{100}$.

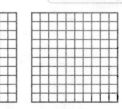

15. PRÁCTICA MATEMÁTICA ❶ **Describe relaciones** Describe de qué manera se relacionan un entero, un décimo y un centésimo.

_____

_____

_____

16. PIENSA MÁS Sombrea el modelo para mostrar $1\frac{24}{100}$. Luego escribe el número mixto en forma de número decimal.

¿Tiene sentido?

17. MÁS AL DETALLE La Biblioteca Conmemorativa está ubicada a 0.3 millas de la escuela. ¿Cuál de los enunciados tiene sentido? ¿Cuál no tiene sentido? Explica tu razonamiento.

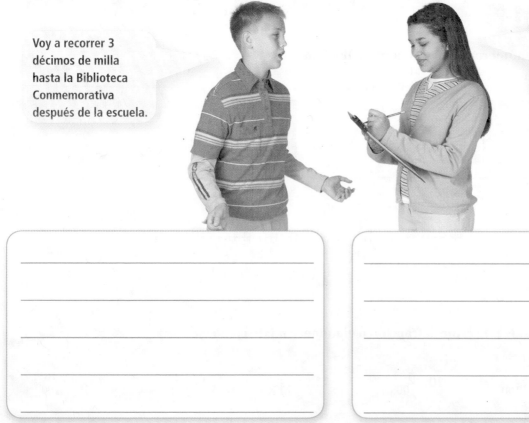

Voy a recorrer 3 décimos de milla hasta la Biblioteca Conmemorativa después de la escuela.

Voy a a recorrer 3 millas hasta la Biblioteca Conmemorativa después de la escuela.

Relacionar centésimos y números decimales

Estándares comunes   **ESTÁNDAR COMÚN—4.NF.C.6**
Entienden la notación decimal para las fracciones, y comparan fracciones decimales.

Escribe la fracción o el número mixto y el número decimal que indican los modelos.

1. 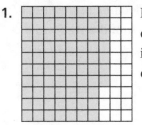 Piensa: El entero está dividido en cien partes iguales, entonces cada parte es un centésimo.

$\dfrac{77}{100}$; 0.77
_____

2.

$\dfrac{0}{100}$ $\dfrac{10}{100}$ $\dfrac{20}{100}$ $\dfrac{30}{100}$ $\dfrac{40}{100}$ $\dfrac{50}{100}$ $\dfrac{60}{100}$

0   0.10   0.20   0.30   0.40   0.50   0.60

_____

3.

_____

4.

$4\dfrac{20}{100}$ $4\dfrac{30}{100}$ $4\dfrac{40}{100}$ $4\dfrac{50}{100}$ $4\dfrac{60}{100}$ $4\dfrac{70}{100}$ $4\dfrac{80}{100}$

4.20   4.30   4.40   4.50   4.60   4.70   4.80

_____

Escribe la fracción o el número mixto como un número decimal.

5. $\dfrac{37}{100}$ **6.** $8\dfrac{11}{100}$ **7.** $\dfrac{98}{100}$ **8.** $25\dfrac{50}{100}$ **9.** $\dfrac{6}{100}$

_____   _____   _____   _____   _____

Resolución de problemas En el mundo

10. Hay 100 monedas de 1¢ en un dólar. ¿Qué fracción de un dólar son 61 monedas de 1¢? Escríbelo como una fracción, como un número decimal y en forma escrita.

11. **ESCRIBE** ▸ *Matemáticas* Describe una situación donde es más fácil usar números decimales que fracciones, y explica por qué.

_____   _____

_____   _____

1. ¿Qué número decimal representa la sección sombreada del siguiente modelo?

_____

2. Había 100 preguntas en la prueba de la unidad. Alondra respondió correctamente 97 de las preguntas. ¿Qué número decimal representa la fracción de preguntas que Alondra respondió correctamente?

_____

Repaso en espiral (4.OA.C.5, 4.NF.B.3b, 4.NF.B.3d, 4.NF.B.4c)

3. Escribe una expresión equivalente a $\frac{7}{8}$

_____

4. ¿Cuánto es $\frac{9}{10} - \frac{6}{10}$?

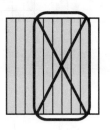

_____

5. Misha usó $\frac{1}{4}$ de un cartón de 12 huevos para hacer una omelette. ¿Cuántos huevos usó?

_____

6. Kurt usó la regla *suma* 4, *resta* 1 para generar un patrón. El primer término de su patrón es 5. Escribe un número que podría estar en el patrón de Kurt.

_____

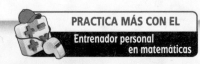

PRACTICA MÁS CON EL
Entrenador personal
en matemáticas

Nombre _____

Fracciones equivalentes y números decimales

Estándares comunes

Números y operaciones— Fracciones—4.NF.C.5 *También* *4.NF.C.6*

PRÁCTICAS MATEMÁTICAS
MP2, MP6, MP7

Pregunta esencial ¿Cómo puedes registrar décimos y centésimos como fracciones y números decimales?

Soluciona el problema *En el mundo*

Daniel completó una caminata de un día por una reserva natural. En la primera hora de caminata, bebió $\frac{6}{10}$ de litro de agua. ¿Cuántos centésimos de litro bebió?

- Subraya lo que debes hallar.
- ¿Cómo puedes representar los centésimos?

_____

🔑 De una manera Escribe $\frac{6}{10}$ como una fracción equivalente con denominador 100.

REPRESENTA

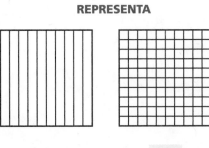

ANOTA

$$\frac{6}{10} = \frac{6 \times }{10 \times } = \frac{}{100}$$

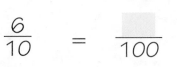

$$\frac{6}{10} = \frac{}{100}$$

🔑 De otra manera Escribe $\frac{6}{10}$ como un número decimal.

Piensa: 6 décimos es igual a 6 décimos con 0 centésimos.

Unidades	.	Décimos	Centésimos

Entonces, Daniel bebió _____ o _____ litros de agua.

- Explica por qué 6 décimos es equivalente a 60 centésimos.

 Charla matemática

PRÁCTICAS MATEMÁTICAS ⑥

Explica cómo puedes escribir 0.2 como centésimos.

_____

_____

Durante una tormenta, Jasmine juntó 0.30 litros de agua en una jarra. ¿Cuántos décimos de litro juntó?

Los **números decimales equivalentes** son números decimales que indican la misma cantidad. Puedes escribir 0.30 como un número decimal que indica los décimos.

 De una manera Escribe 0.30 como un número decimal equivalente.

Representa 0.30 en la tabla de valor posicional.

Unidades	.	Décimos	Centésimos

Piensa: No hay centésimos.

0.30 es equivalente a _____ décimos.

Escribe 0.30 como _____.

 De otra manera Escribe 0.30 como una fracción con denominador 10.

PASO 1 Escribe 0.30 como una fracción.

0.30 es igual a _____ centésimos.

La forma de escribir 30 centésimos como una fracción es _____.

PASO 2 Escribe $\frac{30}{100}$ como una fracción equivalente con denominador 10.

Piensa: 10 es un factor común del numerador y del denominador.

$$\frac{30}{100} = \frac{30 \div \boxed{}}{100 \div \boxed{}} = \frac{\boxed{}}{10}$$

Entonces, Jasmine juntó _____ o _____ de litro de agua.

 **Comparte y muestra**

1. Escribe $\frac{4}{10}$ como centésimos.

Escribe $\frac{4}{10}$ como una fracción equivalente.

$$\frac{4}{10} = \frac{4 \times \boxed{}}{10 \times \boxed{}} = \frac{\boxed{}}{100}$$

Fracción: _____

Escribe $\frac{4}{10}$ como un número decimal.

Unidades	.	Décimos	Centésimos

Número decimal: _____

Escribe el número como centésimos en forma de
fracción y en forma de número decimal.

✓ **2.** $\frac{7}{10}$

3. 0.5

4. $\frac{3}{10}$

_____   _____   _____

Escribe el número como décimos en forma de
fracción y en forma de número decimal.

✓ **5.** 0.40

6. $\frac{80}{100}$

7. $\frac{20}{100}$

_____   _____   _____

Por tu cuenta

Práctica: Copia y resuelve Escribe el número como
centésimos en forma de fracción y en forma de número
decimal.

8. $\frac{8}{10}$

9. $\frac{2}{10}$

10. 0.1

> **Charla matemática**
>
> **PRÁCTICAS MATEMÁTICAS 2**
>
> ¿Se puede escribir 0.25 como décimos? **Explica.**

Práctica: Copia y resuelve Escribe el número como décimos en forma
de fracción y en forma de número decimal.

11. $\frac{60}{100}$

12. $\frac{90}{100}$

13. 0.70

PIENSA MÁS Escribe el número como un número mixto equivalente
con centésimos.

14. $1\frac{4}{10}$

15. $3\frac{5}{10}$

16. $2\frac{9}{10}$

Resolución de problemas • Aplicaciones En el mundo

17. PIENSA MÁS Carter dice que 0.08 es equivalente a $\frac{8}{10}$. Describe y corrige el error de Carter.

_____

_____

_____

18. PIENSA MÁS Elige Verdadero o Falso en cada enunciado para resolver los problemas 18a a 18e.

18a. 0.6 es equivalente a $\frac{6}{100}$. ○ Verdadero ○ Falso

18b. $\frac{3}{10}$ es equivalente a 0.30. ○ Verdadero ○ Falso

18c. $\frac{40}{100}$ es equivalente a $\frac{4}{10}$. ○ Verdadero ○ Falso

18d. 0.40 es equivalente a $\frac{4}{100}$. ○ Verdadero ○ Falso

18e. 0.5 es equivalente a 0.50. ○ Verdadero ○ Falso

Conectar con las Ciencias

Aguas continentales

¿Cuántos lagos y ríos hay en tu estado? El Servicio Geológico de los EE.UU. define las aguas continentales como aguas que están delimitadas por tierra. El océano Atlántico, el océano Pacífico y los Grandes Lagos no se consideran aguas continentales.

19. ESCRIBE ▸Matemáticas Poco más de $\frac{2}{100}$ del total de los Estados Unidos son aguas continentales. Escribe $\frac{2}{100}$ como un número decimal.

_____

20. PRÁCTICA MATEMÁTICA ⑥ ¿Puedes escribir 0.02 como décimos? **Explica.**

_____

_____

21. Alrededor de 0.17 del área de Rhode Island son aguas continentales. Escribe 0.17 como una fracción.

22. MÁS AL DETALLE Los lagos y ríos de Louisiana cubren alrededor de $\frac{1}{10}$ del estado. Escribe $\frac{1}{10}$ como centésimos en forma escrita, en forma de fracción y en forma de número decimal.

_____

Fracciones equivalentes y números decimales

Estándares comunes

ESTÁNDAR COMÚN—4.NF.C.5
Entienden la notación decimal para las fracciones, y comparan fracciones decimales.

Escribe el número como centésimos en forma de fracción y en forma de número decimal.

1. $\frac{5}{10}$

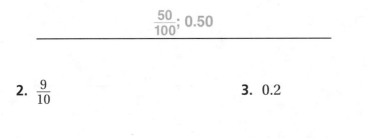

$$\frac{5}{10} = \frac{5 \times 10}{10 \times 10} = \frac{50}{100}$$

Piensa: 5 décimos es lo mismo que 5 décimos y 0 centésimos. Escribe 0.50.

$\frac{50}{100}$; 0.50

2. $\frac{9}{10}$

3. 0.2

4. 0.8

Escribe el número como décimos en forma de fracción y en forma de número decimal.

5. $\frac{40}{100}$

6. $\frac{10}{100}$

7. 0.60

Resolución de problemas *En el mundo*

8. Todos los días, Billy camina $\frac{6}{10}$ de milla hasta la escuela. Escribe $\frac{6}{10}$ como centésimos en forma de fracción y en forma de número decimal.

9. **ESCRIBE** *Matemáticas* Escribe $\frac{5}{10}$ en tres formas equivalentes.

Repaso de la lección (4.NF.C.5)

1. Los estudiantes de cuarto grado de la Escuela Harvest representan 0.3 de todos los estudiantes de la escuela. ¿Qué fracción es equivalente a 0.3?

_____

2. Kyle y su hermano tienen una colección de canicas. De las canicas, 12 son azules. Esa cantidad representa $\frac{50}{100}$ del total de las canicas. ¿Qué número decimal es equivalente a $\frac{50}{100}$?

_____

Repaso en espiral (4.OA.C.5, 4.NF.A.1, 4.NF.B.4c, 4.NF.C.6)

3. Jesse ganó la carrera por $3\frac{45}{100}$ segundos. ¿De qué manera puedes escribir este número como un número decimal?

_____

4. Marge cortó 16 trozos de cinta adhesiva para pegar unas ilustraciones sobre cartón para cartel. Cada trozo de cinta adhesiva medía $\frac{3}{8}$ de pulgada de largo. ¿Cuánta cinta adhesiva usó Marge?

_____

5. De los patrones de figuras geométricas de Katie, $\frac{9}{12}$ son triángulos. ¿Qué fracción es $\frac{9}{12}$ en su mínima expresión?

_____

6. El primer término de un patrón numérico es 75. La regla del patrón es *resta* 6. ¿Cuál es el sexto término?

_____

PRACTICA MÁS CON EL
Entrenador personal
en matemáticas

Nombre _____

Relacionar fracciones, números decimales y dinero

Pregunta esencial ¿Cómo puedes relacionar fracciones, decimales y dinero?

Estándares comunes Números y operaciones—Fracciones—4.NF.C.6
PRÁCTICAS MATEMÁTICAS
MP2, MP4, MP6

🔑 Soluciona el problema En el mundo

Julie y Sarah juntas tienen $1.00 en monedas de 25¢. Quieren repartir las monedas de 25¢ en partes iguales. ¿Cuántas monedas de 25¢ debería recibir cada una? ¿Cuánto dinero es?

> **Recuerda**
> 1 dólar = 100 centavos
> 1 moneda de 25¢ = 25 centavos
> 1 moneda de 10¢ = 10 centavos
> 1 moneda de 1¢ = 1 centavo

Usa el modelo para relacionar dinero, fracciones y números decimales.

4 monedas de 25¢ = 1 dólar = $1.00

$0.25 $0.25 $0.25 $0.25

1 moneda de 25¢ es $\frac{25}{100}$ o $\frac{1}{4}$ de dólar.

2 monedas de 25¢ son $\frac{50}{100}$, $\frac{2}{4}$ o $\frac{1}{2}$ de dólar.

$\frac{1}{2}$ de dólar es = $0.50 o 50 centavos.

Encierra en un círculo la cantidad de monedas de 25¢ que debe recibir cada niña.

Entonces, cada niña debe recibir 2 monedas de 25¢ o $ _____.

🔑 Ejemplos Usa dinero para representar números decimales.

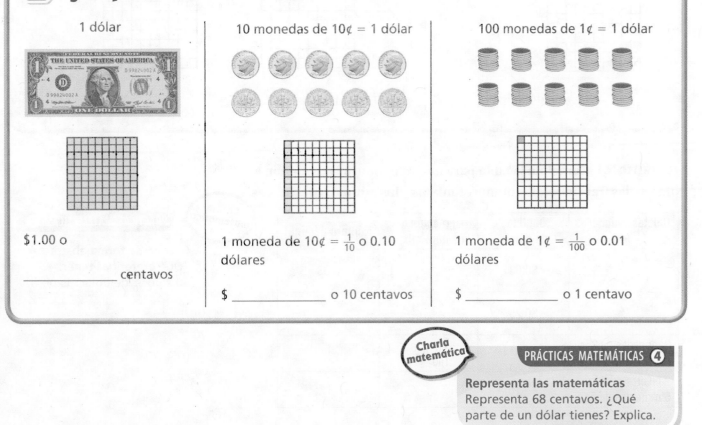

1 dólar

$1.00 o

_____ centavos

10 monedas de 10¢ = 1 dólar

1 moneda de 10¢ = $\frac{1}{10}$ o 0.10 dólares

$ _____ o 10 centavos

100 monedas de 1¢ = 1 dólar

1 moneda de 1¢ = $\frac{1}{100}$ o 0.01 dólares

$ _____ o 1 centavo

Charla matemática

PRÁCTICAS MATEMÁTICAS ④

Representa las matemáticas
Representa 68 centavos. ¿Qué parte de un dólar tienes? Explica.

Relacionar dinero y números decimales Piensa en los dólares como unidades, en las monedas de 10¢ como décimos y en las monedas de 1¢ como centésimos.

$1.56

Dólares	.	Monedas de 10¢	Monedas de 1¢
1	.	5	6

Centésimos: $1.56 = 1 dólar y 56 monedas de 1¢

Hay 100 monedas de 1¢ en 1 dólar.
Entonces, $1.56 = 156 monedas de 1¢.

1.56 dólares

Unidades	.	Décimos	Centésimos
1	.	5	6

Piensa: 1.56 = 1 unidad y 56 centésimos

Hay 100 centésimos en 1 unidad.
Entonces, 1.56 = 156 centésimos.

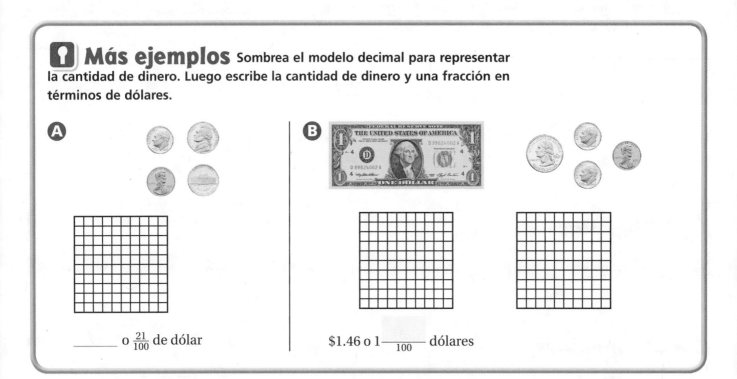

🔓 **Más ejemplos** Sombrea el modelo decimal para representar la cantidad de dinero. Luego escribe la cantidad de dinero y una fracción en términos de dólares.

Ⓐ

_____ o $\frac{21}{100}$ de dólar

Ⓑ

$1.46 o 1$\frac{}{100}$ dólares

¡Inténtalo! Completa la tabla para mostrar cómo se relacionan el dinero, las fracciones, los números mixtos y los números decimales.

Billetes y monedas de $	Cantidad de dinero	Fracción o número mixto	Número decimal
	$0.03		0.03
	$0.25	$\frac{25}{100}$ o $\frac{1}{4}$	
2 monedas de 25¢ y 1 moneda de 10¢		$\frac{60}{100}$ o $\frac{6}{10}$	
2 billetes de $1 y 5 monedas de 5¢			

Charla matemática

PRÁCTICAS MATEMÁTICAS ❷

Razona de forma abstracta
¿Qué preferirías tener:
$0.25 o $\frac{3}{10}$ de dólar? Explica.

Comparte y muestra

MATH BOARD

1. Escribe la cantidad de dinero como un número decimal en términos de dólares.

5 monedas de 1¢ = $\frac{5}{100}$ de dólar = _____ dólares.

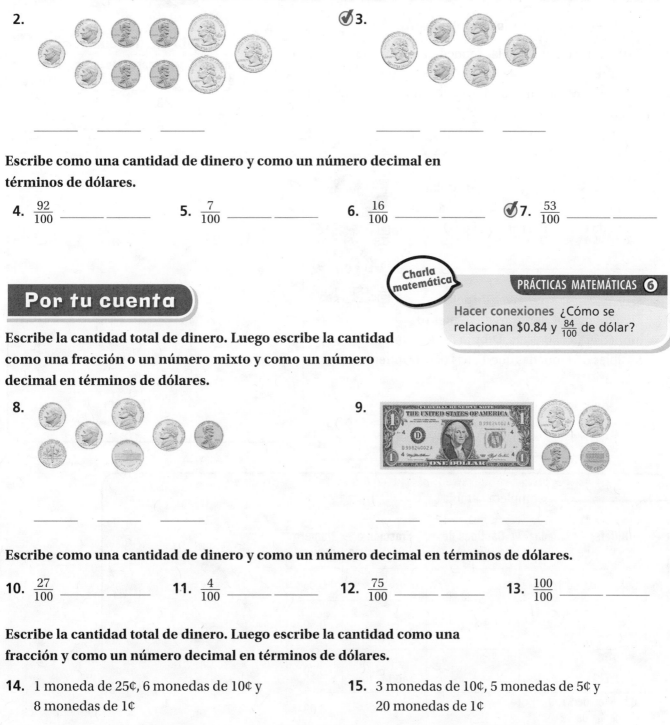

Escribe la cantidad total de dinero. Luego escribe la cantidad como una fracción o un número mixto y como un número decimal en términos de dólares.

2.

_____ _____ _____

✓**3.**

_____ _____ _____

Escribe como una cantidad de dinero y como un número decimal en términos de dólares.

4. $\frac{92}{100}$ _____   **5.** $\frac{7}{100}$ _____ _____   **6.** $\frac{16}{100}$ _____ _____   ✓**7.** $\frac{53}{100}$ _____ _____

Por tu cuenta

Charla matemática

PRÁCTICAS MATEMÁTICAS ❻

Hacer conexiones ¿Cómo se relacionan $0.84 y $\frac{84}{100}$ de dólar?

Escribe la cantidad total de dinero. Luego escribe la cantidad como una fracción o un número mixto y como un número decimal en términos de dólares.

8.

_____ _____ _____

9.

_____ _____ _____

Escribe como una cantidad de dinero y como un número decimal en términos de dólares.

10. $\frac{27}{100}$ _____ _____   **11.** $\frac{4}{100}$ _____ _____   **12.** $\frac{75}{100}$ _____ _____   **13.** $\frac{100}{100}$ _____ _____

Escribe la cantidad total de dinero. Luego escribe la cantidad como una fracción y como un número decimal en términos de dólares.

14. 1 moneda de 25¢, 6 monedas de 10¢ y 8 monedas de 1¢

_____ _____ _____

15. 3 monedas de 10¢, 5 monedas de 5¢ y 20 monedas de 1¢

_____ _____ _____

PRÁCTICA MATEMÁTICA ⑥ Haz conexiones Álgebra Completa para indicar el valor de cada dígito.

16. $1.05 = _____ dólar + _____ monedas de 1¢,   1.05 = _____ unidad + _____ centésimos

17. $5.18 = _____ dólares + _____ moneda de 10¢ + _____ monedas de 1¢

5.18 = _____ unidades + _____ décimo + _____ centésimos

Resolución de problemas • Aplicaciones En el mundo

Usa la tabla para resolver los problemas 18 y 19.

18. En la tabla se muestran las monedas que tienen tres estudiantes. Escribe la cantidad total que tiene Nick como una fracción en términos de dólares.

_____

Cambio en monedas

Nombre	Monedas de 25¢	Monedas de 10¢	Monedas de 5¢	Monedas de 1¢
Kim	1	3	2	3
Tony	0	6	1	6
Nick	2	4	0	2

19. *PIENSA MÁS* Kim gastó $\frac{40}{100}$ de dólar en un refrigerio. Escribe la cantidad que le queda como una cantidad de dinero.

_____

20. *MÁS AL DETALLE* Travis tiene $\frac{1}{2}$ de dólar. Tiene al menos dos tipos diferentes de monedas en el bolsillo. **Dibuja** dos conjuntos posibles de monedas que Travis podría tener.

21. *PIENSA MÁS* Completa la tabla.

Billetes y monedas de $	Cantidad de dinero	Fracción o número mixto	Número decimal
6 monedas de 1¢		$\frac{6}{100}$	0.06
	$0.50		0.50
		$\frac{70}{100}$ o $\frac{7}{10}$	0.70
3 billetes de $1, 9 monedas de 1¢			3.09

Relacionar fracciones, números decimales y dinero

Estándares comunes

ESTÁNDAR COMÚN—4.NF.C.6
Entienden la notación decimal para las fracciones, y comparan fracciones decimales.

Escribe la cantidad total de dinero. Luego escribe la cantidad como una fracción o un número mixto y como un número decimal en términos de dólares.

1.

$0.18; $\frac{18}{100}$; 0.18

_____

2.

_____

Escribe las fracciones como una cantidad de dinero y como un número decimal en términos de dólares.

3. $\frac{25}{100}$

4. $\frac{79}{100}$

5. $\frac{31}{100}$

6. $\frac{8}{100}$

7. $\frac{42}{100}$

_____ _____ _____ _____ _____

Escribe la cantidad de dinero como una fracción en términos de dólares.

8. $0.87

9. $0.03

10. $0.66

11. $0.95

12. $1.00

_____ _____ _____ _____ _____

Escribe la cantidad total de dinero. Luego escribe la cantidad como una fracción y como un número decimal en términos de dólares.

13. 2 monedas de 25¢ y 2 monedas de 10¢

14. 3 monedas de 10¢ y 4 monedas de 1¢

15. 8 monedas de 5¢ y 12 monedas de 1¢

_____ _____ _____

Resolución de problemas En el mundo

16. Kate tiene 1 moneda de 10¢, 4 monedas de 5¢ y 8 monedas de 1¢. Escribe la cantidad total de Kate como una fracción en términos de un dólar.

17. **ESCRIBE** ▸ *Matemáticas* Jeffrey dice que tiene 6.8 dólares. ¿Cómo escribes el número decimal 6.8 cuando se refiere a dinero? Explica.

_____

_____

Repaso de la lección (4.NF.C.6)

1. Escribe la cantidad total de dinero escrita como una fracción en términos de un dólar.

2. Crystal tiene $\frac{81}{100}$ de un dólar. ¿Qué monedas podría tener Crystal?

_____

_____

_____

Repaso en espiral (4.NF.A.1, 4.NF.C.6)

3. Joel le da $\frac{1}{3}$ de sus tarjetas de béisbol a su hermana. Escribe una fracción equivalente a $\frac{1}{3}$.

4. Penélope hornea *pretzels* y sala $\frac{3}{8}$ de los *pretzels*. Escribe una fracción equivalente a $\frac{3}{8}$.

5. ¿Qué número decimal indica el modelo?

6. El Sr. Guzmán tiene 100 vacas en su granja lechera. De las vacas, 57 son Holstein. ¿Qué número decimal representa la porción de vacas Holstein?

PRACTICA MÁS CON EL
Entrenador personal
en matemáticas

Resolución de problemas • Dinero

Pregunta esencial ¿Cómo puedes usar la estrategia *representar* para resolver problemas en los que se usa el dinero?

Estándares comunes Medición y datos—
4.MD.A.2
PRÁCTICAS MATEMÁTICAS
MP1, MP2, MP6

🔑 Soluciona el problema En el mundo

Marnie y Serena juntas tienen $1.20. Quieren repartir el dinero en partes iguales. ¿Cuánto dinero recibirá cada una?

Usa el organizador gráfico para resolver el problema.

Lee el problema

¿Qué debo hallar?

Debo hallar _____

_____

¿Qué información debo usar?

Debo usar la cantidad total, _____, y dividir esa

cantidad en _____ partes iguales.

¿Cómo usaré la información?

Usaré monedas para representar la

_____ y resolver el problema.

Resuelve el problema

Puedes representar $1.20 con 4 monedas

de 25¢ y 2 _____.

Encierra en un círculo las monedas que representan dos conjuntos del mismo valor.

Entonces, cada niña recibirá _____ monedas

de 25¢ y _____ moneda de 10¢. Cada una

recibirá $_____.

• Describe otra manera en que podrías representar el problema con monedas.

_____

_____

🔑 Haz otro problema

Josh, Tom y Chuck tienen $0.40 cada uno. ¿Cuánto dinero tienen entre los tres?

Lee el problema	Resuelve el problema
¿Qué debo hallar?	
¿Qué información debo usar?	
¿Cómo usaré la información?	

- ¿Cómo puedes usar monedas de 10¢ y de 5¢ para resolver el problema?

_____

_____

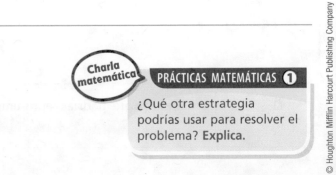

Charla matemática PRÁCTICAS MATEMÁTICAS ❶

¿Qué otra estrategia podrías usar para resolver el problema? **Explica.**

Nombre _____

Soluciona el problema

✓ Encierra en un círculo la pregunta.

✓ Subraya los datos importantes.

✓ Tacha la información que no sea necesaria.

1. Juan tiene $3.43. Va a comprar un pincel que cuesta $1.21 para pintar un carro de juguete. ¿Cuánto dinero tendrá Juan después de pagar el pincel?

   Primero, usa billetes y monedas para representar $3.43.

   Luego, debes restar. Quita billetes y monedas por un valor de $1.21. Marca con una X lo que quitaste.

   Por último, cuenta el valor de los billetes y las monedas que quedaron. ¿Cuánto dinero le quedará a Juan?

   _____

2. ¿Qué pasaría si Juan tuviera $3.43 y quisiera comprar un pincel que cuesta $2.28? ¿Cuánto dinero le quedaría a Juan en ese caso? Explica.

   _____

   _____

   _____

   _____

   _____

   _____

3. Sofía tiene $2.25. Quiere dar la misma cantidad de dinero a sus 3 primos pequeños. ¿Cuánto dinero recibirá cada primo?

   _____

ESCRIBE ▸ *Matemáticas*
Muestra tu trabajo

Por tu cuenta

4. Marcus ahorra $13 cada semana. ¿En cuántas semanas habrá ahorrado por lo menos $100?

_____

5. **PRÁCTICA MATEMÁTICA ❶** **Analiza relaciones** Hoshi tiene $50. Emily tiene $23 más que Hoshi. Karl tiene $16 menos que Emily. ¿Cuánto dinero tienen entre los tres?

_____

6. **PIENSA MÁS** Cuatro niñas tienen $5.00 para repartir en partes iguales. ¿Cuánto dinero recibirá cada niña? Explica.

_____

_____

_____

_____

ESCRIBE ▸ *Matemáticas*
Muestra tu trabajo

7. **MÁS AL DETALLE** ¿Qué pasaría si cuatro niñas quisieran repartir $5.52 en partes iguales? ¿Cuánto dinero recibiría cada niña? Explica.

_____

_____

_____

_____

Entrenador personal en matemáticas

8. **PIENSA MÁS ➕** Aimé y tres de sus amigas hallaron 3 monedas de 25¢ y una moneda de 5¢ en el suelo. Si Aimé y sus amigas quieren repartir el dinero en partes iguales, ¿cuánto recibirá cada una? Explica cómo hallaste la respuesta.

Nombre _____

Resolución de problemas • Dinero

ESTÁNDAR COMÚN—4.MD.A.2
Resuelven problemas relacionados a la medición y a la conversión de medidas de una unidad más grande a una más pequeña.

Usa la estrategia *representar* para resolver los problemas.

1. Carl quiere comprar un timbre de bicicleta que cuesta $4.50. Hasta ahora, Carl ha ahorrado $2.75. ¿Cuánto dinero más necesita para comprar el timbre?

   Usa 4 billetes de $1 y 2 monedas de 25¢ para representar $4.50. Quita billetes y monedas por un valor de $2.75. Primero, quita 2 billetes de $1 y 2 monedas de 25¢.

   A continuación, cambia un billete de $1 por 4 monedas de 25¢ y quita 1 moneda de 25¢.

   Cuenta la cantidad que queda.
   Entonces, Carl debe ahorrar $1.75 más.

   _____ $1.75

2. Juntos, Xavier, Yolanda y Zachary tienen $4.44. Si cada persona tiene la misma cantidad, ¿cuánto dinero tiene cada persona?

   _____

3. Marcus, Nan y Olive tienen $1.65 cada uno en sus bolsillos. Deciden juntar el dinero. ¿Cuánto dinero tienen en total?

   _____

4. Jessie ahorra $6 por semana. ¿En cuántas semanas habrá ahorrado por lo menos $50?

   _____

5. **ESCRIBE** ▸ *Matemáticas* Escribe un problema de dinero que puedas resolver usando compartir, unir o separar.

   _____

   _____

Repaso de la lección (4.MD.A.2)

1. Cuatro amigos ganaron $5.20 por lavar un carro. Se repartieron el dinero en partes iguales. ¿Cuánto recibió cada amigo?

2. Escribe un número decimal que represente el valor de un billete de $1 y 5 monedas de 25¢.

Repaso en espiral (4.OA.B.4, 4.NF.A.1, 4.NF.A.2, 4.NF.C.6)

3. Bethany tiene 9 monedas de 1¢. ¿Qué fracción de un dólar es esa cantidad?

4. Michael anotó $\frac{9}{12}$ de sus tiros libres en la práctica. ¿Qué fracción es $\frac{9}{12}$ en su mínima expresión?

5. Soy un número primo entre 30 y 40. ¿Qué número podría ser?

6. Completa el espacio en blanco con un signo que haga que el enunciado sea verdadero.

$$\frac{2}{5} \bigcirc \frac{1}{2}$$

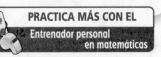

PRACTICA MÁS CON EL
Entrenador personal
en matemáticas

✔ Revisión de la mitad del capítulo

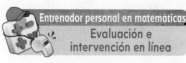

Entrenador personal en matemáticas
Evaluación e intervención en línea

Vocabulario

Elige el término del recuadro que mejor corresponda para completar la oración.

Vocabulario
centena
centésimo
número decimal
punto decimal

1. El símbolo que se usa para separar el lugar de las unidades y

   el lugar de los décimos se llama _____. (pág. 495)

2. El número 0.4 está escrito como un _____. (pág.495)

3. Un _____ es una de cien partes iguales de un
   entero. (pág. 501)

Conceptos y destrezas

Escribe la fracción o el número mixto y el número decimal que
indica el modelo. (4.NF.C.6)

4.

_____

5. (modelos de cuadrícula)

_____

Escribe el número como centésimos en forma de fracción y en
forma de número decimal. (4.NF.C.5)

6. $\frac{8}{10}$

_____

7. 0.5

_____

8. $\frac{6}{10}$

_____

Escribe la fracción o el número mixto como una cantidad de dinero
y como un número decimal en términos de dólares. (4.NF.C.6)

9. $\frac{65}{100}$

_____

10. $1\frac{48}{100}$

_____

11. $\frac{4}{100}$

_____

12. La tortuga de Ken compitió en una carrera de 0.50 metros. Su tortuga había recorrido $\frac{49}{100}$ de metro cuando la tortuga ganadora cruzó la meta. ¿Cómo se escribe la fracción $\frac{49}{100}$ escrita como un número decimal? (4.NF.C.6)

_____

13. Álex vive a ocho décimos de milla de Sarah. ¿Cómo se escribe ocho décimos escrito como un número decimal? (4.NF.C.6)

_____

14. *MÁS AL DETALLE* ¿Qué fracción, en centésimos, es equivalente a $\frac{7}{10}$? (4.NF.C.5)

_____

15. Elaine encontró en su bolsillo lo que se muestra a continuación. ¿Cuánto dinero había en su bolsillo? (4.NF.C.6)

_____

16. Tres niñas se repartieron $0.60. Cada niña recibió igual cantidad de dinero. ¿Cuánto dinero recibió cada niña? (4.MD.A.2)

_____

17. La balanza de la tienda de comestibles pesa carne y queso en centésimos de libra. Sam puso $\frac{5}{10}$ de libra de salchichón en la balanza de la tienda de comestibles. ¿Qué peso muestra la balanza? (4.NF.C.5)

_____

Nombre _____

Sumar partes fraccionarias de 10 y de 100

Pregunta esencial ¿Cómo puedes sumar fracciones cuyos denominadores son 10 o 100?

Estándares comunes · Números y operaciones—Fracciones—4.NF.C.5 También 4.MD.A.2
PRÁCTICAS MATEMÁTICAS
MP.2, MP.7, MP.8

Soluciona el problema · En el mundo

Las clases de cuarto grado pintan diseños en azulejos cuadrados para hacer un mural. La clase de la maestra Kirk pintó $\frac{3}{10}$ del mural. La clase del maestro Becker pintó $\frac{21}{100}$ del mural. ¿Qué parte del mural está pintada?

Sabes cómo sumar fracciones con partes de igual tamaño. Puedes usar fracciones equivalentes para sumar fracciones con partes que no son de igual tamaño.

Ejemplo 1 Halla $\frac{3}{10} + \frac{21}{100}$.

PASO 1 Escribe $\frac{3}{10}$ y $\frac{21}{100}$ como un par de fracciones con denominador común.

Piensa: 100 es múltiplo de 10. Usa 100 como denominador común.

$$\frac{3}{10} = \frac{3 \times \square}{10 \times \square} = \frac{\square}{100}$$

Piensa: $\frac{21}{100}$ ya tiene a 100 en el denominador.

Entonces, $\frac{\square}{100}$ del mural está pintado.

PASO 2 Suma.

Piensa: Usa fracciones con denominador común para escribir $\frac{3}{10} + \frac{21}{100}$.

$$\frac{30}{100} + \frac{21}{100} = \frac{\square}{100}$$

Charla matemática · PRÁCTICAS MATEMÁTICAS ❽

Saca conclusiones Cuando sumas décimos y centésimos, ¿siempre puedes usar 100 como denominador común? Explica.

¡Inténtalo! Halla $\frac{4}{100} + \frac{1}{10}$.

Ⓐ Escribe $\frac{1}{10}$ como $\frac{10}{100}$.

$$\frac{1}{10} = \frac{1 \times \square}{10 \times \square} = \frac{\square}{100}$$

Ⓑ Suma.

$$\frac{\square}{100} + \frac{10}{100} = \frac{\square}{100}$$

Entonces, $\frac{4}{100} + \frac{10}{100} = \frac{14}{100}$

🔑 Ejemplo 2 Suma números decimales.

Sergio vive a 0.5 millas de la tienda. La tienda está a 0.25 millas de la casa de su abuela. Sergio va a ir caminado a la tienda y luego a la casa de su abuela. ¿Qué distancia recorrerá?

Halla 0.5 + 0.25.

PASO 1 Escribe 0.5 + 0.25 como una suma de fracciones.

Piensa: 0.5 es 5 décimos.   Piensa: 0.25 es 25 centésimos.

$$0.5 = \underline{\qquad} \qquad\qquad 0.25 = \underline{\qquad}$$

Escribe 0.5 + 0.25 como $\underline{\qquad}$ + $\underline{\qquad}$

PASO 2 Escribe $\frac{5}{10} + \frac{25}{100}$ como una suma de fracciones con denominador común.

Piensa: Usa 100 como denominador común.
Convierte $\frac{5}{10}$.

$$\frac{5}{10} = \frac{5 \times \boxed{}}{10 \times \boxed{}} = \frac{}{100}$$

Escribe $\frac{5}{10} + \frac{25}{100}$ como $\underline{\qquad}$ + $\underline{\qquad}$.

PASO 3 Suma.

$$\frac{50}{100} + \frac{25}{100} = \boxed{}$$

PASO 4 Escribe la suma como un número decimal.

$$\frac{75}{100} = \underline{\qquad}$$

Entonces, Sergio recorrerá $\underline{\qquad}$ millas.

Charla matemática

PRÁCTICAS MATEMÁTICAS ❶

Identifica las relaciones Explica por qué puedes pensar en $0.25 tanto en $\frac{1}{4}$ de dólar como en $\frac{25}{100}$ de dólar.

¡Inténtalo! Halla $0.25 + $0.40.

$0.25 + $0.40 = $\underline{\qquad}$

Recuerda
Una cantidad de dinero menor que un dólar se puede escribir como una fracción de dólar.

Nombre _____

1. Halla $\frac{7}{10} + \frac{5}{100}$.

Piensa: Escribe los sumandos como fracciones con denominador común.

$$\frac{}{100} + \frac{}{100} = \frac{}{}$$

Halla la suma.

2. $\frac{1}{10} + \frac{11}{100} =$ _____

3. $\frac{36}{100} + \frac{5}{10} =$ _____

4. $\$0.16 + \$0.45 = \$$_____

5. $\$0.08 + \$0.88 = \$$_____

6. $\frac{6}{10} + \frac{25}{100} =$ _____

7. $\frac{7}{10} + \frac{7}{100} =$ _____

8. $\$0.55 + \$0.23 = \$$_____

9. $\$0.19 + \$0.13 = \$$_____

PRÁCTICA MATEMÁTICA 2 **Razona cuantitativamente** **Álgebra** Escribe el número que hace que la ecuación sea verdadera.

10. $\frac{20}{100} + \frac{}{10} = \frac{60}{100}$

11. $\frac{2}{10} + \frac{}{100} = \frac{90}{100}$

12. _MÁS AL DETALLE_ Jerry tenía un galón de helado. Usó $\frac{3}{10}$ de galón para hacer batidos de chocolate y 0.40 de galón para hacer batidos de vainilla. ¿Cuánto helado le ha quedado a Jerry después de hacer los batidos?

Resolución de problemas · Aplicaciones *En el mundo*

Usa la tabla para resolver los problemas 13 a 16.

13. **PIENSA MÁS** Darío eligió losas estilo Matizado y losas estilo Palermo para colocar en el camino de entrada de su casa. ¿Cuántos metros de longitud tendrá cada juego de una losa estilo Matizado y una losa estilo Palermo?

Tienda de losas	
Estilo	**Longitud (en metros)**
Rústico	$\frac{15}{100}$
Matizado	$\frac{3}{10}$
Palermo	$\frac{41}{100}$
Arco Iris	$\frac{6}{10}$
Rosado	$\frac{8}{100}$

14. El patio trasero de la casa de Nona está hecho con un patrón que se repite de una losa estilo Rosado y una losa estilo Arco Iris. ¿Cuántos metros de longitud tiene cada par de losas?

15. **MÁS AL DETALLE** Para hacer un camino de losas, a Emily le gustaría usar una losa estilo Rústico, luego, una losa estilo Arco Iris y luego, otra losa estilo Rústico. ¿Cuánto medirá una hilera formada por las tres losas? Explica.

16. **ESCRIBE** ▸*Matemáticas* ¿Qué dos losas puedes colocar una junto a la otra para obtener una longitud total de 0.38 metros? Explica cómo hallaste tu respuesta.

17. **PIENSA MÁS** Christelle quiere construir una casa de muñecas. La casa tiene una altura de $\frac{6}{10}$ de metro sin el techo. El techo mide $\frac{15}{100}$ de alto. ¿Cuál es la altura de la casa de muñecas con el techo? Elige un número de cada columna para completar la ecuación y resolver el problema.

$$\frac{6}{10} + \frac{15}{100} = \boxed{\begin{array}{c}\frac{6}{100} \\ \frac{60}{100} \\ \frac{61}{100}\end{array}} + \boxed{\begin{array}{c}\frac{15}{10} \\ \frac{5}{100} \\ \frac{15}{100}\end{array}} = \boxed{\begin{array}{c}\frac{65}{100} \\ \frac{7}{10} \\ \frac{75}{100}\end{array}} \text{ de metro de alto.}$$

Sumar partes fraccionarias de 10 y de 100

 ESTÁNDAR COMÚN—4.NF.C.5
Entienden la notación decimal para las fracciones, y comparan fracciones decimales.

Halla la suma.

1. $\dfrac{2}{10} + \dfrac{43}{100}$

$\dfrac{20}{100} + \dfrac{43}{100} = \dfrac{63}{100}$

Piensa: Escribe $\dfrac{2}{10}$ como una fracción con denominador 100:

$\dfrac{2 \times 10}{10 \times 10} = \dfrac{20}{100}$

$\dfrac{63}{100}$

_____

2. $\dfrac{17}{100} + \dfrac{6}{10}$

3. $\dfrac{9}{100} + \dfrac{9}{10}$

4. $\$0.25 + \$0.34$

_____   _____   _____

Resolución de problemas En el mundo

5. La rana de Ned saltó $\dfrac{38}{100}$ de metro. Luego saltó $\dfrac{4}{10}$ de metro. ¿Cuánto saltó en total?

6. Keiko camina $\dfrac{5}{10}$ de kilómetro desde la escuela hasta el parque. Luego camina $\dfrac{19}{100}$ de kilómetro desde el parque hasta su casa. ¿Cuánto camina en total?

_____   _____

7. **ESCRIBE** ▸*Matemáticas* Explica cómo usarías fracciones equivalentes para resolver 0.5 + 0.10.

_____

_____

_____

1. En una pecera, $\frac{2}{10}$ de los peces eran anaranjados y $\frac{5}{100}$ de los peces eran rayados. ¿Qué fracción de los peces eran anaranjados o rayados?

_____

2. Greg gasta $0.45 en una goma de borrar y $0.30 en un bolígrafo. ¿Cuánto dinero gasta Greg?

_____

Repaso en espiral (4.NF.A.1, 4.NF.B.3d, 4.MD.A.2)

3. Phillip ahorra $8 por mes. ¿Cuántos meses tardará en ahorrar por lo menos $60?

_____

4. Úrsula y Yi comparten un sándwich. Úrsula come $\frac{2}{8}$ del sándwich. Yi come $\frac{3}{8}$ del sándwich. ¿Qué parte del sándwich comen las dos amigas?

_____

5. Un carpintero tiene una tabla que mide 8 pies de largo. Corta dos trozos. Un trozo mide $3\frac{1}{2}$ pies de largo y el otro mide $2\frac{1}{3}$ pies de largo. ¿Cuánto queda de la tabla?

_____

6. Jeff bebe $\frac{2}{3}$ de un vaso de jugo. Escribe una fracción que sea equivalente a $\frac{2}{3}$.

_____

PRACTICA MÁS CON EL
Entrenador personal
en matemáticas

Nombre _____

Comparar números decimales

Pregunta esencial ¿Cómo puedes comparar números decimales?

Estándares comunes Números y operaciones— Fracciones—4.NF.C.7
PRÁCTICAS MATEMÁTICAS
MP2, MP6, MP7

¶ Soluciona el problema En el mundo

El parque de la ciudad ocupa 0.64 millas cuadradas. Aproximadamente 0.18 del área del parque está cubierta de agua, y aproximadamente 0.2 del área del parque está cubierta por senderos pavimentados. ¿Qué ocupa un área mayor del parque: el agua o los senderos pavimentados?

- Tacha la información que no es necesaria.
- Encierra en un círculo los números que debes usar.
- ¿Qué debes hallar?

_____

_____

🔑 De una manera Usa un modelo.

Sombrea 0.18.   Sombrea 0.2.

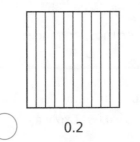

0.18 ◯ 0.2

🔑 De otras maneras

Ⓐ Usa una recta numérica.

Ubica 0.18 y 0.2 en una recta numérica.

Piensa: 2 décimos equivalen a 20 centésimos.

```
0.0      0.10      0.20      0.30      0.40      0.50
```

_____ está más cerca de 0; entonces, 0.18 ◯ 0.2.

Ⓑ Compara partes del mismo tamaño.

- 0.18 es igual a _____ centésimos.

- 0.2 es igual a 2 décimos, que es equivalente a _____ centésimos.

18 centésimos ◯ 20 centésimos; entonces, 0.18 ◯ 0.2.

Entonces, los _____ ocupan un área mayor del parque.

Charla matemática

PRÁCTICAS MATEMÁTICAS ⑥

Compara ¿Cómo puedes comparar la cantidad de décimos que tiene 0.18 y la cantidad de décimos que tiene 0.2? Explica.

Valor posicional Puedes usar el valor posicional para comparar números escritos como números decimales. Comparar números decimales es como comparar números enteros. Siempre compara primero los dígitos que tienen el mayor valor posicional.

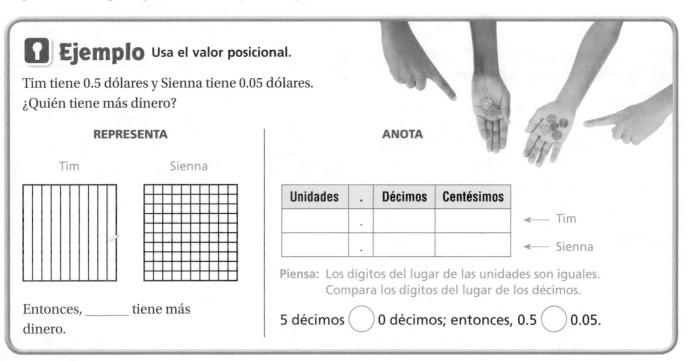

🔒 **Ejemplo** Usa el valor posicional.

Tim tiene 0.5 dólares y Sienna tiene 0.05 dólares.
¿Quién tiene más dinero?

REPRESENTA

Tim   Sienna

Entonces, _____ tiene más dinero.

ANOTA

Unidades	.	Décimos	Centésimos
	.			← Tim
	.			← Sienna

Piensa: Los dígitos del lugar de las unidades son iguales. Compara los dígitos del lugar de los décimos.

5 décimos ◯ 0 décimos; entonces, 0.5 ◯ 0.05.

- Compara el tamaño de 1 décimo con el tamaño de 1 centésimo. ¿Cómo puedes usar esa comparación como ayuda para comparar 0.5 y 0.05? Explica.

_____

_____

_____

¡Inténtalo! Compara 1.3 y 0.6. Escribe <, > o =.

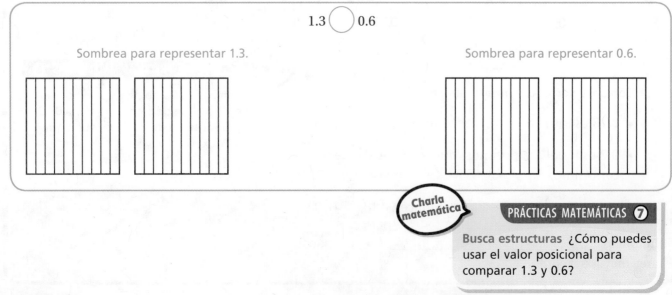

1.3 ◯ 0.6

Sombrea para representar 1.3.   Sombrea para representar 0.6.

Charla matemática

PRÁCTICAS MATEMÁTICAS ❼

Busca estructuras ¿Cómo puedes usar el valor posicional para comparar 1.3 y 0.6?

Nombre _____

Comparte y muestra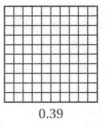

1. Compara 0.39 y 0.42. Escribe <, > o =.
   Sombrea el modelo como ayuda.

   0.39 ◯ 0.42

   0.39   0.42

Compara. Escribe <, > o =.

2. 0.26 ◯ 0.23

Unidades	.	Décimos	Centésimos
	.		
	.		

✓ 3. 0.7 ◯ 0.54

Unidades	.	Décimos	Centésimos
	.		
	.		

4. 1.15 ◯ 1.3

Unidades	.	Décimos	Centésimos
	.		
	.		

✓ 5. 4.5 ◯ 2.89

Unidades	.	Décimos	Centésimos
	.		
	.		

Charla matemática

PRÁCTICAS MATEMÁTICAS ②

Razona de forma abstracta ¿Puedes comparar 0.39 y 0.42 si solo comparas los décimos? Explica.

Por tu cuenta

Compara. Escribe <, > o =.

6. 0.9 ◯ 0.81

7. 1.06 ◯ 0.6

8. 0.25 ◯ 0.3

9. 2.61 ◯ 3.29

PRÁCTICA MATEMÁTICA ② Razona cuantitativamente Compara. Escribe <, > o =.

10. 0.30 ◯ $\frac{3}{10}$

11. $\frac{4}{100}$ ◯ 0.2

12. 0.15 ◯ $\frac{1}{10}$

13. $\frac{1}{8}$ ◯ 0.8

14. *MÁS AL DETALLE* Robert tenía $14.53 en su bolsillo. Iván tenía $14.25 en su bolsillo. Matt tenía $14.40 en su bolsillo. ¿Quién tenía más dinero, Robert o Matt? ¿Iván tenía más dinero que Robert o Matt?

© Houghton Mifflin Harcourt Publishing Company

Soluciona el problema *En el mundo*

15. **PIENSA MÁS** Ricardo y Brandon participaron en una carrera de 1500 metros. Ricardo terminó el recorrido en 4.89 minutos. Brandon terminó el recorrido en 4.83 minutos. ¿Cuánto tiempo tardó el corredor que llegó primero?

a. ¿Qué se te pide que halles? _____

b. ¿Qué debes hacer para hallar el resultado? _____

_____

c. Resuelve el problema.

d. ¿Cuánto tiempo tardó el corredor que terminó primero?

_____

e. Vuelve a mirar. ¿Tiene sentido tu respuesta? Explica.

_____

_____

_____

_____

---

16. **MÁS AL DETALLE** La Venus Atrapamoscas se cierra en 0.3 segundos, mientras que la Rueda de agua se cierra en 0.2 segundos. ¿Qué número decimal está entre 0.2 y 0.3? Explica.

_____

_____

_____

_____

Entrenador personal en matemáticas

17. **PIENSA MÁS +** Compara, luego elige Verdadero o Falso para resolver los problemas 17a a 17c.

17a. $0.5 > 0.53$ ○ Verdadero ○ Falso

17b. $0.35 < 0.37$ ○ Verdadero ○ Falso

17c. $\$1.35 > \$0.35$ ○ Verdadero ○ Falso

Comparar números decimales

ESTÁNDAR COMÚN—4.NF.C.7
Entienden la notación decimal para las fracciones, y comparan fracciones decimales.

Estándares comunes

Compara. Escribe <, > o =.

1. 0.35 $\boxed{<}$ 0.53

Piensa: 3 décimos es
menos que 5 décimos.

Entonces, 0.35 < 0.53

2. 0.6 ◯ 0.60

3. 0.24 ◯ 0.31

4. 0.94 ◯ 0.9

5. 0.3 ◯ 0.32

6. 0.45 ◯ 0.28

7. 0.39 ◯ 0.93

Usa la recta numérica para comparar. Escribe *verdadero* o *falso*.

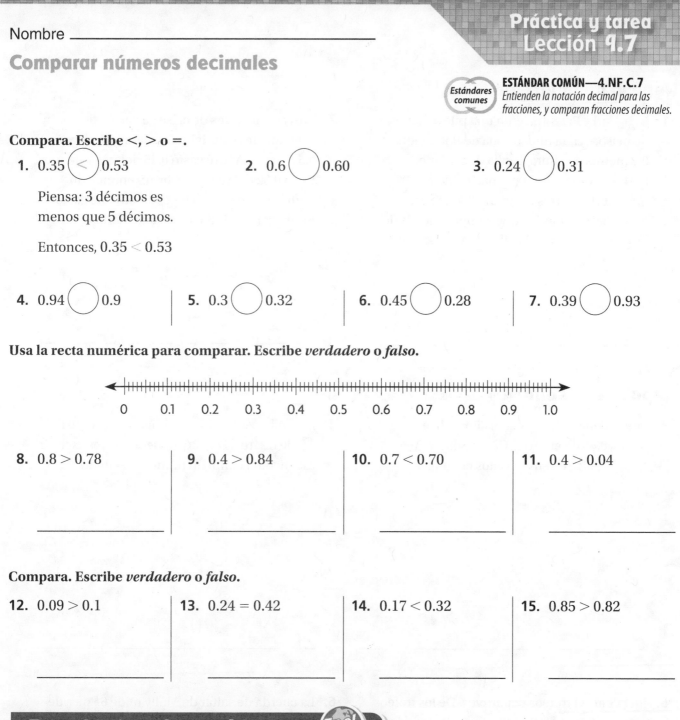

0   0.1   0.2   0.3   0.4   0.5   0.6   0.7   0.8   0.9   1.0

8. 0.8 > 0.78

9. 0.4 > 0.84

10. 0.7 < 0.70

11. 0.4 > 0.04

Compara. Escribe *verdadero* o *falso*.

12. 0.09 > 0.1

13. 0.24 = 0.42

14. 0.17 < 0.32

15. 0.85 > 0.82

Resolución de problemas En el mundo

16. Kelly camina 0.7 millas para ir a la escuela y Mary camina 0.49 millas. Usa <, > o = para escribir una desigualdad que compare las distancias que recorren hasta la escuela.

17. **ESCRIBE** *Matemáticas* Muestra o describe dos maneras diferentes de completar la comparación usando <, > o =: 0.26 ◯ 0.4

Repaso de la lección (4.NF.C.7)

1. Bob, Carl y Peter hicieron una pila de tarjetas de béisbol cada uno. La pila de Bob medía 0.2 metros de altura, la pila de Carl medía 0.24 metros de altura y la pila de Peter medía 0.18 metros de altura. Escribe un enunciado numérico que compare la pila de tarjetas de Carl con la pila de tarjetas de Peter.

_____

2. Tres compañeros de clase gastaron dinero en la tienda de materiales escolares. Mark gastó 0.5 dólares, André gastó 0.45 dólares y Raquel gastó 0.52 dólares. Escribe un enunciado numérico que compare el dinero que gastó André con el dinero que gastó Mark.

_____

Repaso en espiral (4.NF.B.3c, 4.NF.B.4c, 4.NF.C.5, 4.NF.C.6)

3. Pedro tiene $0.35 en el bolsillo y Alice tiene $0.40 en el suyo. ¿Cuánto dinero tienen Pedro y Alice en sus bolsillos en total?

_____

4. La medida 62 centímetros es equivalente a $\frac{62}{100}$ de metro. ¿De qué manera puedes escribir esa medida como un número decimal?

_____

5. Joel tiene 24 trofeos deportivos. De los trofeos, $\frac{1}{8}$ son trofeos de fútbol. ¿Cuántos trofeos de fútbol tiene Joel?

_____

6. La cuerda de saltar de Molly mide $6\frac{1}{3}$ pies de longitud. La cuerda de Gail mide $4\frac{2}{3}$ pies de longitud. ¿Cuánto más larga es la cuerda de saltar de Molly?

_____

PRACTICA MÁS CON EL
Entrenador personal
en matemáticas

✓ Repaso y prueba del Capítulo 9

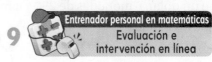

Entrenador personal en matemáticas
Evaluación e
intervención en línea

1. Elige el número que muestra el modelo. Marca todas las opciones que sean correctas.

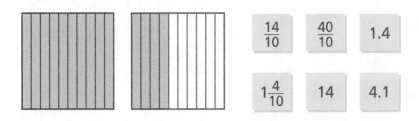

$\frac{14}{10}$	$\frac{40}{10}$	1.4
$1\frac{4}{10}$	14	4.1

2. Rick tiene un dólar y veintisiete centavos para comprar un cuaderno. ¿Cuál de las opciones muestra esta suma de dinero en términos de dólares? Marca todas las opciones que sean correctas.

Ⓐ 12.7   Ⓓ 1.27

Ⓑ 1.027   Ⓔ $1\frac{27}{100}$

Ⓒ $1.27   Ⓕ $\frac{127}{10}$

3. Elige Verdadero o Falso en cada enunciado para resolver los problemas 3a a 3e.

3a. 0.9 es equivalente a 0.90.   ○ Verdadero   ○ Falso

3b. 0.20 es equivalente a $\frac{2}{100}$.   ○ Verdadero   ○ Falso

3c. $\frac{80}{100}$ es equivalente a $\frac{8}{10}$.   ○ Verdadero   ○ Falso

3d. $\frac{6}{10}$ es equivalente a 0.60.   ○ Verdadero   ○ Falso

3e. 0.3 es equivalente a $\frac{3}{100}$.   ○ Verdadero   ○ Falso

Opciones de evaluación
Prueba del capítulo

4. Después de vender libros y juguetes viejos, Gwen y su hermano Max ganaron 5 billetes de un dólar, 6 monedas de 25¢ y 8 monedas de 10¢. Acordaron dividir el dinero en partes iguales.

Parte A

¿Cuál es la cantidad total de dinero que ganaron Gwen y Max? Explica.

Parte B

Max dice que él y Gwen no pueden tener la misma cantidad de dinero porque no se pueden dividir 5 billetes de un dólar en partes iguales. ¿Estás de acuerdo con Max? Explica.

5. Harrison anduvo $\frac{6}{10}$ de milla en bicicleta hasta el parque. Sombrea el modelo. Luego escribe el número decimal para mostrar qué distancia recorrió Harrison en su bicicleta.

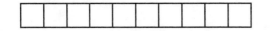

Harrison recorrió _____ millas en su bicicleta hasta el parque.

6. Amaldo gastó $\frac{88}{100}$ de dólar en un lápiz de recuerdo del Parque Nacional Zion, en Utah. ¿Cómo se escribe $\frac{88}{100}$ como número decimal en términos de dólares?

7. Tim tiene $5.82. Está ahorrando dinero para un videojuego que cuesta $8.95.

Tim necesita _____ más para tener dinero suficiente para el juego.

8. Cheyenne vive a $\frac{7}{10}$ de milla de la escuela. Una fracción en centésimos

equivalente a $\frac{7}{10}$ es _____.

9. Escribe un número decimal en décimos que sea **menor** que 2.42, pero **mayor** que 2.0.

---

10. *MÁS AL DETALLE* Kylee y dos de sus amigas están en el museo. Encontraron dos monedas de 25¢ y una moneda de 10¢ en el suelo.

Parte A

Si Kylee y sus amigas quieren repartir el dinero en partes iguales, ¿cuánto recibirá cada una? Explica cómo hallaste tu respuesta.

Parte B

Kylee dice que cada una recibirá $\frac{2}{10}$ del dinero que encontraron. ¿Estás de acuerdo? Explica.

11. Sombrea el modelo para mostrar $1\frac{52}{100}$. Luego escribe el número mixto en forma de número decimal.

12. Henry está preparando galletas. La receta dice que necesita $\frac{5}{10}$ de kilogramo de harina y $\frac{9}{100}$ de kilogramo de azúcar.

Parte A

Si Henry mide correctamente las dos cantidades y las une, ¿cuánto tendrá de harina y azúcar? Muestra tu trabajo.

Parte B

¿Cómo puedes escribir tu respuesta en forma de número decimal?

13. En una orquesta hay 100 músicos. $\frac{40}{100}$ de ellos tocan instrumentos de cuerdas: el violín, la viola, el violoncelo, el contrabajo, la guitarra, el laúd y el arpa. ¿Qué número decimal es equivalente a $\frac{40}{100}$?

14. Completa la tabla.

Billetes y monedas de $	Cantidad de dinero	Fracción o número mixto	Número decimal
8 monedas de 1¢		$\frac{8}{100}$	0.08
	$0.50		0.50
		$\frac{90}{100}$ o $\frac{9}{10}$	0.90
4 billetes de $1 y 5 monedas de 1¢			4.05

15. El punto marcado en la recta numérica muestra la cantidad de segundos que tardó un atleta en correr las 40 yardas llanas. Escribe el número decimal que corresponde al punto.

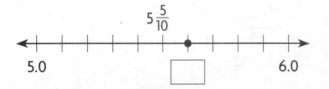

16. Ingrid está armando un carrito de juguete. El carrito tiene una altura de $\frac{5}{10}$ de metro sin el techo. El techo mide $\frac{18}{100}$ de metro de alto. ¿Cuál es la altura del carrito con el techo? Elige un número de cada columna para completar una ecuación y resolver el problema.

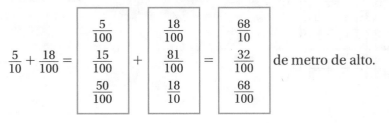

$$\frac{5}{10} + \frac{18}{100} = \boxed{\begin{array}{c} \frac{5}{100} \\ \frac{15}{100} \\ \frac{50}{100} \end{array}} + \boxed{\begin{array}{c} \frac{18}{100} \\ \frac{81}{100} \\ \frac{18}{10} \end{array}} = \boxed{\begin{array}{c} \frac{68}{10} \\ \frac{32}{100} \\ \frac{68}{100} \end{array}}$$ de metro de alto.

17. Callie sombreó el modelo para representar las preguntas que respondió correctamente en un examen. ¿Qué número decimal representa la parte del modelo que está sombreada?

representa ☐

18. PIENSA MÁS ➕ Compara, luego elige Verdadero o Falso para resolver los problemas 18a a 18f.

Entrenador personal en matemáticas

    18a. $0.21 < 0.27$ ○ Verdadero   ○ Falso

    18b. $0.4 > 0.45$ ○ Verdadero   ○ Falso

    18c. $\$3.21 > \$0.2$ ○ Verdadero   ○ Falso

    18d. $1.9 < 1.90$ ○ Verdadero   ○ Falso

    18e. $0.41 = 0.14$ ○ Verdadero   ○ Falso

    18f. $6.2 > 6.02$ ○ Verdadero   ○ Falso

19. Escribe los números que faltan para hallar la suma.

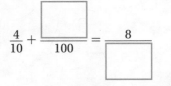

$$\frac{4}{10} + \frac{\boxed{}}{100} = \frac{8}{\boxed{}}$$

20. Steve mide un árbol a medida que crece. Dibujó este modelo para mostrar el crecimiento del árbol en metros. ¿Qué fracción, número mixto o número decimal muestra el modelo? Marca todas las opciones que sean correctas.

(A) 1.28

(B) 12.8

(C) 0.28

(D) $2\frac{8}{100}$

(E) $1\frac{28}{100}$

(F) $1\frac{28}{10}$

21. Luke vive a 0.4 kilómetros de una pista de patinaje. Mark vive a 0.25 kilómetros de la pista.

Parte A

¿Quién vive más cerca de la pista de patinaje? Explica.

Parte B

¿Cómo puedes escribir la distancia en forma de fracción? Explica.

Parte C

Luke irá caminando hasta la pista de patinaje para buscar una rutina de ejercicios. Luego irá caminando a la casa de Mark. ¿Caminará más de un kilómetro o menos de un kilómetro? Explica.

Geometría, medición y datos

ÁREA DE ATENCIÓN Comprender que las figuras geométricas se pueden analizar y clasificar de acuerdo a sus propiedades, como lados paralelos, lados perpendiculares, medidas particulares de los ángulos y la simetría

Los paisajistas pueden ayudar a diseñar y planear espacios exteriores como los jardines botánicos.

Los paisajistas

Cuando se toman un descanso, las personas que viven y trabajan en grandes ciudades salen de los edificios altos para relajarse en espacios verdes. Un jardín urbano puede ser pequeño, pero les da a las personas la posibilidad de disfrutar la belleza de la naturaleza.

ESCRIBE *Matemáticas*

Para comenzar

Diseña un jardín que cubra toda una manzana. Debes decidir qué espacios y servicios tendrá tu jardín y dónde los ubicarás. Delimita zonas de tu jardín para cada espacio o servicio. Luego halla la cantidad de unidades cuadradas que cubre y anótala en el diseño. Usa los datos importantes de la derecha como ayuda.

Datos importantes

Espacios y servicios de un jardín urbano

Bancos

Jardín de flores

Caminos

Jardín de arbustos

Cafetería

Jardín de bulbos de primavera

Arboleda

Cascada y fuente

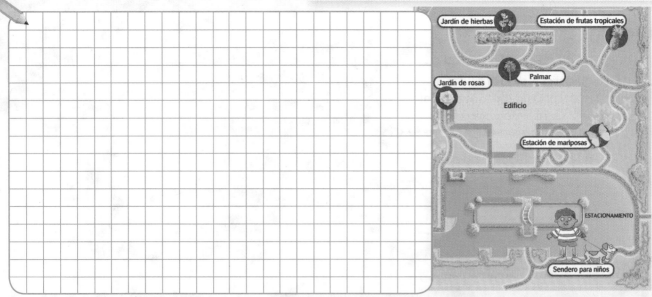

Completado por _____

▲ Este mapa es un ejemplo de la manera en que se puede diseñar un jardín urbano.

Figuras bidimensionales

✓ Muestra lo que sabes

Entrenador personal en matemáticas
Evaluación e
intervención en línea

Comprueba si comprendes las destrezas importantes.

Nombre _____

▶ **Lados y vértices** **Escribe el número de vértices.** (2.G.A.1)

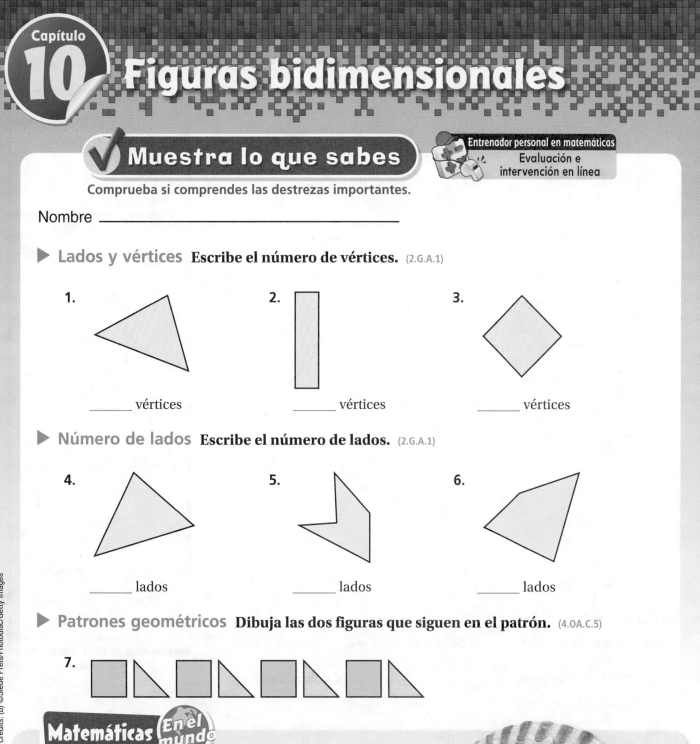

1.

_____ vértices

2.

_____ vértices

3.

_____ vértices

▶ **Número de lados** **Escribe el número de lados.** (2.G.A.1)

4.

_____ lados

5.

_____ lados

6.

_____ lados

▶ **Patrones geométricos** **Dibuja las dos figuras que siguen en el patrón.** (4.OA.C.5)

7.

Matemáticas En el mundo

El Centro de Historia Natural de la isla de Wight, a poca distancia
de la costa de Inglaterra, tiene caracoles de todos los tamaños,
formas y colores. Muchos caracoles son simétricos. Investiga
este caracol. Describe su forma con términos geométricos.
Luego determina si el caracol tiene simetría axial.

Desarrollo del vocabulario

▶ **Visualízalo**

Completa el mapa de flujo con las palabras marcadas con ✓.

Geometría

¿Qué es?

¿Puedes dar algunos ejemplos?

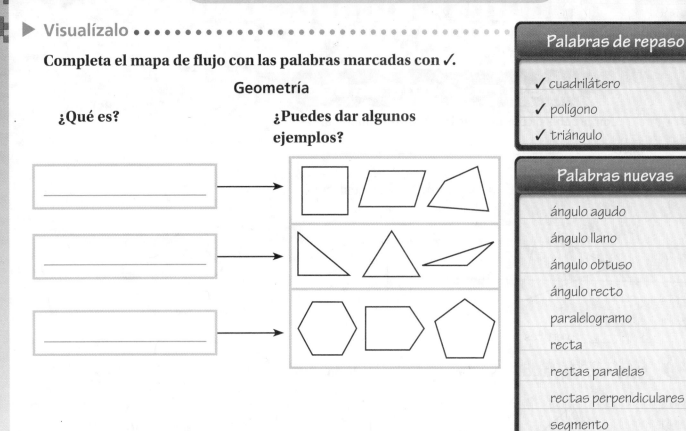

▶ **Comprende el vocabulario**

Completa las oraciones con palabras nuevas.

1. Una figura tiene _____ si al doblarla sobre un eje las dos partes coinciden exactamente.

2. Una figura que no tiene extremos se llama _____.

3. Una figura que tiene dos extremos se llama _____.

4. Las _____ son rectas que nunca se cruzan.

5. Cuando dos rectas se cruzan y forman un vértice recto, las rectas son

   _____.

• **Libro interactivo del estudiante**
• **Glosario multimedia**

Vocabulario del Capítulo 10

ángulo agudo

acute angle

2

líneas secantes

intersecting lines

42

recta

line

79

eje de simetría

line of symmetry

23

segmento

line segment

86

ángulo obtuso

obtuse angle

4

rectas paralelas

parallel lines

81

paralelogramo

parallelogram

62

Líneas que se cruzan entre sí en un único punto

Ejemplo:

Un ángulo que mide más de 0° y menos de 90°

Ejemplo:

Una línea imaginaria a lo largo de la cual se puede plegar una figura de manera que sus dos partes coincidan totalmente

Ejemplo:

eje de simetría →

Una sucesión recta de puntos en un plano que continúa sin fin en ambas direcciones y no tiene extremos

Ejemplo:

S   T

Un ángulo que mide más de 90° y menos de 180°

Ejemplo:

Una parte de una recta que incluye dos puntos llamados extremos y todos los puntos que hay entre ellos

Ejemplo:

A   B

Un cuadrilátero con lados opuestos paralelos y de igual longitud

Ejemplo:

Rectas ubicadas en un mismo plano que nunca se intersecan y siempre están a la misma distancia entre sí

Ejemplo:

Vocabulario del Capítulo 10 *(continuación)*

rectas perpendiculares

perpendicular lines

82

punto

point

75

rectángulo

rectangle

80

rombo

rhombus

85

ángulo recto

right angle

5

cuadrado

square

13

ángulo llano

straight angle

3

trapecio

trapezoid

93

Una ubicación exacta en el espacio

Ejemplo: A •

Dos rectas que se intersecan y forman cuatro ángulos rectos

Ejemplo:

Un cuadrilátero con dos pares de lados paralelos y cuatro lados de igual longitud

Ejemplo:

Un cuadrilátero con dos pares de lados paralelos de igual longitud y cuatro ángulos rectos

Ejemplo:

Un cuadrilátero con dos pares de lados paralelos, cuatro lados de igual longitud y cuatro ángulos rectos

Ejemplo:

Un ángulo que forma una esquina cuadrada

Ejemplo:

Un cuadrilátero con un solo par de lados paralelos

Ejemplo:

Un ángulo que mide 180°

Ejemplo:

X   Y   Z

Visita al jardín botánico

Para 2 jugadores

Materiales

- 1 ficha de juego roja
- 1 ficha de juego azul
- 1 cubo numerado

Instrucciones

1. Cada jugador elige una ficha de juego y la coloca en la SALIDA.
2. Cuando sea tu turno, lanza el cubo numerado. Avanza tu ficha de juego ese número de espacios.
3. Si caes en los siguientes espacios

   Espacio blanco Explica el significado del término matemático o úsalo en una oración. Si tu respuesta es correcta, avanza hasta el próximo espacio que tiene el mismo término.

   Espacio verde Sigue las instrucciones del espacio. Si no tiene instrucciones, quédate donde estás.
4. Ganará la partida el primer jugador que alcance la LLEGADA en pasos exactos.

Recuadro de palabras

ángulo agudo

ángulo llano

ángulo obtuso

ángulo recto

cuadrado

eje de simetría

líneas secantes

paralelogramo

punto

rectángulo

recta

rectas paralelas

rectas
  perpendiculares

rombo

segmento

trapecio

INSTRUCCIONES

1. Cada jugador elige una ficha de juego y la coloca en la SALIDA.

2. Cuando sea tu turno, lanza el cubo numerado. Avanza tu ficha de juego ese número de espacios.

3. Si caes en los siguientes espacios:

Espacio blanco: Explica el significado del término matemático o úsalo en una oración. Si tu respuesta es correcta, avanza hasta el próximo espacio que tiene el mismo término.

Espacio verde: Sigue las instrucciones del espacio. Si no tiene instrucciones, quédate donde estás.

4. Ganará la partida el primer jugador que alcance la LLEGADA en pasos exactos.

MATERIALES

- I ficha de juego roja
- I ficha de juego azul
- I cubo numerado

LLEGADA · recta · punto · Vuelve a · ángulo agudo

ángulo recto · ángulo llano · ángulo agudo · ángulo obtuso · líneas secantes

segmento · recta · punto · eje de simetría · Vuelve a

recta · segmento · Vuelve a · ángulo recto · ángulo llano

punto · eje de simetría · cuadrado · rectángulo · rombo

SALIDA · punto · recta · segmento · ángulo recto

segmento

eje de simetría

cuadrado

rectángulo

rombo

rectas paralelas

rectas perpendiculares

trapecio

paralelogramo

cuadrado

rectángulo

rombo

paralelogramo

trapecio

ángulo agudo

ángulo obtuso

líneas secantes

rectas paralelas

rectas perpendiculares

paralelogramo

trapecio

rectas perpendiculares

rectas paralelas

ángulo llano

ángulo agudo

ángulo obtuso

líneas secantes

Diario

Escríbelo

Reflexiona

Elige una idea. Escribe sobre ella.

- Resume cómo puedes darte cuenta de que dos rectas son secantes, paralelas o perpendiculares.
- Escribe los nombres de todos los cuadriláteros que se te ocurran en tres minutos.
- Explica qué es un *eje de simetría* para que lo entienda un niño más pequeño.

Nombre_____

Rectas, semirrectas y ángulos

Pregunta esencial ¿Cómo puedes identificar y dibujar puntos, rectas, segmentos, semirrectas y ángulos?

Estándares comunes Geometría— 4.G.A.1
PRÁCTICAS MATEMÁTICAS MP4, MP6

🔑 Soluciona el problema En el mundo

Los objetos comunes pueden representar figuras geométricas. Por ejemplo, la flecha que indica dónde se encuentra la salida de un edificio es una semirrecta. Una franja continua pintada en el medio de una carretera recta representa una recta.

Término y definición	Dibújalo	Léelo	Escríbelo	Ejemplo
Un **punto** es una ubicación exacta en el espacio.	A •	punto A	punto A	
Una **recta** es una sucesión de puntos que se extiende de manera recta e ininterrumpida en ambas direcciones.	←•———————•→ B C	recta BC recta CB	$\overleftrightarrow{BC}$ $\overleftrightarrow{CB}$	
Un **segmento** es una parte de una recta que está entre dos extremos.	•———————• D E	segmento DE segmento ED	$\overline{DE}$ $\overline{ED}$	CEDA EL PASO
Una **semirrecta** es una parte de una recta que tiene un extremo y se extiende de manera ininterrumpida en una dirección.	•———————→ F G	semirrecta FG	$\overrightarrow{FG}$	UNA VÍA →

🔑 Actividad 1 Dibuja y rotula $\overline{JK}$.

_____

Charla matemática PRÁCTICAS MATEMÁTICAS ❻

Compara Explica cómo se relacionan las rectas, los segmentos y las semirrectas.

• ¿Hay alguna otra manera de escribir el nombre de $\overline{JK}$? Explícalo.

_____

_____

Ángulos

Término y definición	Dibújalo	Léelo	Escríbelo	Ejemplo
Un **ángulo** está formado por dos semirrectas o segmentos que tienen el mismo extremo. El extremo que comparten se llama vértice.	P / Q R	ángulo PQR ángulo RQP ángulo Q	∠PQR ∠RQP ∠Q	

Puedes escribir el nombre de un ángulo según su vértice. Cuando usas 3 puntos para indicar un ángulo, el vértice siempre es el punto del medio.

Los ángulos se clasifican según el tamaño de la abertura que hay entre las semirrectas.

Un **ángulo recto** forma un vértice recto.	Un **ángulo llano** forma una recta.	Un **ángulo agudo** es menor que un ángulo recto.	Un **ángulo obtuso** es mayor que un ángulo recto y menor que un ángulo llano.

🔒 Actividad 2 Clasifica el ángulo.

Materiales ■ papel

Para clasificar un ángulo, puedes compararlo con un ángulo recto.

Haz un ángulo recto con una hoja de papel. Dobla la hoja por la mitad dos veces para representar un ángulo recto. Usa el ángulo recto para clasificar los siguientes ángulos.

Escribe *agudo*, *obtuso*, *recto* o *llano*.

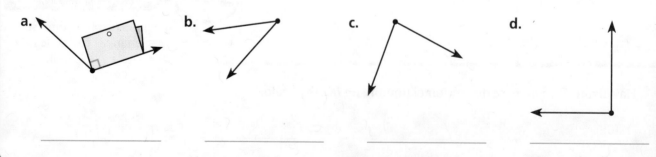

a.   b.   c.   d.

Nombre _____

1. Dibuja y rotula $\overline{AB}$ en el espacio que está a la derecha.

$\overline{AB}$ es un _____.

Dibuja y rotula un ejemplo de la figura.

2. $\overleftrightarrow{XY}$

✓ 3. obtuso $\angle K$

4. recto $\angle CDE$

Usa la Figura M para resolver los problemas 5 y 6.

5. Menciona un segmento.

✓ 6. Menciona un ángulo recto.

_____

_____

Figura M

Por tu cuenta

Dibuja y rotula un ejemplo de la figura.

7. $\overrightarrow{PQ}$

8. $\angle RST$ agudo

9. $\angle WXZ$ llano

Usa la Figura F para resolver los problemas 10 a 15.

10. Menciona una semirrecta.

11. Menciona un ángulo obtuso.

_____

_____

12. Menciona una recta.

13. Menciona un segmento.

_____

_____

14. Menciona un ángulo recto.

15. Menciona un ángulo agudo.

_____

_____

Figura F

Resolución de problemas · Aplicaciones En el mundo

Usa la ilustración del puente para resolver los problemas 16 y 17.

16. Clasifica ∠A.

_____

17. PRÁCTICA MATEMÁTICA ④ Usa diagramas

¿Qué ángulo parece ser

obtuso? _____

18. PIENSA MÁS ¿Cuántos ángulos diferentes hay en la Figura X? Escríbelos.

_____

_____

19. MÁS AL DETALLE Vanesa dibujó el ángulo que está a la derecha y escribió su nombre así: ∠TRS. Explica por qué el nombre de Vanesa es incorrecto. Escribe el nombre correcto del ángulo.

_____

_____

20. PIENSA MÁS Escribe las palabras que describan cada parte de la Figura A.

| semirrecta | recta | segmento |

| ángulo agudo | ángulo recto |

$\overline{BG}$ [_____]

$\overleftrightarrow{CD}$ [_____]

∠FBG [_____]

$\overrightarrow{BE}$ [_____]

∠AGD [_____]

Figura A

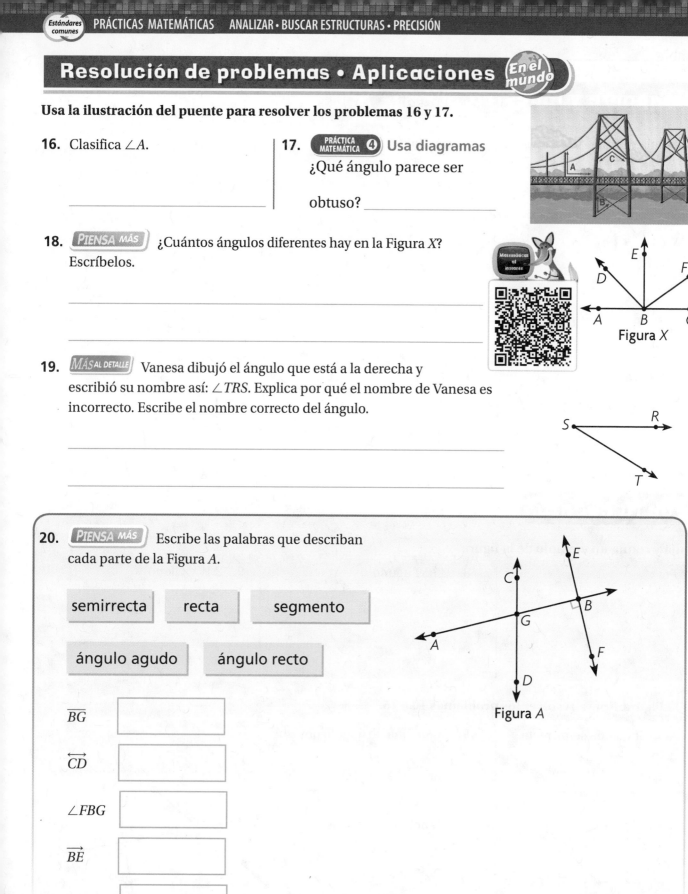

Rectas, semirrectas y ángulos

 Estándares comunes

ESTÁNDAR COMÚN—4.G.A.1
Dibujan e identifican rectas y ángulos, y clasifican figuras geométricas según las propiedades de sus rectas y sus ángulos.

Dibuja y rotula un ejemplo de la figura.

1. $\angle ABC$ obtuso

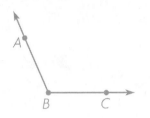

Piensa: Un ángulo obtuso es mayor que un ángulo recto. La letra del medio, B, indica el vértice del ángulo.

2. $\overrightarrow{GH}$

3. $\angle JKL$ agudo

4. $\overline{BC}$

Usa la figura para resolver los ejercicios 5 a 8.

5. Menciona un segmento.

6. Menciona un ángulo recto.

_____

_____

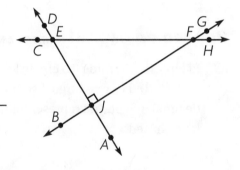

Resolución de problemas En el mundo

Usa la figura que está a la derecha para resolver los ejercicios 7 a 9.

7. Clasifica $\angle AFD$. _____

8. Clasifica $\angle CFE$. _____

9. Menciona dos ángulos agudos.

_____

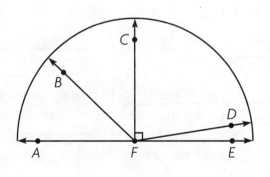

10. **ESCRIBE** ▸*Matemáticas* Dibuja y rotula una figura que tenga 4 puntos, 2 semirrectas y 1 ángulo recto.

Repaso de la lección (4.G.A.1)

1. Las manecillas de un reloj muestran las 12:25.

¿Qué tipo de ángulo forman las manecillas del reloj?

_____

2. Usa letras y signos para nombrar la siguiente figura.

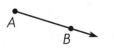

_____

Repaso en espiral (4.NF.B.3c, 4.NF.C.6, 4.NF.C.7, 4.MD.A.2)

3. El lápiz de Jan mide 8.5 cm de longitud. El lápiz de Ted es más largo. Escribe un número decimal que podría representar la longitud del lápiz de Ted.

_____

4. Kayla compra una camisa por $8.19. Paga con un billete de $10. ¿Cuánto cambio debe recibir?

_____

5. Sasha donó $\frac{9}{100}$ del total de latas que su clase juntó para la campaña de distribución de alimentos. ¿Qué número decimal es equivalente a $\frac{9}{100}$?

_____

6. José saltó $8\frac{1}{3}$ pies. Saltó $2\frac{2}{3}$ pies más lejos que Lila. ¿Qué distancia saltó Lila?

_____

PRACTICA MÁS CON EL
Entrenador personal
en matemáticas

Nombre _____

Clasificar triángulos por sus ángulos

Pregunta esencial ¿Cómo puedes clasificar triángulos por el tamaño de sus ángulos?

Estándares comunes Geometría—4.G.A.2
También 4.G.A.1
PRÁCTICAS MATEMÁTICAS
MP4, MP6, MP7

Soluciona el problema

Un triángulo es un polígono con tres lados y tres ángulos. Puedes escribir el nombre de un triángulo según los vértices de sus ángulos.

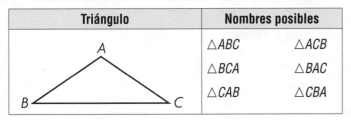

Triángulo	Nombres posibles	
	△ABC	△ACB
	△BCA	△BAC
	△CAB	△CBA

Lee

Cuando veas "△ABC", di "triángulo ABC."

El ángulo de un triángulo puede ser recto, agudo u obtuso.

Actividad 1 Identifica ángulos rectos, agudos y obtusos en los triángulos.

Materiales ■ lápices de colores

Usa la Guía de colores de los triángulos para colorear los siguientes triángulos.

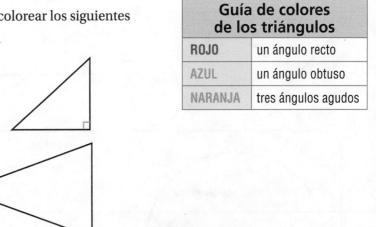

Guía de colores de los triángulos	
ROJO	un ángulo recto
AZUL	un ángulo obtuso
NARANJA	tres ángulos agudos

Charla matemática PRÁCTICAS MATEMÁTICAS ⑦

Busca estructuras ¿Un triángulo puede tener más de un ángulo obtuso? Explica.

¡Inténtalo!

a. Escribe el nombre del triángulo con un ángulo recto. _____

b. Escribe el nombre del triángulo con un ángulo obtuso. _____

c. Escribe el nombre del triángulo con tres ángulos agudos. _____

Un **triángulo acutángulo** es un triángulo con tres ángulos agudos.

Triángulo acutángulo

Un **triángulo obtusángulo** es un triángulo con un ángulo obtuso.

Triángulo obtusángulo

Un **triángulo rectángulo** es un triángulo con un ángulo recto.

Triángulo rectángulo

🔑 Actividad 2 Usa un diagrama de Venn para clasificar los triángulos.

Escribe los nombres de los triángulos en el diagrama de Venn.

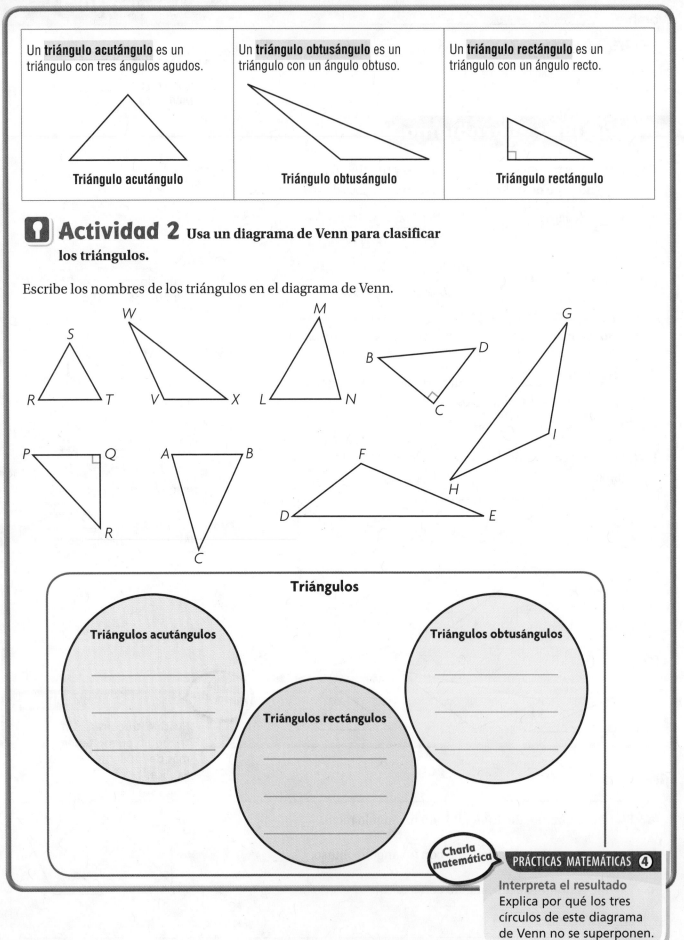

Triángulos

Triángulos acutángulos

_____

_____

_____

Triángulos rectángulos

_____

_____

_____

Triángulos obtusángulos

_____

_____

_____

Charla matemática

PRÁCTICAS MATEMÁTICAS ④

Interpreta el resultado
Explica por qué los tres círculos de este diagrama de Venn no se superponen.

Nombre _____

1. Escribe el nombre del triángulo. Indica si cada ángulo es *agudo, recto* u *obtuso.*

Un nombre para este triángulo es _____ .

∠*F* es _____ .

∠*G* es _____ .

∠*H* es _____ .

Clasifica los triángulos. Escribe *acutángulo, rectángulo* u *obtusángulo.*

2.

_____

3.

_____

4.

_____

Clasifica los triángulos. Escribe *acutángulo, rectángulo* u *obtusángulo.*

5.

_____

6.

_____

7.

_____

8. PIENSA MÁS Tacha la figura que no pertenece. Explica por qué.

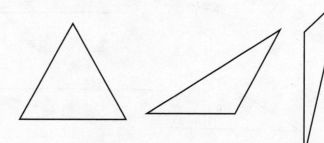

Resolución de problemas • Aplicaciones

Usa el diagrama de Venn para resolver los problemas 9 y 10.

9. **PIENSA MÁS** ¿Qué triángulos NO tienen un ángulo obtuso? Explica.

_____

_____

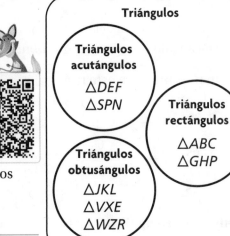

10. **PRÁCTICA MATEMÁTICA 6** ¿Cuántos triángulos tienen *por lo menos* dos ángulos agudos? **Explica.**

_____

_____

_____

_____

Triángulos

- Triángulos acutángulos
  - △DEF
  - △SPN
- Triángulos rectángulos
  - △ABC
  - △GHP
- Triángulos obtusángulos
  - △JKL
  - △VXE
  - △WZR

11. **MÁS AL DETALLE** Usa el cuadrado que se muestra a la derecha. Dibuja un segmento desde el punto *M* hasta el punto *P*. Escribe el nombre de los triángulos formados por ese segmento y clasifícalos.

_____

_____

_____

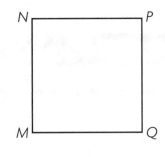

12. **PIENSA MÁS** Escribe la letra del triángulo debajo de la clasificación que corresponda.

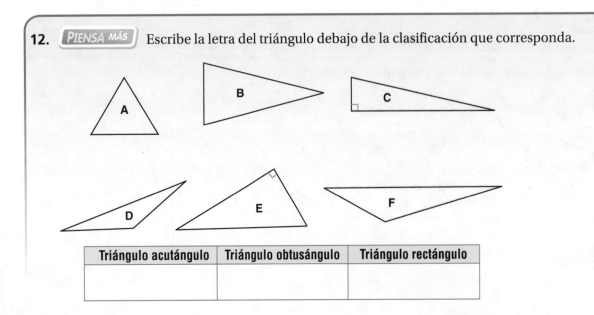

Triángulo acutángulo	Triángulo obtusángulo	Triángulo rectángulo

Nombre _____

Clasificar triángulos por sus ángulos

ESTÁNDAR COMÚN—4.G.A.2
Dibujan e identifican rectas y ángulos, y clasifican figuras geométricas según las propiedades de sus rectas y sus ángulos.

Estándares comunes

Clasifica los triángulos. Escribe *acutángulo, rectángulo* **u** *obtusángulo.*

1.

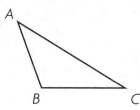

Piensa: El ángulo *A* y el ángulo *C* son agudos. El ángulo *B* es obtuso.

<u>obtusángulo</u>

2.

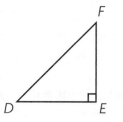

_____

3.

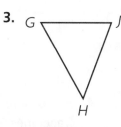

_____

4.

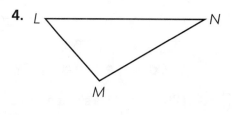

_____

Resolución de problemas · En el mundo

5. Usa la siguiente figura *ABCD*. Dibuja un segmento desde el punto *B* al punto *D*. Escribe el nombre de los triángulos que se forman y clasifícalos.

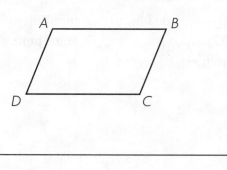

_____

_____

_____

6. **ESCRIBE** *Matemáticas* Dibuja y rotula un ejemplo de un triángulo rectángulo, un triángulo acutángulo y de un triángulo obtusángulo.

Repaso de la lección (4.G.A.2)

1. Stephen dibujó este triángulo. ¿Cuántos ángulos obtusos tiene el triángulo?

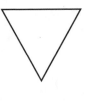

_____

2. Le pidieron a Joan que dibuje un triángulo rectángulo. ¿Cuántos ángulos rectos hay en un triángulo rectángulo?

_____

Repaso en espiral (4.OA.B.4, 4.NBT.B.5, 4.NF.C.5, 4.G.A.1)

3. Oliver dibujó la siguiente figura para representar el viaje de la luz desde el Sol hacia la Tierra. Escribe el nombre de la figura que dibujó.

S•
  •T

_____

4. Armon sumó $\frac{1}{10}$ y $\frac{8}{100}$. ¿Cuál es la suma de estas fracciones?

_____

5. Sam contó de 6 en 6 en voz alta. Jorge contó de 8 en 8 en voz alta. ¿Cuáles son los tres primeros números iguales que dijeron ambos estudiantes?

6. Un equipo de básquetbol anotó, en promedio, 105 puntos por juego. ¿Cuántos puntos anotó el equipo en 6 juegos?

PRACTICA MÁS CON EL
**Entrenador personal
en matemáticas**

Nombre _____

Rectas paralelas y rectas perpendiculares

Pregunta esencial ¿Cómo puedes identificar y trazar rectas paralelas y rectas perpendiculares?

Estándares comunes Geometría—
4.G.A.1
PRÁCTICAS MATEMÁTICAS
MP4, MP6, MP7

Soluciona el problema

Puedes encontrar modelos de rectas en el mundo real. Por ejemplo, dos calles que se cruzan representan líneas secantes. Los rieles metálicos de las vías del ferrocarril que nunca se cruzan representan rectas paralelas.

▲ Los trenes maglev usan imanes para elevarse sobre las vías mientras están en movimiento.

Término y definición	Trázalo	Léelo	Escríbelo
Las **líneas secantes** son rectas en un plano que se cruzan exactamente en un punto. Las líneas secantes forman cuatro ángulos.	H K J X I	La recta *HI* interseca la recta *JK* en el punto *X*.	$\overleftrightarrow{HI}$ y $\overleftrightarrow{JK}$ se intersecan en el punto *X*
Las **rectas paralelas** son rectas en un plano que siempre están a la misma distancia. Las rectas paralelas nunca se intersecan.	D E F G	La recta *DE* es paralela a la recta *FG*.	$\overleftrightarrow{DE} \parallel \overleftrightarrow{FG}$ El símbolo ∥ significa "es paralela a."
Las **rectas perpendiculares** son rectas en un plano que al intersecarse forman cuatro ángulos rectos.	N L M O	La recta *LM* es perpendicular a la recta *NO*.	$\overleftrightarrow{LM} \perp \overleftrightarrow{NO}$ El símbolo ⊥ significa "es perpendicular a".

¡Inténtalo! Indica cuál es la relación entre las calles.
Escribe *perpendiculares, paralelas* o *secantes*.

- calle 36 O y Broadway _____

- calle 35 O y Séptima Avenida _____

- calle 37 O y calle 36 O _____

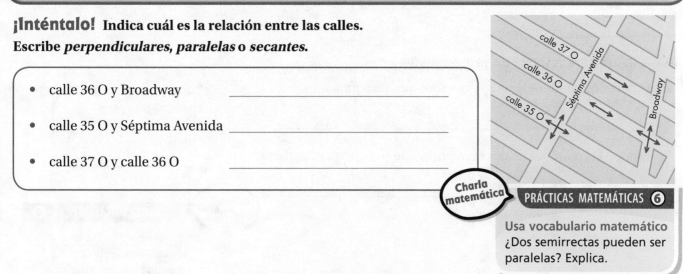

Charla matemática

PRÁCTICAS MATEMÁTICAS ⑥

Usa vocabulario matemático ¿Dos semirrectas pueden ser paralelas? Explica.

🔑 Actividad Dibuja y rotula $\overrightarrow{YX} \perp \overrightarrow{YZ}$ intersecándose en el punto Y.

Materiales ■ escuadra

PASO 1: Dibuja y rotula $\overrightarrow{YX}$.

PASO 2: Luego dibuja y rotula $\overrightarrow{YZ}$.

PASO 3: Asegúrate de que $\overrightarrow{YX}$ y $\overrightarrow{YZ}$ se intersequen en el punto Y.

PASO 4: Asegúrate de que las semirrectas sean perpendiculares.

• ¿Cómo puedes comprobar que dos semirrectas son perpendiculares?

_____

_____

_____

1. Escribe el nombre de la figura que dibujaste.

_____

2. ¿Puedes clasificar la figura? Explica.

_____

_____

Comparte y muestra   MATH BOARD

1. Dibuja y rotula $\overline{QR} \parallel \overline{ST}$.

Piensa: Las rectas paralelas nunca se intersecan. Los segmentos paralelos son partes de las rectas paralelas.

Usa la figura para resolver los problemas 2 y 3.

✓ **2.** Escribe los nombres de dos segmentos que sean paralelos.

_____

✓ **3.** Escribe los nombres de dos segmentos que sean perpendiculares.

_____

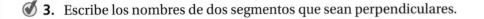

Charla matemática

PRÁCTICAS MATEMÁTICAS ④

Usa símbolos ¿De qué manera los símbolos $\perp$ y $\parallel$ te ayudan a recordar qué relaciones describen?

Nombre_____

Por tu cuenta

Usa la figura para resolver los problemas 4 y 5.

4. Escribe el nombre de un par de rectas que sean

   perpendiculares. _____

5. Escribe el nombre de un par de rectas que sean

   paralelas. _____

Dibuja y rotula la figura descrita.

6. $\overline{RS} \parallel \overline{TU}$

7. $\overrightarrow{KL}$ y $\overrightarrow{KM}$

8. $\overline{CD} \perp \overline{DE}$

9. $\overleftrightarrow{JK} \perp \overleftrightarrow{LM}$

10. $\overleftrightarrow{ST}$ interseca $\overleftrightarrow{UV}$ en el punto X

11. $\overleftrightarrow{AB} \parallel \overleftrightarrow{FG}$

Resolución de problemas • Aplicaciones En el mundo

Usa la figura para resolver los problemas 12 y 13.

12. **PIENSA MÁS** Daniel dice que $\overleftrightarrow{HL}$ es paralela a $\overleftrightarrow{IM}$. ¿Tiene razón? Explica.

   _____

   _____

13. **MÁS AL DETALLE** Escribe el nombre de dos segmentos secantes que no sean perpendiculares.

   _____

Usa el plano de la casa que está a la derecha para resolver los problemas 14 a 16.

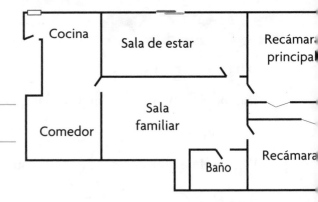

14. ¿Qué término geométrico describe un rincón de la sala de estar?

_____

_____

15. Menciona tres partes del plano en las que se muestren segmentos.

_____

_____

16. PIENSA MÁS   Indica un par de segmentos que sean paralelos.

_____

_____

Usa el mapa que está a la derecha para resolver los problemas 17 a 19.

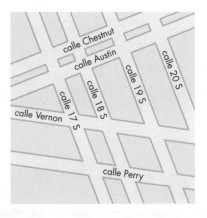

17. Indica una calle que sea paralela a la calle 17 S.

_____

18. PRÁCTICA MATEMÁTICA ④ **Usa diagramas** Indica una calle que sea paralela a la calle Vernon.

_____

19. Indica una calle que sea perpendicular a la calle 19 S.

_____

20. PIENSA MÁS   Elige los rótulos correctos para que el enunciado sea verdadero.

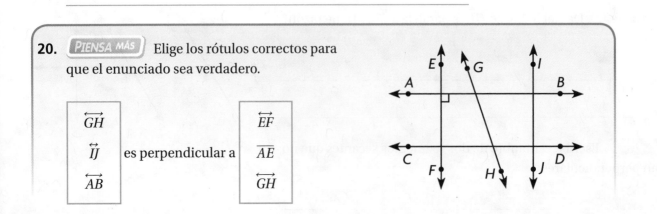

$\overleftrightarrow{GH}$		$\overleftrightarrow{EF}$
$\overleftrightarrow{IJ}$	es perpendicular a	$\overline{AE}$
$\overrightarrow{AB}$		$\overleftrightarrow{GH}$

Rectas paralelas y rectas perpendiculares

ESTÁNDAR COMÚN—4.G.A.1
Dibujan e identifican rectas y ángulos, y clasifican figuras geométricas según las propiedades de sus rectas y sus ángulos.

Estándares comunes

Usa la figura para resolver los ejercicios 1 a 3.

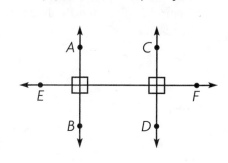

1. Escribe el nombre de un par de rectas perpendiculares.

   Piensa: Las rectas perpendiculares forman ángulos rectos. $\overleftrightarrow{AB}$ y $\overleftrightarrow{EF}$ forman ángulos rectos.

   ___$\overleftrightarrow{AB}$ y $\overleftrightarrow{EF}$_____

2. Escribe el nombre de un par de rectas paralelas.

   _____

Dibuja y rotula la figura que se describe.

3. $\overleftrightarrow{MN}$ y $\overleftrightarrow{PQ}$ se intersecan en el punto *R*.

4. $\overleftrightarrow{WX} \parallel \overleftrightarrow{YZ}$

5. $\overrightarrow{FH} \perp \overrightarrow{JK}$

Resolución de problemas · En el mundo

Usa el mapa de calles para resolver los ejercicios 6 y 7.

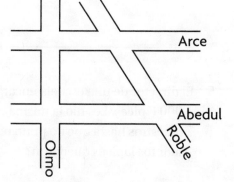

6. Menciona dos calles que se intersecan pero que no son perpendiculares.

   _____

   _____

7. Menciona dos calles que son paralelas entre sí.

   _____

8. **ESCRIBE** ▸ *Matemáticas* Dibuja y rotula un ejemplo de dos rectas paralelas que son perpendiculares para una tercera recta.

Repaso de la lección (4.G.A.1)

1. Escribe una letra mayúscula que tenga segmentos perpendiculares.

2. En la figura, ¿qué par de segmentos son paralelos?

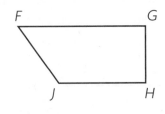

Repaso en espiral (4.NBT.B.5, 4.NBT.B.6, 4.NF.A.2, 4.G.A.2)

3. Nolan dibujó un triángulo rectángulo. ¿Cuántos ángulos agudos dibujó?

4. Mike bebió más de la mitad del jugo que había en su vaso. ¿Qué fracción del jugo pudo haber bebido Mike?

5. El director de una escuela encargó 1,000 lápices. Les dio la misma cantidad a 7 maestros hasta que no pudo repartir más. ¿Cuántos lápices quedaron?

6. Un envase de jugo contiene 64 onzas. La Sra. Wilson compró 6 envases de jugo. ¿Cuántas onzas de jugo compró?

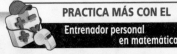

PRACTICA MÁS CON EL
Entrenador personal
en matemáticas

Nombre _____

Clasificar cuadriláteros

Pregunta esencial ¿Cómo puedes ordenar y clasificar cuadriláteros?

Estándares comunes Geometría—4.G.A.2
PRÁCTICAS MATEMÁTICAS
MP1, MP2, MP6

🔑 Soluciona el problema En el mundo

Un cuadrilátero es un polígono con cuatro lados y cuatro ángulos. Para escribir el nombre de un cuadrilátero, puedes usar los vértices de sus ángulos.

Cuadrilátero *ABCD* es un nombre posible para la figura de la derecha. Cuadrilátero *ACBD* no es un nombre posible, puesto que los puntos *A* y *C* no son extremos del mismo lado.

Supón que los segmentos que parecen paralelos son paralelos.

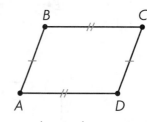

Las marcas que hay en los segmentos indican que tienen la misma longitud. Los lados *AD* y *BC* tienen la misma longitud. Los lados *AB* y *CD* tienen la misma longitud.

Cuadriláteros comunes

Trapecio
- 1 par de lados paralelos

Paralelogramo
- 2 pares de lados paralelos
- 2 pares de lados de igual longitud

Rombo
- 2 pares de lados paralelos
- 4 lados de igual longitud

Rectángulo
- 2 pares de lados paralelos
- 2 pares de lados de igual longitud
- 4 ángulos rectos

Cuadrado
- 2 pares de lados paralelos
- 4 lados de igual longitud
- 4 ángulos rectos

🔓 Actividad 1 Identifica ángulos rectos en los cuadriláteros.

Materiales ■ lápices de colores

Usa la Guía de colores de los cuadriláteros para colorear los cuadriláteros.

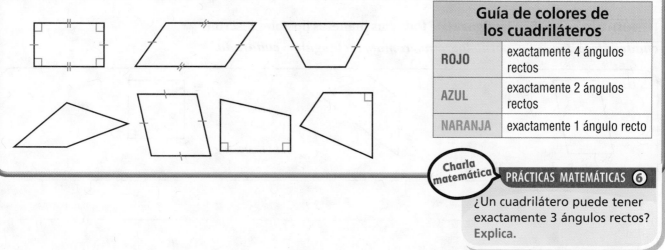

Guía de colores de los cuadriláteros	
ROJO	exactamente 4 ángulos rectos
AZUL	exactamente 2 ángulos rectos
NARANJA	exactamente 1 ángulo recto

Charla matemática PRÁCTICAS MATEMÁTICAS ⑥

¿Un cuadrilátero puede tener exactamente 3 ángulos rectos? Explica.

Escribe los nombres de los cuadriláteros en el diagrama de Venn.

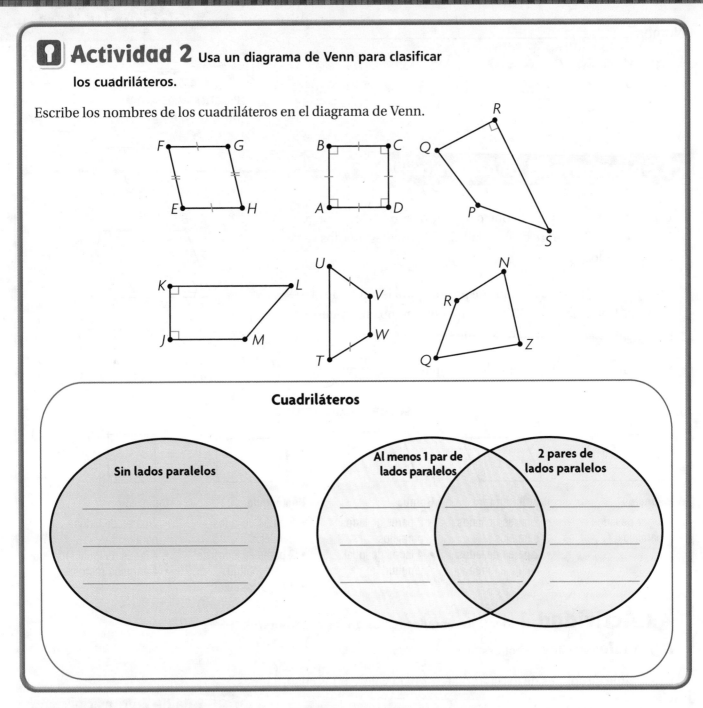

Cuadriláteros

Sin lados paralelos

_____

_____

_____

Al menos 1 par de
lados paralelos

2 pares de
lados paralelos

_____

_____

_____

_____

_____

_____

¡Inténtalo! Clasifica las figuras de todas las maneras posibles. Escribe
cuadrilátero, trapecio, paralelogramo, rombo, rectángulo o *cuadrado*.

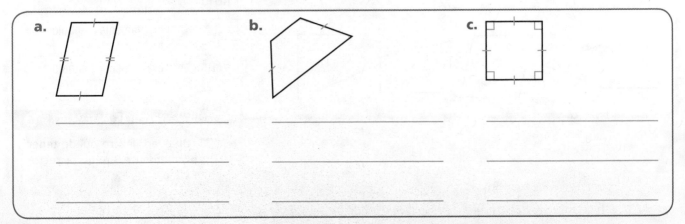

a.

_____

_____

_____

b.

_____

_____

_____

c.

_____

_____

_____

Nombre _____

1. Indica si el cuadrilátero también es un trapecio, un paralelogramo, un rombo, un rectángulo o un cuadrado.

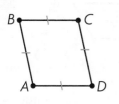

Piensa: _____ pares de lados paralelos

_____ lados de igual longitud

_____ ángulos rectos

El cuadrilátero *ABCD* también es un _____.

Clasifica las figuras de todas las maneras posibles. Escribe
cuadrilátero, trapecio, paralelogramo, rombo, rectángulo o *cuadrado.*

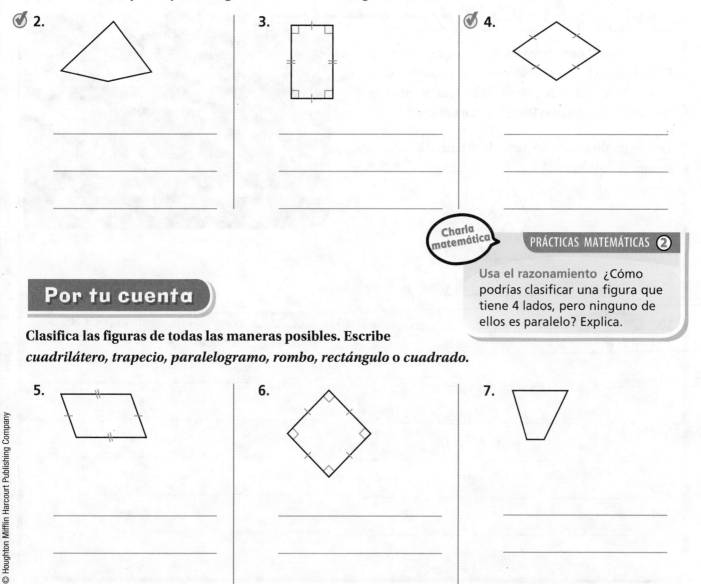

2.

_____

_____

3.

_____

_____

4.

_____

_____

Charla matemática

PRÁCTICAS MATEMÁTICAS ②

Usa el razonamiento ¿Cómo podrías clasificar una figura que tiene 4 lados, pero ninguno de ellos es paralelo? Explica.

Por tu cuenta

Clasifica las figuras de todas las maneras posibles. Escribe
cuadrilátero, trapecio, paralelogramo, rombo, rectángulo o *cuadrado.*

5.

_____

_____

6.

_____

_____

7.

_____

_____

Resolución de problemas • Aplicaciones (En el mundo)

8. **PIENSA MÁS** Explica en qué se parecen y en qué se diferencian un cuadrado y un rombo.

_____

_____

_____

_____

9. **PIENSA MÁS** Clasifica la figura. Selecciona todas las opciones que sean correctas.

○ cuadrilátero   ○ rectángulo

○ trapecio   ○ rombo

○ paralelogramo   ○ cuadrado

Conectar con el Arte

El museo del Louvre está situado en París, Francia. El arquitecto I. M. Pei diseñó la estructura de vidrio y metal que está en la entrada principal del museo. La estructura se llama Pirámide del Louvre.

Este es un diagrama de parte de la entrada a la Pirámide del Louvre.

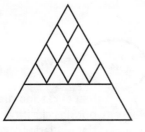

10. **PRÁCTICA MATEMÁTICA ①** **Describe** los cuadriláteros que ves en el diagrama.

_____

_____

_____

_____

11. **MÁS AL DETALLE** ¿Cuántos triángulos ves en el diagrama? Explícalo.

_____

_____

_____

_____

Clasificar cuadriláteros

 Estándares comunes

ESTÁNDAR COMÚN—4.G.A.2
Dibujan e identifican rectas y ángulos, y clasifican figuras geométricas según las propiedades de sus rectas y sus ángulos.

Clasifica las figuras de todas las maneras posibles.
Escribe *cuadrilátero, trapecio, paralelogramo, rombo,*
rectángulo **o** *cuadrado.*

1.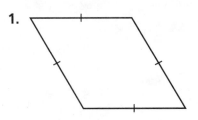

Piensa: 2 pares de lados paralelos

             4 lados de igual longitud

             0 ángulos rectos

cuadrilátero, trapecio, paralelogramo, rombo

_____

2. 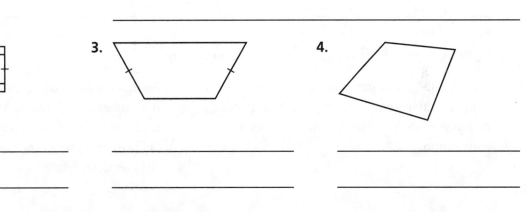   **3.**   **4.**

_____   _____   _____

_____   _____   _____

_____   _____   _____

Resolución de problemas *En el mundo*

5. Alan dibujó un polígono con cuatro lados y cuatro ángulos. Los cuatro lados son iguales. Ninguno de los ángulos es recto. ¿Qué figura dibujó Alan?

_____

_____

6. Teresa dibujó un cuadrilátero con 2 pares de lados paralelos y 4 ángulos rectos. ¿Qué cuadrilátero pudo haber dibujado?

_____

_____

7. **ESCRIBE** ▶*Matemáticas* Dibuja y rotula un ejemplo de cada tipo de cuadrilátero: trapecio, paralelogramo, rombo, rectángulo y cuadrado.

Repaso de la lección

1. Le pidieron a Joey que mencione un cuadrilátero que también es un rombo. ¿Cuál debería ser su respuesta?

2. ¿Qué cuadrilátero tiene exactamente un par de lados paralelos, pero no puede ser paralelogramo?

Repaso en espiral (4.OA.B.4, 4.OA.C.5, 4.NF.B.3d, 4.G.A.1)

3. Terrence tiene 24 huevos para dividir en grupos iguales. ¿Cuáles son todos los números posibles de huevos que Terrence podría colocar en cada grupo?

4. En una fila de estudiantes, Jenna es la número 8. La maestra dice que la regla de un patrón numérico es *suma* 4. El primer estudiante de la fila dice el primer término: 7. ¿Qué número debería decir Jenna?

5. Lou come $\frac{6}{8}$ de una pizza. Escribe la fracción de pizza que queda, en su mínima expresión.

6. Nombra una letra mayúscula que tenga líneas paralelas.

PRACTICA MÁS CON EL
Entrenador personal
en matemáticas

✓ Revisión de la mitad del capítulo

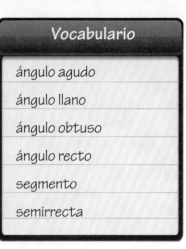

Entrenador personal en matemáticas
Evaluación e
intervención en línea

Vocabulario

Elige el término del recuadro que mejor corresponda para completar la oración.

Vocabulario
ángulo agudo
ángulo llano
ángulo obtuso
ángulo recto
segmento
semirrecta

1. Un _____ es una parte de una recta que está entre dos extremos. (pág.549)

2. Un _____ forma un vértice recto. (pág. 550)

3. Un _____ es mayor que un ángulo recto y menor que un ángulo llano. (pág. 550)

4. La figura bidimensional que tiene un extremo es una

   _____. (pág. 549)

5. Un ángulo que forma una recta se llama _____. (pág. 550)

Conceptos y destrezas

6. En la cuadrícula que está a la derecha, traza un polígono que tenga 2 pares de lados paralelos, 2 pares de lados de igual longitud, y 2 ángulos agudos y 2 ángulos obtusos. Indica todos los nombres posibles para la figura. (4.G.A.2)

   _____

Traza la figura. (4.G.A.1)

7. rectas paralelas

8. ∠ABC obtuso

9. líneas secantes que no son perpendiculares

10. ∠RST agudo

11. ¿Qué triángulo no tiene lados de igual longitud? (4.G.A.2)

_____

12. Una figura tiene 2 pares de lados paralelos, 2 pares de lados de igual longitud, y 4 ángulos rectos. ¿Qué cuadrilátero describe mejor a esta figura? (4.G.A.2)

_____

13. ¿Qué cuadrilátero puede tener 2 pares de lados paralelos, todos los lados de la misma longitud y ningún ángulo recto? (4.G.A.2)

_____

14. ¿Cuál es el nombre correcto de la figura? (4.G.A.1)

_____

15. _MÁS AL DETALLE_ Describe los ángulos de un triángulo obtusángulo. (4.G.A.2)

_____

_____

_____

_____

Simetría axial

Pregunta esencial ¿Cómo puedes verificar si una figura tiene simetría axial?

Estándares comunes Geometría—
4.G.A.3
PRÁCTICAS MATEMÁTICAS
MP2, MP3, MP6

🔑 Soluciona el problema *En el mundo*

Uno de los tipos de simetría que se halla en las figuras geométricas es la simetría axial. Este letrero se encuentra en las colinas de Hollywood, California. ¿Las letras del letrero de Hollywood tienen simetría axial?

Una figura tiene **simetría axial** si al doblarla sobre un eje las dos partes coinciden exactamente. Una línea de doblez, o **eje de simetría**, divide una figura en dos partes que tienen igual forma y tamaño.

🔑 Actividad Explora la simetría axial.

Materiales ■ patrones de figuras geométricas ■ tijeras

Ⓐ **¿La letra W tiene simetría axial?**

> **Idea matemática**
> Una recta vertical va hacia arriba y hacia abajo. ↕
>
> ---
> Una recta horizontal va ↔ hacia la izquierda y hacia la derecha.
>
> ---
> Una recta diagonal atraviesa los vértices ↗ de un polígono que no ↘ están próximos entre sí. Puede ir hacia arriba, hacia abajo, hacia la izquierda y hacia la derecha.

PASO 1 Usa patrones de figuras geométricas para formar la letra W.

PASO 2 Traza la letra.

PASO 3 Recorta el trazado.

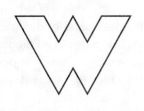

PASO 4 Dobla el trazado sobre una línea vertical.

Piensa: Las dos partes de la W doblada coinciden exactamente. La línea de doblez es un eje de simetría.

Charla matemática **PRÁCTICAS MATEMÁTICAS ❸**

Aplica ¿Cómo puedes verificar para ver si una figura tiene simetría axial?

Entonces, la letra W _____ simetría axial.

B **¿La letra L tiene simetría axial?**

PASO 1

Usa patrones de figuras geométricas o papel cuadriculado para formar la letra L.

PASO 2

Traza la letra.

PASO 3

Recorta el trazado.

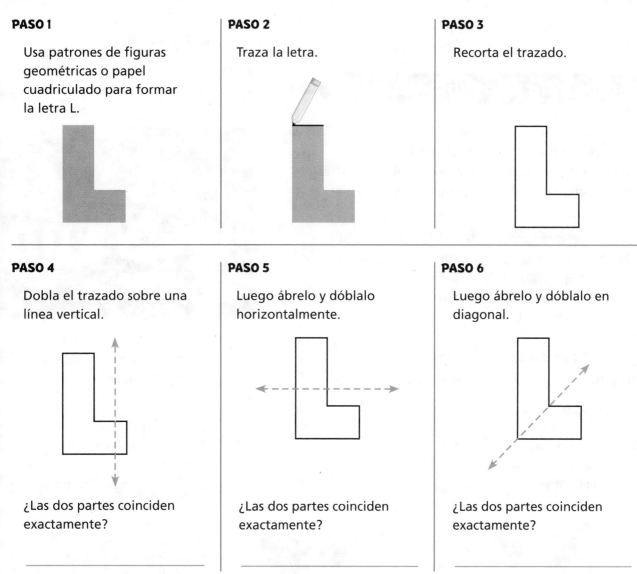

PASO 4

Dobla el trazado sobre una línea vertical.

¿Las dos partes coinciden exactamente?

_____

PASO 5

Luego ábrelo y dóblalo horizontalmente.

¿Las dos partes coinciden exactamente?

_____

PASO 6

Luego ábrelo y dóblalo en diagonal.

¿Las dos partes coinciden exactamente?

_____

Entonces, la letra L _____ simetría axial.

1. Repite los pasos 1 a 6 para el resto de la letras de HOLLYWOOD. ¿Qué letras tienen simetría axial?

_____

2. ¿Alguna de las letras tiene más de un eje de simetría? Explica.

_____

_____

Recuerda

Puedes doblar horizontalmente, verticalmente o en diagonal para determinar si las partes coinciden exactamente.

Nombre _____

Indica si las partes que están a ambos lados de la línea coinciden.
¿La línea es un eje de simetría? Escribe *sí* o *no*.

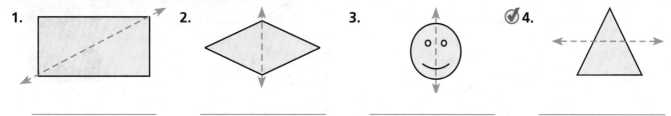

1. _____ 2. _____ 3. _____ ✅ 4. _____

Indica si la línea azul puede ser un eje de simetría.
Escribe *sí* o *no*.

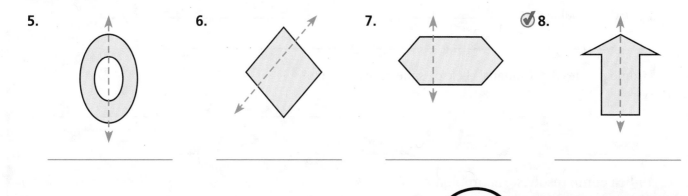

5. _____ 6. _____ 7. _____ ✅ 8. _____

> **Charla matemática**

PRÁCTICAS MATEMÁTICAS 2

Usa el razonamiento ¿Cómo doblar papel puede ayudarte a comprobar si una figura tiene simetría axial?

Por tu cuenta

Indica si la línea azul puede ser un eje de simetría.
Escribe *sí* o *no*.

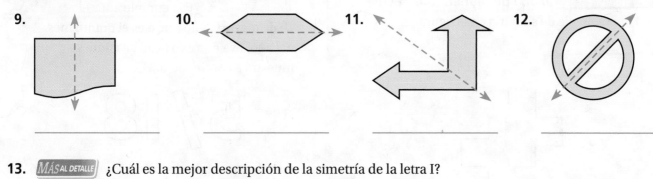

9. _____ 10. _____ 11. _____ 12. _____

13. **MÁS AL DETALLE** ¿Cuál es la mejor descripción de la simetría de la letra I?

I

_____

🔑 Soluciona el problema

14. ¿Qué figura tiene un eje de simetría trazado correctamente?

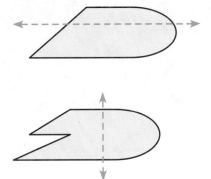 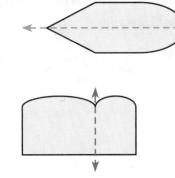 

a. ¿Qué debes hallar? _____

_____

b. ¿Cómo puedes determinar si el eje de simetría es correcto?

_____

_____

c. Indica cómo resolviste el problema.

_____

_____

d. Encierra en un círculo la respuesta correcta arriba.

---

15. **PRÁCTICA MATEMÁTICA ②** **Razona de manera abstracta**
Dibuja un eje de simetría en la figura.

Entrenador personal en matemáticas

16. **PIENSA MÁS ➕** Eva cumple años el 18 de mayo. Como mayo es el quinto mes del año, Eva escribió la fecha como se muestra a continuación.

Eva dice que todos los números que escribió tienen simetría axial. ¿Tiene razón? Explica.

_____

_____

_____

Simetría axial

ESTÁNDAR COMÚN—4.G.A.3
Dibujan e identifican rectas y ángulos, y clasifican figuras geométricas según las propiedades de sus rectas y sus ángulos.

Estándares comunes

Indica si la recta discontinua puede ser un eje de simetría. Escribe *sí* o *no*.

1.

_____sí_____

2.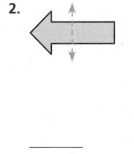

_____

3.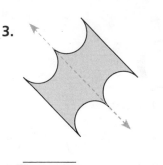

_____

4.

_____

Completa el diseño haciendo la reflexión sobre el eje de simetría.

5.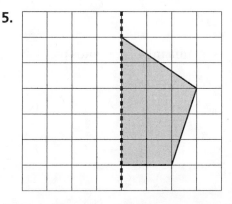

6.

Resolución de problemas *En el mundo*

7. Kiara usa el patrón que está a la derecha para hacer muñecos de papel. La línea discontinua representa un eje de simetría. Un muñeco completo se hace con la reflexión del patrón sobre el eje de simetría. Completa el diseño para mostrar cómo se ve uno de los muñecos de papel de Kiara.

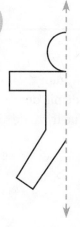

8. **ESCRIBE** ▸ *Matemáticas* Escribe una palabra que tenga una simetría axial, como en la palabra OHIO. Dibuja el o los ejes de simetría para cada letra.

Repaso de la lección (4.G.A.3)

1. ¿Qué palabra describe mejor el eje de simetría de la letra D?

_____

_____

2. ¿La siguiente figura muestra un eje de simetría correcto? Explica tu respuesta.

_____

_____

Repaso en espiral (4.NBT.B.5, 4.NBT.B.6, 4.NF.A.2, 4.NF.B.4c)

3. La clase tiene 360 cubos unitarios en una bolsa. Johnnie divide los cubos unitarios en partes iguales entre 8 grupos. ¿Cuántos cubos unitarios recibirá cada grupo?

_____

4. Hay 5,280 pies en una milla. ¿Cuántos pies hay en 6 millas?

_____

5. Sue tiene 4 trozos de madera. Miden $\frac{1}{3}$ de pie, $\frac{2}{5}$ de pie, $\frac{3}{10}$ de pie y $\frac{1}{4}$ de pie de longitud, respectivamente. ¿Qué trozo de madera es el más corto?

_____

6. Alice tiene $\frac{1}{5}$ de la cantidad de carros en miniatura que tiene Sylvester. Sylvester tiene 35 carros en miniatura. ¿Cuántos carros en miniatura tiene Alice?

_____

PRACTICA MÁS CON EL
Entrenador personal
en matemáticas

Nombre _____

Hallar y dibujar ejes de simetría

Pregunta esencial ¿Cómo hallas los ejes de simetría?

Estándares comunes **Geometría—4.G.A.3**

PRÁCTICAS MATEMÁTICAS
MP1, MP3, MP8

Soluciona el problema

¿Cuántos ejes de simetría tiene cada polígono?

Actividad 1 Halla ejes de simetría.

Materiales ■ papel punteado y papel punteado isométrico ■ escuadra

PASO 1

Traza un triángulo como el que se muestra, de manera que todos los lados tengan la misma longitud.

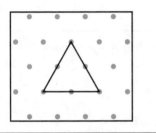

PASO 2

Dobla el triángulo de diferentes maneras y comprueba la simetría axial. Repasa con lápiz las líneas de doblez que sean ejes de simetría.

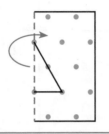

• ¿Hay un eje de simetría si doblas el papel horizontalmente?

_____

PASO 3

Repite los pasos para cada polígono que se muestra. Completa la tabla.

Polígono	Triángulo	Cuadrado	Paralelogramo	Rombo	Trapecio	Hexágono
Número de lados	3					
Número de ejes de simetría	3					

• En un polígono regular, todos los lados tienen la misma longitud y todos los ángulos son iguales. ¿Qué puedes decir del número de ejes de simetría de los polígonos regulares?

_____

_____

Charla matemática

PRÁCTICAS MATEMÁTICAS ⑧

Usa el razonamiento repetitivo ¿Cuántos ejes de simetría tiene un círculo? Explica.

🔑 Actividad 2 Haz diseños que tengan simetría axial.

Materiales ■ patrones de figuras geométricas

Usa más de un patrón de figura geométrica para hacer un diseño. Registra tu diseño. Dibuja el eje o los ejes de simetría.

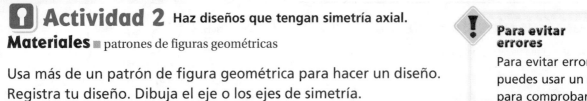

Haz un diseño con 2 ejes de simetría.

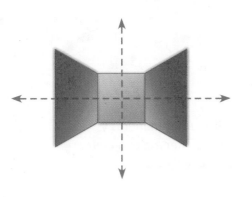

Haz un diseño con 2 ejes de simetría.

Haz un diseño con más de 2 ejes de simetría.

Haz un diseño sin ningún eje de simetría.

Comparte y muestra  MATH BOARD

1. La figura que está a la derecha tiene simetría axial. Dibuja los 2 ejes de simetría.

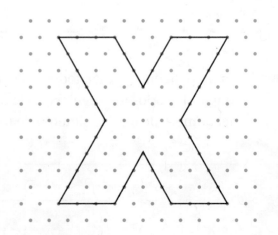

Indica si la figura no tiene ejes de simetría, si tiene 1 eje de simetría o si tiene más. Escribe *ninguno*, *1* o *más de 1*.

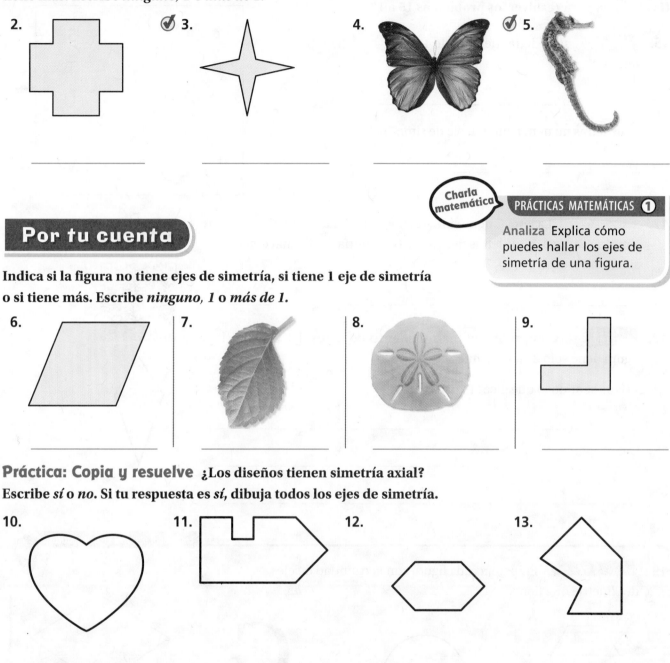

2.

✓ 3.

4.

✓ 5.

_____   _____   _____   _____

Por tu cuenta

Indica si la figura no tiene ejes de simetría, si tiene 1 eje de simetría o si tiene más. Escribe *ninguno*, *1* o *más de 1*.

Charla matemática

PRÁCTICAS MATEMÁTICAS ①

Analiza Explica cómo puedes hallar los ejes de simetría de una figura.

6.

7.

8.

9.

_____   _____   _____   _____

Práctica: Copia y resuelve ¿Los diseños tienen simetría axial?
Escribe *sí* o *no*. Si tu respuesta es *sí*, dibuja todos los ejes de simetría.

10.

11.

12.

13.

14. *MÁS AL DETALLE* Dibuja una figura que tenga 5 lados y exactamente 1 eje de simetría.

Resolución de problemas • Aplicaciones

Usa la tabla para resolver los problemas 15 a 17.

A	H	S
B	I	T
C	J	U
D	L	V
E	N	W

15. *MÁS AL DETALLE* ¿Qué letras tienen solo 1 eje de simetría?

_____

16. ¿Qué letras no tienen ningún eje de simetría?

_____

17. *PIENSA MÁS* La letra C tiene simetría horizontal. La letra A tiene simetría vertical. ¿Qué letras tienen tanto simetría horizontal como simetría vertical?

_____

18. *PRÁCTICA MATEMÁTICA ❸* **Comprueba el razonamiento de otros** Jeff dice que la figura tiene solo 2 ejes de simetría.

¿Tiene sentido lo que dice? Explica.

_____

_____

_____

19. *PIENSA MÁS ➕* Empareja cada figura con la cantidad de ejes de simetría que tiene.

0 ejes de simetría	1 eje de simetría	2 ejes de simetría	Más de 2 ejes de simetría

Nombre _____

Hallar y dibujar ejes de simetría

ESTÁNDAR COMÚN—4.G.A.3
Dibujan e identifican rectas y ángulos, y clasifican figuras geométricas según las propiedades de sus rectas y sus ángulos.

Indica si la figura no tiene ejes de simetría, si tiene 1 eje de simetría o si tiene más. Escribe *ninguno, 1* o *más de 1*.

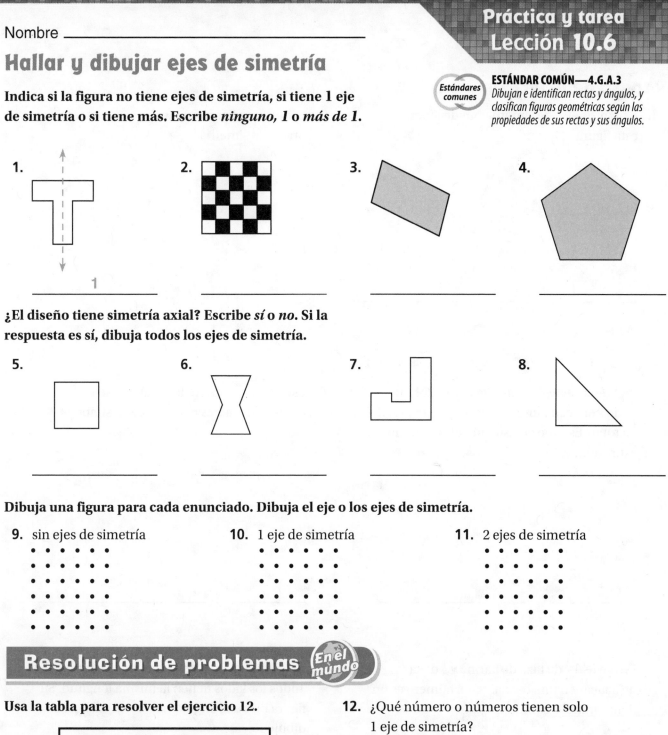

1. _____ 1

2. _____

3. _____

4. _____

¿El diseño tiene simetría axial? Escribe *sí* o *no*. Si la respuesta es sí, dibuja todos los ejes de simetría.

5. _____

6. _____

7. _____

8. _____

Dibuja una figura para cada enunciado. Dibuja el eje o los ejes de simetría.

9. sin ejes de simetría

10. 1 eje de simetría

11. 2 ejes de simetría

Resolución de problemas · En el mundo

Usa la tabla para resolver el ejercicio 12.

0 2 3 4
5 6 8 9

12. ¿Qué número o números tienen solo 1 eje de simetría?

_____

13. ESCRIBE ▸ *Matemáticas* Haz el dibujo de una figura que tenga más de 3 ejes de simetría. Dibuja los ejes de simetría.

© Houghton Mifflin Harcourt Publishing Company

Capítulo 10   585

Repaso de la lección (4.G.A.3)

1. ¿Cuántos ejes de simetría puede tener
esta figura?

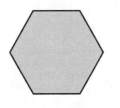

_____

2. Dibuja una figura que tenga exactamente
un eje de simetría.

Repaso en espiral (4.NF.A.1, 4.NF.B.4b, 4.NF.C.6, 4.G.A.2)

3. Richard practicó 3 solos de piano durante
$\frac{5}{12}$ de hora cada uno. ¿Cuánto tiempo practicó
en total? Escribe el resultado en su mínima
expresión.

_____

4. Escribe un número decimal que sea
equivalente a tres con diez centésimos.

_____

5. Lynne usó $\frac{3}{8}$ de taza de harina y $\frac{1}{3}$ de taza
de azúcar en una receta. ¿Qué número es un
denominador común de $\frac{3}{8}$ y $\frac{1}{3}$?

6. Kevin dibuja una figura que tiene cuatro lados.
Todos los lados tienen la misma longitud. Su
figura no tiene ángulos rectos. ¿Qué figura
dibujó Kevin?

_____

_____

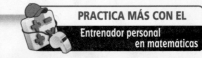

PRACTICA MÁS CON EL
Entrenador personal
en matemáticas

Nombre _____

Resolución de problemas • Formar patrones

Pregunta esencial ¿Cómo puedes usar la estrategia *representar* para resolver problemas sobre patrones?

Estándares comunes — Operaciones y pensamiento algebraico—4.OA.C.5
PRÁCTICAS MATEMÁTICAS
MP5, MP6, MP7

Soluciona el problema En el mundo

Puedes hallar patrones en telas, cerámicas, tapetes y papel tapiz. Para determinar los patrones, puedes considerar la forma, el tamaño, la posición, el color o la cantidad de figuras.

Sofía usará el patrón de abajo para hacer el ribete de un papel tapiz.
¿Cuáles podrían ser las tres figuras que siguen en el patrón?

Usa el siguiente organizador gráfico para resolver el problema.

Lee el problema

¿Qué debo hallar?

Debo hallar las tres

_____ que siguen en el patrón.

¿Qué información debo usar?

Debo usar la _____ de cada figura del patrón de Sofía.

¿Cómo usaré la información?

Usaré patrones de figuras geométricas para representar las

_____ y representar el problema.

Resuelve el problema

Describe la manera en que representaste el problema para resolverlo.

Usé un trapecio y un triángulo para representar la

primera figura del patrón. Usé un _____ y

_____ para representar la segunda figura del patrón. Continué la representación del patrón repitiendo los modelos de las primeras dos figuras.

Estas son las tres figuras que siguen en el patrón.

Charla matemática PRÁCTICAS MATEMÁTICAS ⑦

Busca el patrón ¿Cómo puedes usar números para describir el patrón?

© Houghton Mifflin Harcourt Publishing Company

🔒 Haz otro problema

Dibuja la figura que podría seguir en el patrón.

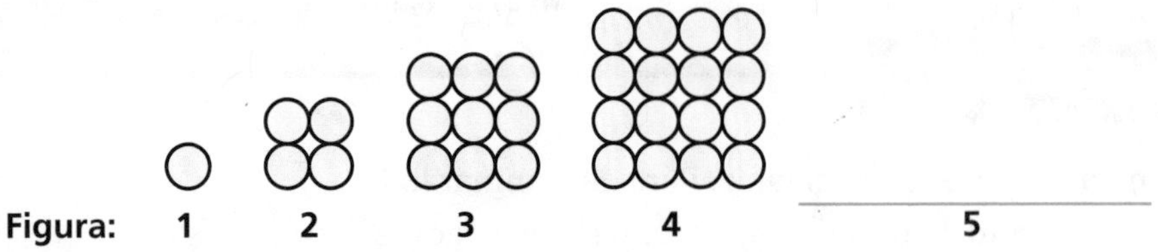

Figura: 1   2   3   4   _____ 5

¿Cómo puedes describir el patrón?

Lee el problema

¿Qué debo hallar?	¿Qué información debo usar?	¿Cómo usaré la información?

Resuelve el problema

1. Usa las figuras para escribir un patrón numérico. Luego describe el patrón de los números.

_____

_____

_____

Charla matemática

PRÁCTICAS MATEMÁTICAS ⑦

Busca estructuras ¿Qué otra estrategia podrías usar para resolver el problema?

2. ¿Cuál podría ser el décimo número del patrón? Explica.

_____

_____

Nombre _____

Soluciona el problema

✓ Usa el tablero de matemáticas de Resolución de problemas.

✓ Subraya los datos importantes.

✓ Elige una estrategia que conozcas.

1. Marisol está haciendo un patrón con figuras geométricas. ¿Cuál podría ser la figura que falta?

   Primero, observa las figuras geométricas.

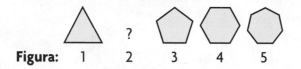

   Figura: 1   2   3   4   5

   Luego, describe el patrón.

   _____

   _____

   Por último, dibuja la figura que falta.

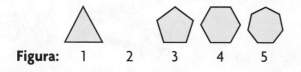

   Figura: 1   2   3   4   5

✓ 2. Usa las figuras para escribir un patrón numérico. Luego describe el patrón de los números.

   _____

   _____

3. **PIENSA MÁS** ¿Qué pasaría si el patrón continuara? Escribe una expresión que describa el número de lados que tiene la sexta figura del patrón de Marisol.

   _____

✓ 4. Sahil formó un patrón con círculos. A continuación se muestran los primeros nueve círculos. Describe el patrón. Si Sahil continúa el patrón, ¿cuáles podrían ser los tres círculos que siguen?

   ⬤ ● ∘ ⬤ ● ∘ ⬤ ● ∘

   _____

Por tu cuenta

Usa los diseños infantiles para edredones para resolver los problemas 5 y 6.

5. **PIENSA MÁS** Lu está haciendo un edredón de 20 cuadrados de ancho y 24 hileras. Para hacer el ribete del edredón, debe usar cada diseño infantil la misma cantidad de veces. Cada cuadrado puede contener un diseño. ¿Qué cantidad de cada diseño usa para hacer el ribete?

_____

6. **PRÁCTICA MATEMÁTICA ⑤ Comunica** Lu comenzó por el primer cuadrado de su edredón y dispuso sus diseños infantiles en este orden: avión, carro, camión de bomberos, helicóptero, grúa y carrito. Según esta unidad de patrón, ¿qué diseño colocará Lu en el decimoquinto lugar? Explica cómo hallaste tu respuesta.

_____

_____

_____

7. **MÁS AL DETALLE** Missy usa 1 retazo de tela hexagonal, 2 retazos rectangulares y 4 retazos triangulares para hacer un diseño con insectos para un edredón. Si usa 70 retazos en total para diseñar insectos, ¿qué cantidad de cada figura usa?

_____

8. **PIENSA MÁS** Norris dibujó este patrón.

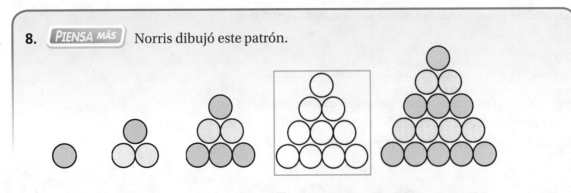

Rotula los círculos para mostrar los colores de la cuarta figura del patrón.

Resolución de problemas • Formar patrones

 ESTÁNDAR COMÚN—4.0A.C.5
Generan y analizan patrones.

Resuelve los problemas.

1. Marta usa este patrón para decorar un marco. Describe el patrón. Dibuja cuáles podrían ser las tres figuras que siguen en el patrón.

   Respuesta posible: El patrón se repite: un triángulo

   seguido por dos cuadrados.

2. Describe el patrón. Dibuja cuáles podrían ser las tres figuras que siguen en el patrón. ¿Cuántos círculos hay en la sexta figura del patrón?

   _____

   _____

3. **ESCRIBE** *Matemáticas* Halla un patrón en tu salón de clases. Describe y extiende el patrón.

   _____

   _____

   _____

Repaso de la lección (4.OA.C.5)

1. Dibuja cuáles podrían ser las tres figuras que siguen en este patrón.

⇑⇓⇓⇑⇑⇑⇓⇓⇓⇓⇓⇑⇑⇑⇑⇑⇓⇓⇓⇓⇓

_____

2. Dibuja cuál podría ser la figura que falta en el siguiente patrón.

_____

Repaso en espiral (4.OA.B.4, 4.NF.B.3d, 4.NF.B.4a, 4.NF.C.7)

3. Chad tiene dos trozos de madera. Un trozo mide $\frac{7}{12}$ de pie de longitud. El segundo trozo mide $\frac{5}{12}$ de pie más que el primero. ¿Cuál es la longitud del segundo trozo?

_____

4. Olivia finalizó una carrera en 40.64 segundos. Patty finalizó la carrera en 40.39 segundos. Miguel finalizó la carrera en 41.44 segundos. Chad finalizó la carrera en 40.46 segundos. ¿Quién finalizó la carrera en menos tiempo?

_____

5. Justin compró 6 cintas para un proyecto de arte. Cada cinta mide $\frac{1}{4}$ de yarda de longitud. ¿Cuántas yardas de cinta compró Justin?

_____

6. Les pidieron a Kyle y a Andrea que hicieran una lista de números primos.

Kyle: 1, 3, 7, 19, 23
Andrea: 2, 3, 5, 7, 11

¿Qué lista es correcta?

_____

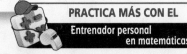

PRACTICA MÁS CON EL
Entrenador personal
en matemáticas

Nombre _____

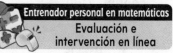

✓Repaso y prueba del Capítulo 10

1. Gavin está diseñando una cometa. Hizo un bosquejo de la cometa. ¿Cuántos ángulos rectos tendrá la cometa?

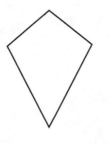

_____ ángulos rectos

2. Escribe la letra de cada triángulo debajo de la clasificación correcta.

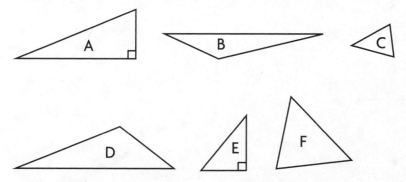

Triángulo acutángulo	Triángulo obtusángulo	Triángulo rectángulo

3. Selecciona los ángulos que identifican a un triángulo obtusángulo. Marca todos los que apliquen.

(A) agudo, agudo, agudo

(B) agudo, agudo, obstuso

(C) recto, agudo, agudo

(D) obtuso, recto, agudo

Opciones de evaluación
Prueba del capítulo

4. Escribe la palabra que describe cada parte de la Figura A que aparece a continuación.

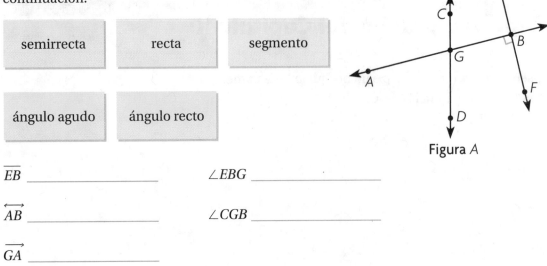

Figura *A*

semirrecta	recta	segmento

ángulo agudo	ángulo recto

$\overline{EB}$ _____ $\angle EBG$ _____

$\overleftrightarrow{AB}$ _____ $\angle CGB$ _____

$\overrightarrow{GA}$ _____

5. ¿Qué término describe mejor la figura que se muestra a continuación?

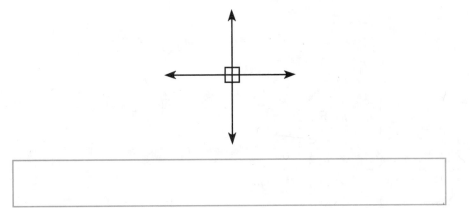

_____

6. **PIENSA MÁS +** Naomi parte de viaje a Los Ángeles el 12 de agosto. Como agosto es el octavo mes, Naomi escribió la fecha de la siguiente manera:

8/12

Naomi dice que todos los números que escribió tienen simetría axial. ¿Tiene razón? Explica tu razonamiento.

_____

Nombre _____

7. Max hizo un banderín en forma de triángulo. ¿Cómo puedes clasificar el triángulo según sus ángulos?

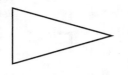

El triángulo es un triángulo _____.

8. Elige los rótulos para hacer que el enunciado sea verdadero.

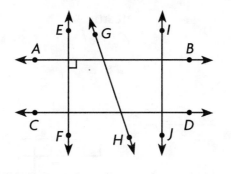

$$\overleftrightarrow{GH}$$
$$\overleftrightarrow{CD} \quad \text{es paralelo a} \quad \overleftrightarrow{CD}$$
$$\overleftrightarrow{AB} \qquad\qquad\quad \overleftrightarrow{GH}$$

con $\overleftrightarrow{EF}$ en la segunda caja.

9. Clasifica la figura. Selecciona todas las opciones que sean correctas.

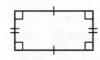

○ cuadrilátero   ○ rectángulo

○ trapecio   ○ rombo

○ paralelogramo   ○ cuadrado

10. Lily diseñó una plataforma en su patio que tiene la forma de un cuadrilátero con 1 solo par de lados paralelos. ¿Cómo puedes clasificar la figura?

El cuadrilátero es un _____.

11. Empareja cada figura con la cantidad de ejes de simetría que tenga.

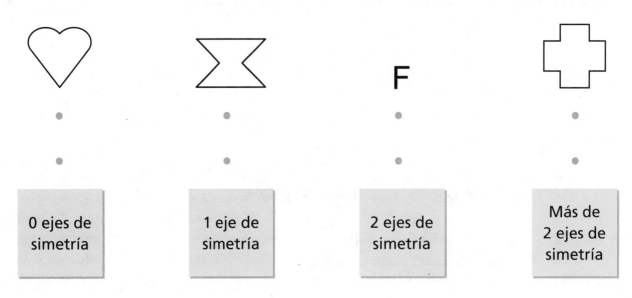

| 0 ejes de simetría | 1 eje de simetría | 2 ejes de simetría | Más de 2 ejes de simetría |

12. Bárbara dibujó el siguiente patrón:

Usa el cuadrado que se muestra para completar el patrón. ☐

13. Claudia dibujó la figura que está a continuación. Dibuja un eje de simetría en la figura.

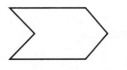

14. Escribe la palabra o las palabras que mejor describan la figura.

15. ¿Cuántos ángulos agudos tiene un triángulo rectángulo?

Un triángulo rectángulo tiene _____ ángulos agudos.

© Houghton Mifflin Harcourt Publishing Company

16. Mike dibujó una figura con lados opuestos paralelos. Escribe el par de lados paralelos. ¿Qué figura es?

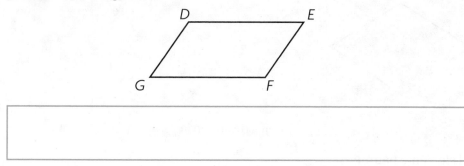

17. Encierra en un círculo la letra que no tiene simetría axial.

DOTS

18. Joseph hizo un patrón con óvalos y rectángulos. Se muestran las primeras cuatro figuras del patrón. Dibuja la figura que sigue.

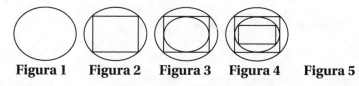

Figura 1   **Figura 2**   **Figura 3**   **Figura 4**   **Figura 5**

19. Jeremy dibujó la Figura 1 y Louisa dibujó la Figura 2.

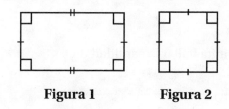

Figura 1   **Figura 2**

Parte A

Jeremy dice que las dos figuras son rectángulos. ¿Estás de acuerdo? Apoya tu respuesta.

Parte B

Louisa dice que las dos figuras son rombos. ¿Estás de acuerdo? Apoya tu respuesta.

20. Verónica halló la cantidad de ejes de simetría de la siguiente figura. ¿Cuántos ejes de simetría tiene?

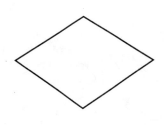

_____ ejes de simetría

21. MÁS AL DETALLE Jorge dibujó el siguiente patrón:

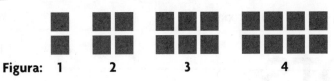

Figura: 1   2   3   4

Parte A

Describe el patrón.

Parte B

Usa números para escribir una regla que te permita hallar la cantidad de cuadrados de las figuras del patrón.

Parte C

Dibuja la Figura 5.

Ángulos

✓ Muestra lo que sabes

Comprueba si comprendes las destrezas importantes.

Entrenador personal en matemáticas
Evaluación e
intervención en línea

Nombre _____

▶ **Usar una regla métrica** **Usa una regla en centímetros
para medir. Halla la longitud en centímetros.** (2.MD.A.1)

1.

_____ centímetros

2.

_____ centímetros

▶ **Clasificar ángulos** **Clasifica el ángulo. Escribe *agudo, recto* u *obtuso*.** (4.G.A.1)

3.

_____

4.

_____

5.

_____

▶ **Partes de un entero** **Escribe una fracción para cada parte sombreada.** (3.NF.A.1)

6.

_____

7.

_____

8.

_____

9.

_____

Matemáticas En el mundo

El puente Sunshine Skyway atraviesa la bahía de
Tampa, en la Florida. Los puentes y otras construcciones
pueden representar figuras geométricas. Observa el
puente en la foto de la izquierda. Describe las figuras
geométricas que observas. Luego clasifica los ángulos
rotulados y el triángulo.

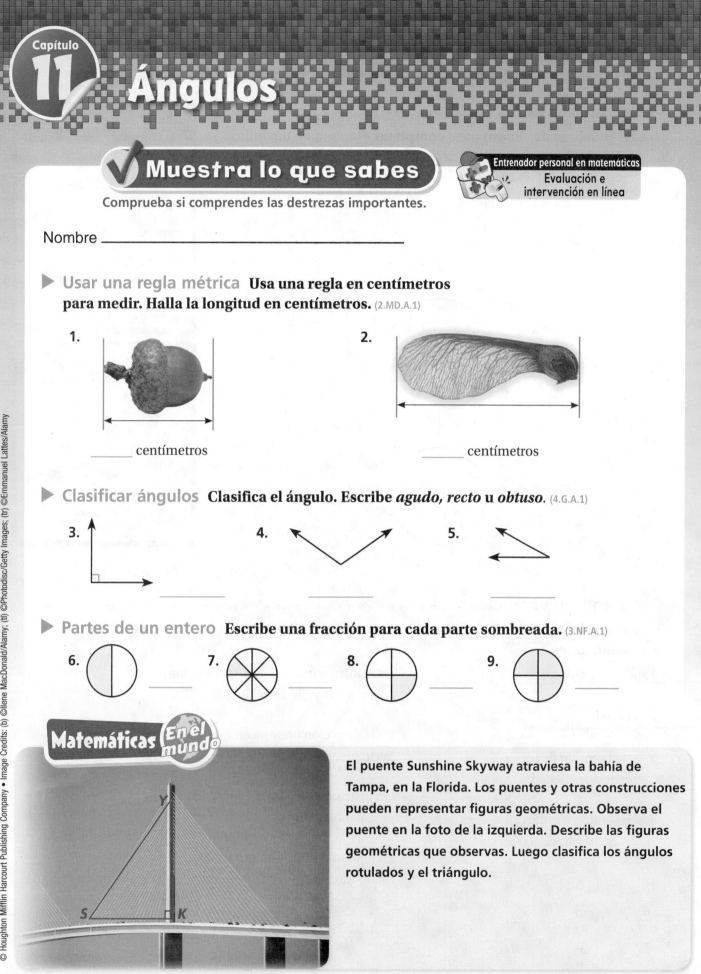

Desarrollo del vocabulario

▶ **Visualízalo**

Usa las palabras de repaso para completar el mapa de burbujas.

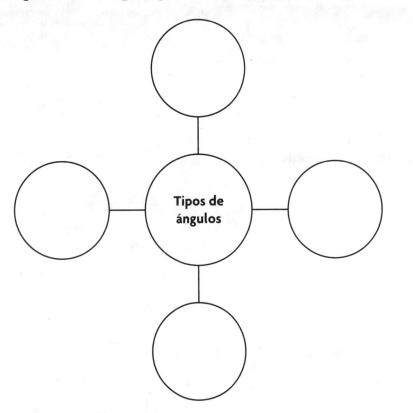

Tipos de ángulos

▶ **Comprende el vocabulario**

**Traza una línea para emparejar las palabras con
sus definiciones.**

1. transportador

2. grado (°)

3. en el sentido de las
manecillas del reloj

4. en sentido contrario a
las manecillas del reloj

- En la misma dirección en que se mueven
las manecillas de un reloj

- En la dirección opuesta en que se mueven
las manecillas de un reloj

- Un instrumento para medir
el tamaño de un ángulo

- La unidad que se usa para
medir ángulos

- **Libro interactivo del estudiante**
- **Glosario multimedia**

Vocabulario del Capítulo 11

ángulo agudo

acute angle

2

en el sentido de las manecillas del reloj

clockwise

24

en sentido contrario a las manecillas del reloj

counterclockwise

25

grado (°)

degree (°)

39

transportador

protractor

92

semirrecta

ray

88

ángulo recto

right angle

5

vértice

vertex

96

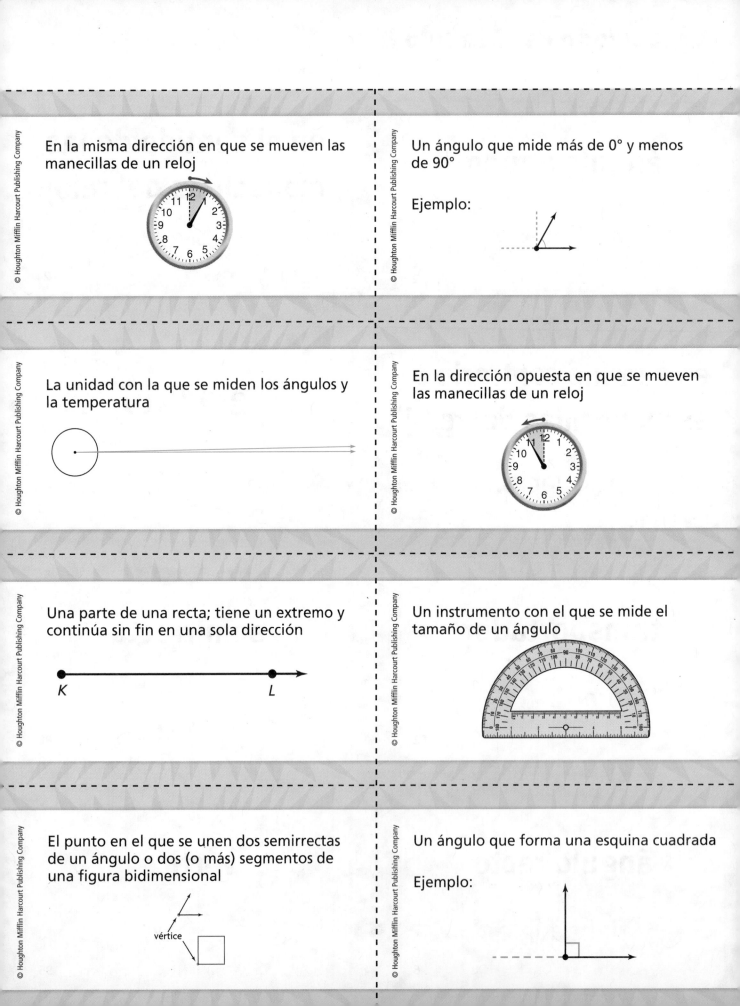

En la misma dirección en que se mueven las manecillas de un reloj

Un ángulo que mide más de 0° y menos de 90°

Ejemplo:

La unidad con la que se miden los ángulos y la temperatura

En la dirección opuesta en que se mueven las manecillas de un reloj

Una parte de una recta; tiene un extremo y continúa sin fin en una sola dirección

K   L

Un instrumento con el que se mide el tamaño de un ángulo

El punto en el que se unen dos semirrectas de un ángulo o dos (o más) segmentos de una figura bidimensional

vértice

Un ángulo que forma una esquina cuadrada

Ejemplo:

¡Dibújalo!

Para 3 a 4 jugadores

Materiales

- temporizador
- bloc de dibujo

Instrucciones

1. Túrnense para jugar.

2. Cuando sea tu turno, elige una palabra del Recuadro de palabras, pero no les digas la palabra a los otros jugadores.

3. Pon 1 minuto en el temporizador.

4. Haz dibujos y escribe números en el bloc de dibujo para dar pistas sobre la palabra. No uses palabras.

5. El primer jugador que adivine la palabra antes de que termine el tiempo obtiene 1 punto. Si ese jugador puede usar la palabra en una oración, obtiene 1 punto más. Luego es su turno de elegir una palabra.

6. Ganará la partida el primer jugador que obtenga 10 puntos.

Recuadro de palabras

ángulo agudo

ángulo recto

en el sentido de las manecillas del reloj

en sentido contrario a las manecillas del reloj

grado (°)

semirrecta

transportador

vértice

Escríbelo

Reflexiona

Elige una idea. Escribe sobre ella.

- Explica cómo usar un transportador para medir un ángulo o dibujar un ángulo.

- Ejemplifica y explica la diferencia entre *en el sentido de las manecillas del reloj* y *en sentido contrario a las manecillas del reloj.* Haz tu dibujo en una hoja aparte.

- Escribe un cuento creativo que incluya una variedad de ángulos.

Nombre _____

Ángulos y partes fraccionarias de un círculo

Pregunta esencial ¿Cuál es la relación entre ángulos y partes fraccionarias de un círculo?

Estándares comunes Medición y datos—
4.MD.C.5A
PRÁCTICAS MATEMÁTICAS
MP1, MP2, MP3

Investigar

Manos a la obra

Materiales ■ círculos fraccionarios

A. Coloca una parte que represente $\frac{1}{12}$ sobre el círculo. Coloca la punta de la parte fraccionaria sobre el centro del círculo. Dibuja la parte fraccionaria para crear un ángulo.

¿Qué partes de la parte fraccionaria representan las

semirrectas del ángulo? _____

¿En qué parte del círculo está el vértice del ángulo?

_____

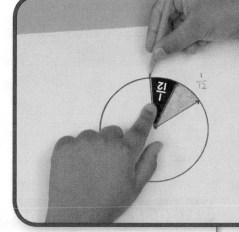

B. Sombrea el ángulo que forma la parte de $\frac{1}{12}$.
Rotúlalo $\frac{1}{12}$.

C. Coloca la parte de $\frac{1}{12}$ nuevamente sobre el ángulo sombreado. Gírala **en sentido contrario a las manecillas del reloj**, es decir, hacia la izquierda.

Dibuja la parte fraccionaria en su nueva posición. ¿Cuántos doceavos dibujaste en

total? _____ Rotula $\frac{2}{12}$.

D. Gira la parte fraccionaria en sentido contrario a las manecillas del reloj otra vez y dibújala. Rotula el número total de doceavos.

Continúa hasta que llegues al ángulo sombreado.

¿Cuántas veces debiste girar la parte

de $\frac{1}{12}$ para formar un círculo? _____

¿Cuántos ángulos se juntan en el centro del círculo? _____

1. Compara el tamaño del ángulo que forma una parte de $\frac{1}{4}$ y el tamaño del ángulo que forma una parte de $\frac{1}{12}$. Usa una parte de $\frac{1}{4}$ y tu modelo de la página 601 como ayuda.

_____

_____

_____

2. Describe la relación entre el tamaño de la parte fraccionaria y el número de giros necesarios para formar un círculo.

_____

_____

Hacer conexiones

Puedes relacionar fracciones y ángulos con las manecillas de un reloj.

Sean las manecillas del reloj las semirrectas de un ángulo. Cada marca de 5 minutos representa $\frac{1}{12}$ de giro **en el sentido de las manecillas del reloj**.

Transcurren 15 minutos.

El minutero hace _____ de giro en el sentido de las manecillas del reloj.

Transcurren 30 minutos.

El minutero hace _____ de giro en el sentido de las manecillas del reloj.

Transcurren 45 minutos.

El minutero hace _____ de giro en el sentido de las manecillas del reloj.

Transcurren 60 minutos.

El minutero hace _____

de giro o _____ en el sentido de las manecillas del reloj.

Charla matemática

PRÁCTICAS MATEMÁTICAS ③

Compara representaciones
¿En qué se parece un ángulo formado en un círculo con una parte fraccionaria de $\frac{1}{4}$ a $\frac{1}{4}$ de giro y 15 minutos transcurridos en un reloj?

Nombre _____

Comparte y muestra

Indica qué fracción del círculo representa el ángulo sombreado.

1.
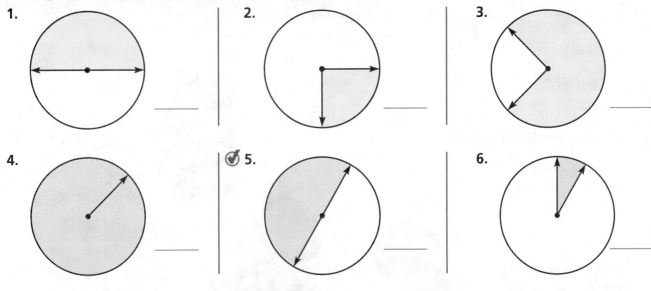
_____

2.
_____

3.
_____

4.
_____

5. ✓
_____

6.
_____

Indica si el ángulo del círculo muestra $\frac{1}{4}$, $\frac{1}{2}$, $\frac{3}{4}$ de giro o 1 giro completo en el sentido de las manecillas del reloj o en sentido contrario a las manecillas del reloj.

7.
_____
_____

8.
_____
_____

9. ✓
_____
_____

Resolución de problemas • Aplicaciones *En el mundo*

10. **PRÁCTICA MATEMÁTICA ①** Susan vio el juego desde la 1 p. m. hasta la 1:30 p. m. **Describe** el giro que hizo el minutero en ese tiempo.

_____

11. *MÁS AL DETALLE* Compara los ángulos de los ejercicios 1 y 5. ¿La posición del ángulo influye en el tamaño del ángulo? Explica.

_____

_____

Entrenador personal en matemáticas

12. PIENSA MÁS ➕ Malcom dibujó este ángulo en el círculo. ¿Cuál de las opciones describe el ángulo? Marca todas las opciones que sean correctas.

○ $\frac{3}{4}$ de giro   ○ en el sentido de las manecillas del reloj

○ $\frac{1}{4}$ de giro   ○ en sentido contrario a las manecillas del reloj

¿Tiene sentido?

13. PIENSA MÁS   ¿Cuál de los enunciados tiene sentido? ¿Cuál no tiene sentido? Explica tu razonamiento.

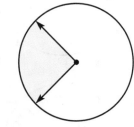

El ángulo sombreado representa $\frac{1}{4}$ del círculo.

El ángulo sombreado representa $\frac{3}{8}$ del círculo.

Enunciado de Carla	Enunciado de Adam

• Para el enunciado que no tiene sentido, escribe un enunciado que tenga sentido.

• ¿De qué otra manera se puede describir el tamaño del ángulo? Explica.

Nombre _____

Ángulos y partes fraccionarias de un círculo

Estándares comunes

ESTÁNDAR COMÚN—4.MD.C.5a
Medición geométrica: entienden conceptos sobre los ángulos y la medición de ángulos.

Indica qué fracción del círculo representa el ángulo sombreado.

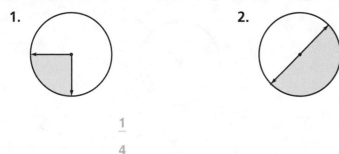

1.

2.

3.

$\dfrac{1}{4}$

_____

Indica si el ángulo del círculo muestra $\frac{1}{4}$, $\frac{1}{2}$, $\frac{3}{4}$ de giro o 1 giro completo en el sentido de las manecillas del reloj o en sentido contrario a las manecillas del reloj.

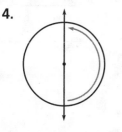

4.

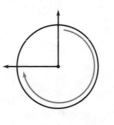

5.

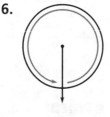

6.

_____

_____

_____

_____

Resolución de problemas En el mundo

7. Shelley hizo ejercicio durante 15 minutos. Describe el giro que hizo el minutero en ese tiempo.

Inicio   Finalización

8. **ESCRIBE** ▸ *Matemáticas* Da una descripción de un giro de ¾ del minutero en la carátula de un reloj.

_____

_____

_____

_____

Repaso de la lección (4.MD.C.5a)

1. ¿Qué fracción del círculo representa el ángulo sombreado?

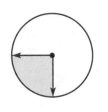

_____

_____

2. Describe el giro que se muestra abajo.

_____

_____

Repaso en espiral (4.OA.B.4, 4.NF.A.1, 4.NF.B.4c, 4.NF.C.7)

3. Escribe $\frac{2}{3}$ y $\frac{3}{4}$ como un par de fracciones con un denominador común.

_____

_____

4. Raymond compró $\frac{3}{4}$ de una docena de panecillos. ¿Cuántos panecillos compró?

_____

_____

5. Enumera todos los factores de 18.

6. Jonathan recorrió 1.05 millas en bicicleta el viernes, 1.5 millas el sábado, 1.25 millas el lunes y 1.1 millas el martes. ¿Qué día recorrió la distancia más corta?

_____   _____

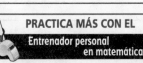

PRACTICA MÁS CON EL

Entrenador personal en matemáticas

Nombre _____

Grados

Pregunta esencial ¿Cuál es la relación entre grados y partes fraccionarias de un círculo?

Estándares comunes Medición y datos—4.MD.C.5a, 4.MD.C.5b
PRÁCTICAS MATEMÁTICAS
MP2, MP6, MP7

RELACIONA Puedes usar lo que sabes acerca de los ángulos y las partes fraccionarias de un círculo para comprender la medición de ángulos. Los ángulos se miden en unidades llamadas **grados**. Piensa en un círculo dividido en 360 partes iguales. Un ángulo que gira sobre $\frac{1}{360}$ del círculo mide 1 grado.

> **Idea matemática**
> El símbolo de grado es °.

Soluciona el problema En el mundo

El ángulo entre dos rayos de la rueda de bicicleta gira sobre $\frac{10}{360}$ de un círculo. ¿Cuánto mide el ángulo que se forma entre los dos rayos?

- ¿Qué parte de un ángulo representa un rayo?

_____

_____

_____

🔒 Ejemplo 1 Usa partes fraccionarias para hallar la medida del ángulo.

Cada $\frac{1}{360}$ de giro mide _____ grado.

Diez $\frac{1}{360}$ de giro miden _____ grados.

Entonces, el ángulo entre los rayos mide _____.

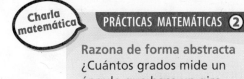

Charla matemática

PRÁCTICAS MATEMÁTICAS ②

Razona de forma abstracta
¿Cuántos grados mide un ángulo que hace un giro de 1 círculo entero? Explica.

▲ La bicicleta Penny Farthing fue construida en el siglo XIX.

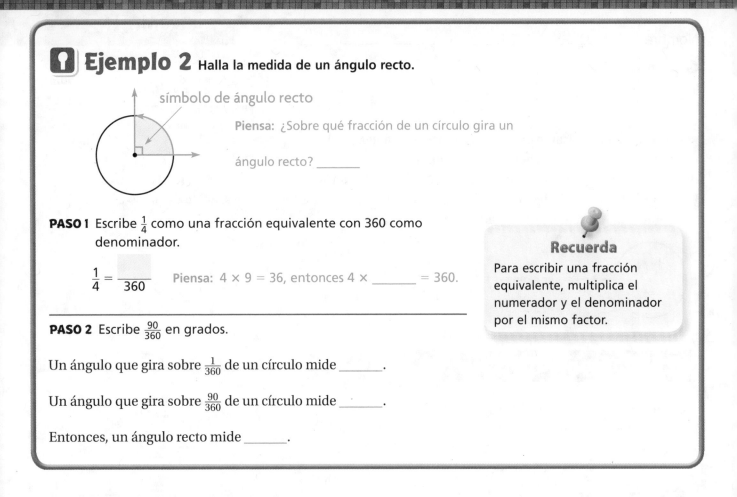

Ejemplo 2 Halla la medida de un ángulo recto.

símbolo de ángulo recto

Piensa: ¿Sobre qué fracción de un círculo gira un

ángulo recto? _____

PASO 1 Escribe $\frac{1}{4}$ como una fracción equivalente con 360 como denominador.

$$\frac{1}{4} = \frac{}{360}$$ Piensa: $4 \times 9 = 36$, entonces $4 \times$ _____ $= 360$.

PASO 2 Escribe $\frac{90}{360}$ en grados.

Un ángulo que gira sobre $\frac{1}{360}$ de un círculo mide _____.

Un ángulo que gira sobre $\frac{90}{360}$ de un círculo mide _____.

Entonces, un ángulo recto mide _____.

Recuerda

Para escribir una fracción equivalente, multiplica el numerador y el denominador por el mismo factor.

¡Inténtalo! Halla la medida de un ángulo llano.

¿Sobre qué fracción de un círculo gira un ángulo llano? _____

Escribe $\frac{1}{2}$ como una fracción equivalente con 360 como denominador.

$$\frac{1}{2} = \frac{}{360}$$ Piensa: $2 \times 18 = 36$, entonces $2 \times$ _____ $= 360$.

Entonces, un ángulo llano mide _____.

1. ¿Cómo puedes describir la medida de un ángulo agudo en grados?

_____

_____

2. ¿Cómo puedes describir la medida de un ángulo obtuso en grados?

_____

_____

Nombre _____

1. Halla la medida del ángulo.

¿Sobre qué fracción de un círculo gira el ángulo? _____

$\dfrac{1}{3} = \dfrac{}{360}$ **Piensa:** $3 \times 12 = 36$, entonces $3 \times$ _____ $= 360$.

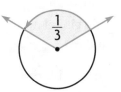

Entonces, el ángulo mide _____.

Indica la medida del ángulo en grados.

✓ 2.

$\dfrac{45}{360}$

_____

✓ 3.

$\dfrac{1}{12}$

_____

Por tu cuenta

Charla matemática

PRÁCTICAS MATEMÁTICAS 6

Si un ángulo mide 60°, ¿sobre qué fracción de un círculo gira? **Explica.**

Indica la medida del ángulo en grados.

4.

$\dfrac{360}{360}$

_____

5.

$\dfrac{1}{10}$

_____

Clasifica el ángulo. Escribe *agudo, obtuso, recto* o *llano*.

6.

127°

_____

7.

_____

8.

37°

_____

9.

180°

_____

10. **PRÁCTICA MATEMÁTICA 6** ¿Este es un ángulo obtuso? **Explica.**

_____

_____

_____

11. **MÁS AL DETALLE** Alex cortó una pizza circular en 8 porciones iguales. Quitó 2 de las porciones. ¿Cuánto mide el ángulo formado por las porciones que faltan?

_____

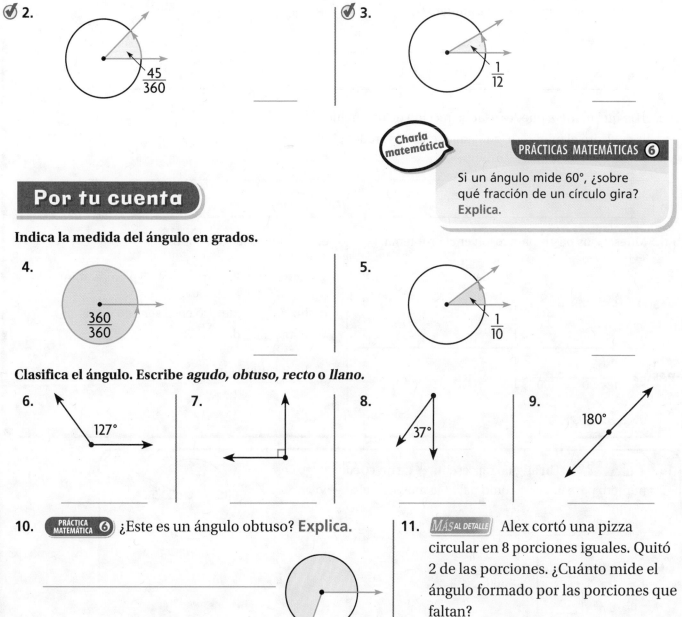

🔑 Soluciona el problema (En el mundo)

12. **PIENSA MÁS**   Ava comenzó a leer a las 3:30 p. m. Se detuvo para beber un refrigerio a las 4:15 p. m. Durante este tiempo, ¿sobre qué fracción de un círculo giró el minutero? ¿Cuántos grados giró el minutero?

a. ¿Qué se te pide que halles? _____

_____

b. ¿Qué información puedes usar para hallar la fracción de un círculo sobre la cual giró el minutero?

_____

_____

c. ¿De qué manera puedes usar la fracción de un círculo sobre la cual giró el minutero para hallar cuántos grados giró?

_____

_____

d. Muestra los pasos para resolver el problema.

PASO 1 $\dfrac{3 \times }{4 \times } = \dfrac{?}{360}$

PASO 2 $\dfrac{3 \times 90}{4 \times 90} = \dfrac{}{360}$

e. Completa las oraciones.

Entre las 3:30 p. m. y las 4:15 p. m., el minutero

hizo _____ de giro en el sentido de las manecillas del reloj.

El minutero giró _____.

---

13. **PIENSA MÁS**   Un ángulo representa $\frac{1}{15}$ de un círculo. Elige el número para mostrar cómo hallar la medida del ángulo en grados.

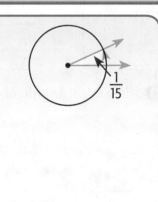

$\dfrac{1}{15} = \dfrac{1 \times \boxed{}}{15 \times \boxed{}} = \dfrac{\boxed{}}{360}$

| 20 |

| 24 |

| 30 |

El ángulo mide _____.

Grados

ESTÁNDARES COMUNES—4.MD.C.5a, 4.MD.C.5b

Medición geométrica: entienden conceptos sobre los ángulos y la medición de ángulos.

Indica la medida del ángulo en grados.

1.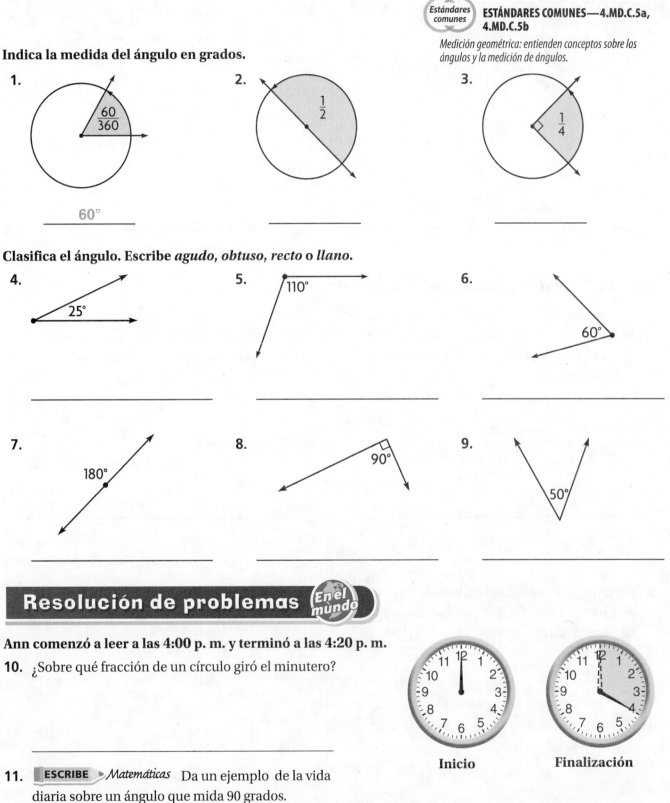

$\dfrac{60}{360}$

_____ 60°

2.

$\dfrac{1}{2}$

_____

3.

$\dfrac{1}{4}$

_____

Clasifica el ángulo. Escribe *agudo, obtuso, recto* o *llano*.

4.

25°

_____

5.

110°

_____

6.

60°

_____

7.

180°

_____

8.

90°

_____

9.

50°

_____

Resolución de problemas *En el mundo*

Ann comenzó a leer a las 4:00 p. m. y terminó a las 4:20 p. m.

10. ¿Sobre qué fracción de un círculo giró el minutero?

_____

Inicio   **Finalización**

11. **ESCRIBE** *Matemáticas* Da un ejemplo de la vida diaria sobre un ángulo que mida 90 grados.

_____

_____

Repaso de la lección (4.MD.C.5a, 4.MD.C.5b)

1. ¿Qué tipo de ángulo se muestra?

180°

_____

2. ¿Cuántos grados mide un ángulo que gira sobre $\frac{1}{4}$ de un círculo?

_____

Repaso en espiral (4.OA.A.3, 4.NF.B.3b, 4.NF.B.4a, 4.NF.C.5)

3. Mae compró 15 tarjetas de fútbol americano y 18 tarjetas de béisbol. Las separó en 3 grupos iguales. ¿Cuántas tarjetas de deportes hay en cada grupo?

_____

4. Cada etapa de una carrera tiene una longitud de $\frac{1}{10}$ de milla. Marsha terminó 5 etapas de la carrera. ¿Qué distancia corrió Marsha?

_____

5. Jeff dijo que en su ciudad cayeron $\frac{11}{3}$ de pulgada de nieve. Escribe esta fracción como un número mixto.

_____

6. Amy corrió $\frac{3}{4}$ de milla. Escribe la distancia que corrió Amy como número decimal.

_____

PRACTICA MÁS CON EL
Entrenador personal
en matemáticas

Nombre _____

Medir y dibujar ángulos

Pregunta esencial ¿Cómo puedes usar un transportador para medir y dibujar ángulos?

Estándares comunes **Medición y datos—4.MD.C.6**
PRÁCTICAS MATEMÁTICAS
MP1, MP5, MP6

🔑 Soluciona el problema En el mundo

Emma quiere hacer una escultura de arcilla de su hija tal como aparece en la foto bailando. ¿Cómo puede medir $\angle DCE$, el ángulo que forman los brazos de su hija?

Un **transportador** es un instrumento para medir el tamaño de un ángulo.

🔒 Actividad Usa un transportador para medir $\angle DCE$.

Materiales ▪ transportador

PASO 1 Coloca el punto central del transportador en el vértice C del ángulo.

_____

PASO 2 Alinea la marca de 0° de la escala del transportador con la semirrecta CE.

_____

PASO 3 Halla el punto en el que la semirrecta CD interseca la misma escala. Lee la medida del ángulo en esa escala. Si es necesario, extiende la semirrecta.

$m\angle DCE =$ _____

Lee m∠DCE como la "medida del ángulo DCE".

Entonces, el ángulo que forman los brazos de la hija de

Emma mide _____.

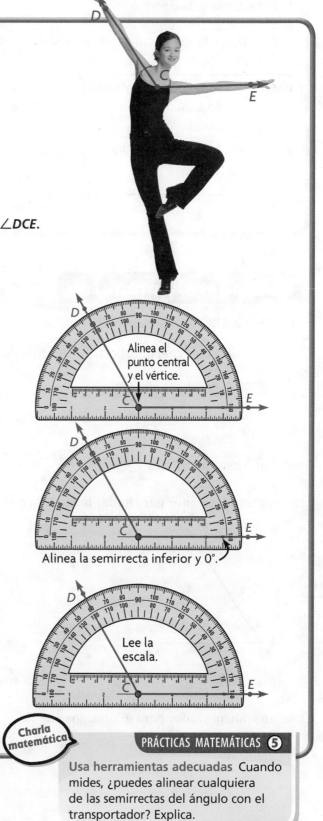

Alinea el punto central y el vértice.

Alinea la semirrecta inferior y 0°.

Lee la escala.

Charla matemática

PRÁCTICAS MATEMÁTICAS ⑤

Usa herramientas adecuadas Cuando mides, ¿puedes alinear cualquiera de las semirrectas del ángulo con el transportador? Explica.

Dibujar ángulos También puedes usar un transportador para dibujar un ángulo de una medida dada.

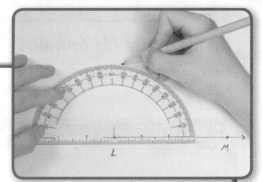

🔑 **Actividad** Dibuja ∠KLM con una medida de 82°.

Materiales ■ transportador

PASO 1 Usa el lado recto del transportador para dibujar y rotular la semirrecta *LM*.

PASO 2 Coloca el punto central del transportador sobre el punto *L*. Alinea la semirrecta *LM* con la marca de 0° del transportador.

PASO 3 Marca un punto en 82° sobre la misma escala. Rotula el punto *K*.

PASO 4 Usa el lado recto del transportador para dibujar la semirrecta *LK*.

Comparte y muestra

1. Mide ∠ABC.

Coloca el centro del transportador sobre el punto _____.

Alinea la semirrecta *BC* con _____.

Lee el punto en el que la _____ interseca la misma escala.

Entonces, m∠ABC es _____.

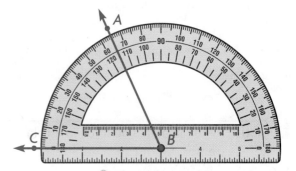

Usa un transportador para hallar la medida de los ángulos.

2.

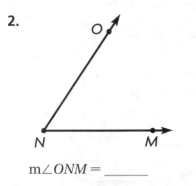

m∠ONM = _____

✅**3.**

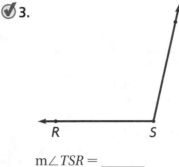

m∠TSR = _____

> **Para evitar errores**
> Asegúrate de usar la escala correcta en el transportador. Pregúntate: ¿Es razonable la medida?

Usa un transportador para dibujar los ángulos.

4. 170°

✅**5.** 78°

> **Charla matemática**

PRÁCTICAS MATEMÁTICAS ⑥

Describe en qué se parecen dibujar ángulos y medir ángulos.

Nombre _____

Usa un transportador para hallar la medida de los ángulos.

6.

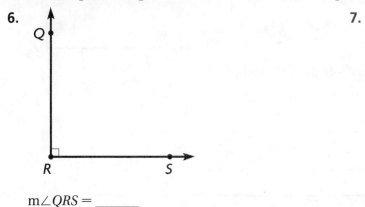

m∠QRS = _____

7.

m∠XYZ = _____

Usa un transportador para dibujar los ángulos.

8. 115°

9. 67°

Dibuja un ejemplo de cada ángulo. Rotula el ángulo con su medida.

10. un ángulo agudo

11. un ángulo obtuso

12. MÁS AL DETALLE Elizabeth está haciendo un edredón con retazos de tela. ¿Cuál es la diferencia entre m∠ABC y m∠DEF?

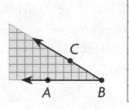
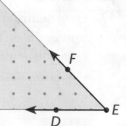

_____

13. PIENSA MÁS Dibuja un ángulo con una medida de 0°.
Describe tu dibujo.

_____

_____

Resolución de problemas • Aplicaciones (En el mundo)

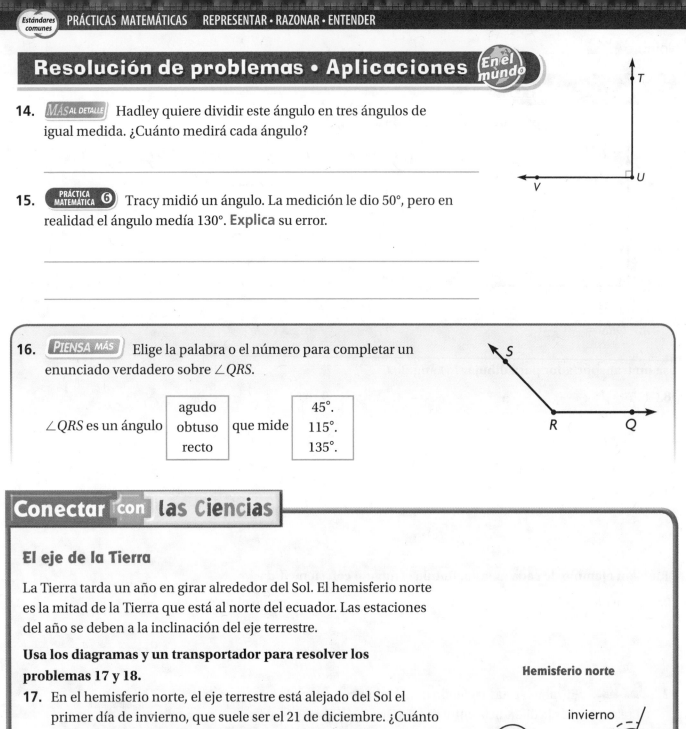

14. MÁS AL DETALLE   Hadley quiere dividir este ángulo en tres ángulos de igual medida. ¿Cuánto medirá cada ángulo?

_____

15. PRÁCTICA MATEMÁTICA ⑥   Tracy midió un ángulo. La medición le dio 50°, pero en realidad el ángulo medía 130°. **Explica** su error.

_____

_____

16. PIENSA MÁS   Elige la palabra o el número para completar un enunciado verdadero sobre ∠QRS.

∠QRS es un ángulo | agudo / obtuso / recto | que mide | 45°. / 115°. / 135°.

Conectar con las Ciencias

El eje de la Tierra

La Tierra tarda un año en girar alrededor del Sol. El hemisferio norte es la mitad de la Tierra que está al norte del ecuador. Las estaciones del año se deben a la inclinación del eje terrestre.

Usa los diagramas y un transportador para resolver los problemas 17 y 18.

Hemisferio norte

17. En el hemisferio norte, el eje terrestre está alejado del Sol el primer día de invierno, que suele ser el 21 de diciembre. ¿Cuánto mide el ángulo marcado el primer día de invierno, que es el día más corto del año?

_____

18. El eje terrestre no está alejado del Sol ni inclinado hacia él ni el primer día de primavera ni el primer día de otoño, que suelen ser el 20 de marzo y el 22 de septiembre. ¿Cuánto mide el ángulo marcado el primer día de primavera u otoño?

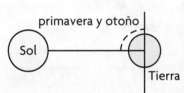

Medir y dibujar ángulos

Estándares comunes

ESTÁNDAR COMÚN—4.MD.C.6
Medición geométrica: entienden conceptos sobre los ángulos y la medición de ángulos.

Usa un transportador para hallar la medida de los ángulos.

1.

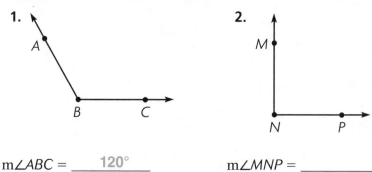

m∠ABC = _____120°_____

2.

m∠MNP = _____

3.

m∠RST = _____

Usa un transportador para dibujar los ángulos.

4. 40°

5. 170°

Resolución de problemas · En el mundo

En el dibujo se muestran los ángulos que forma un escalón con una baranda sobre una pared. Usa el transportador para medir los ángulos.

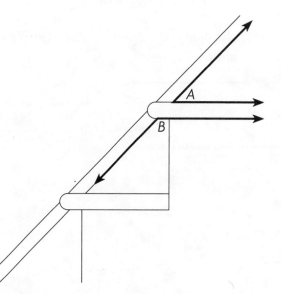

6. ¿Cuál es la medida de ∠A? _____

7. ¿Cuál es la medida de ∠B? _____

8. **ESCRIBE** ▸ *Matemáticas* Localiza un ángulo en casa. Mide el ángulo. Registra tu medida. Clasifica el ángulo.

_____

_____

_____

_____

Repaso de la lección (4.MD.C.6)

1. ¿Cuál es la medida de ∠ABC?

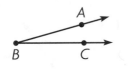

2. ¿Cuál es la medida de ∠XYZ?

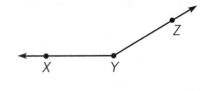

_____

_____

Repaso en espiral (4.NBT.B.6, 4.NF.B.3c, 4.MD.C.5a, 4.G.A.1)

3. Derrick ganó $1,472 durante las 4 semanas que realizó su trabajo de verano. Si ganó la misma cantidad cada semana, ¿cuánto ganó cada semana?

4. Arthur horneó $1\frac{7}{12}$ docenas de panecillos. Nina horneó $1\frac{1}{12}$ docenas de panecillos. ¿Cuántas docenas de panecillos hornearon?

_____

_____

5. Trisha dibujó la siguiente figura. ¿Qué figura dibujó?

6. Mide y describe el giro que muestra el ángulo. Asegúrate de decir la amplitud y la dirección del giro.

_____

_____

PRACTICA MÁS CON EL
Entrenador personal
en matemáticas

Nombre _____

✓ Revisión de la mitad del capítulo

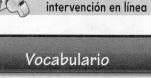
Vocabulario

Elige el término del recuadro que mejor corresponda.

Vocabulario
en el sentido de las manecillas del reloj
en sentido contrario a las manecillas del reloj
grado (°)
transportador

1. La unidad que se usa para medir ángulos se llama

   _____ . (pág. 607)

2. Un giro _____ es un
   giro hacia la izquierda. (pág. 601)

3. Un _____ es un instrumento para medir el
   tamaño de un ángulo. (pág. 613)

Conceptos y destrezas

**Indica si el ángulo del círculo muestra $\frac{1}{4}$, $\frac{1}{2}$, $\frac{3}{4}$ de giro o 1 giro
completo en el sentido de las manecillas del reloj o en sentido
contrario a las manecillas del reloj.** (4.MD.C.5a)

4.

_____

_____

5.

_____

_____

6.

_____

_____

7.

_____

_____

Indica la medida del ángulo en grados. (4.MD.C.5a, 4.MD.C.5b)

8.
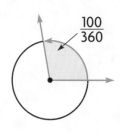

$\frac{100}{360}$

_____

9.
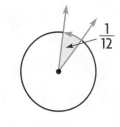

$\frac{1}{12}$

_____

Usa un transportador para dibujar los ángulos. (4.MD.C.6)

10. 75°

11. 127°

12. Phillip observó un juego de vóleibol de playa desde la
1:45 p. m. hasta las 2:00 p. m. ¿Cuántos grados giró el
minutero en ese tiempo? (4.MD.C.5a, 4.MD.C.5b)

_____

13. ¿Qué ángulo forma esta porción de tarta? (4.MD.C.5a, 4.MD.C.5b)

_____

14. ¿Cuánto mide ∠CBT? Usa un transportador como ayuda. (4.MD.C.6)

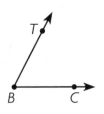

_____

_____

15. MÁS AL DETALLE Matt cortó un círculo en 8 secciones iguales. Dibujó un
ángulo que mide lo mismo que el total de las medidas de 3 de las
secciones del círculo. ¿Cuánto mide el ángulo que dibujó Matt? (4.MD.C.5a)

_____

620

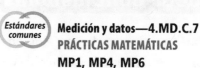

Nombre _____

Unir y separar ángulos

Pregunta esencial ¿Cómo puedes determinar la medida de un ángulo separado en partes?

Estándares comunes

Medición y datos—4.MD.C.7
PRÁCTICAS MATEMÁTICAS
MP1, MP4, MP6

Investigar

Materiales ■ cartulina ■ tijeras ■ transportador

A. Usa cartulina. Dibuja un ángulo que mida exactamente 70°. Rotúlalo ∠ABC.

B. Recorta ∠ABC de la cartulina.

C. Recorta ∠ABC para separarlo en dos partes. Empieza a cortar desde el vértice y corta entre las semirrectas.

¿Qué figuras se formaron? _____

D. Usa un transportador para medir los dos ángulos que se formaron.

Anota las medidas. _____

E. Halla la suma de los ángulos que se formaron.

_____ + _____ = _____
parte + parte = entero

F. Une los dos ángulos. Compara m∠ABC con la suma de las medidas de sus partes. Explica cuál es la relación entre ellas.

_____

_____

_____

_____

> **Idea matemática**
> Puedes pensar en ∠ABC como el entero y en los dos ángulos que se formaron como las partes del entero.

1. ¿Qué pasaría si cortaras ∠ABC en dos ángulos diferentes? ¿Qué conclusión puedes sacar acerca de la suma de las medidas de estos dos ángulos? Explica.

_____

_____

2. **PIENSA MÁS** Seth cortó ∠ABC en 3 partes. Dibuja un modelo con el que muestres dos maneras diferentes en que Seth pudo haber separado el ángulo.

3. Escribe una oración en la que compares la medida de un ángulo con la suma de sus partes.

_____

_____

Hacer conexiones

Materiales ■ transportador

Puedes escribir la medida de los ángulos que se muestran en el interior del círculo como una suma.

PASO 1 Usa un transportador para hallar la medida de los ángulos.

PASO 2 Rotula cada ángulo con su medida.

PASO 3 Escribe la suma de las medidas de los ángulos como una ecuación.

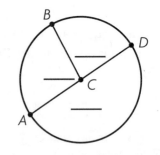

_____ + _____ + _____ = _____

  parte + parte + parte = entero

Charla matemática

PRÁCTICAS MATEMÁTICAS ⑥

Usa vocabulario matemático
Describe los ángulos que se muestran en el círculo de arriba con las palabras *entero* y *parte*.

Nombre _____

Suma para hallar la medida del ángulo. Escribe una ecuación para anotar tu trabajo.

1.

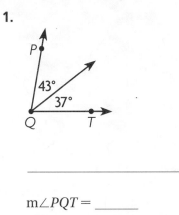

_____

m∠PQT = _____

2.

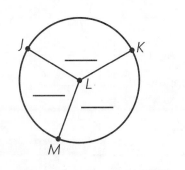

_____

m∠JKL = _____

3.

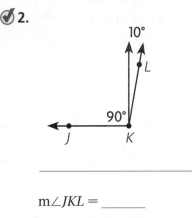

_____

m∠RHS = _____

Usa un transportador para hallar la medida de los ángulos. Rotula cada ángulo con su medida. Escribe la suma de las medidas de los ángulos como una ecuación.

4.

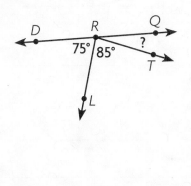

_____

5.

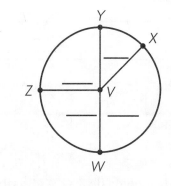

_____

6. **PRÁCTICA MATEMÁTICA ④ Usa diagramas** ¿Cuánto mide ∠QRT?

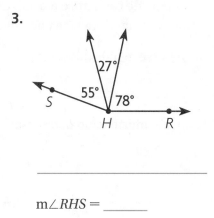

_____

7. **MÁS AL DETALLE** Vuelve a leer el Ejercicio 1. Supón que unes un ángulo que mide 10° al ∠PQT. Dibuja el ángulo nuevo, mostrando las tres partes. ¿Qué tipo de ángulo se formó?

_____

Soluciona el problema En el mundo

8. **PIENSA MÁS** Stephanie, Kay y Shane comieron cada una un trozo de pizza del mismo tamaño. La medida del ángulo de cada trozo era 45°. Cuando los trozos estaban unidos, ¿cuál era la medida del ángulo que formaban?

a. ¿Qué se te pide que halles? _____

_____

b. ¿Qué información debes usar? _____

_____

_____

c. Indica cómo puedes usar la suma para resolver el problema. _____

_____

_____

_____

d. Completa la oración: Los tres trozos de pizza formaban un ángulo de _____ .

9. ¿Cuál es la medida de $\angle XZW$? Escribe una ecuación para mostrar tu trabajo.

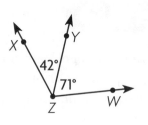

10. **PIENSA MÁS +** ¿Cuánto mide $\angle PRS$? Usa ecuaciones para explicar y comprobar tu respuesta.

_____

_____

_____

_____

_____

Unir y separar ángulos

ESTÁNDAR COMÚN—4.MD.C.7
*Medición geométrica: entienden conceptos
sobre los ángulos y la medición de ángulos.*

Estándares
comunes

**Suma para hallar la medida del ángulo. Escribe una
ecuación para anotar tu trabajo.**

1.

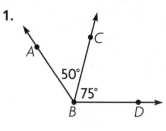

50° + 75° = 125°
_____

m∠ABD = _____125°_____

2.

_____

m∠FGJ = _____

3.

_____

m∠KLN = _____

**Usa un transportador para hallar la medida de los
ángulos del círculo.**

4. m∠ABC = _____

5. m∠DBE = _____

6. m∠CBD = _____

7. m∠EBA = _____

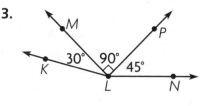

Resolución de problemas En el mundo

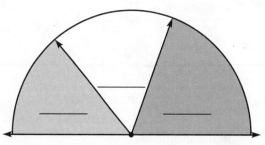

8. Ned hizo el diseño de la derecha. Usa un transportador. Halla
la medida de cada uno de los 3 ángulos y escríbela.

_____

9. Escribe una ecuación para hallar la medida del
ángulo total.

_____

10. **ESCRIBE** ▸*Matemáticas* ¿Cómo puedes usar la suma y la resta
para juntar y separar las medidas de un ángulo y sus partes?

_____

_____

Repaso de la lección (4.MD.C.7)

1. ¿Cuál es la medida de ∠WXZ?

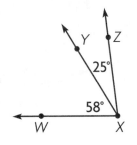

2. Escribe una ecuación que puedas usar para hallar la medida de m∠MNQ.

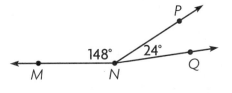

_____

_____

Repaso en espiral (4.NBT.B.5, 4.NF.B.3d, 4.MD.C.5a, 4.MD.C.5b, 4.G.A.2)

3. Joey compró 6 paquetes de sobres. Cada paquete contiene 125 sobres. ¿Cuántos sobres compró?

4. Bill recorrió $\frac{3}{10}$ de milla en el sendero Lake Trial. Luego recorrió $\frac{5}{10}$ de milla en el sendero Rock Trail para regresar a donde empezó. ¿Cuántas millas recorrió?

_____

_____

5. Ronald dibujó un cuadrilátero con 4 ángulos rectos y 4 lados con la misma longitud. ¿Qué figura dibujó?

6. ¿Cuántos grados mide un ángulo que gira sobre $\frac{3}{4}$ de un círculo?

_____

_____

PRACTICA MÁS CON EL
Entrenador personal
en matemáticas

Resolución de problemas •
Medidas desconocidas de ángulos

Pregunta esencial ¿Cómo puedes usar la estrategia *hacer un diagrama* para resolver problemas de medición de ángulos?

Estándares comunes **Medición y datos—4.MD.C.7**

PRÁCTICAS MATEMÁTICAS
MP1, MP2, MP4

🔑 Soluciona el problema En el mundo

El Sr. Tran está cortando un pedazo de azulejo de cocina como se muestra en el dibujo que está a la derecha. Necesita azulejos con ángulos de 45° para hacer un diseño. Después de cortar el azulejo, ¿cuánto mide el ángulo de la parte que sobra? ¿Puede usar ambos pedazos en su diseño?

Usa el siguiente organizador gráfico para resolver el problema.

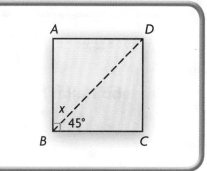

Lee el problema

¿Qué debo hallar?	¿Qué información debo usar?	¿Cómo usaré la información?
Debo hallar _____ _____	Puedo usar las medidas de los ángulos que conozco. _____ _____	Puedo dibujar un modelo de barras y usar la información para _____ _____

Resuelve el problema

Puedo dibujar un modelo de barras para representar el problema. Luego puedo escribir una ecuación para resolver el problema.

45°	x

90°

m∠ABD + m∠CBD = m∠ABC

$x +$ _____ = _____

$x =$ _____

La m∠ABD = _____.

Puesto que ambos azulejos miden _____, el Sr. Tran puede usar ambos pedazos para su diseño.

Charla matemática **PRÁCTICAS MATEMÁTICAS ④**

Escribe una ecuación ¿Qué otra ecuación puedes escribir para resolver el problema? Explica.

🔒 Haz otro problema

Marisol está construyendo un armazón para un arenero, pero las tablas que tiene son demasiado cortas. Debe unir dos tablas para construir un lado como se muestra en el dibujo que está a la derecha. ¿En qué ángulo cortó la primera tabla?

Lee el problema

¿Qué debo hallar?	¿Qué información debo usar?	¿Cómo usaré la información?

Resuelve el problema

- Explica cómo puedes comprobar la respuesta del problema.

Nombre _____

1. Laura recorta un cuadrado de papel de borrador como se
muestra en el dibujo que está a la derecha. ¿Cuánto mide el
ángulo del pedazo que sobra?

Primero, dibuja un modelo de barras para representar el
problema.

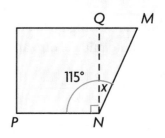

A continuación, escribe la ecuación que debes resolver.

_____

_____

Por último, halla la medida del ángulo del pedazo que sobra.
m∠MNQ = _____
Entonces, el ángulo del pedazo que sobra mide _____.

2. Jackie recortó el borde de un pedazo de metal de desecho
para hacer una escuadra como se muestra en el dibujo de la
derecha. ¿Cuánto mide el pedazo que recortó?

_____

3. _PIENSA MÁS_ ¿Qué pasaría si Laura recortara un cuadrado
más pequeño, como se muestra a la derecha? ¿La m∠MNQ
sería diferente? Explica.

_____

_____

_____

4. _MÁS AL DETALLE_ En el mapa se muestra la ruta que sigue Marco para
repartir periódicos. Cuando él dobla a la derecha desde la calle
Principal para tomar la calle Céntrica, ¿cuánto mide el ángulo
que dibuja? **Pista:** Dibuja una línea discontinua para extender
la calle Roble y formar un ángulo de 180°.

_____

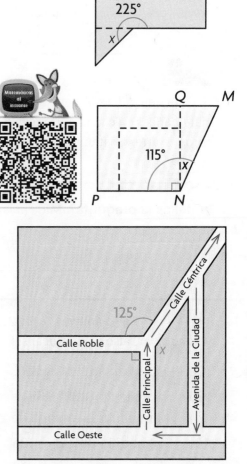

© Houghton Mifflin Harcourt Publishing Company

Resolución de problemas • Aplicaciones

5. **PRÁCTICA MATEMÁTICA ④ Escribe una ecuación** Dos ángulos forman un ángulo llano. Uno de los ángulos mide 89º. ¿Cuánto mide el otro ángulo? Explica.

_____

_____

_____

6. **Plantea un problema** Vuelve a mirar el Problema 5. Escribe un problema similar sobre dos ángulos que formen un ángulo recto.

_____

_____

_____

ESCRIBE *Matemáticas* • **Muestra tu trabajo**

7. *MÁS AL DETALLE* Sam pagó $20 por dos camisetas. El precio de cada camiseta era un múltiplo de 5. ¿Cuáles son los precios posibles de las camisetas?

_____

8. *MÁS AL DETALLE* Zayna tiene 3 cajas con 15 libros de arte en cada una. Además, tiene 2 bolsas con 11 libros de matemáticas en cada una. Si regala 30 libros, ¿cuántos libros de arte y matemáticas le quedarán?

_____

9. **¿Cuál es la pregunta?** Mide más de 0º y menos de 90º.

_____

10. **PIENSA MÁS** Dos ángulos, $\angle A$ y $\angle B$, forman un ángulo llano. El $\angle A$ mide 65°. Elige Verdadero o Falso para indicar si los enunciados 10a a 10c son verdaderos o no.

10a.	$\angle B$ es un ángulo agudo.	○ Verdadero	○ Falso
10b.	La ecuación $180° - 65° = x°$ se puede usar para hallar la medida de $\angle B$.	○ Verdadero	○ Falso
10c.	La medida de $\angle B$ es 125°.	○ Verdadero	○ Falso

Nombre _____

Resolución de problemas • Medidas desconocidas de ángulos

 Estándares comunes

ESTÁNDAR COMÚN—4.MD.C.7
Medición geométrica: entienden conceptos sobre los ángulos y la medición de ángulos.

Resuelve los problemas. Haz un diagrama como ayuda.

1. Wayne construye una casa para aves. Va a cortar una tabla como se muestra en el dibujo de la derecha. ¿Cuánto mide el ángulo de la parte que sobra?

   Haz un modelo de barras para representar el problema.

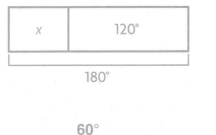

$$x + 120° = 180°$$
$$x = 180° - 120°$$
$$x = 60°$$

_____ 60° _____

2. Un artista corta una pieza de metal como se muestra en el dibujo de la derecha. ¿Cuánto mide el ángulo de la parte que sobra?

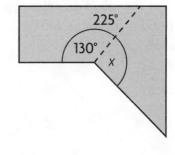

_____

3. **ESCRIBE** ▸ *Matemáticas* Da un ejemplo de cuándo dibujarías un diagrama para resolver un problema de medición de ángulos.

_____

_____

_____

_____

Repaso de la lección (4.MD.C.7)

1. Ángelo corta un triángulo de una hoja de papel como se muestra en el dibujo. ¿Cuánto mide ∠x del triángulo?

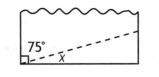

2. Cindy corta un pedazo de madera como se muestra en el dibujo. ¿Cuánto mide el ángulo de la parte que sobra?

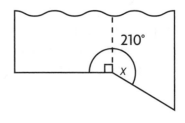

_____

_____

Repaso en espiral (4.OA.A.3, 4.NF.A.2, 4.NF.C.6, 4.MD.C.7)

3. Tyronne trabajó 21 días el mes pasado. Ganó $79 por día. ¿Cuánto ganó Tyronne el mes pasado?

4. Meg patinó $\frac{7}{10}$ de milla. Escribe esta distancia como número decimal.

_____

_____

5. Kerry corrió $\frac{3}{4}$ de milla. Sherrie corrió $\frac{1}{2}$ milla. Marcie corrió $\frac{2}{3}$ de milla. Enumera en orden los nombres de las amigas, de la que corrió menos a la que corrió más.

6. ¿Cuál es la medida de ∠ABC?

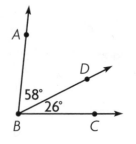

_____

_____

PRACTICA MÁS CON EL
Entrenador personal
en matemáticas

✔ Repaso y prueba del Capítulo 11

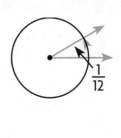

Entrenador personal en matemáticas
Evaluación e intervención en línea

1. Un ángulo representa $\frac{1}{12}$ de un círculo. Usa los números para mostrar cómo hallar la medida del ángulo en grados.

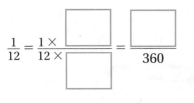

$$\frac{1}{12} = \frac{1 \times \boxed{}}{12 \times \boxed{}} = \frac{\boxed{}}{360}$$

24
30
36

El ángulo mide _____.

2. Empareja la medida de cada ∠C con la medida de ∠D para que la suma forme un ángulo llano.

∠C	∠D
	●145°
122° ●	● 75°
35° ●	148°
62° ●	● 58°
105° ●	55°
	●118°

3. Katie dibujó un ángulo obtuso. ¿Cuál de las opciones puede ser la medida del ángulo que dibujó? Marca todas las opciones que sean correctas.

(A) 35°   (C) 180°

(B) 157°   (D) 92°

4. Dibuja en el círculo un ángulo que represente $\frac{1}{4}$ de giro en sentido contrario a las manecillas del reloj.

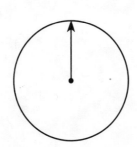

Opciones de evaluación
Prueba del capítulo

5. René dibujó la figura que se muestra. Elige
Sí o No para indicar si los enunciados 5a a 5c
son verdaderos o no.

$75°$ x

5a. Un ángulo llano mide 180°. ○ Sí ○ No

5b. Para hallar la medida de x, ○ Sí ○ No
René puede restar 75° de 180°.

5c. La medida de x es 115°. ○ Sí ○ No

Entrenador personal en matemáticas

6. **PIENSA MÁS ➕** Trey dibujó esta figura con un transportador.

Parte A

Escribe una ecuación que pueda usarse para
hallar la m ∠*KFG*.

J $80°$ *K*
$55°$?
E *F* *G*

Parte B

¿Cuánto mide el ∠*KFG*? Describe cómo resolviste la ecuación y cómo
puedes comprobar tu respuesta.

7. Usa un transportador para hallar la medida del ángulo.

El ángulo mide _____.

8. Alex dibujó este ángulo en el círculo. ¿Cuál de las opciones describe al ángulo? Marca todas las opciones que sean correctas.

- **A** $\frac{1}{4}$ de giro
- **C** en el sentido de las manecillas del reloj
- **B** $\frac{1}{2}$ de giro
- **D** en sentido contrario a las manecillas del reloj

9. Mike tiene un trozo de papel que es $\frac{1}{4}$ de un círculo grande. Corta el papel en tres trozos iguales desde el punto central del círculo. ¿Cuánto mide el ángulo de cada parte?

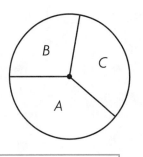

El ángulo mide _____.

10. Usa un transportador para hallar la medida de cada ángulo. Anota cada ángulo y su medida en los recuadros, ordenados de menor a mayor.

Ángulo:	Ángulo:	Ángulo:
Medida:	Medida:	Medida:

11. Usa los números y los símbolos para escribir una ecuación que pueda usarse para hallar la medida desconocida.

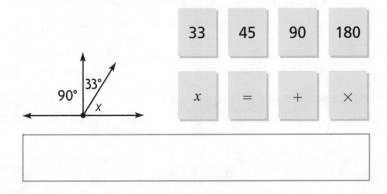

| 33 | 45 | 90 | 180 |

| x | = | + | × |

¿Cuál es la medida desconocida del ángulo? _____

12. Elige una palabra y un número para completar un enunciado verdadero sobre el ∠*JKL*.

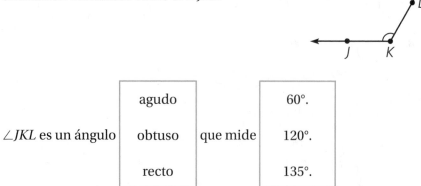

∠*JKL* es un ángulo

agudo	que mide	60°.
obtuso		120°.
recto		135°.

13. Vince comenzó su práctica de piano a las 5:15 p. m. Terminó a las 5:35 p. m. ¿Cuántos grados giró el minutero durante la práctica de Vince? Explica cómo hallaste la respuesta.

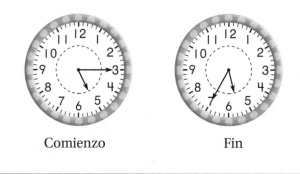

Comienzo   Fin

14. Un ángulo mide 125°. ¿Sobre qué fracción de un círculo gira el ángulo?

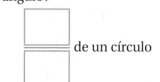 de un círculo

15. Escribe la letra de cada medida de ángulos en el recuadro que corresponda.

(**A**) 125°   (**B**) 90°   (**C**) 180°   (**D**) 30°   (**E**) 45°   (**F**) 95°

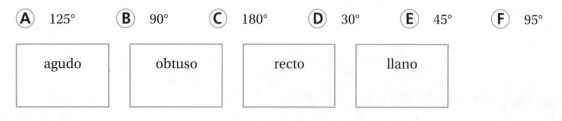

agudo	obtuso	recto	llano

16. Para resolver los problemas 16a y 16b, elige la fracción con la que completes un enunciado verdadero sobre la figura.

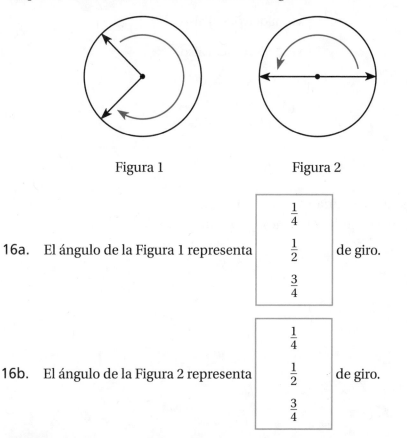

Figura 1   Figura 2

16a. El ángulo de la Figura 1 representa $\boxed{\begin{array}{c} \frac{1}{4} \\[4pt] \frac{1}{2} \\[4pt] \frac{3}{4} \end{array}}$ de giro.

16b. El ángulo de la Figura 2 representa $\boxed{\begin{array}{c} \frac{1}{4} \\[4pt] \frac{1}{2} \\[4pt] \frac{3}{4} \end{array}}$ de giro.

17. *MÁS AL DETALLE* Melanie recorta un rectángulo de papel de borrador como se muestra. Quiere calcular cuánto mide el ángulo del trozo de papel que queda.

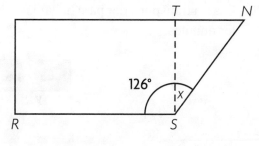

Parte A

Dibuja un modelo de barras para representar el problema.

Parte B

Escribe y resuelve una ecuación para hallar el valor de x.

El ángulo mide _____.

18. Dos ángulos, $\angle A$ y $\angle B$, forman un ángulo recto. El $\angle A$ mide 32°.
Elige Verdadero o Falso para indicar si los enunciados 18a a 18c son
verdaderos o no.

18a. $\angle B$ es un ángulo agudo. ○ Verdadero ○ Falso

18b. La ecuación $180° - 32° = x°$
se puede usar para hallar la medida
de $\angle B$. ○ Verdadero ○ Falso

18c. La medida de $\angle B$ es 58°. ○ Verdadero ○ Falso

19. Un círculo se divide en partes. ¿Qué suma podría representar la medida
del ángulo que forma el círculo? Marca todas las opciones que sean
correctas.

(**A**) $120° + 120° + 120° + 120°$

(**B**) $25° + 40° + 80° + 105° + 110°$

(**C**) $33° + 82° + 111° + 50° + 84°$

(**D**) $40° + 53° + 72° + 81° + 90° + 34°$

20. Usa un transportador para hallar las medidas desconocidas de
los ángulos.

$m\angle x =$ _____ $m\angle y =$ _____

¿Qué notas sobre las medidas de los ángulos desconocidos? ¿Es lo que
esperabas? Explica tu razonamiento.

Tamaño relativo de las unidades de medida

Muestra lo que sabes

Comprueba si comprendes las destrezas importantes.

Entrenador personal en matemáticas
Evaluación e
intervención en línea

Nombre _____

▶ **Las horas y media** **Lee el reloj. Escribe la hora.** (2.MD.C.7)

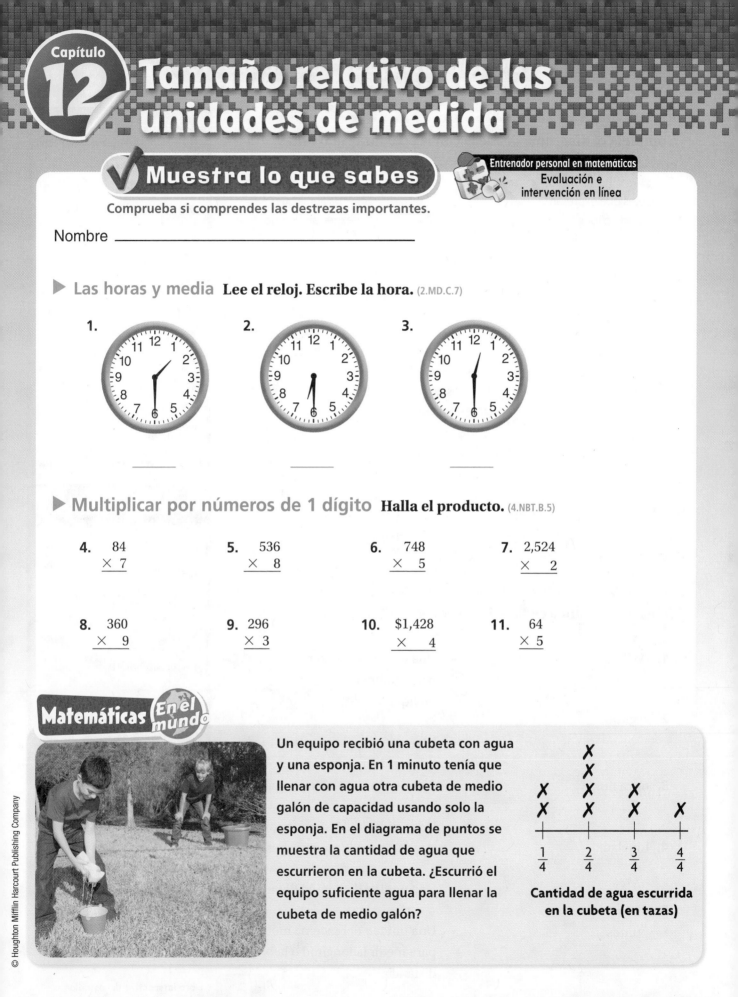

1.

2.

3.

_____   _____   _____

▶ **Multiplicar por números de 1 dígito** **Halla el producto.** (4.NBT.B.5)

4. $\begin{array}{r} 84 \\ \times\ 7 \\ \hline \end{array}$	**5.** $\begin{array}{r} 536 \\ \times\ 8 \\ \hline \end{array}$	**6.** $\begin{array}{r} 748 \\ \times\ 5 \\ \hline \end{array}$	**7.** $\begin{array}{r} 2,524 \\ \times\ 2 \\ \hline \end{array}$
8. $\begin{array}{r} 360 \\ \times\ 9 \\ \hline \end{array}$	**9.** $\begin{array}{r} 296 \\ \times\ 3 \\ \hline \end{array}$	**10.** $\begin{array}{r} \$1,428 \\ \times\ 4 \\ \hline \end{array}$	**11.** $\begin{array}{r} 64 \\ \times\ 5 \\ \hline \end{array}$

Matemáticas En el mundo

Un equipo recibió una cubeta con agua y una esponja. En 1 minuto tenía que llenar con agua otra cubeta de medio galón de capacidad usando solo la esponja. En el diagrama de puntos se muestra la cantidad de agua que escurrieron en la cubeta. ¿Escurrió el equipo suficiente agua para llenar la cubeta de medio galón?

Cantidad de agua escurrida en la cubeta (en tazas)

Desarrollo del vocabulario

© Houghton Mifflin Harcourt Publishing Company

▶ **Visualízalo**

Completa el diagrama de ideas con las palabras marcadas con ✓.

palabras que expresan distancia o longitud

palabras que expresan tiempo

Medida

palabras que expresan masa

Palabras de repaso

- ✓ a. m.
- ✓ centímetro
- ✓ gramo
- ✓ hora
- ✓ kilogramo
- ✓ metro
- ✓ minuto
- ✓ p. m.
- ✓ pie
- ✓ pulgada
- ✓ tiempo transcurrido
- ✓ yarda

Palabras nuevas

- cuarto
- decímetro
- diagrama de puntos
- galón
- libra
- medio galón
- mililitro
- milímetro
- onza
- onza fluida
- pinta
- segundo
- taza
- tonelada

▶ **Comprende el vocabulario**

Une con una línea cada palabra con su definición.

1. decímetro
   - • Una unidad del sistema usual para medir el volumen de un líquido

2. segundo
   - • Una gráfica en la que se muestra la frecuencia de datos en una recta numérica

3. onza fluida
   - • Una unidad del sistema usual que se usa para medir el peso

4. tonelada
   - • Una unidad de tiempo pequeña

5. diagrama de puntos
   - • Una unidad del sistema métrico para medir la longitud o la distancia

APRENDE EN LÍNEA

- • **Libro interactivo del estudiante**
- • **Glosario multimedia**

Vocabulario del Capítulo 12

taza (tz)

cup (c)

89

onza fluida (oz fl)

fluid ounce (fl oz)

60

galón (gal)

gallon (gal)

38

medio galón

half gallon

43

kilómetro (km)

kilometer (km)

40

diagrama de puntos

line plot

18

volumen líquido

liquid volume

97

milla (mi)

mile (mi)

47

Una unidad del sistema usual con la que se mide la capacidad y el volumen líquido

TAZA

1 taza = 8 onzas fluidas

Una unidad del sistema usual con la que se mide la capacidad y el volumen líquido
1 taza = 8 onzas

TAZA

Una unidad del sistema usual con la que se mide la capacidad y el volumen líquido
medio galón = 2 cuartos

Leche
medio galón

Una unidad del sistema usual con la que se mide la capacidad y el volumen líquido
1 galón = 4 cuartos

1 galón

Una gráfica en la que cada dato se registra sobre una recta numérica

Ejemplo:

X
X X X
X X X X
X X X X X X X   X
+--+--+--+--+--+--+--+--+--+
2 3 4 5 6 7 8 9 10
Altura de plántulas de frijoles

Una unidad del sistema métrico con la que se mide la longitud o la distancia
1 kilómetro = 1,000 metros

Una unidad del sistema usual con la que se mide la longitud o la distancia
1 milla = 5,280 pies

La medida del espacio que ocupa un líquido

1 taza = 8 onzas fluidas

1 pinta = 2 tazas

1 cuarto = 4 tazas

Unidades métricas de volumen líquido

1 litro (l / L) = 1,000 mililitros (ml)

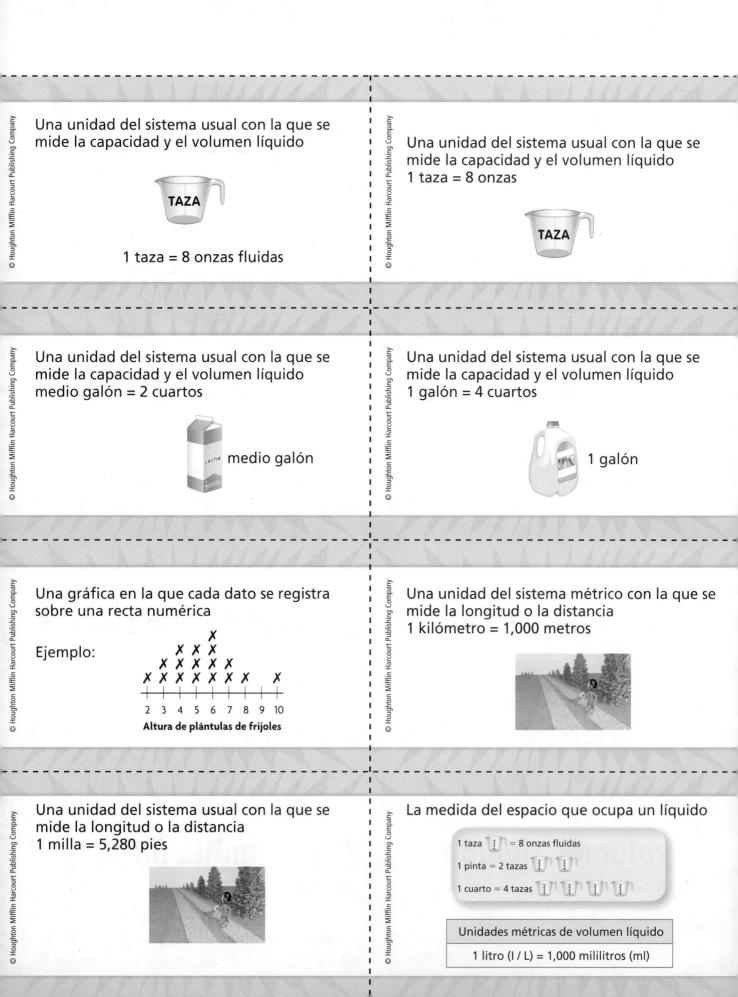

Vocabulario del Capítulo 12 *(continuación)*

mililitro (ml)

milliliter (mL)

45

milímetro (mm)

millimeter (mm)

46

onza (oz)

ounce (oz)

59

pinta (pt)

pint (pt)

66

libra (lb)

pound (lb)

41

cuarto (ct)

quart (qt)

14

segundo (s)

second (sec)

87

tonelada (t)

ton (T)

91

Una unidad del sistema métrico con la que se mide la longitud o la distancia
1 centímetro = 10 milímetros

0   1   2
centímetros

Una unidad del sistema métrico con la que se mide la capacidad y el volumen líquido
1 litro = 1,000 mililitros

1 mililitro

Una unidad del sistema usual con la que se mide la capacidad y el volumen líquido
1 pinta = 2 tazas

1 pinta

Una unidad del sistema usual con la que se mide el peso
1 libra = 16 onzas

aproximadamente 1 onza

Una unidad del sistema usual con la que se mide la capacidad y el volumen líquido
1 cuarto = 2 pintas

Leche

Una unidad del sistema usual con la que se mide el peso
1 libra = 16 onzas

aproximadamente 1 libra

Una unidad del sistema usual que se usa para medir el peso
1 tonelada = 2,000 libras

aproximadamente 1 tonelada

Una unidad de tiempo pequeña
1 minuto = 60 segundos

1 segundo

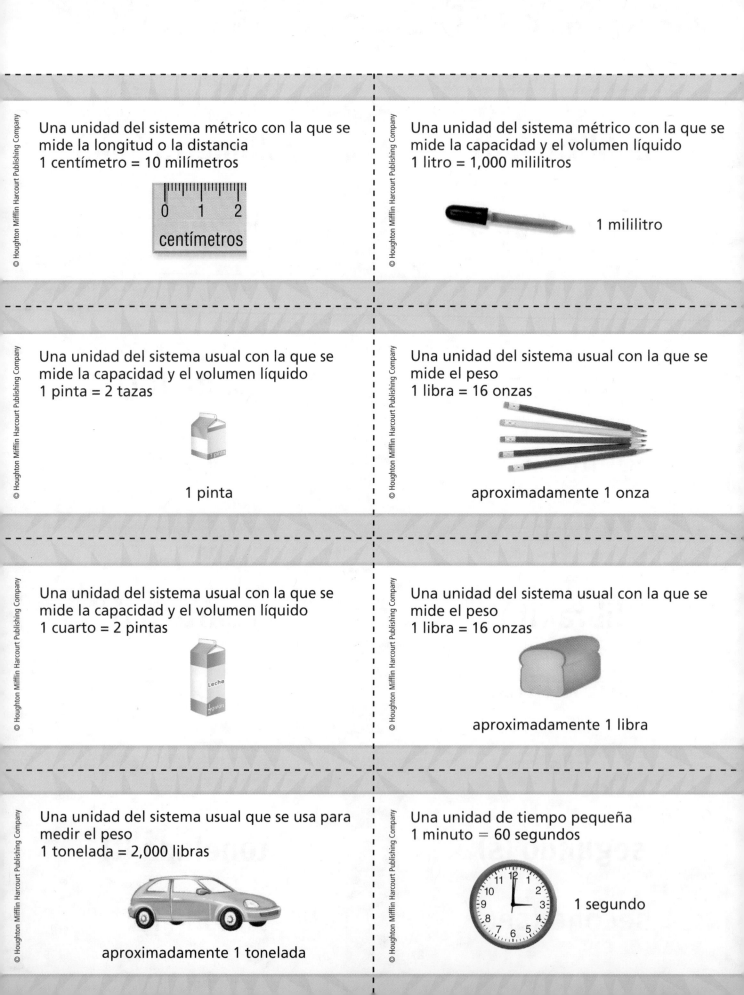

¡Bingo!

Para 3 a 6 jugadores

Materiales

- 1 juego de tarjetas de palabras
- 1 tablero de bingo para cada jugador
- fichas de juego

Instrucciones

1. El árbitro elige una tarjeta y lee la definición. Luego coloca la tarjeta en una segunda pila.

2. Los jugadores colocan una ficha sobre la palabra que coincide con la definición cada vez que aparece en sus tableros de bingo.

3. Repitan el Paso 1 y el Paso 2 hasta que un jugador marque 5 casillas en una línea vertical, horizontal o diagonal y diga: "¡Bingo!".

4. Comprueben las respuestas. Pidan al jugador que dijo "¡Bingo!" que lea las palabras en voz alta mientras el árbitro comprueba las definiciones en las tarjetas de la segunda pila.

Recuadro de palabras

cuarto
diagrama de puntos
galón
kilómetro
libra
medio galón
mililitro
milímetro
milla
onza
onza fluida
pinta
segundo
taza
tonelada
volumen líquido

Escríbelo

Reflexiona

Elige una idea. Escribe sobre ella.

- ¿Representan 50 mililitros y 50 milímetros la misma cantidad? Explica por qué.

- Escribe un párrafo en el que se usen al menos tres de estas palabras.

  taza   milla   libra   segundo   tonelada

- Explica qué es lo más importante que hay que comprender sobre los diagramas de puntos.

Nombre _____

Puntos de referencia para las medidas

Pregunta esencial ¿Cómo puedes usar puntos de referencia para entender el tamaño relativo de las unidades de medida?

Estándares comunes Medición y datos— 4.MD.A.1
PRÁCTICAS MATEMÁTICAS
MP1, MP2, MP3, MP7

⚓ Soluciona el problema En el mundo

Jake dice que la longitud de su bicicleta es aproximadamente cuatro yardas. Usa las unidades de punto de referencia de abajo para determinar si lo que dice Jake es razonable.

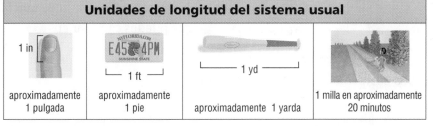

Unidades de longitud del sistema usual			
1 in aproximadamente 1 pulgada	E45 4PM 1 ft aproximadamente 1 pie	1 yd aproximadamente 1 yarda	1 milla en aproximadamente 20 minutos

Una **milla** es una unidad del sistema usual para medir la longitud o la distancia. El punto de referencia indica la distancia que puedes caminar en aproximadamente 20 minutos.

Un bate de béisbol mide aproximadamente una yarda de largo. Puesto que la bicicleta de Jake es más pequeña que cuatro veces la longitud del bate, su bicicleta es más pequeña que cuatro yardas.

Entonces, lo que dice Jake _____ razonable.

La bicicleta de Jake mide aproximadamente _____ bates de béisbol de largo.

🔑 Ejemplo 1 Usa las unidades de punto de referencia del sistema usual.

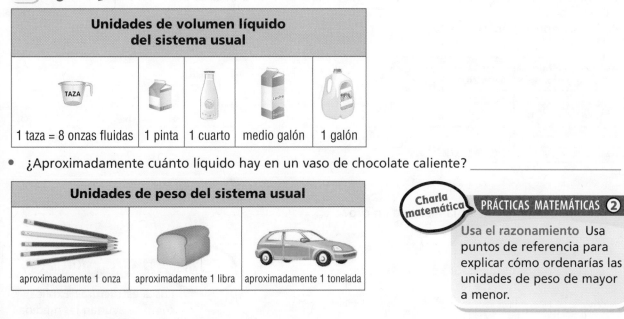

Unidades de volumen líquido del sistema usual				
TAZA 1 taza = 8 onzas fluidas	1 pinta	1 cuarto	Leche medio galón	1 galón

• ¿Aproximadamente cuánto líquido hay en un vaso de chocolate caliente? _____

Unidades de peso del sistema usual		
aproximadamente 1 onza	aproximadamente 1 libra	aproximadamente 1 tonelada

Charla matemática PRÁCTICAS MATEMÁTICAS ②

Usa el razonamiento Usa puntos de referencia para explicar cómo ordenarías las unidades de peso de mayor a menor.

• ¿Aproximadamente cuánto pesa una toronja? _____

Puntos de referencia para las unidades del sistema métrico

El sistema métrico, al igual que el valor posicional, se basa en múltiplos de diez. Cada unidad es 10 veces mayor que la unidad menor que le sigue. Abajo se muestran puntos de referencia comunes del sistema métrico.

Ejemplo 2 Usa las unidades de punto de referencia del sistema métrico

Unidades de longitud del sistema métrico				
aproximadamente 1 milímetro	aproximadamente 1 centímetro	aproximadamente 1 decímetro	aproximadamente 1 metro	1 kilómetro en aproximadamente 10 minutos

Un **kilómetro** es una unidad del sistema métrico para medir la longitud o la distancia. El punto de referencia indica la distancia que puedes caminar en aproximadamente 10 minutos.

- ¿La longitud de tu salón de clases es aproximadamente mayor o menor que un kilómetro?

_____

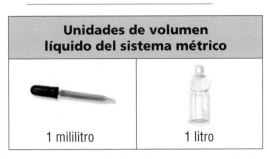

Unidades de volumen líquido del sistema métrico	
1 mililitro	1 litro

- ¿Aproximadamente qué cantidad de medicina suele haber en un frasco de

medicina? aproximadamente 120 _____

Unidades de masa del sistema métrico	
aproximadamente 1 gramo	aproximadamente 1 kilogramo

- ¿Aproximadamente cuál es la masa de un clip?

_____

Charla matemática

PRÁCTICAS MATEMÁTICAS **7**

Busca estructuras Explica cómo te ayudan las medidas de punto de referencia a saber qué unidad debes usar en las mediciones.

Nombre _____

Comparte y muestra

Usa puntos de referencia para elegir la unidad del sistema métrico que usarías para medir los elementos.

1. la masa de una fresa

✓ 2. la longitud de un celular

_____   _____

Encierra en un círculo la mejor estimación.

3. el ancho del escritorio del maestro

    10 metros o 1 metro

4. la cantidad de líquido que cabe en un tazón de refresco de frutas

    2 litros o 20 litros

✓ 5. la distancia entre Seattle y San Francisco

    6 millas o 680 millas

Charla matemática

PRÁCTICAS MATEMÁTICAS ❸

Aplica ¿Qué unidad del sistema métrico usarías para medir la distancia de costa a costa de los Estados Unidos? Explica.

Unidades del sistema métrico
centímetro
metro
kilómetro
gramo
kilogramo
mililitro
litro

Por tu cuenta

Usa puntos de referencia para elegir la unidad del sistema usual que usarías para medir los elementos.

6. la longitud de un campo de fútbol americano

7. el peso de una calabaza

_____   _____

Encierra en un círculo la mejor estimación.

8. el peso de una sandía

    4 libras o 4 onzas

9. la cantidad de líquido que cabe en una pecera

    10 tazas o 10 galones

Unidades del sistema usual
pulgada
pie
yarda
onza
libra
taza
galón

Completa la oración. Escribe *más* o *menos*.

10. El perro grande de Matthew pesa _____ de una tonelada.

11. La cantidad de líquido que cabe en un fregadero es _____ de una taza de agua.

12. Un clip tiene una masa de _____ de un kilogramo.

Resolución de problemas • Aplicaciones En el mundo

Para los problemas 13 a 15, usa puntos de referencia para explicar tu respuesta.

13. **PIENSA MÁS** Cristina está preparando macarrones con queso para su familia. ¿Debería usar 1 libra de macarrones o 1 onza de macarrones?

_____

_____

14. ¿Cuál es la mejor estimación para la longitud de una mesa de cocina: 200 centímetros o 200 metros?

_____

_____

15. **MÁS AL DETALLE** Jodi quiere saber el peso y la altura de su gato. ¿Qué dos unidades debería usar?

_____

16. **PRÁCTICA MATEMÁTICA ❶ Evalúa si es razonable** Dalton usó puntos de referencia para estimar que en un galón hay más tazas que cuartos. ¿Es razonable la estimación de Dalton? Explica.

_____

_____

17. **PIENSA MÁS** Selecciona la palabra correcta para completar la oración.

Justine tiene sed después de haber corrido dos millas.

1 pinta
1 metro
10 libras

Debería beber _____ de agua.

Puntos de referencia para las medidas

ESTÁNDAR COMÚN—4.MD.A.1
Resuelven problemas relacionados a la medición y a la conversión de medidas de una unidad más grande a una más pequeña.

Estándares comunes

Usa puntos de referencia para elegir la unidad del sistema usual que usarías para medir los elementos.

1. la altura de una computadora

_____pie_____

2. el peso de una mesa

_____

Unidades del sistema usual	
onza	yarda
libra	milla
pulgada	galón
pie	taza

3. la longitud de un semirremolque

_____

4. la cantidad de líquido que cabe en una tina

_____

Usa puntos de referencia para elegir la unidad del sistema métrico que usarías para medir los elementos.

5. la masa de un saltamontes

_____

6. la cantidad de líquido que contiene una botella de agua

_____

Unidades del sistema métrico	
mililitro	centímetro
litro	metro
gramo	kilómetro
kilogramo	

7. la longitud de un campo de fútbol

_____

8. la longitud de un lápiz

_____

Encierra en un círculo la mejor estimación.

9. la masa de un huevo de gallina

50 gramos   50 kilogramos

10. la longitud de un carro

12 millas   12 pies

11. la cantidad de líquido que contiene un vaso

8 onzas   8 cuartos

Resolución de problemas En el mundo

12. ¿Cuál es la mejor estimación para la masa de un libro de texto: 1 gramo o 1 kilogramo?

_____

13. ¿Cuál es la mejor estimación para la altura de un escritorio: 1 metro o 1 kilómetro?

_____

14. **ESCRIBE** *Matemáticas* Usa puntos de referencia para determinar qué unidades del sistema usual y métrico usarías para medir la altura de tu casa. Explica tu respuesta.

_____

_____

_____

Repaso de la lección (4.MD.A.1)

1. ¿Cuál sería la mejor unidad para medir el peso de una grapadora?

_____

_____

2. ¿Cuál es la mejor estimación para la longitud de un carro?

_____

_____

Repaso en espiral (4.NF.B.4c, 4.NF.C.6, 4.MD.C.5a, 4.MD.C.5b, 4.G.A.2)

3. Bart practica con su trompeta durante $1\frac{1}{4}$ horas por día. ¿Cuántas horas practicará en 6 días?

_____

_____

4. Millie coleccionó 100 estampillas de países diferentes. Treinta y dos de ellas son de países de África. ¿Cómo se escribe $\frac{32}{100}$ como número decimal?

_____

_____

5. Diedre dibujó un cuadrilátero con 4 ángulos rectos y lados opuestos de igual longitud. Menciona todos los tipos de polígono que podría ser el cuadrilátero de Diedre.

_____

_____

6. ¿Cuántos grados hay en un ángulo que gira sobre $\frac{1}{2}$ círculo?

_____

_____

© Houghton Mifflin Harcourt Publishing Company

PRACTICA MÁS CON EL
Entrenador personal
en matemáticas

Nombre _____

Unidades de longitud del sistema usual

Pregunta esencial ¿Cómo puedes usar modelos para comparar unidades de longitud del sistema usual?

Estándares comunes **Medición y datos—4.MD.A.1**
También 4.MD.A.2
PRÁCTICAS MATEMÁTICAS
MP2, MP3, MP4

🔑 Soluciona el problema En el mundo

Puedes usar una regla para medir la longitud. En una regla de 1 pie se muestra que hay 12 pulgadas en 1 pie. Una regla de 3 pies es una regla de 1 yarda. Hay 3 pies en 1 yarda.

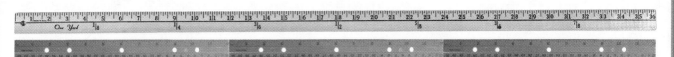

¿Cómo se compara el tamaño de un pie con el tamaño de una pulgada?

🔑 Actividad

Materiales ■ papel cuadriculado de 1 pulgada ■ tijeras ■ cinta adhesiva

PASO 1 Recorta el papel en fichas cuadradas de una pulgada. Rotula cada ficha "1 pulgada".

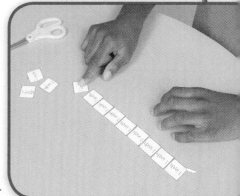

PASO 2 Coloca 12 fichas cuadradas una al lado de la otra para formar 1 pie. Pega las fichas con cinta adhesiva.

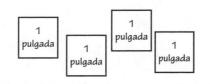

PASO 3 Compara el tamaño de 1 pie con el tamaño de 1 pulgada.

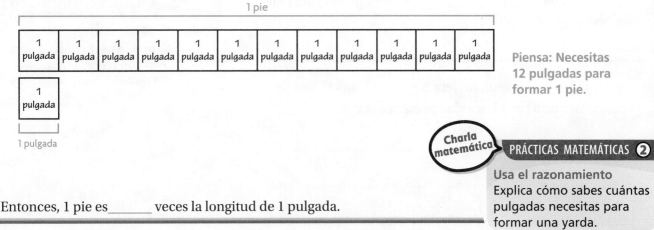

Piensa: Necesitas 12 pulgadas para formar 1 pie.

Entonces, 1 pie es_____ veces la longitud de 1 pulgada.

Charla matemática **PRÁCTICAS MATEMÁTICAS ②**

Usa el razonamiento
Explica cómo sabes cuántas pulgadas necesitas para formar una yarda.

🔒 Ejemplo Compara medidas.

Emma tiene 4 pies de hilo. Necesita 50 pulgadas de hilo para hacer pulseras. ¿Cómo puede saber si tiene suficiente hilo para hacer las pulseras?

Puesto que 1 pie es 12 veces la longitud de 1 pulgada, puedes multiplicar el número de pies por 12 para convertir los pies en pulgadas.

PASO 1 Haz una tabla en la que relaciones pies y pulgadas.

Pies	Pulgadas
1	12
2	
3	
4	
5	

Piensa:

1 pie × 12 = 12 pulgadas

2 pies × 12 = _____

3 pies × _____ = _____

4 pies × _____ = _____

5 pies × _____ = _____

PASO 2 Compara 4 pies y 50 pulgadas.

4 pies   50 pulgadas

Piensa: Escribe cada medida en pulgadas y compáralas con <, > o =.

_____ ◯ _____

Emma tiene 4 pies de hilo. Necesita 50 pulgadas de hilo.

4 pies es _____ que 50 pulgadas.

Entonces, Emma_____ suficiente hilo para hacer las pulseras.

Charla matemática PRÁCTICAS MATEMÁTICAS ❷

Representa un problema Explica cómo te ayudó hacer una tabla a resolver el problema.

- ¿Qué pasaría si Emma tuviera 5 pies de hilo? ¿Tendría suficiente hilo para hacer las pulseras? Explica.

_____

_____

_____

Nombre _____

1. Compara el tamaño de una yarda con el tamaño de un pie.
Usa un modelo como ayuda.

Unidades de longitud del sistema usual
1 pie (ft) = 12 pulgadas (in)
1 yarda (yd) = 3 pies
1 yarda (yd)= 36 pulgadas

1 yarda

_____	_____	_____

1 yarda es _____ veces la longitud de _____ pie.

Completa.

2. 2 pies = _____ pulgadas

3. 3 yardas = _____ pies

4. 7 yardas = _____ pies

> **Charla matemática**
>
> **PRÁCTICAS MATEMÁTICAS ④**
>
> **Interpreta el resultado** Si midieras la longitud de tu salón de clases en yardas y luego en pies, ¿con qué unidad tendrías un mayor número de unidades? Explica.

Por tu cuenta

Completa.

5. 4 yardas = _____ pies

6. 10 yardas = _____ pies

7. 7 pies = _____ pulgadas

PRÁCTICA MATEMÁTICA ④ Usa símbolos **Álgebra** Compara con <, > o =.

8. 1 pie ◯ 13 pulgadas

9. 2 yardas ◯ 6 pies

10. 6 pies ◯ 60 pulgadas

Resolución de problemas • Aplicaciones En el mundo

11. **PIENSA MÁS** Joanna tiene 3 yardas de tela. Necesita 100 pulgadas de tela para hacer cortinas. ¿Tiene suficiente tela para las cortinas? Explica. Haz una tabla como ayuda.

_____

_____

_____

Yardas	Pulgadas
1	
2	
3	

12. **PIENSA MÁS** Selecciona las medidas que sean iguales. Elige todas las que correspondan.

(**A**) 4 pies   (**C**) 36 pies   (**E**) 15 pies

(**B**) 12 yardas   (**D**) 480 pulgadas   (**F**) 432 pulgadas

13. _MÁS AL DETALLE_   Jasmine y Luke usaron tiras fraccionarias para comparar el tamaño de un pie con el tamaño de una pulgada en fracciones. Dibujaron modelos para mostrar sus respuestas. ¿Qué respuesta tiene sentido? ¿Qué respuesta no tiene sentido? Explica tu razonamiento.

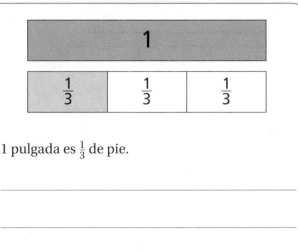

Trabajo de Jasmine

1 pulgada es $\frac{1}{12}$ de pie.

Trabajo de Luke

1 pulgada es $\frac{1}{3}$ de pie.

a.   **PRÁCTICA MATEMÁTICA ③**   Aplica Para la respuesta que no tiene sentido, escribe una respuesta que tenga sentido.

b. Vuelve a mirar el modelo de Luke. ¿Qué dos unidades podrías comparar con su modelo? Explica.

Unidades de longitud del sistema usual

ESTÁNDAR COMÚN—4.MD.A.1
Resuelven problemas relacionados a la medición y a la conversión de medidas de una unidad más grande a una más pequeña.

Estándares comunes

Completa.

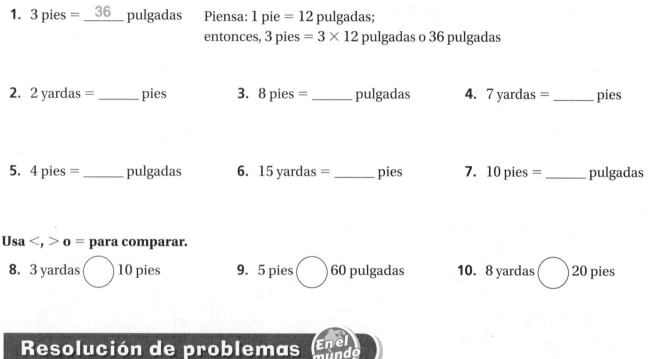

1. 3 pies = ___36___ pulgadas   Piensa: 1 pie = 12 pulgadas;
entonces, 3 pies = 3 × 12 pulgadas o 36 pulgadas

2. 2 yardas = _____ pies

3. 8 pies = _____ pulgadas

4. 7 yardas = _____ pies

5. 4 pies = _____ pulgadas

6. 15 yardas = _____ pies

7. 10 pies = _____ pulgadas

Usa <, > o = para comparar.

8. 3 yardas $\bigcirc$ 10 pies

9. 5 pies $\bigcirc$ 60 pulgadas

10. 8 yardas $\bigcirc$ 20 pies

Resolución de problemas En el mundo

11. Carla tiene dos cintas de distinta longitud. Una cinta mide 2 pies de largo. La otra cinta mide 30 pulgadas de largo. ¿Qué cinta es más larga? **Explica.**

_____

_____

_____

12. Un jugador de fútbol americano ganó 2 yardas en una jugada. En la jugada siguiente, ganó 5 pies. ¿Ganó más en la primera o en la segunda jugada? **Explica.**

_____

_____

_____

13. **ESCRIBE** *Matemáticas* Escribe un problema que se pueda resolver comparando pies y pulgadas en un modelo. Incluye una solución. Explica por qué cambias de una unidad mayor a una unidad menor.

_____

_____

Repaso de la lección (4.MD.A.1)

1. Marta tiene 14 pies de alambre para hacer collares. Debe hallar la longitud en pulgadas para determinar cuántos collares puede hacer. ¿Cuántas pulgadas de alambre tiene?

_____

2. Jarod compró 8 yardas de cinta. Debe usar 200 pulgadas para hacer cortinas. ¿Cuántas pulgadas de cinta tiene?

_____

Repaso en espiral (4.NF.C.6, 4.MD.A.1, 4.MD.A.2, 4.MD.C.5a)

3. Describe el giro que se muestra abajo (asegúrate de incluir el tamaño y la dirección del giro en tu respuesta).

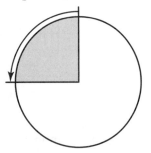

4. ¿Qué número decimal representa la parte sombreada del siguiente modelo?

_____

_____

5. Tres hermanas repartieron $3.60 en partes iguales. ¿Cuánto recibió cada una?

6. ¿Cuál es la mejor estimación para el ancho del dedo índice?

_____

_____

_____

_____

PRACTICA MÁS CON EL
Entrenador personal
en matemáticas

Nombre _____

Unidades de peso del sistema usual

Pregunta esencial ¿Cómo puedes usar modelos para comparar unidades de peso del sistema usual?

Estándares comunes **Medición y datos—4.MD.A.1**
También 4.MD.A.2
PRÁCTICAS MATEMÁTICAS
MP2, MP4, MP6

Soluciona el problema En el mundo

Las **onzas** y las **libras** son unidades de peso del sistema usual. ¿Cómo se compara el tamaño de una libra con el tamaño de una onza?

Actividad

Materiales ■ lápices de colores

En la siguiente recta numérica se muestra la relación entre libras y onzas.

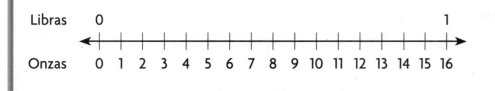

Libras   0   1

Onzas   0   1   2   3   4   5   6   7   8   9   10   11   12   13   14   15   16

▲ Puedes usar una balanza de resorte para medir el peso.

PASO 1 Usa un lápiz de color para sombrear 1 libra en la recta numérica.

PASO 2 Usa un lápiz de otro color para sombrear 1 onza en la recta numérica.

PASO 3 Compara el tamaño de 1 libra y el tamaño de 1 onza.

Necesitas _____ onzas para formar _____ libra.

Entonces, 1 libra es _____ veces más pesada que 1 onza.

Charla matemática   PRÁCTICAS MATEMÁTICAS ⑥

Pon atención a la precisión ¿Cómo puedes comparar el tamaño de 9 libras con el tamaño de 9 onzas?

• **PRÁCTICA MATEMÁTICA ⑥** **Explica** cómo te ayudó la recta numérica a comparar el tamaño de las unidades.

_____

_____

_____

_____

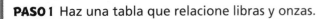

🔒 **Ejemplo** Compara medidas.

Nancy necesita 5 libras de harina para preparar tartas para un festival. Tiene 90 onzas de harina. ¿Cómo puede saber si tiene suficiente harina para preparar las tartas?

PASO 1 Haz una tabla que relacione libras y onzas.

Libras	Onzas
1	16
2	
3	
4	
5	

Piensa:

1 libra × 16 = 16 onzas

2 libras × 16 = _____

3 libras × _____ = _____

4 libras × _____ = _____

5 libras × _____ = _____

PASO 2 Compara 90 onzas y 5 libras.

90 onzas ↓   5 libras ↓

Piensa: Escribe cada medida en onzas y compáralas con <, > o =.

_____ ◯ _____

Nancy tiene 90 onzas de harina. Necesita 5 libras de harina.

90 onzas es _____ que 5 libras.

Entonces, Nancy _____ suficiente harina para preparar las tartas.

¡Inténtalo! Hay 2,000 libras en 1 **tonelada**.
Haz una tabla que relacione toneladas y libras.

Toneladas	Libras
1	2,000
2	
3	

1 tonelada es _____ veces más pesada que 1 libra.

654

Nombre _____

Comparte y muestra 📐 MATH BOARD

1. 4 toneladas = _____ libras

   Piensa: 4 toneladas × _____ = _____

Unidades de peso del sistema usual
1 libra (lb) = 16 onzas (oz)
1 tonelada (t) = 2,000 libras

Completa.

✅ **2.** 5 toneladas = _____ libras

3. 6 libras = _____ onzas

Charla matemática — **PRÁCTICAS MATEMÁTICAS** ④

Escribe una ecuación ¿Qué ecuación puedes usar para resolver el Ejercicio 4? Explica.

Por tu cuenta

Completa.

✅ **4.** 7 libras = _____ onzas

5. 6 toneladas = _____ libras

PRÁCTICA MATEMÁTICA ④ Usa símbolos **Álgebra** Compara con >, < o =.

6. 1 libra ◯ 15 onzas

7. 2 toneladas ◯ 2 libras

Resolución de problemas • Aplicaciones 🌐 En el mundo

8. Una empresa de paisajismo encargó 8 toneladas de grava. La grava se vende en bolsas de 50 libras. ¿Cuántas libras de grava encargó la empresa?

_____

9. PIENSA MÁS Si pudieras dibujar una recta numérica para mostrar la relación entre toneladas y libras, ¿cómo sería? Explica.

_____

_____

_____

10. PIENSA MÁS Escribe el símbolo que establezca la comparación correcta entre los pesos.

<	=	>

160 onzas _____ 10 libras   600 libras _____ 3 toneladas

11. 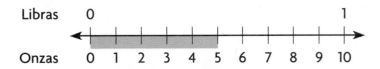 Alexis compró $\frac{1}{2}$ de libra de uvas. ¿Cuántas onzas de uvas compró?

Dani dibujó la siguiente recta numérica para resolver el problema. Dice que su modelo muestra que hay 5 onzas en $\frac{1}{2}$ de libra. ¿Cuál es su error?

Observa cómo Dani resolvió el problema. Halla su error y descríbelo.

Dibuja la recta numérica correcta y resuelve el problema.

Entonces, Alexis compró _____ onzas de uvas.

- **PRÁCTICA MATEMÁTICA** ⑥ Vuelve a mirar la recta numérica que dibujaste. ¿Cuántas onzas hay en $\frac{1}{4}$ de libra? **Explica.**

_____

_____

_____

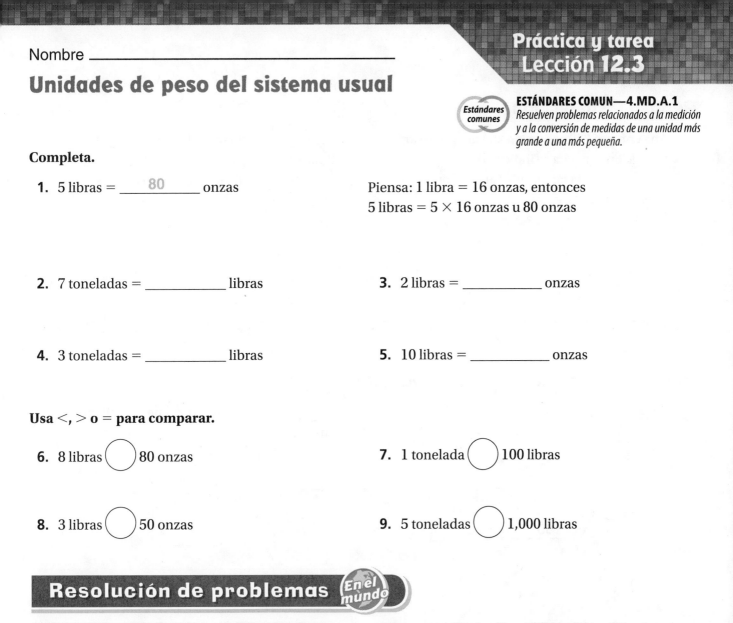

Unidades de peso del sistema usual

ESTÁNDARES COMUN—4.MD.A.1
Resuelven problemas relacionados a la medición y a la conversión de medidas de una unidad más grande a una más pequeña.

Completa.

1. 5 libras = _____80_____ onzas

    Piensa: 1 libra = 16 onzas, entonces
    5 libras = 5 × 16 onzas u 80 onzas

2. 7 toneladas = _____ libras

3. 2 libras = _____ onzas

4. 3 toneladas = _____ libras

5. 10 libras = _____ onzas

Usa <, > o = para comparar.

6. 8 libras ◯ 80 onzas

7. 1 tonelada ◯ 100 libras

8. 3 libras ◯ 50 onzas

9. 5 toneladas ◯ 1,000 libras

Resolución de problemas En el mundo

10. Una compañía que fabrica vigas de acero puede producir 6 toneladas de vigas en un día. ¿Cuánto es eso en libras?

    _____

11. La hermanita de Larry pesó 6 libras al nacer. ¿Cuántas onzas pesó la niña?

    _____

12. **ESCRIBE** ▸*Matemáticas* Escribe un problema que se pueda resolver comparando libras y onzas en un modelo. Incluye una solución. Explica por qué cambias de una unidad mayor a una unidad menor.

    _____

    _____

    _____

Repaso de la lección (4.MD.A.1)

1. Ana compró 2 libras de queso para preparar lasaña. En la receta se indica la cantidad de queso necesaria en onzas. ¿Cuántas onzas de queso compró?

_____

2. Un autobús escolar pesa 7 toneladas. El límite de peso para pasar por un puente está expresado en libras. ¿Cuál es el peso del autobús en libras?

_____

Repaso en espiral (4.NF.B.4c, 4.MD.A.1, 4.MD.C.7, 4.G.A.3)

3. ¿Cuánto mide $\angle EHG$?

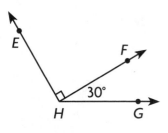

_____

4. ¿Cuántos ejes de simetría tiene el siguiente cuadrado?

_____

5. Para preparar masa, Reba necesita $2\frac{1}{2}$ tazas de harina. ¿Cuánta harina necesita para preparar 5 tandas de masa?

_____

6. El padre de Judi mide 6 pies de estatura. La estatura mínima para subir a la montaña rusa está expresada en pulgadas. ¿Cuántas pulgadas mide el padre de Judi?

_____

PRACTICA MÁS CON EL
Entrenador personal
en matemáticas

Nombre _____

Unidades de volumen líquido del sistema usual

Estándares comunes Medición y datos—4.MD.A.1
También 4.MD.A.2
PRÁCTICAS MATEMÁTICAS
MP3, MP4, MP6, MP7

Pregunta esencial ¿Cómo puedes usar modelos para comparar unidades de volumen líquido del sistema usual?

🔑 Soluciona el problema *En el mundo*

El **volumen líquido** es la medida del espacio que ocupa un líquido. Algunas unidades básicas para medir el volumen líquido son **galones**, **medios galones**, **cuartos**, **pintas** y **tazas**.

Las barras de abajo representan las relaciones entre algunas unidades de volumen líquido. Las unidades más grandes son los galones. Las unidades más pequeñas son las **onzas fluidas**.

1 taza 🥛 = 8 onzas fluidas
1 pinta = 2 tazas 🥛🥛
1 cuarto = 4 tazas 🥛🥛🥛🥛

1 galón

1 galón															
1 medio galón								1 medio galón							
1 cuarto				1 cuarto				1 cuarto				1 cuarto			
1 pinta		1 pinta		1 pinta		1 pinta		1 pinta		1 pinta		1 pinta		1 pinta	
1 taza	1 taza	1 taza	1 taza	1 taza	1 taza	1 taza	1 taza	1 taza	1 taza	1 taza	1 taza	1 taza	1 taza	1 taza	1 taza
8 onzas fluidas	8 onzas fluidas	8 onzas fluidas	8 onzas fluidas	8 onzas fluidas	8 onzas fluidas	8 onzas fluidas	8 onzas fluidas	8 onzas fluidas	8 onzas fluidas	8 onzas fluidas	8 onzas fluidas	8 onzas fluidas	8 onzas fluidas	8 onzas fluidas	8 onzas fluidas

🔑 Ejemplo ¿Cómo se compara el tamaño de un galón con el tamaño de un cuarto?

PASO 1 Dibuja dos barras que representen esta relación. Una barra debe mostrar galones y la otra barra debe mostrar cuartos.

Charla matemática **PRÁCTICAS MATEMÁTICAS ⑦**

Busca el patrón Describe el patrón que observas en las unidades de volumen líquido.

PASO 2 Sombrea 1 galón en una barra y sombrea 1 cuarto en la otra barra.

PASO 3 Compara el tamaño de 1 galón y el tamaño de 1 cuarto.

Entonces, 1 galón es _____ veces más que 1 cuarto.

Ejemplo Compara medidas.

Serena debe preparar 3 galones de limonada para la venta de limonada. Tiene una mezcla en polvo para preparar 350 onzas fluidas de limonada. ¿Cómo puede saber si tiene suficiente mezcla?

PASO 1 Usa el modelo de la página 659. Halla la relación entre galones y onzas fluidas.

1 galón = _____ tazas

1 taza = _____ onzas fluidas

1 galón = _____ tazas × _____ onzas fluidas

1 galón = _____ onzas fluidas

PASO 2 Haz una tabla que relacione galones y onzas fluidas.

Galones	Onzas fluidas
1	128
2	
3	

Piensa:

1 galón = 128 onzas fluidas

2 galones × 128 = _____ onzas fluidas

3 galones × 128 = _____ onzas fluidas

PASO 3 Compara 350 onzas fluidas y 3 galones.

350 onzas fluidas   3 galones

Piensa: Escribe cada medida en onzas fluidas y compáralas con <, > o =.

_____ ◯ _____

Serena tiene suficiente mezcla para preparar 350 onzas fluidas. Debe preparar 3 galones de limonada.

350 onzas fluidas es _____ que 3 galones.

Entonces, Serena _____ suficiente mezcla para preparar 3 galones de limonada.

Nombre _____

Comparte y muestra

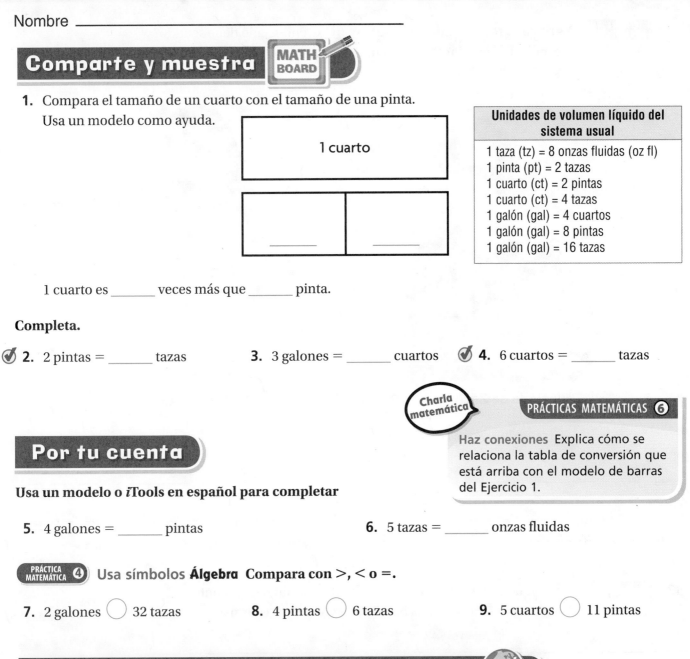

1. Compara el tamaño de un cuarto con el tamaño de una pinta. Usa un modelo como ayuda.

1 cuarto

_____	_____

Unidades de volumen líquido del sistema usual

1 taza (tz) = 8 onzas fluidas (oz fl)
1 pinta (pt) = 2 tazas
1 cuarto (ct) = 2 pintas
1 cuarto (ct) = 4 tazas
1 galón (gal) = 4 cuartos
1 galón (gal) = 8 pintas
1 galón (gal) = 16 tazas

1 cuarto es _____ veces más que _____ pinta.

Completa.

2. 2 pintas = _____ tazas

3. 3 galones = _____ cuartos

4. 6 cuartos = _____ tazas

Por tu cuenta

Charla matemática

PRÁCTICAS MATEMÁTICAS 6

Haz conexiones Explica cómo se relaciona la tabla de conversión que está arriba con el modelo de barras del Ejercicio 1.

Usa un modelo o iTools en español para completar

5. 4 galones = _____ pintas

6. 5 tazas = _____ onzas fluidas

PRÁCTICA MATEMÁTICA 4 Usa símbolos **Álgebra** Compara con >, < o =.

7. 2 galones ◯ 32 tazas

8. 4 pintas ◯ 6 tazas

9. 5 cuartos ◯ 11 pintas

Resolución de problemas • Aplicaciones En el mundo

10. **PIENSA MÁS** Un equipo de fútbol tiene 25 jugadores. El equipo tiene un botellón de agua de 4 galones. Si el botellón está lleno, ¿hay suficiente agua para que cada jugador beba 2 tazas? Explica. Haz una tabla como ayuda.

_____

_____

_____

Galones	Tazas
1	
2	
3	
4	

11. (PRÁCTICA MATEMÁTICA ③) **Verifica el razonamiento de otros** ¿Qué enunciado tiene sentido? ¿Qué enunciado no tiene sentido? Explica tu razonamiento.

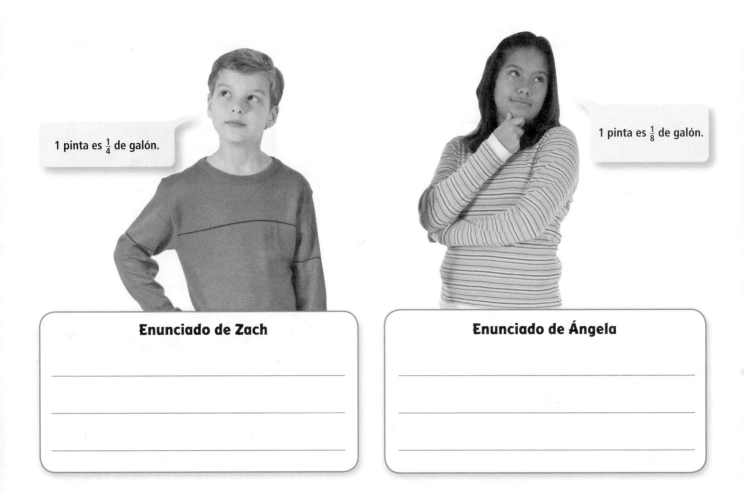

1 pinta es $\frac{1}{4}$ de galón.

1 pinta es $\frac{1}{8}$ de galón.

Enunciado de Zach	**Enunciado de Ángela**

12. *MÁS AL DETALLE* En cada uno de los vasos de Peter caben 8 onzas fluidas. ¿Cuántos vasos de jugo puede servir Peter con una botella que contiene 2 cuartos?

_____

13. *PIENSA MÁS +* Una jarra contiene 5 cuartos de agua. Josy dice que la jarra contiene 10 tazas de agua. Explica cuál es el error de Josy. Luego, halla la cantidad correcta de tazas que contiene la jarra.

_____

_____

_____

_____

Unidades de volumen líquido del sistema usual

Estándares comunes

ESTÁNDAR COMÚN—4.MD.A.1
Resuelven problemas relacionados a la medición y a la conversión de medidas de una unidad más grande a una más pequeña.

Completa.

1. 6 galones = ___24___ cuartos

Piensa: 1 galón = 4 cuartos,
entonces 6 galones = 6 × 4 cuartos o 24 cuartos

2. 12 cuartos = _____ pintas

3. 6 tazas = _____ onzas fluidas

4. 9 pintas = _____ tazas

5. 10 cuartos = _____ tazas

6. 5 galones = _____ pintas

7. 3 galones = _____ tazas

Compara con <, > o =.

8. 6 pintas $\bigcirc$ 60 onzas fluidas

9. 3 galones $\bigcirc$ 30 cuartos

10. 5 cuartos $\bigcirc$ 20 tazas

11. 12 pintas $\bigcirc$ 6 tazas

Resolución de problemas · En el mundo

12. Un cocinero prepara $1\frac{1}{2}$ galones de sopa en una olla grande. ¿Cuántas porciones de 1 taza puede servir?

_____

13. La botella de agua de Kendra contiene 2 cuartos de agua. Quiere agregarle refresco en polvo, pero en las instrucciones de preparación del refresco se indica la cantidad de agua necesaria en onzas fluidas. ¿Cuántas onzas fluidas hay en la botella?

_____

14. **ESCRIBE** ▸ *Matemáticas* Escribe un problema que se pueda resolver comparando cuartos y tazas en un modelo. Incluye una solución. Explica por qué cambias de una unidad mayor a una unidad menor..

_____

_____

Repaso de la lección

1. Joshua bebe 8 tazas de agua por día. La cantidad diaria recomendada está expresada en onzas fluidas. ¿Cuántas onzas fluidas de agua bebe por día?

_____

2. En una cafetería se usaron 5 galones de leche para preparar el almuerzo. ¿Cuántos recipientes de 1 cuarto de leche se usaron?

_____

Repaso en espiral (4.NF.B.4a, 4.NF.C.6, 4.MD.A.1, 4.G.A.1)

3. Roy usa $\frac{1}{4}$ de taza de masa para cada panecillo. Haz una lista que muestre las cantidades de masa que usará de acuerdo con la cantidad de panecillos que haga.

_____

_____

4. Beth tiene $\frac{7}{100}$ de dólar. ¿Qué cantidad de dinero tiene Beth?

_____

_____

5. Indica qué figura dibujó Enrico abajo.

•———————▶

_____

6. Un hipopótamo pesa 4 toneladas. Las instrucciones para alimentarlo indican el peso en libras. ¿Cuántas libras pesa el hipopótamo?

_____

PRACTICA MÁS CON EL
Entrenador personal
en matemáticas

Nombre _____

Diagramas de puntos

Pregunta esencial ¿Cómo puedes hacer e interpretar diagramas de puntos con datos fraccionarios?

Estándares comunes **Medición y datos—4.MD.B.4**
Tamabien 4.MD.A.2
PRÁCTICAS MATEMÁTICAS
MP2, MP3, MP4

🔑 Soluciona el problema En el mundo

Los datos muestran la longitud de los botones de la colección de Jen. Para un proyecto de arte, Jen quiere saber cuántos botones miden más que $\frac{1}{4}$ de pulgada.

Puedes usar un diagrama de puntos para resolver el problema. Un **diagrama de puntos** es una gráfica en la que se muestra la frecuencia de datos en una recta numérica.

Longitud de los botones de la colección de Jen (en pulgadas)
$\frac{1}{4}, \frac{3}{4}, \frac{1}{4}, \frac{4}{4}, \frac{1}{4}, \frac{4}{4}$

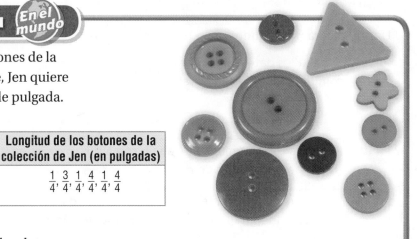

Haz un diagrama de puntos para mostrar los datos.

🔑 Ejemplo 1

PASO 1 Ordena los datos de menor a mayor según su longitud y completa la tabla de conteo.

_____

_____

PASO 2 Rotula la recta numérica de abajo con las longitudes en fracciones ordenadas de menor a mayor.

_____

PASO 3 Marca una *X* sobre la recta numérica para cada punto de datos. Escribe un título para el diagrama de puntos.

Botones de la colección de Jen	
Longitud (en pulgadas)	Conteo
$\frac{1}{4}$	
$\frac{3}{4}$	
$\frac{4}{4}$	

Entonces, _____ botones son más largos que $\frac{1}{4}$ de pulgada.

Charla matemática PRÁCTICAS MATEMÁTICAS ④

Usa modelos Explica cómo rotulaste los números de la recta numérica en el Paso 2.

1. ¿Cuántos botones hay en la colección de Jen? _____

2. ¿Cuál es la diferencia de longitud entre el botón más largo y el botón más corto de la colección? _____

Piensa: Para hallar la diferencia, resta los numeradores. Los denominadores quedan iguales.

Capítulo 12 665

🔑 Ejemplo 2

Algunos de los estudiantes de la clase de la maestra Lewis van a la escuela a pie. Los datos muestran la distancia que caminan los estudiantes. ¿Qué distancia camina la mayoría de los estudiantes?

Haz un diagrama de puntos para mostrar los datos.

PASO 1 Ordena los datos de menor a mayor distancia y completa la tabla de conteo.

_____

PASO 2 Rotula la recta numérica de abajo con las longitudes en fracciones ordenadas de menor a mayor.

_____

PASO 3 Marca una *X* sobre la recta numérica para cada punto de datos. Escribe un título para el diagrama de puntos.

Distancia que caminan los estudiantes hasta la escuela (en millas)
$\frac{1}{2}, \frac{1}{2}, \frac{1}{4}, \frac{3}{4}, \frac{1}{4}, \frac{1}{2}, \frac{1}{2}$

Distancia que caminan los estudiantes hasta la escuela	
Distancia (en millas)	Conteo

Entonces, la mayoría de los estudiantes camina _____.

---

3. ¿Cuántos estudiantes más que caminan $\frac{1}{2}$ de milla hasta la escuela hay que estudiantes que caminan $\frac{1}{4}$ de milla?

_____

4. ¿Cuál es la diferencia entre la distancia más larga y la distancia más corta que caminan los estudiantes?

_____

5. ¿Qué pasaría si un estudiante nuevo se incorporara a la clase de la maestra Lewis y caminara $\frac{3}{4}$ de milla hasta la escuela? ¿Cómo cambiaría el diagrama de puntos? Explica.

_____

Nombre _____

1. Un crítico de restaurantes recopiló datos sobre el tiempo que debieron esperar los clientes por la comida. Ordena los datos de menor a mayor según el tiempo de espera. Haz una tabla de conteo y un diagrama de puntos para mostrar los datos.

Tiempo que los clientes esperaron por la comida (en horas)
$\frac{1}{2}$, $\frac{1}{4}$, $\frac{3}{4}$, $\frac{1}{4}$, $\frac{1}{4}$, $\frac{1}{2}$, 1

Tiempo que los clientes esperaron por la comida	
Tiempo (en horas)	Conteo

Usa el diagrama de puntos para contestar las preguntas 2 y 3.

Charla matemática **PRÁCTICAS MATEMÁTICAS 4**

Usa gráficas Explica cómo te ayudó el diagrama de puntos a contestar la Pregunta 2.

2. ¿Sobre cuántos clientes recopiló datos el crítico? _____

3. ¿Cuál es la diferencia entre el tiempo de espera más largo y el más corto? _____

Por tu cuenta

4. **PRÁCTICA MATEMÁTICA 4** Usa modelos Los datos muestran la longitud de las cintas que usó Bea para envolver paquetes. Haz una tabla de conteo y un diagrama de puntos para mostrar los datos.

Cinta usada para envolver paquetes	
Longitud (en yardas)	Conteo

Longitud de cinta usada para envolver paquetes (en yardas)
$\frac{1}{6}$, $\frac{2}{6}$, $\frac{5}{6}$, $\frac{3}{6}$, $\frac{2}{6}$, $\frac{6}{6}$, $\frac{3}{6}$, $\frac{2}{6}$

5. ¿Cuál es la diferencia de longitud entre la cinta más larga y la más corta que usó Bea? _____

Soluciona el problema En el mundo

6. MÁS AL DETALLE En el diagrama de puntos se muestra la distancia en millas que los estudiantes del maestro Boren corrieron en la pista. En total, ¿corrieron más o menos de 5 millas?

X X   X
X X X X X
$\frac{1}{5}$ $\frac{2}{5}$ $\frac{3}{5}$ $\frac{4}{5}$ $\frac{5}{5}$

Distancia que corrieron los estudiantes en la pista (en millas)

a. ¿Qué se te pide que halles? _____

_____

b. ¿Qué información debes usar? _____

_____

c. ¿Cómo te ayudará el diagrama de puntos a resolver el problema? _____

_____

d. ¿Qué operación usarás para resolver el problema? _____

e. Muestra los pasos para resolver el problema.

_____

_____

f. Completa las oraciones.

Los estudiantes corrieron un total de _____

millas. Esa distancia es _____ que 5 millas.

Entonces, en total corrieron _____ de 5 millas.

7. PIENSA MÁS Lena colecciona cucharas antiguas. En el diagrama de puntos se muestra la longitud de las cucharas de su colección. Si ordena todas sus cucharas según el tamaño, ¿cuál es el tamaño de la cuchara del medio? Explica.

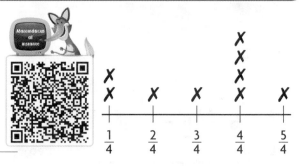

X
X
X
X   X
X   X   X   X   X
$\frac{1}{4}$ $\frac{2}{4}$ $\frac{3}{4}$ $\frac{4}{4}$ $\frac{5}{4}$

Longitud de las cucharas (en pies)

_____

_____

Entrenador personal en matemáticas

8. PIENSA MÁS ➕ Un grupo de excursionistas anotó las distancias que caminaron. Completa el diagrama de puntos para mostrar los datos.

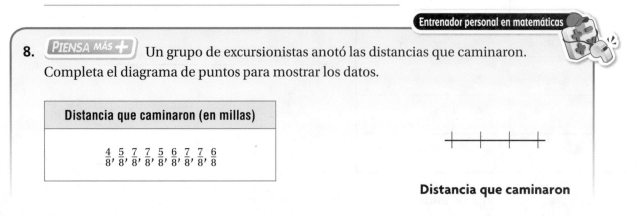

Distancia que caminaron (en millas)
$\frac{4}{8}, \frac{5}{8}, \frac{7}{8}, \frac{7}{8}, \frac{5}{8}, \frac{6}{8}, \frac{7}{8}, \frac{7}{8}, \frac{6}{8}$

Distancia que caminaron

Nombre _____

Diagramas de puntos

Estándares comunes **ESTÁNDAR COMÚN—4.MD.B.4**
Representan e interpretan datos.

1. Unos estudiantes compararon el tiempo que tardan en ir a la escuela en el autobús escolar. Completa la tabla de conteo y el diagrama de puntos para mostrar los datos.

Tiempo transcurrido en el autobús escolar (en horas)

$\frac{1}{6}, \frac{3}{6}, \frac{4}{6}, \frac{2}{6}, \frac{3}{6}, \frac{1}{6}, \frac{3}{6}, \frac{3}{8}$

Tiempo de viaje en el autobús escolar	
Tiempo (en horas)	**Conteo**
$\frac{1}{6}$	‖
$\frac{2}{6}$	
$\frac{3}{6}$	
$\frac{4}{6}$	

X
X
$\frac{1}{6}$ $\frac{2}{6}$ $\frac{3}{6}$ $\frac{4}{6}$

Tiempo de viaje en el autobús escolar (en horas)

Usa el diagrama de puntos para resolver los ejercicios 2 y 3.

2. ¿Cuántos estudiantes compararon el tiempo? _____

3. ¿Cuál es la diferencia entre el tiempo más largo y el tiempo más corto que los estudiantes tardaron en el autobús?

_____

Resolución de problemas En el mundo

Para el ejercicio 4, haz una tabla de conteo en una hoja de papel. Haz un diagrama de puntos en el espacio dado debajo del problema.

4.

Leche que se bebe en el almuerzo (en cuartos)

$\frac{1}{8}, \frac{2}{8}, \frac{2}{8}, \frac{4}{8}, \frac{1}{8}, \frac{3}{8}, \frac{4}{8}, \frac{2}{8}, \frac{3}{8}, \frac{2}{8}$

5. **ESCRIBE** *Matemáticas* Escribe un problema que se pueda resolver usando un diagrama de puntos. Dibuja y rotula el diagrama de puntos y resuelve el problema.

_____

_____

_____

$\frac{1}{8}$ $\frac{2}{8}$ $\frac{3}{8}$ $\frac{4}{8}$

Leche que se bebe en el almuerzo (en cuartos)

Capítulo 12   669

Repaso de la lección (4.MD.B.4)

Usa el diagrama de puntos para resolver los ejercicios 1 y 2.

1. ¿Cuántos estudiantes leyeron durante el tiempo de estudio?

   _____

2. ¿Cuál es la diferencia entre el tiempo más largo y el tiempo más corto que pasaron leyendo?

   _____

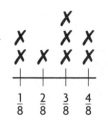

Tiempo destinado a la lectura durante el tiempo de estudio (en horas)

Repaso en espiral (4.NF.C.5, 4.NF.C.6, 4.MD.A.1)

3. A Bridget le permiten jugar juegos en línea durante $\frac{75}{100}$ de una hora cada día. Escribe esta fracción como número decimal.

   _____

4. La colección de tarjetas de deportes de Bobby está compuesta por $\frac{3}{10}$ de tarjetas de béisbol y $\frac{39}{100}$ de tarjetas de fútbol americano. Las tarjetas restantes son de fútbol. ¿Qué fracción de las tarjetas son de béisbol o de fútbol americano?

   _____

5. Jeremy da a su caballo 12 galones de agua por día. ¿Cuántas cubetas de 1 cuarto de agua equivalen a esa cantidad?

   _____

6. En una tienda de mascotas hay una iguana que mide 5 pies de longitud. Las medidas de las jaulas para iguanas están expresadas en pulgadas. ¿Cuánto mide la iguana en pulgadas?

   _____

PRACTICA MÁS CON EL
Entrenador personal
en matemáticas

Nombre _____

✓ Revisión de la mitad del capítulo

Entrenador personal en matemáticas
Evaluación e
intervención en línea

Vocabulario

Vocabulario
libra
pinta
yarda

Elige el término del recuadro que mejor complete la oración.

1. Una _____ es una unidad del sistema usual para medir el peso.
(pág. 653)

2. La taza y la _____ son unidades del sistema usual para
medir el volumen líquido. (pág. 659)

Conceptos y destrezas

Completa la oración. Escribe *más* o *menos*. (4.MD.A.1)

3. Un gato pesa _____ de una onza.

4. El zapato de Serena mide _____ de una yarda de longitud.

Completa. (4.MD.A.1)

5. 5 pies = _____ pulgadas

6. 4 toneladas = _____ libras

7. 4 tazas = _____ pintas

8. La clase de la maestra Byrne fue a recoger frambuesas. Los datos
muestran el peso de los recipientes con frambuesas que recogieron los
estudiantes. Haz una tabla de conteo y un diagrama de puntos para
mostrar los datos. (4.MD.B.4)

Peso de los recipientes con frambuesas (en libras)
$\frac{3}{4}, \frac{1}{4}, \frac{2}{4}, \frac{4}{4}, \frac{1}{4}, \frac{1}{4}, \frac{2}{4}, \frac{3}{4}, \frac{3}{4}$

Recipientes con frambuesas	
Peso (en libras)	Conteo

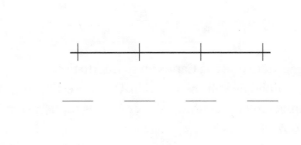

Usa el diagrama de puntos para contestar las preguntas 9 y 10. (4.MD.B.4)

9. ¿Cuál es la diferencia de peso entre el recipiente más pesado y el recipiente más liviano de

frambuesas? _____

10. ¿Cuántas libras de frambuesas recogió la clase de la maestra Byrne en total? _____

11. Una jarra contiene 2 galones de agua. ¿Cuántos cuartos de agua contiene? (4.MD.A.1)

_____

12. Serena compró 4 libras de masa para preparar pizza. La receta indica la cantidad de masa en onzas que se necesita para una pizza. ¿Cuántas onzas de masa compró? (4.MD.A.1)

_____

13. MÁS AL DETALLE Vicki tiene un rollo de cinta de 50 pulgadas. Usó 3 pies de la cinta para envolver un regalo. ¿Cuántas pulgadas de cinta le quedaron? (4.MD.A.1)

_____

14. La regadera que usa Carlos en su huerto tiene una capacidad de 5 de una unidad de volumen líquido. Cuando está llena ¿cuál es la mejor estimación de cuánta agua hay en la regadera, 5 cuartos, 5 yardas o 5 onzas? (4.MD.A.1)

_____

Nombre _____

Unidades de longitud del sistema métrico

Pregunta esencial ¿Cómo puedes usar modelos para comparar unidades de longitud del sistema métrico?

Estándares comunes   **Medición y datos—4.MD.A.1**
También 4.MD.A.2
PRÁCTICAS MATEMÁTICAS
MP1, MP4, MP7, MP8

Investigar

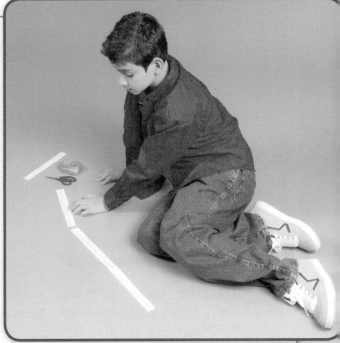

Materiales ■ regla (metro) ■ tijeras ■ cinta adhesiva

Los metros (m), los **decímetros** (dm), los centímetros (cm) y los **milímetros** (mm) son unidades de longitud del sistema métrico.

Haz una regla de un metro para mostrar la relación entre estas unidades.

A. Recorta las tiras de la regla de un metro.

B. Coloca las tiras una junto a la otra para formar 1 metro. Une las tiras con cinta adhesiva.

C. Observa tu regla de un metro. ¿Qué patrones observas sobre el tamaño de las unidades?

1 metro es _____ veces más largo que 1 decímetro.

1 decímetro es _____ veces más largo que 1 centímetro.

1 centímetro es _____ veces más largo que 1 milímetro.

Describe el patrón que observes.

_____

_____

> ### Idea matemática
> Si alinearas 1,000 reglas de un metro una junto a la otra, la longitud de las reglas de un metro sería 1 kilómetro.

Sacar conclusiones

1. Compara el tamaño de 1 metro con el tamaño de 1 centímetro. Usa tu regla de un metro como ayuda.

_____

2. Compara el tamaño de 1 metro con el tamaño de 1 milímetro. Usa tu regla de un metro como ayuda.

_____

_____

3. PIENSA MÁS ¿Qué operación podrías usar para hallar cuántos centímetros hay en 3 metros? Explica.

_____

_____

_____

_____

Hacer conexiones

Puedes usar diferentes unidades del sistema métrico para describir la misma longitud métrica. Por ejemplo, puedes medir la longitud de un libro en 3 decímetros o en 30 centímetros. Puesto que el sistema métrico se basa en el número 10, se pueden usar números decimales o fracciones para describir longitudes del sistema métrico como unidades equivalentes.

Piensa en 1 metro como un entero. Usa tu regla de un metro para escribir las unidades equivalentes como fracciones y como números decimales.

1 metro = 10 decímetros

Cada decímetro es

_____ o _____ metros.

1 metro = 100 centímetros

Cada centímetro es

_____ o _____ metros.

Completa la oración.

- Una longitud de 51 centímetros es _____ o _____ metros.

- Una longitud de 8 decímetros es _____ o _____ metros.

- Una longitud de 82 centímetros es _____ o _____ metros.

Charla matemática

PRÁCTICAS MATEMÁTICAS ❼

Busca estructuras Explica cómo puedes encontrar y escribir los decímetros y los centímetros como partes de un metro en la regla de un metro.

Nombre _____

Unidades de longitud del sistema métrico
1 centímetro (cm) = 10 milímetros (mm)
1 decímetro (dm) = 10 centímetros
1 metro (m) = 10 decímetros
1 metro (m) = 100 centímetros
1 metro (m) = 1,000 milímetros

Completa.

✓ **1.** 2 metros = _____ centímetros

2. 3 centímetros = _____ milímetros

3. 5 decímetros = _____ centímetros

PRÁCTICA MATEMÁTICA ④ Usa símbolos **Álgebra** Compara con <, > o =.

4. 4 metros ◯ 40 decímetros

5. 5 centímetros ◯ 5 milímetros

6. 6 decímetros ◯ 65 centímetros

7. 7 metros ◯ 700 milímetros

Describe la longitud en metros. Escribe tu respuesta como una fracción y como un número decimal.

✓ **8.** 65 centímetros = _____ o _____ metros

9. 47 centímetros = _____ o _____ metros

10. 9 decímetros = _____ o _____ metros

11. 2 decímetros = _____ o _____ metros

Resolución de problemas • Aplicaciones En el mundo

12. Un edificio nuevo tiene 25 metros de altura. ¿Cuántos decímetros de altura tiene el edificio?

_____

13. MÁS AL DETALLE Alexis está tejiendo una manta de 2 metros de largo. Cada 2 decímetros, cambia el color del estambre para hacer rayas. ¿Cuántas rayas tendrá la manta? Explica.

_____

_____

_____

14. **PIENSA MÁS** El escritorio de Julianne mide 75 centímetros de largo.
Julianne dice que su escritorio mide 7.5 metros de largo. Describe su error.

_____

_____

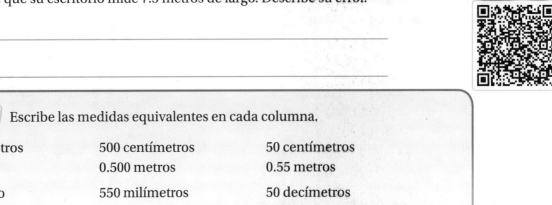

15. **PIENSA MÁS** Escribe las medidas equivalentes en cada columna.

5,000 milímetros	500 centímetros	50 centímetros
$\frac{55}{100}$ de metro	0.500 metros	0.55 metros
$\frac{500}{1,000}$ de metro	550 milímetros	50 decímetros

5 metros	55 centímetros	500 milímetros

16. **PIENSA MÁS** Aruna estaba escribiendo un informe sobre los árboles de pecán. Hizo la tabla que está a la derecha con la información.

Escribe un problema que se pueda resolver con los datos.

Árbol de pecán	
Medidas promedio	
Longitud de las nueces	3 cm a 5 cm
Altura	21 m a 30 m
Ancho del tronco	18 dm
Ancho de la hoja	10 cm a 20 cm

Plantea un problema.

_____

_____

_____

_____

_____

Resuelve tu problema.

• **PRÁCTICA MATEMÁTICA ❶** Describe cómo podrías modificar el problema si cambiaras una unidad del problema. Luego resuélvelo.

_____

_____

Unidades de longitud del sistema métrico

Estándares comunes

ESTÁNDAR COMÚN—4.MD.A.1
Resuelven problemas relacionados a la medición y a la conversión de medidas de una unidad más grande a una más pequeña.

Completa.

1. 4 metros = _____400_____ centímetros

Piensa: 1 metro = 100 centímetros, entonces 4 metros = 4 × 100 centímetros o 400 centímetros

2. 8 centímetros = _____ milímetros

3. 5 metros = _____ decímetros

4. 9 metros = _____ milímetros

5. 7 metros = _____ centímetros

Compara con <, > o =.

6. 8 metros ◯ 80 centímetros

7. 3 decímetros ◯ 30 centímetros

8. 4 metros ◯ 450 centímetros

9. 90 centímetros ◯ 9 milímetros

Describe la longitud en metros. Escribe tu respuesta como una fracción y como número decimal.

10. 43 centímetros = _____ o

_____ metros

11. 6 decímetros = _____ o

_____ metros

Resolución de problemas En el mundo

12. El mástil de una bandera mide 4 metros de altura. ¿Cuántos centímetros mide?

_____

13. Lucille corre la carrera de 50 metros en el campeonato de atletismo. ¿De cuántos decímetros es la carrera?

_____

14. **ESCRIBE** ▸*Matemáticas* Halla la medida en centímetros de un objeto. Busca en libros, revistas o Internet. Luego escribe la medida como partes de un metro.

_____

_____

Repaso de la lección (4.MD.A.1)

1. Un lápiz mide 15 centímetros de longitud. ¿Cuántos milímetros mide?

2. El padre de John mide 2 metros de estatura. ¿Cuántos centímetros mide?

_____

_____

Repaso en espiral (4.NF.B.4b, 4.NF.C.7, 4.MD.B.4)

3. Bruce lee durante $\frac{3}{4}$ de hora cada noche. ¿Cuánto tiempo leerá en 4 noches?

4. Mark trotó 0.6 millas. Caroline trotó 0.49 millas. Escribe una desigualdad que compare las distancias que trotaron.

_____

_____

_____

_____

Usa el diagrama de puntos para resolver los ejercicios 5 y 6.

5. ¿En cuántos terrenos se cortó el césped?

_____

6. ¿Cuál es la diferencia entre la cantidad mayor y la cantidad menor de combustible que se usó para cortar el césped?

_____

_____

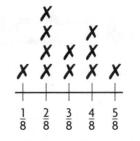

Combustible usado para cortar el césped en mayo (en galones)

PRACTICA MÁS CON EL

Entrenador personal
en matemáticas

Nombre _____

Unidades de masa y de volumen líquido del sistema métrico

Pregunta esencial ¿Cómo puedes usar modelos para comparar unidades de masa y de volumen líquido del sistema métrico?

Estándares comunes
Medición y datos—4.MD.A.1
También 4.MD.A.2
PRÁCTICAS MATEMÁTICAS
MP3, MP4, MP7

🔑 Soluciona el problema En el mundo

La masa es la cantidad de materia que hay en un objeto. Algunas unidades de masa del sistema métrico son los kilogramos (kg) y los gramos (g). Los litros (l) y los **mililitros** (ml) son unidades de volumen líquido del sistema métrico.

En las tablas se muestra la relación entre estas unidades.

Unidades de masa del sistema métrico	Unidades de volumen líquido del sistema métrico
1 kilogramo (kg) = 1,000 gramos (g)	1 litro (l) = 1,000 mililitros (ml)

🔒 Ejemplo 1 Compara kilogramos y gramos.

Becky plantó muchos lupinos en un jardín. Usó 9 kilogramos de tierra. ¿Cuántos gramos de tierra son?

número de kilogramos		gramos en 1 kilogramo		total de gramos
9	×	1,000	=	_____

Entonces, Becky usó _____ gramos de tierra para plantar sus lupinos.

- ¿El kilogramo es una unidad más grande o más pequeña que el gramo?

_____

- ¿La cantidad de gramos será mayor o menor que la cantidad de kilogramos?

_____

- ¿Qué operación usarás para resolver el problema?

_____

🔒 Ejemplo 2 Compara litros y mililitros.

Becky usó 5 litros de agua para regar el jardín de lupinos. ¿Cuánto mililitros de agua son?

número de litros		mililitros en 1 litro		total de mililitros
5	×	1,000	=	_____

Entonces, Becky usó _____ mililitros de agua.

Charla matemática PRÁCTICAS MATEMÁTICAS ❼

Identifica las relaciones
Compara el tamaño de un kilogramo con el tamaño de un gramo. Luego compara el tamaño de un litro con el tamaño de un mililitro.

Comparte y muestra

1. En una jarra hay 3 litros de agua. ¿Cuántos mililitros de agua hay en la jarra?

   Hay _____ mililitros en 1 litro. Puesto que estoy convirtiendo una

   unidad más grande a una unidad más pequeña, puedo _____
   3 por 1,000 para hallar el número de mililitros que hay en 3 litros.

   Entonces, hay _____ mililitros de agua en la jarra.

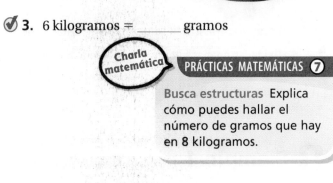

Completa.

2. 4 litros = _____ mililitros

3. 6 kilogramos = _____ gramos

Charla matemática

PRÁCTICAS MATEMÁTICAS 7

Busca estructuras Explica cómo puedes hallar el número de gramos que hay en 8 kilogramos.

Por tu cuenta

Completa.

4. 8 kilogramos = _____ gramos

5. 7 litros = _____ mililitros

PRÁCTICA MATEMÁTICA 4 Usa símbolos **Álgebra** Compara con <, > o =.

6. 1 kilogramo ◯ 900 gramos

7. 2 litros ◯ 2,000 mililitros

PRÁCTICA MATEMÁTICA 7 Busca el patrón **Álgebra** Completa.

8.

Litros	Mililitros
1	1,000
2	
3	
	4,000
5	
6	
	7,000
8	
9	
10	

9.

Kilogramos	Gramos
1	1,000
2	
	3,000
4	
5	
6	
7	
	8,000
9	
10	

Resolución de problemas • Aplicaciones En el mundo

10. Frank quiere llenar una pecera con 8 litros de agua. ¿Cuántos mililitros de agua son?

_____

11. *MÁS AL DETALLE* Kim tiene 3 botellas de agua. Llena cada botella con 1 litro de agua. ¿Cuántos mililitros de agua tiene?

_____

12. *MÁS AL DETALLE* La mochila vacía de Jared tiene una masa de 3 kilogramos. En un viaje, él no quiere cargar más de 7 kilogramos. ¿Cuántos gramos puede empacar Jared?

_____

ESCRIBE *Matemáticas*
Muestra tu trabajo

13. *MÁS AL DETALLE* Una hielera portátil grande contiene 20 litros de té helado y una hielera portátil pequeña contiene 5 litros de té helado. ¿Cuántos mililitros más de té helado contiene la hielera grande que la hielera pequeña?

_____

14. *PIENSA MÁS* Una bolsa de cereal de 500 gramos cuesta $4 y una bolsa de cereal de 2 kilogramos cuesta $15. ¿Cuál es la forma menos costosa de comprar 2,000 gramos de cereal? Explica.

_____

_____

_____

_____

15. *PRÁCTICA MATEMÁTICA ③* **Verifica el razonamiento de otros** La manzana más grande del mundo tenía una masa de 1,849 gramos. Sue dijo que la masa era mayor que 2 kilogramos. ¿Tiene sentido el enunciado de Sue? Explica.

_____

_____

_____

_____

_____

Soluciona el problema En el mundo

16. **PIENSA MÁS** Lori compró 600 gramos de pimienta de cayena y 2 kilogramos de pimienta negra. ¿Cuántos gramos de pimienta compró en total?

pimienta negra   **pimienta de cayena**

a. ¿Qué se te pide que halles?

_____

b. ¿Qué información usarás?

_____

c. Explica cómo podrías resolver el problema.

_____

_____

_____

d. Muestra cómo resolviste el problema.

_____

_____

_____

_____

e. Completa las oraciones.

Lori compró _____ gramos de pimienta de cayena.

Compró _____ gramos de pimienta negra.

_____ + _____ = _____ gramos

Entonces, Lori compró _____ gramos de pimienta en total.

---

17. **ESCRIBE** ▸*Matemáticas* Bill tiene dos piedras. Una tiene una masa de 20 gramos y la otra tiene una masa de 20 kilogramos. ¿Qué piedra tiene mayor masa? Explica.

_____

_____

_____

18. **PIENSA MÁS** En los ejercicios 18a a 18c, elige Sí o No para determinar si las medidas son equivalentes.

18a. 5,000 gramos y 5 kilogramos   ○ Sí   ○ No

18b. 300 mililitros y 3 litros   ○ Sí   ○ No

18c. 8 gramos y 8,000 kilogramos   ○ Sí   ○ No

Unidades de masa y de volumen líquido del sistema métrico

Estándares comunes

ESTÁNDARES COMUNES—4.MD.A.1
4.MD.A.2 *Resuelven problemas relacionados a la medición y a la conversión de medidas de una unidad más grande a una más pequeña.*

Completa.

1. 5 litros = _____5,000_____ mililitros

Piensa: 1 litro = 1,000 mililitros,
entonces 5 litros = 5 × 1,000 mililitros o 5,000 mililitros

2. 3 kilogramos = _____ gramos

3. 8 litros = _____ mililitros

4. 7 kilogramos = _____ gramos

5. 9 litros = _____ mililitros

Compara con <, > o =.

6. 8 kilogramos ◯ 850 gramos

7. 3 litros ◯ 3,500 mililitros

Resolución de problemas · En el mundo

8. Kenny compra cuatro botellas de agua de 1 litro. ¿Cuántos mililitros de agua compra?

_____

9. La Sra. Jones compró tres paquetes de 2 kilogramos de harina. ¿Cuántos gramos de harina compró?

_____

10. Colleen compró 8 kilogramos de manzanas y 2.5 kilogramos de peras. ¿Cuántos gramos más de manzanas que de peras compró?

_____

11. Dave usa 500 mililitros de jugo para la receta de un refresco de frutas. Lo mezcla con 2 litros de refresco de jengibre. ¿Cuántos mililitros de refresco de frutas prepara?

_____

12. **ESCRIBE** ▸ *Matemáticas* Escribe un problema para el que haya que convertir kilogramos en gramos. Explica cómo hallar la solución.

_____

_____

_____

Repaso de la lección (4.MD.A.1, 4.MD.A.2)

1. Durante su caminata, Milt bebió 1 litro de agua y 1 litro de un refresco para deportistas. ¿Cuántos mililitros de líquido bebió en total?

_____

2. Larinda cocinó 4 kilogramos de carne asada. Después de la comida, quedaron 3 kilogramos de carne. ¿Cuántos gramos de carne asada se comieron durante la comida?

_____

Repaso en espiral (4.MD.A.1, 4.MD.C.6, 4.G.A.1)

3. Usa un transportador para hallar la medida del ángulo.

_____

4. Dibuja un par de rectas paralelas.

5. Carly compró 3 libras de alpiste. ¿Cuántas onzas de alpiste compró?

_____

6. Una puerta mide 8 decímetros de ancho. ¿Cuál es el ancho en centímetros?

_____

PRACTICA MÁS CON EL
Entrenador personal
en matemáticas

Nombre _____

Unidades de tiempo

Pregunta esencial ¿Cómo puedes usar modelos para comparar unidades de tiempo?

Estándares comunes Medición y datos—4.MD.A.1
También 4.MD.A.2
PRÁCTICAS MATEMÁTICAS
MP1, MP4, MP5, MP7

Soluciona el problema (En el mundo)

El siguiente reloj analógico tiene un horario, un minutero y un segundero, que marca cada **segundo**, para medir la hora.
Son las 4:30:12.

Lee

Lee 4:30:12 como 4 y 30 con 12 segundos, o como que pasaron 30 minutos y 12 segundos desde las 4.

- En una hora, ¿hay más minutos o segundos?

_____

Hay 60 segundos en un minuto y hay 60 minutos en una hora. En los siguientes relojes se muestra la duración de un segundo, de un minuto y de una hora.

Hora de inicio: 3:00:00

Transcurre 1 segundo.

Ahora, son las 3:00:01.

Transcurre 1 minuto, o 60 segundos. El segundero dio un giro completo en el sentido de las manecillas del reloj.

Ahora, son las 3:01:00.

Transcurre 1 hora, o 60 minutos. El minutero dio un giro completo en el sentido de las manecillas del reloj.

Ahora, son las 4:00:00.

Ejemplo 1 ¿Qué relación hay entre la duración de una hora y la duración de un segundo?

Hay _____ minutos en una hora.

Piensa: Multiplica el número de minutos que hay en una hora por el número de segundos que hay en un minuto.

Hay _____ segundos en un minuto.

60 minutos × _____ = _____ segundos

Hay _____ segundos en una hora.

Entonces, 1 hora dura _____ veces lo que dura 1 segundo.

Charla matemática PRÁCTICAS MATEMÁTICAS ①

Analiza ¿Cuántos giros completos en el sentido de las manecillas del reloj da el minutero en 3 horas? Explica.

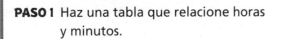 **Ejemplo 2** Compara medidas.

Larissa pasó 2 horas trabajando en su proyecto de ciencias. Cliff pasó 200 minutos trabajando en su proyecto de ciencias. ¿Quién pasó más tiempo trabajando en su proyecto?

PASO 1 Haz una tabla que relacione horas y minutos.

Horas	Minutos
1	60
2	
3	

PASO 2 Compara 2 horas y 200 minutos.

2 horas   200 minutos

Piensa: Escribe cada medida en minutos y compáralas con $<$, $>$ o $=$.

_____ ⬡ _____

2 horas es _____ que 200 minutos.

Entonces, _____ pasó más tiempo que _____ trabajando en su proyecto de ciencias.

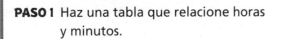 **Actividad** Compara la duración de una semana y la duración de un día.

Materiales ■ lápices de colores

En la siguiente recta numérica se muestra la relación entre días y semanas.

PASO 1 Usa un lápiz de color para sombrear 1 semana en la recta numérica.

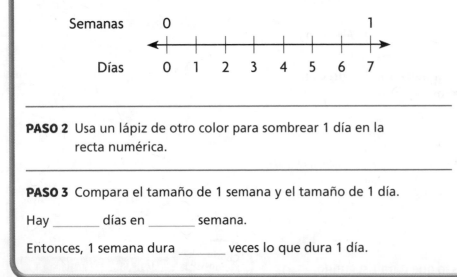

_____

PASO 2 Usa un lápiz de otro color para sombrear 1 día en la recta numérica.

_____

PASO 3 Compara el tamaño de 1 semana y el tamaño de 1 día.

Hay _____ días en _____ semana.

Entonces, 1 semana dura _____ veces lo que dura 1 día.

Nombre _____

Comparte y muestra 🖊 MATH BOARD

1. Compara la duración de un año y la duración de un mes. Usa un modelo como ayuda.

Unidades de tiempo
1 minuto (min) = 60 segundos (s)
1 hora (h) = 60 minutos
1 día (d) = 24 horas
1 semana (sem.) = 7 días
1 año (a.) = 12 meses (mes.)
1 año (a.) = 52 semanas

Años   0   1

Meses   0   1   2   3   4   5   6   7   8   9   10   11   12

Charla matemática

PRÁCTICAS MATEMÁTICAS ④

Usa modelos Explica cómo te ayudó la recta numérica a comparar la duración de un año y la duración de un mes.

1 año dura _____ veces lo que dura _____ mes.

Completa.

✓ **2.** 2 minutos = _____ segundos

✓ **3.** 4 años = _____ meses

Por tu cuenta

Completa.

4. 3 minutos = _____ segundos

5. 4 horas = _____ minutos

PRÁCTICA MATEMÁTICA ④ Usa símbolos Álgebra Compara con >, < o =.

6. 3 años ◯ 35 meses

7. 2 días ◯ 40 horas

Resolución de problemas • Aplicaciones En el mundo

8. MÁS AL DETALLE Damien vive en un edificio de apartamentos desde hace 5 años. Ken vive allí desde hace 250 semanas. ¿Quién vive hace más tiempo en el edificio? Explica. Haz una tabla como ayuda.

Años	Meses
1	
2	
3	
4	
5	

_____

_____

9. PIENSA MÁS ¿Cuántas horas hay en una semana? Explica.

_____

_____

© Houghton Mifflin Harcourt Publishing Company

Capítulo 12 • Lección 8   **687**

10. **PRÁCTICA MATEMÁTICA ⑤** Comunica Explica cómo sabes que 9 minutos son menos que 600 segundos.

_____

_____

11. **PIENSA MÁS** Une con una línea los intervalos de tiempo equivalentes. Algunos intervalos pueden no tener equivalente.

1 hora   2 horas   5 horas   12 horas   48 horas
●   ●   ●   ●   ●

●   ●   ●   ●   ●
2 días   120 minutos   4 días   3,600 segundos   300 minutos

Conectar con las Ciencias

Un día es el tiempo que tarda la Tierra en hacer una rotación completa. Un año es el tiempo que tarda la Tierra en trasladarse alrededor del Sol. Para que el calendario coincida con la duración de la órbita de la Tierra, existen los años bisiestos. En los años bisiestos hay un día más. Cada cuatro años se agrega al calendario un día bisiesto: el 29 de febrero.

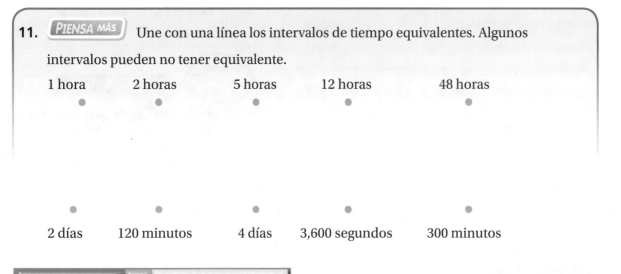

1 año = 365 días
1 año bisiesto = 366 días

12. ¿Cuántos días hay en 4 años, si el cuarto año es un año bisiesto? Explica. Haz una tabla como ayuda.

_____

_____

13. Parker nació el 29 de febrero de 2008. La segunda vez que podrá celebrar su cumpleaños en la fecha real será en 2016. ¿Cuál será la edad de Parker, en días, el 29 de febrero de 2016?

_____

Años	Días
1	
2	
3	
4	

Unidades de tiempo

Estándares comunes

ESTÁNDAR COMÚN—4.MD.A.1
Resuelven problemas relacionados a la medición y a la conversión de medidas de una unidad más grande a una más pequeña.

Completa.

1. 6 minutos = ___360___ segundos

Piensa: 1 minuto = 60 segundos,
entonces 6 minutos = 6 × 60 segundos o
360 segundos

2. 5 semanas = _____ días

3. 3 años = _____ semanas

4. 9 horas = _____ minutos

5. 9 minutos = _____ segundos

Compara con <, > o =.

6. 2 años $\bigcirc$ 14 meses

7. 3 horas $\bigcirc$ 300 minutos

8. 2 días $\bigcirc$ 48 horas

9. 6 años $\bigcirc$ 300 semanas

Resolución de problemas En el mundo

10. Judy practicó una pieza para piano durante 500 segundos. Bill practicó una pieza para piano durante 8 minutos. ¿Quién practicó más tiempo? **Explica.**

_____

_____

_____

_____

11. El hermano menor de Yvette acaba de cumplir 3 años. El hermano de Fred tiene 30 meses. ¿Qué hermano es mayor? **Explica.**

_____

_____

_____

_____

12. **ESCRIBE** ▸ *Matemáticas* Explica cómo puedes probar que 3 semanas es menos que 24 días.

_____

_____

_____

Repaso de la lección (4.MD.A.1)

1. Glen anduvo en bicicleta durante 2 horas. ¿Cuántos minutos anduvo en bicicleta?

2. Tina dice que las vacaciones comienzan exactamente en 4 semanas. ¿Cuántos días faltan para las vacaciones?

Repaso en espiral (4.NF.B.3b, 4.NF.C.5, 4.MD.A.1, 4.MD.A.2)

3. Kayla compró $\frac{9}{4}$ de libra de manzanas. ¿Cómo se escribe ese peso como un número mixto?

4. Judy, Jeff y Jim ganaron $5.40 cada uno por rastrillar hojas. ¿Cuánto ganaron en total?

5. Melinda recorrió $\frac{54}{100}$ de milla en su bicicleta hasta la biblioteca. Luego recorrió $\frac{4}{10}$ de milla hasta la tienda. ¿Qué distancia recorrió en total? Escribe tu respuesta como un número decimal.

6. Un día, los estudiantes bebieron 60 cuartos de leche en el almuerzo. ¿Cuántas pintas de leche bebieron?

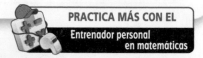

PRACTICA MÁS CON EL
Entrenador personal
en matemáticas

Nombre _____

Resolución de problemas • Tiempo transcurrido

Pregunta esencial ¿Cómo puedes usar la estrategia *hacer un diagrama* para resolver problemas de tiempo transcurrido?

Estándares comunes **Medición y datos—4.MD.A.2**
También 4.MD.A.1
PRÁCTICAS MATEMÁTICAS
MP1, MP4, MP5

Soluciona el problema En el mundo

Dora y su hermano Kyle pasaron 1 hora y 35 minutos trabajando en el jardín. Luego pararon para almorzar a la 1:20 p. m. ¿A qué hora comenzaron a trabajar en el jardín?

Usa el organizador gráfico como ayuda para resolver el problema.

Lee el problema

¿Qué debo hallar?	¿Qué información debo usar?	¿Cómo usaré la información?
Debo hallar la hora a la que Dora y Kyle _____ _____.	Debo usar el _____ y la hora a la que _____.	Puedo dibujar una línea cronológica como ayuda para contar hacia atrás y hallar la _____.

Resuelve el problema

Dibujo una línea cronológica en la que se muestre la hora de finalización a la 1:20 p. m. A continuación, cuento hacia atrás 1 hora y luego de 5 minutos en 5 minutos hasta llegar a 35 minutos.

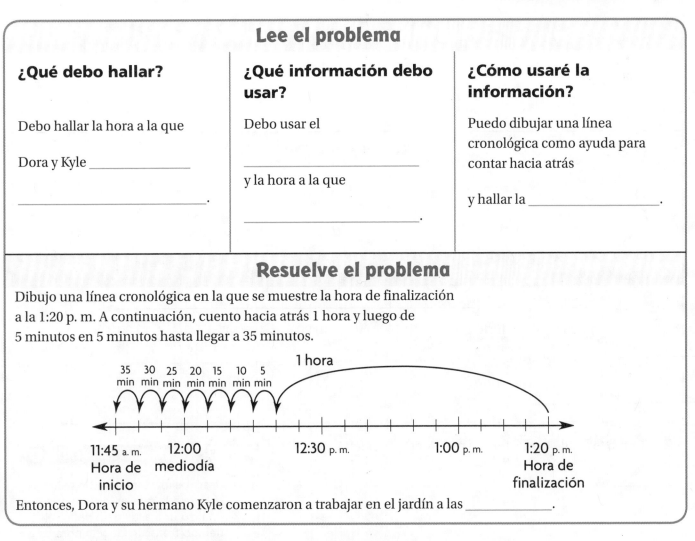

Entonces, Dora y su hermano Kyle comenzaron a trabajar en el jardín a las _____.

1. ¿Qué pasaría si Dora y Kyle pasaran 50 minutos trabajando en el jardín y pararan para almorzar a las 12:30 p. m.? ¿A qué hora habrían comenzado a trabajar en el jardín?

_____

🔓 Haz otro problema

Benjamín comenzó a montar en bicicleta a las 10:05 a. m. Paró 23 minutos más tarde, cuando su amigo Robbie lo invitó a jugar *kickball*. ¿A qué hora dejó de montar en bicicleta Benjamín?

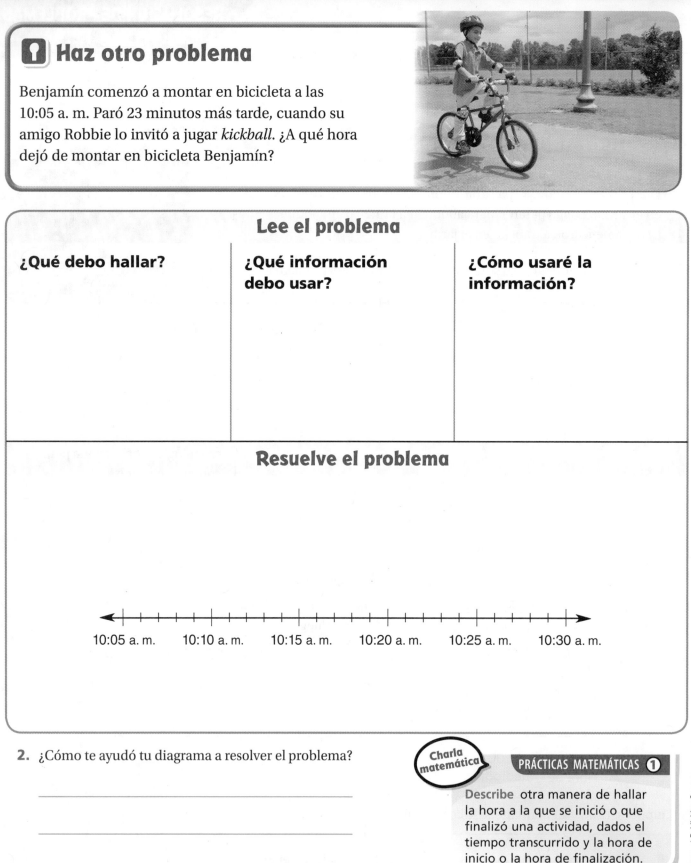

Lee el problema

¿Qué debo hallar?	¿Qué información debo usar?	¿Cómo usaré la información?

Resuelve el problema

```
←——|——|——|——|——|——|——|——|——|——|——|——|——|——→
  10:05 a. m.   10:10 a. m.   10:15 a. m.   10:20 a. m.   10:25 a. m.   10:30 a. m.
```

2. ¿Cómo te ayudó tu diagrama a resolver el problema?

_____

_____

_____

Charla matemática

PRÁCTICAS MATEMÁTICAS ①

Describe otra manera de hallar la hora a la que se inició o que finalizó una actividad, dados el tiempo transcurrido y la hora de inicio o la hora de finalización.

Nombre _____

Comparte y muestra

1. Evelyn tiene clases de danza todos los sábados. La clase dura 1 hora y 15 minutos y termina a las 12:45 p. m. ¿A qué hora comienza la clase de danza de Evelyn?

Primero, escribe el problema que debes resolver.

_____

A continuación, dibuja una línea cronológica para mostrar la hora de finalización y el tiempo transcurrido.

11:00 a. m.   12:00   1:00 p. m.
                     mediodía

Por último, halla la hora de inicio.

La clase de danza de Evelyn comienza a las _____ .

2. PIENSA MÁS ¿Qué pasaría si la clase de danza de Evelyn comenzara a las 11:00 a. m. y durara 1 hora y 25 minutos? ¿A qué hora terminaría la clase? Describe en qué se diferencia este problema del Problema 1.

_____

_____

✓ **3.** Beth subió al autobús a las 8:06 a. m. Pasaron treinta y cinco minutos hasta que llegó a la escuela. ¿A qué hora llegó Beth a la escuela?

_____

_____

✓ **4.** Lyle estuvo pescando durante 1 hora y 30 minutos, hasta que se quedó sin carnada a las 6:40 p. m. ¿A qué hora comenzó a pescar Lyle?

_____

_____

© Houghton Mifflin Harcourt Publishing Company • Image Credits: (t) ©David Fischer/Getty Images

Por tu cuenta

5. Mike y Jed fueron a esquiar a las 10:30 a. m. Esquiaron durante 1 hora y 55 minutos hasta que pararon para almorzar. ¿A qué hora pararon para almorzar?

_____

6. MÁS AL DETALLE Mike puede correr una milla en 12 minutos. Comienza a correr a las 11:30 a. m. y corre 4 millas. ¿A qué hora finaliza?

_____

7. PRÁCTICA MATEMÁTICA ⑤ **Comunica** Explica cómo puedes usar un diagrama para determinar la hora de inicio si la hora de finalización es a las 9:00 a. m. y el tiempo transcurrido son 26 minutos. ¿Cuál es la hora de inicio?

ESCRIBE ▶ _Matemáticas_
Muestra tu trabajo

_____

_____

_____

_____

8. PIENSA MÁS Bethany terminó su tarea de matemáticas a las 4:20 p. m. Resolvió 25 problemas de multiplicación en total. Si tardó 3 minutos en resolver cada problema, ¿a qué hora comenzó Bethany a hacer su tarea de matemáticas?

_____

9. PIENSA MÁS Vincent comenzó sus tareas del hogar de la semana el sábado por la mañana a las 11:20. Las terminó 1 hora y 10 minutos más tarde. Dibuja una línea cronológica que muestre la hora de finalización.

11:00 a. m.   12:00   1:00 p. m.
                              mediodía

Vincent terminó sus tareas a las _____ p. m.

Resolución de problemas • Tiempo transcurrido

ESTÁNDAR COMÚN—4.MD.A.2
Resuelven problemas relacionados a la medición y a la conversión de medidas de una unidad más grande a una más pequeña.

Lee los problemas y resuélvelos.

1. Molly comenzó su lección de piano a las 3:45 p. m. La lección duró 20 minutos. ¿A qué hora terminó?

Piensa: ¿Qué debo hallar? ¿Cómo puedo dibujar un diagrama que me ayude a resolverlo?

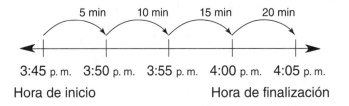

5 min   10 min   15 min   20 min

3:45 p. m.   3:50 p. m.   3:55 p. m.   4:00 p. m.   4:05 p. m.
Hora de inicio   Hora de finalización

4:05 p. m.
_____

2. Brendan jugó 24 minutos con un videojuego. Se detuvo a las 3:55 p. m. y salió a andar en bicicleta. ¿A qué hora comenzó a jugar con el videojuego?

_____

3. La clase de karate de Aimee dura 1 hora y 15 minutos y termina a las 5:00 p. m. ¿A qué hora comienza?

_____

4. El Sr. Giarmo partió hacia el trabajo a las 7:15 a. m. Veinticinco minutos después llegó a su trabajo. ¿A qué hora llegó?

_____

5. **ESCRIBE** *Matemáticas* Explica por qué es importante saber si una hora es a. m. o p. m. para hallar cuánto tiempo ha transcurrido.

_____

_____

Repaso de la lección (4.MD.A.2)

1. Bobbie fue a practicar *snowboard* con sus amigos a las 10:10 a. m. Practicaron durante 1 hora y 43 minutos y luego pararon para almorzar. ¿A qué hora almorzaron?

_____

2. La familia Cain manejó durante 1 hora y 15 minutos y llegó a su parcela en el campamento a las 3:44 p. m. ¿A qué hora comenzó el viaje?

_____

Repaso en espiral (4.NF.B.4b, 4.NF.C.5, 4.MD.A.1, 4.MD.A.2)

3. Una mantis religiosa puede crecer hasta 15 centímetros de longitud. ¿A cuánto equivale esta longitud en milímetros?

_____

4. Con la receta de Thom para preparar minestrón se pueden hacer 3 litros de sopa. ¿Cuántos mililitros de sopa es esto?

_____

5. Stewart camina $\frac{2}{3}$ de milla todos los días. Enumera tres múltiplos de $\frac{2}{3}$.

_____

_____

6. Angélica pintó 0.60 de los cuadrados de una cuadrícula. Escribe 0.60 como décimos en forma de fracción.

_____

_____

PRACTICA MÁS CON EL
Entrenador personal
en matemáticas

Nombre _____

Medidas mixtas

Pregunta esencial ¿Cómo puedes resolver problemas con medidas mixtas?

Estándares comunes Medición y datos—4.MD.A.2
También 4.MD.A.1
PRÁCTICAS MATEMÁTICAS
MP2, MP3, MP8

🔑 Soluciona el problema En el mundo

Herman construye una mesa para meriendas para un nuevo campamento. La mesa mide 5 pies y 10 pulgadas de largo. ¿Cuánto mide la mesa para meriendas en pulgadas?

- ¿La medida mixta es mayor o menor que 6 pies?

_____

- ¿Cuántas pulgadas hay en 1 pie?

_____

🔑 **Convierte una medida mixta.**

Piensa en 5 pies y 10 pulgadas como 5 pies + 10 pulgadas.

Escribe los pies como pulgadas.

5 pies   **Piensa:** 5 pies × 12 = ⟶   pulgadas
                  60 pulgadas
+ 10 pulgadas   +   pulgadas
                                              pulgadas

Entonces, la mesa mide _____ pulgadas de largo.

🔑 Ejemplo 1 Suma medidas mixtas.

Herman construyó la mesa para meriendas en 2 días. El primer día trabajó 3 horas y 45 minutos. El segundo día trabajó 2 horas y 10 minutos. ¿Cuánto tardó en construir la mesa?

PASO 1 Suma los minutos.

$$3 \text{ h } 45 \text{ min}$$
$$+ 2 \text{ h } 10 \text{ min}$$
$$\underline{\hspace{2cm}} \text{ min}$$

PASO 2 Suma las horas.

$$3 \text{ h } 45 \text{ min}$$
$$+ 2 \text{ h } 10 \text{ min}$$
$$\underline{\hspace{1cm}} \text{ h } 55 \text{ min}$$

Charla matemática **PRÁCTICAS MATEMÁTICAS 8**

Usa el razonamiento repetitivo ¿En qué se parecen sumar medidas mixtas y sumar decenas y unidades? ¿En qué se diferencian? Explica.

Entonces, Herman tardó _____ en construir la mesa.

- ¿Qué pasaría si Herman trabajara 5 minutos más en la mesa para meriendas? ¿Cuánto tiempo habría trabajado en la mesa? Explica.

_____

_____

🔑 Ejemplo 2 Resta medidas mixtas.

Alicia construye un cerco alrededor del área para meriendas. Tiene un poste que mide 6 pies y 6 pulgadas de longitud. Corta 1 pie y 7 pulgadas de un extremo. ¿Cuánto mide el poste ahora?

PASO 1 Resta las pulgadas.

Piensa: 7 pulgadas es mayor que 6 pulgadas. Hay que reagrupar para restar.

6 ft 6 in = 5 ft 6 in + 12 in

= 5 ft _____ in

$$\begin{array}{r} \overset{5}{\cancel{6}}\text{ft } \overset{18}{\cancel{6}}\text{ in} \\ - \ 1\text{ ft } 7\text{ in} \\ \hline \text{in} \end{array}$$

> **Para evitar errores**
> Asegúrate de comprobar que estás reagrupando correctamente. Hay 12 pulgadas en 1 pie.

PASO 2 Resta los pies.

$$\begin{array}{r} \overset{5}{\cancel{6}}\text{ft } \overset{18}{\cancel{6}}\text{ in} \\ - \ 1\text{ ft } 7\text{ in} \\ \hline \text{ft } 11\text{ in} \end{array}$$

Entonces, ahora el poste mide _____ de largo.

¡Inténtalo! Resta.

3 libras y 5 onzas − 1 libra y 2 onzas

Comparte y muestra MATH BOARD

1. Un camión transporta 2 toneladas y 500 libras de acero. ¿Cuántas libras de acero transporta el camión?

Piensa en 2 toneladas y 500 libras como 2 toneladas + 500 libras.
Escribe las toneladas como libras.

2 toneladas
+ 500 libras

Piensa: 2 toneladas × 2,000 = ⟶ _____ libras

_____ libras

+ _____ libras

_____ libras

Entonces, el camión transporta _____ libras de acero.

© Houghton Mifflin Harcourt Publishing Company • Image Credits: (t) ©Tim Laman/Getty Images

Nombre _____

Vuelve a escribir cada medida en la unidad dada.

2. 1 yarda y 2 pies

_____ pies

3. 3 pintas y 1 taza

_____ tazas

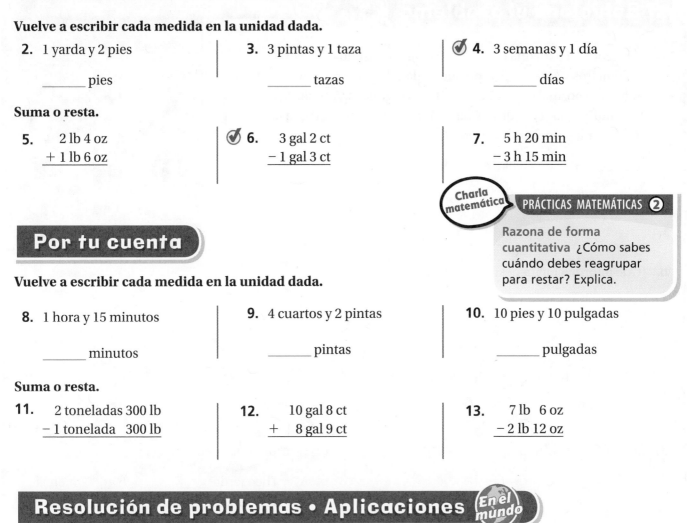 **4.** 3 semanas y 1 día

_____ días

Suma o resta.

5.   2 lb 4 oz
      + 1 lb 6 oz

✓ **6.**   3 gal 2 ct
      − 1 gal 3 ct

7.   5 h 20 min
      − 3 h 15 min

Charla matemática

PRÁCTICAS MATEMÁTICAS ➋

Razona de forma cuantitativa ¿Cómo sabes cuándo debes reagrupar para restar? Explica.

Por tu cuenta

Vuelve a escribir cada medida en la unidad dada.

8. 1 hora y 15 minutos

_____ minutos

9. 4 cuartos y 2 pintas

_____ pintas

10. 10 pies y 10 pulgadas

_____ pulgadas

Suma o resta.

11.   2 toneladas 300 lb
      − 1 tonelada   300 lb

12.   10 gal 8 ct
      +   8 gal 9 ct

13.   7 lb 6 oz
      − 2 lb 12 oz

Resolución de problemas • Aplicaciones En el mundo

14. **PRÁCTICA MATEMÁTICA ➌** Aplica Ahmed llena 6 jarras con jugo. Cada jarra contiene 2 cuartos y 1 pinta. ¿Cuántas pintas de jugo tiene en total?

_____

15. **¿Tiene sentido?** Sam y Dave resuelven el ejercicio que está a la derecha. Sam dice que la suma es 4 pies y 18 pulgadas. Dave dice que la suma es 5 pies y 6 pulgadas. ¿Qué resultado tiene sentido? ¿Qué resultado no tiene sentido? Explica.

    2 ft 10 in
  + 2 ft 8 in

_____

_____

16. **PIENSA MÁS** Jackson tiene una cuerda que mide 1 pie y 8 pulgadas de largo. La corta en 4 partes iguales. ¿Cuántas pulgadas de largo mide cada parte?

_____

Soluciona el problema En el mundo

17. Theo entrena para una carrera de 5 kilómetros. Cada día, corre 5 kilómetros y anota el tiempo que tarda en recorrer esa distancia. Su tiempo normal es de 25 minutos y 15 segundos. Ayer tardó apenas 23 minutos y 49 segundos. ¿Cuánto menor fue el tiempo que tardó ayer que el tiempo que tarda normalmente?

a. ¿Qué se te pide que halles?

_____

_____

b. ¿Qué información tienes?

_____

_____

c. ¿Cómo resolverás el problema?

_____

d. Resuelve el problema.

_____

e. Completa la oración.

Ayer Theo tardó _____ menos que su tiempo normal en correr 5 kilómetros.

---

18. 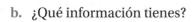 Jon tiene 5 tramos de tubo. Cada tramo mide 3 pies y 6 pulgadas de largo. Si Jon une los extremos de los tramos para hacer un tubo largo, ¿cuánto medirá el tubo nuevo?

Entrenador personal en matemáticas

19. PIENSA MÁS + Ana mezcla 2 cuartos y 1 pinta de jugo de manzana con 1 cuarto y 3 tazas de jugo de arándanos. ¿Podrá poner la mezcla en una jarra de 1 galón? Explica.

_____

_____

_____

_____

_____

Medidas mixtas

ESTÁNDAR COMÚN— 4.MD.A.2
Resuelven problemas relacionados a la medición y a la conversión de medidas de una unidad más grande a una más pequeña.

Estándares comunes

Completa.

1. 8 libras y 4 onzas = ___132___ onzas

Piensa: 8 libras = 8 × 16 onzas o 128 onzas.

128 onzas + 4 onzas = 132 onzas

2. 5 semanas y 3 días = _____ días

3. 4 minutos y 45 segundos = _____ segundos

4. 4 horas y 30 minutos = _____ minutos

5. 3 toneladas y 600 libras = _____ libras

Suma o resta.

6. 9 gal 1 ct
   + 6 gal 1 ct

7. 12 lb 5 oz
   − 7 lb 10 oz

8. 8 hr 3 min
   + 4 hr 12 min

Resolución de problemas · En el mundo

9. El equipo de básquetbol de Michael practicó durante 2 horas y 40 minutos ayer y 3 horas y 15 minutos hoy. ¿Cuánto tiempo más que ayer practicó el equipo hoy?

10. Rosa tenía un trozo de cinta de 5 pies y 3 pulgadas de largo. Cortó un trozo de 5 pulgadas para usarlo en su proyecto de arte. ¿Cuánto mide el trozo de cinta ahora?

11. **ESCRIBE** *Matemáticas* Escribe un problema de resta en el que haya que usar libras y onzas. Resuelve el problema y muestra tu trabajo.

Repaso de la lección (4.MD.A.2)

1. Marsha compró 1 libra y 11 onzas de carne asada y 2 libras y 5 onzas de picadillo de carne. ¿Cuánto más picadillo de carne que carne asada compró?

2. Theodore dice que quedan 2 semanas y 5 días para terminar el año. ¿Cuántos días quedan del año?

_____

_____

Repaso en espiral (4.NF.C.7, 4.MD.A.1, 4.MD.A.2, 4.G.A.2)

3. En una cuadrícula, 0.5 de los cuadrados están sombreados. En otra cuadrícula, 0.05 de los cuadrados están sombreados. Compara las partes sombreadas de las cuadrículas usando $<$, $=$ o $>$.

4. Clasifica el siguiente triángulo según el tamaño de sus ángulos.

_____

_____

_____

_____

5. El hermano de Sahil tiene 3 años. ¿Cuántas semanas de edad tiene?

6. Las lecciones de natación de Silvia duran 1 hora y 20 minutos. Terminó su lección a las 10:50 a. m. ¿A qué hora comenzó la lección?

_____

_____

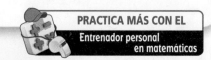

PRACTICA MÁS CON EL
Entrenador personal
en matemáticas

Patrones en las unidades de medida

Pregunta esencial ¿Cómo puedes usar patrones para escribir pares de
números para las unidades de medida?

Estándares comunes Medición y datos—
4.MD.A.1
PRÁCTICAS MATEMÁTICAS
MP3, MP6, MP7

RELACIONA En la tabla que está a la derecha se
muestra la relación entre yardas y pies. Puedes pensar en los
números de la tabla como pares de números.
1 y 3, 2 y 6, 3 y 9, 4 y 12, 5 y 15 son pares de números.

Con los pares de números se muestra la relación que hay
entre yardas y pies. 1 yarda es igual a 3 pies,
2 yardas son iguales a 6 pies, 3 yardas son iguales
a 9 pies y así sucesivamente.

Yardas	Pies
1	3
2	6
3	9
4	12
5	15

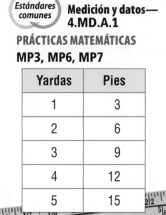

Soluciona el problema · En el mundo

Lillian hizo la siguiente tabla para mostrar la relación entre dos unidades
de tiempo. ¿Qué unidades de tiempo se muestran en el patrón de la tabla?

Actividad Usa la relación que hay entre los pares de
números para rotular las columnas de la tabla.

1	7
2	14
3	21
4	28
5	35

• Escribe los pares de números.

_____

• Describe la relación que hay entre los números de cada par.

_____

_____

_____

• Rotula las columnas de la tabla.

Piensa: ¿Qué unidad de tiempo es
7 veces más grande que otra unidad?

Charla matemática PRÁCTICAS MATEMÁTICAS ⑦

Identifica las relaciones
Observa los pares de
números de la tabla.
¿Podrías cambiar el orden
de los números de cada
par? Explica por qué.

¡Inténtalo! Jasper hizo la siguiente tabla para mostrar la relación entre dos unidades de volumen líquido del sistema usual. ¿Qué unidades de volumen líquido del sistema usual se muestran en el patrón de la tabla?

- Escribe los pares de números.

  _____

- Describe la relación que hay entre los números de cada par.

  _____

  _____

  _____

1	4
2	8
3	12
4	16
5	20

- Rotula las columnas de la tabla.

  Piensa: ¿Qué unidad de volumen líquido del sistema usual es 4 veces más grande que otra unidad?

- ¿Qué otras unidades podrías haber usado para rotular las columnas de la tabla anterior? Explica.

  _____

  _____

  _____

Comparte y muestra

1. En la tabla se muestra un patrón para dos unidades de tiempo. Rotula las columnas de la tabla con las unidades de tiempo.

   Piensa: ¿Qué unidad de tiempo es 24 veces más grande que otra unidad?

1	24
2	48
3	72
4	96
5	120

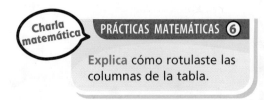

Charla matemática   PRÁCTICAS MATEMÁTICAS 6

Explica cómo rotulaste las columnas de la tabla.

En cada tabla se muestra un patrón para dos unidades del sistema usual.
Rotula las columnas de la tabla.

2.

____	____
1	2
2	4
3	6
4	8
5	10

3.

____	____
1	16
2	32
3	48
4	64
5	80

Por tu cuenta

En cada tabla se muestra un patrón para dos unidades de tiempo.
Rotula las columnas de la tabla.

4.

____	____
1	36
2	72
3	108
4	144
5	180

5.

____	____
1	12
2	24
3	36
4	48
5	60

En cada tabla se muestra un patrón para dos unidades de
longitud del sistema métrico. Rotula las columnas de la tabla.

6.

____	____
1	10
2	20
3	30
4	40
5	50

7.

____	____
1	100
2	200
3	300
4	400
5	500

8. _MÁS AL DETALLE_ Escribe los pares de números de la tabla del Ejercicio 6. Describe la
relación que hay entre los números de cada par.

_____

_____

_____

Resolución de problemas • Aplicaciones En el mundo

9. **¿Cuál es el error?** María escribió *Semanas* como rótulo de la primera columna de la tabla y *Años* como rótulo de la segunda columna. Describe su error.

?	?
1	52
2	104
3	156
4	208
5	260

_____

_____

_____

10. **PRÁCTICA MATEMÁTICA ❸ Verifica el razonamiento de otros** En la tabla se muestra un patrón para dos unidades del sistema métrico. Lou rotula las columnas *Metros* y *Milímetros*. Zayna las rotula *Litros* y *Mililitros*. ¿Qué respuesta tiene sentido? ¿Qué respuesta no tiene sentido? Explica.

?	?
1	1,000
2	2,000
3	3,000
4	4,000
5	5,000

_____

_____

_____

_____

11. **PIENSA MÁS** Observa los siguientes pares de números: 1 y 365, 2 y 730, 3 y 1,095. ¿Los pares de números describen la relación que hay entre qué dos unidades de tiempo? Explica.

_____

12. **PIENSA MÁS** Las tablas muestran los patrones de algunas unidades de medida. Escribe el rótulo correcto en cada tabla.

| Onzas | Días | Pies | Galones | Horas | Pulgadas | Libras | Cuartos |

___	___
1	12
2	24
3	36
4	48

___	___
1	24
2	48
3	72
4	96

___	___
1	4
2	8
3	12
4	16

Patrones en las unidades de medida

Estándares comunes

ESTÁNDAR COMÚN—4.MD.A.1
Resuelven problemas relacionados a la medición y a la conversión de medidas de una unidad más grande a una más pequeña.

En cada tabla se muestra un patrón para dos unidades de tiempo, volumen líquido o peso del sistema usual. Rotula las columnas de la tabla.

1.

Galones	Cuartos
1	4
2	8
3	12
4	16
5	20

2.

1	2,000
2	4,000
3	6,000
4	8,000
5	10,000

3.

1	2
2	4
3	6
4	8
5	10

4.

1	60
2	120
3	180
4	240
5	300

Resolución de problemas En el mundo

Usa la tabla para resolver el Ejercicio 5.

5. Marguerite hizo una tabla para comparar dos medidas de longitud del sistema métrico. Indica un par de unidades que podría comparar.

?	?
1	10
2	20
3	30
4	40
5	50

_____

6. **ESCRIBE** *Matemáticas* Dibuja una tabla que represente meses y años. Explica cómo rotulaste las columnas.

_____

_____

Repaso de la lección (4.MD.A.1)

1. Joanne hizo una tabla para relacionar dos unidades de medida. Los pares de números de la tabla son 1 y 16, 2 y 32, 3 y 48, 4 y 64. ¿Cuáles son los mejores rótulos para la tabla?

   _____

2. Carla hizo una tabla para relacionar dos unidades de tiempo. Los pares de números de su tabla son 1 y 24, 2 y 48, 3 y 72, 4 y 96. ¿Cuáles son los mejores rótulos para la tabla?

   _____

Repaso en espiral (4.NF.C.6, 4.MD.A.1, 4.MD.A.2, 4.MD.C.5a)

3. Anita tiene 2 monedas de 25¢, 1 moneda de 5¢ y 4 monedas de 1¢. Escribe la cantidad total de dinero que tiene Anita como una fracción de un dólar.

   _____

4. El minutero de un reloj se mueve de 12 a 6. ¿Qué número describe el giro que hace el minutero?

   _____

5. El perro de Roderick tiene una masa de 9 kilogramos. ¿Cuál es la masa del perro en gramos?

   _____

6. Kari mezcló 3 galones y 2 cuartos de refresco de lima-limón con 2 galones y 3 cuartos de limonada rosada para preparar un refresco de frutas. ¿Cuánto más refresco de lima-limón que de limonada rosada usó?

   _____

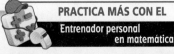

PRACTICA MÁS CON EL
Entrenador personal
en matemáticas

✓Repaso y prueba del Capítulo 12

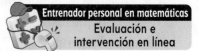

Entrenador personal en matemáticas
Evaluación e
intervención en línea

1. La señora Miller quiere hacer una estimación del ancho de los escalones del frente de su casa. Selecciona cuál es el mejor punto de referencia que puede usar.

   (A) su dedo

   (B) el ancho de una moneda de diez centavos

   (C) el ancho de la patente de un carro

   (D) la distancia que puede caminar en 20 minutos

2. **MÁS AL DETALLE** Franco jugó al ajedrez en la computadora durante 3 horas. Lian jugó al ajedrez en la computadora durante 150 minutos. Compara los tiempos que ambos pasaron jugando al ajedrez. Completa la oración.

   _____ pasó _____ más que _____.
   jugando al ajedrez.

3. Selecciona las medidas que sean iguales. Marca todas las que correspondan.

   (A) 6 pies

   (B) 15 yardas

   (C) 45 pies

   (D) 600 pulgadas

   (E) 12 pies

   (F) 540 pulgadas

4. Jackie preparó 6 cuartos de limonada. Dice que hizo 3 pintas de limonada. Explica cuál es el error de Jackie. Luego halla la cantidad correcta de pintas de limonada.

Opciones de evaluación
Prueba del capítulo

5. Josh hace gimnasia todos los días después de la escuela. El cuadro muestra la cantidad de tiempo que Josh pasó haciendo gimnasia durante dos semanas.

Tiempo que hizo gimnasia (horas)
$\frac{1}{4}, \frac{1}{4}, \frac{3}{4}, \frac{3}{4}, \frac{1}{2}$, 1, 1, 1, $\frac{3}{4}$, 1

Parte A

Haz una tabla de conteo y un diagrama de puntos para representar los datos.

Tiempo que hizo gimnasia	
Tiempo (en horas)	Conteo

Parte B

Explica cómo usaste la tabla de conteo para rotular los números y graficar las X.

Parte C

¿Cuál es la diferencia entre la mayor y la menor cantidad de tiempo que Josh dedicó a hacer gimnasia?

_____ de hora

6. Selecciona la palabra correcta para completar la oración.
Juan trae una botella de agua a la práctica de fútbol.

Una botella llena de agua contiene de agua.

1 litro
10 mililitros
1 metro

7. Escribe el símbolo que compare los pesos correctamente.

<		=		>

128 onzas _____ 8 libras

8,000 libras _____ 3 toneladas

8. Dwayne compró 5 yardas de papel de regalo. ¿Cuántas pulgadas de papel de regalo compró?

_____ pulgadas

9. Un saco de patatas pesa 14 libras y 9 onzas. Después de que Wendy preparara una ensalada de patatas para un picnic, el saco pesa 9 libras y 14 onzas. ¿Cuánto pesan las patatas que Wendy usó para la ensalada? Escribe los números para mostrar la resta correcta.

14 libras	9 onzas
− 9 libras	14 onzas
☐ libras	☐ onzas

4	5	11	13	19	25	39

10. Sabita hizo esta tabla para mostrar la relación entre dos unidades de volumen líquido del sistema usual.

Parte A

Escribe los pares de números de la tabla. Luego describe la relación que hay entre los números de cada par.

_____	_____
1	2
2	4
3	6
4	8
5	10

Parte B

Rotula las columnas de la tabla. Explica tu respuesta.

11. PIENSA MÁS La tabla muestra las distancias en millas que algunos estudiantes nadaron. Completa el diagrama de puntos para representar los datos.

Distancia que los estudiantes nadaron (en millas)
$\frac{1}{8}, \frac{2}{8}, \frac{3}{8}, \frac{3}{8}, \frac{5}{8}, \frac{3}{8}, \frac{2}{8}, \frac{4}{8}, \frac{3}{8}, \frac{1}{8}, \frac{4}{8}, \frac{4}{8}$

Distancia que los estudiantes nadaron (en millas)

¿Cuál es la diferencia entre la mayor y la menor distancia que nadaron los estudiantes?

☐ de milla

12. Un elefante que vive en una reserva pesa 4 toneladas. ¿Cuántas libras pesa el elefante?

_____ libras

13. Katia compró dos frutas. Dice que la diferencia de la masa de las frutas es de 5,000 gramos. ¿Qué frutas compró Katia?

(A) sandía: 8 kilogramos

(B) melón Cantalupo: 5 kilogramos

(C) melón verde: 3 kilogramos

(D) melón Casaba: 2 kilogramos

(E) melón Crenshaw: 1 kilogramo

14. Escribe las medidas equivalentes en cada columna.

3,000 milímetros	300 centímetros	30 centímetros
$\frac{35}{100}$ de metro	0.300 metros	0.35 metros
$\frac{300}{1,000}$ de metro	350 milímetros	30 decímetros

3 metros	35 centímetros	300 milímetros

15. Cheryl está preparando una mezcla de jugos para una fiesta. Mezcla 7 pintas de jugo de manzana con 7 pintas de jugo de arándanos. ¿Cuántas onzas fluidas de jugo obtiene Cheryl?

_____ onzas fluidas

16. El partido de fútbol de Hamid comenzará a las 11:00 a. m., pero los jugadores deben presentarse en el campo tres cuartos de hora antes para el precalentamiento. El partido debe finalizar a la 1:15 p. m.

Parte A

Hamid dice que tiene que estar en el campo a las 9:45 a. m. ¿Eso es correcto? Explica tu respuesta.

Parte B

El parque cierra a las 6:30 p. m. Hay un recreo de 15 minutos entre cada partido que se juega en el parque, y todos los partidos duran lo mismo que el partido de fútbol de Hamid. ¿Cuántos partidos más se pueden jugar antes de que el parque cierre? Explica tu respuesta.

17. En los ejercicios 17a a 17e, selecciona Sí o No para decir si las medidas son equivalentes o no.

17a. 7,000 gramos y 7 kilogramos	○ Sí	○ No
17b. 200 mililitros y 2 litros	○ Sí	○ No
17c. 6 gramos y 6,000 kilogramos	○ Sí	○ No
17d. 5 litros y 5,000 mililitros	○ Sí	○ No
17e. 2 mililitros y 2,000 litros	○ Sí	○ No

18. Une con líneas los intervalos de tiempo equivalentes.

$\frac{1}{2}$ hora   2 horas   3 horas   8 horas   72 horas

•   •   •   •   •

•   •   •   •   •

3 días   180 minutos   1,800 segundos   480 minutos   7,200 segundos

19. Anya llegó a la biblioteca el sábado a las 11:10 a. m. Se fue de la biblioteca 1 hora y 20 minutos después. Dibuja una línea cronológica para representar la hora de finalización.

11:00 a.m.   12:00   1:00 p.m.
                           mediodía

Anya se fue de la biblioteca a las _____ p. m.

20. Las tablas muestran patrones para algunas unidades de medida. Escribe los rótulos correctos en cada una de las tablas.

| Pintas | Días | Pies | Tazas | Semanas | Yardas | Pulgadas | Cuartos |

1	3		1	7		1	4
2	6		2	14		2	8
3	9		3	21		3	12
4	12		4	28		4	16

21. Una piscina olímpica tiene 25 metros de ancho. ¿Cuántos decímetros de ancho tiene?

_____ decímetros de ancho

22. Frankie está entrenando para una carrera de 5 kilómetros. Su tiempo normal es 31 minutos y 21 segundos. Ayer tardó solamente 29 minutos y 38 segundos.

¿Cuánto tiempo menos que su tiempo normal tardó Frankie?

_____

Álgebra: Perímetro y área

✓ Muestra lo que sabes

Entrenador personal en matemáticas
Evaluación e intervención en línea

Comprueba si comprendes las destrezas importantes.

Nombre _____

▶ **Factores que faltan** **Halla el factor que falta.** (3.OA.A.4)

1.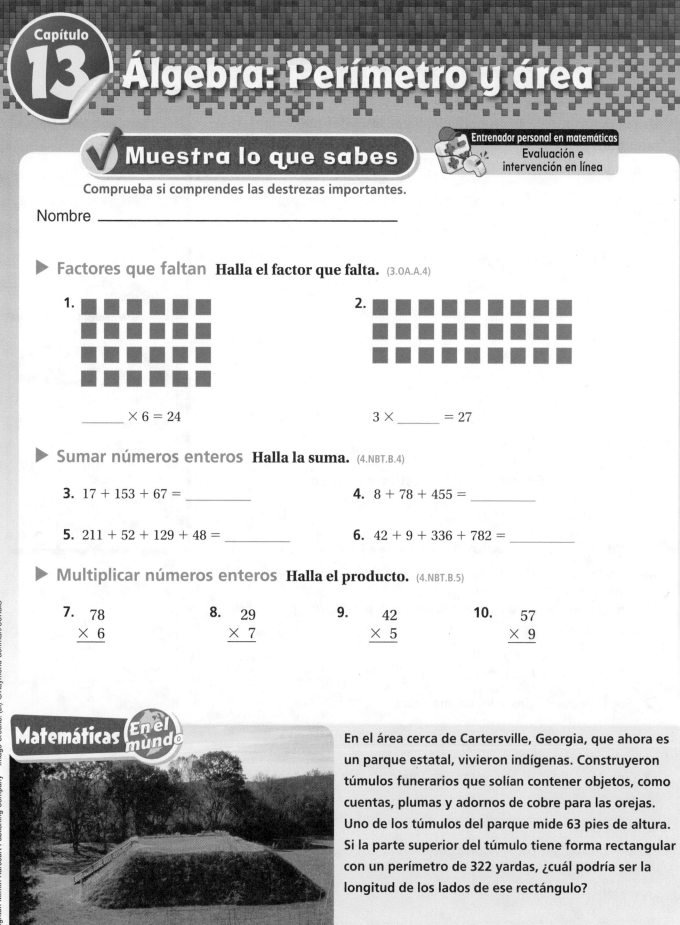

   _____ × 6 = 24

2.

   3 × _____ = 27

▶ **Sumar números enteros** **Halla la suma.** (4.NBT.B.4)

3. 17 + 153 + 67 = _____

4. 8 + 78 + 455 = _____

5. 211 + 52 + 129 + 48 = _____

6. 42 + 9 + 336 + 782 = _____

▶ **Multiplicar números enteros** **Halla el producto.** (4.NBT.B.5)

7.
78
× 6

8.
29
× 7

9.
42
× 5

10.
57
× 9

Matemáticas En el mundo

En el área cerca de Cartersville, Georgia, que ahora es un parque estatal, vivieron indígenas. Construyeron túmulos funerarios que solían contener objetos, como cuentas, plumas y adornos de cobre para las orejas. Uno de los túmulos del parque mide 63 pies de altura. Si la parte superior del túmulo tiene forma rectangular con un perímetro de 322 yardas, ¿cuál podría ser la longitud de los lados de ese rectángulo?

Desarrollo del vocabulario

▶ **Visualízalo**•••••••••••••••••••••••••••••••••••••••

Usa el diagrama de Venn para clasificar las palabras marcadas con ✓.

Medida

Sistema usual   Sistema métrico

▶ **Comprende el vocabulario** ••••••••••••••••••••••

Escribe la palabra o el término que resuelva el acertijo.

1. Soy el número de unidades cuadradas que se necesitan para cubrir una superficie.

   _____

2. Soy la distancia alrededor de una figura.

   _____

3. Soy una unidad de área que mide 1 unidad por 1 unidad.

   _____

4. Soy un conjunto de símbolos que expresa una regla matemática.

   _____

- **Libro interactivo del estudiante**
- **Glosario multimedia**

Vocabulario del Capítulo 13

área

area

6

base

base

7

centímetro (cm)

centimeter (cm)

9

fórmula

formula

34

altura

height

1

metro (m)

meter (m)

44

perímetro

perimeter

64

unidad cuadrada

square unit

94

Uno de los lados de un polígono o una figura bidimensional, por lo general un polígono o un círculo, que se toma como referencia para medir o nombrar una figura tridimensional

Ejemplos:

base

bases

base

La medida del número de unidades cuadradas que se necesitan para cubrir una superficie

Ejemplo:

área = 9 unidades cuadradas

Un conjunto de símbolos que expresa una regla matemática

Ejemplo: Área = base $\times$ altura o $A = b \times h$

Una unidad del sistema métrico con la que se mide la longitud o la distancia
1 metro = 100 centímetros

Ejemplo:

1 centímetro

Una unidad del sistema métrico con la que se mide la longitud o la distancia
1 metro = 100 centímetros

Ejemplo:

aproximadamente
1 metro

La medida de una recta perpendicular desde la base hasta la parte superior de una figura bidimensional

Ejemplo:

altura

base

Una unidad de área con dimensiones de
1 unidad $\times$ 1 unidad

Ejemplo:

1 unidad

1 unidad

La distancia alrededor de una figura

4 cm

2 cm

2 cm

4 cm

perímetro = 2 cm + 4 cm + 2 cm + 4 cm = 12 cm

Adivina la palabra

Recuadro de palabras

altura, h
área
base, b
centímetro
fórmula
metro
perímetro
unidad cuadrada

Para 3 a 4 jugadores

Materiales

- Temporizador

Instrucciones

1. Túrnense para jugar.

2. Elige un término matemático, pero no lo digas en voz alta.

3. Pon 1 minuto en el temporizador.

4. Da una pista de una palabra sobre tu término. Dale a cada jugador una oportunidad para que adivine tu término.

5. Si nadie adivina, repite el Paso 4 con una pista diferente. Repite hasta que un jugador adivine el término o se acabe el tiempo.

6. El jugador que adivine el término obtiene 1 punto. Si el jugador puede usar la palabra en una oración, obtiene 1 punto más. Luego es su turno de elegir una palabra.

7. Ganará la partida el primer jugador que obtenga 10 puntos.

Escríbelo

Reflexiona

Elige una idea. Escribe sobre ella en el espacio de abajo.

- Define *perímetro* y *área* con tus propias palabras.
- Explica cómo usar una fórmula para hallar el área de un rectángulo.
- Escribe un problema sobre área cuya solución sea 36 unidades cuadradas.

Perímetro

Pregunta esencial ¿Cómo puedes usar una fórmula para hallar el perímetro de un rectángulo?

Estándares comunes Medición y datos— 4.MD.A.3
PRÁCTICAS MATEMÁTICAS
MP1, MP7, MP8

Soluciona el problema En el mundo

Julio está colocando un borde de piedra alrededor de su jardín rectangular. La longitud del jardín es 7 pies. El ancho del jardín es 5 pies. ¿Cuántos pies de borde de piedra necesita Julio?

El **perímetro** es la distancia alrededor de una figura.

Para hallar cuántos pies de borde de piedra necesita Julio, halla el perímetro del jardín.

- Encierra en un círculo los números que usarás.
- ¿Qué debes hallar?

_____

_____

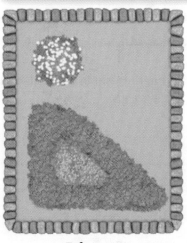

Usa la suma.

Perímetro de un rectángulo = longitud + ancho + longitud + ancho

$$7 + 5 + 7 + 5 = \underline{\qquad}$$

El perímetro es _____ pies.

Entonces, Julio necesita _____ pies de borde de piedra.

7 ft

5 ft

Usa la multiplicación.

A Halla el perímetro de un rectángulo.

Perímetro = (2 × longitud) + (2 × ancho)

8 cm

12 cm   12 cm

8 cm

Perímetro = (2 × 12) + (2 × 8)

$$= 24 + 16$$

$$= \underline{\qquad}$$

Entonces, el perímetro es _____ centímetros.

B Halla el perímetro de un cuadrado.

Perímetro = 4 × un lado

16 in

16 in   16 in

16 in

Perímetro = 4 × 16

$$= \underline{\qquad}$$

Entonces, el perímetro es _____ pulgadas.

Charla matemática

PRÁCTICAS MATEMÁTICAS ⑦

Identifica las relaciones ¿Cuál es la relación entre usar la suma y usar la multiplicación para hallar el perímetro de un rectángulo?

Usa una fórmula Una **fórmula** es una regla matemática.
Puedes usar una fórmula para hallar un perímetro.

$P = (2 \times l) + (2 \times a)$

↑   ↑   ↑

perímetro   longitud   ancho

ancho

longitud

🔒 **Ejemplo** **Halla el perímetro del rectángulo.**

$P = (2 \times l) + (2 \times a)$

$= (2 \times \underline{\hspace{1cm}}) + (2 \times \underline{\hspace{1cm}})$ Piensa: Escribe las medidas que conoces.

$= \underline{\hspace{1cm}} + \underline{\hspace{1cm}}$ Piensa: Resuelve primero lo que está entre paréntesis.

$= \underline{\hspace{1cm}}$

14 m

18 m

El perímetro del rectángulo es _____ .

1. ¿Puedes usar la propiedad distributiva para escribir la fórmula
   $P = (2 \times l) + (2 \times a)$ de otra manera? Explica.

   _____

   _____

   _____

   _____

¡Inténtalo! **Escribe una fórmula para el perímetro de un cuadrado.**

Usa la letra _____ para el perímetro.

Usa la letra _____ para la longitud de un lado.

Fórmula: _____

2. Justifica la fórmula que escribiste para el perímetro de un cuadrado.

   _____

   _____

   _____

   _____

   _____

Nombre _____

Fórmulas para el perímetro

Rectángulo:
$P = (2 \times l) + (2 \times a)$ o
$P = 2 \times (l + a)$

Cuadrado:
$P = 4 \times L$

1. Halla el perímetro del rectángulo.

$P = ($ _____ $\times$ _____ $) + ($ _____ $\times$ _____ $)$

$= ($ _____ $\times$ _____ $) + ($ _____ $\times$ _____ $)$

$=$ _____ $+$ _____

$=$ _____

8 ft

4 ft

El perímetro es _____ pies.

Halla el perímetro del rectángulo o cuadrado.

2.

4 yd

16 yd

_____ yardas

✓**3.**

42 m

110 m

_____ metros

✓**4.**

4 m

4 m

_____ metros

Charla matemática

PRÁCTICAS MATEMÁTICAS ⑧

Saca conclusiones ¿Puedes usar la fórmula $P = (2 \times l) + (2 \times a)$ para hallar el perímetro de un cuadrado? Explica.

Por tu cuenta

Halla el perímetro del rectángulo o cuadrado.

5.

34 in

20 in

_____ pulgadas

6.

116 ft   116 ft

_____ pies

7.

21 m

42 m

_____ metros

8. *MÁS AL DETALLE* Robert quiere poner luces alrededor del frente de su casa. La casa mide 12 yardas de longitud y 7 yardas de altura. ¿Cuántos pies de luces necesita?

9. **PRÁCTICA MATEMÁTICA** ① **Analiza** ¿Cuál es la longitud del lado de un cuadrado que tiene un perímetro de 60 metros?

Soluciona el problema En el mundo

10. **PIENSA MÁS** Alejandra quiere agregar una tira de flecos a una bufanda. La bufanda tiene forma de rectángulo. La longitud de la bufanda es 48 pulgadas. El ancho es igual a la mitad de la longitud. ¿Qué cantidad de flecos necesita Alejandra?

a. Haz un dibujo de la bufanda y rotula las medidas dadas en tu dibujo.

b. ¿Qué debes hallar?

_____

d. Muestra los pasos que sigues para resolver el problema.

c. ¿Qué fórmula usarás?

_____

e. Completa.

La longitud de la bufanda es _____ pulgadas.

El ancho es igual a la mitad de la longitud

o _____ ÷ 2 = _____ pulgadas.

Entonces, el perímetro es (_____ × _____) +

(_____ × _____) = _____ pulgadas.

f. Alejandra necesita _____ de flecos.

11. **MÁS AL DETALLE** Marcia hará un marco para su fotografía. El marco será tres veces más largo que ancho. El ancho del marco será 5 pulgadas. ¿Qué cantidad de madera necesita Marcia para hacer el marco?

_____

12. **PIENSA MÁS** María está construyendo un arenero de 36 pulgadas de ancho. La longitud es cuatro veces el ancho. ¿Cuál es el perímetro del arenero? Muestra tu trabajo. Explica.

Perímetro

ESTÁNDAR COMÚN—4.MD.A.3
Resuelven problemas relacionados a la medición y a la conversión de medidas de una unidad más grande a una más pequeña.

Estándares comunes

Halla el perímetro del rectángulo o cuadrado.

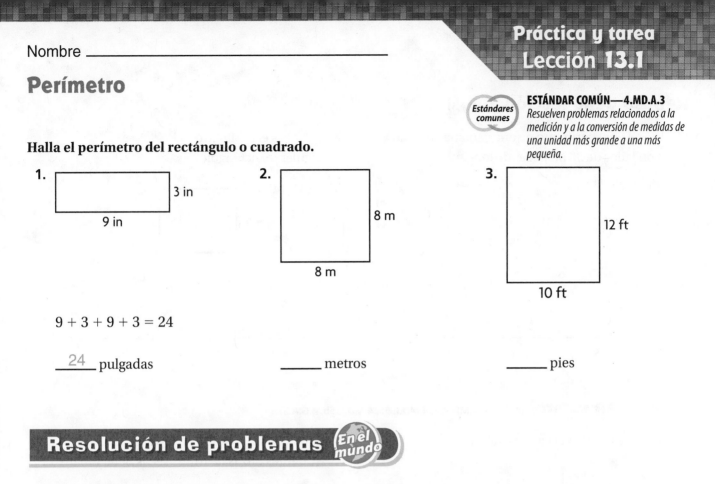

1.

3 in

9 in

2.

8 m

8 m

3.

12 ft

10 ft

$9 + 3 + 9 + 3 = 24$

___24___ pulgadas

_____ metros

_____ pies

Resolución de problemas En el mundo

4. Troy hace una bandera con forma de cuadrado. Cada lado mide 12 pulgadas. Quiere agregarle una cinta alrededor de los bordes. Tiene 36 pulgadas de cinta. ¿Tiene suficiente cinta? **Explica.**

5. El ancho de la piscina comunitaria de Ochoa es 20 pies. La longitud es el doble de la medida del ancho. ¿Cuál es el perímetro de la piscina?

_____

_____

6. **ESCRIBE** *Matemáticas* Imagina que quieres colocar un borde alrededor de una habitación rectangular. Haz un resumen de los pasos que seguirías para hallar la longitud de borde que necesitas.

_____

_____

_____

_____

Repaso de la lección (4.MD.A.3)

1. ¿Cuál es el perímetro de una ventana cuadrada con lados de 36 pulgadas de longitud?

2. ¿Cuál es el perímetro del siguiente rectángulo?

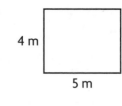

4 m

5 m

_____

_____

Repaso en espiral (4.NF.C.7, 4.MD.A.1, 4.MD.C.5a, 4.MD.C.5b, 4.G.A.3)

3. Natalie dibujó el siguiente ángulo.

¿Cuál es la estimación más razonable de la medida del ángulo que dibujó Natalie?

4. Ethan tiene 3 libras de frutos secos surtidos. ¿Cuántas onzas de frutos secos tiene Ethan?

_____

_____

5. ¿Cuántos ejes de simetría parece tener la siguiente figura?

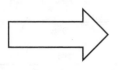

6. Janna bebió 0.7 litros de agua antes de la práctica de fútbol y 0.70 litros de agua después de la práctica. Usa $<$, $=$ o $>$ para comparar los dos números decimales.

_____

_____

PRACTICA MÁS CON EL
Entrenador personal
en matemáticas

Nombre _____

Área

Pregunta esencial ¿Cómo puedes usar una fórmula para hallar el área de un rectángulo?

Estándares comunes Medición y datos—4.MD.A.3
PRÁCTICAS MATEMÁTICAS
MP2, MP6, MP7

🔑 Soluciona el problema En el mundo

La **base, *b*,** de una figura bidimensional puede ser cualquiera de los lados. La **altura, *h*,** es la medida de un segmento perpendicular desde la base hasta la parte superior de la figura.

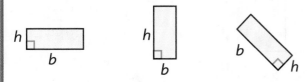

Recuerda

Las rectas perpendiculares y los segmentos perpendiculares forman ángulos rectos.

El **área** es el número de unidades cuadradas que se necesitan para cubrir una superficie plana sin brechas ni superposiciones.
Una **unidad cuadrada** es un cuadrado que mide 1 unidad de longitud y 1 unidad de ancho. Para hallar el área de una figura, cuenta el número de unidades cuadradas que hay dentro de la figura.

¿Qué relación hay entre la base, la altura y el área de un rectángulo?

1 unidad
1 unidad ☐ 1 unidad
1 unidad

🔒 **Completa la tabla para hallar el área.**

Figura	Base	Altura	Área
	5 unidades		

1. ¿Qué relación observas entre la base, la altura y el área?

_____

_____

Charla matemática PRÁCTICAS MATEMÁTICAS ❼

Busca estructuras ¿Cómo decides qué lado del rectángulo debes usar como la base?

2. Escribe una fórmula para hallar el área de un rectángulo. Usa la letra *A* para el área. Usa la letra *b* para la base. Usa la letra *h* para la altura.

Fórmula: _____

Usa una fórmula Puedes usar una fórmula para hallar el área.

$$A = b \times h$$

↑ área   ↑ base   ↑ altura

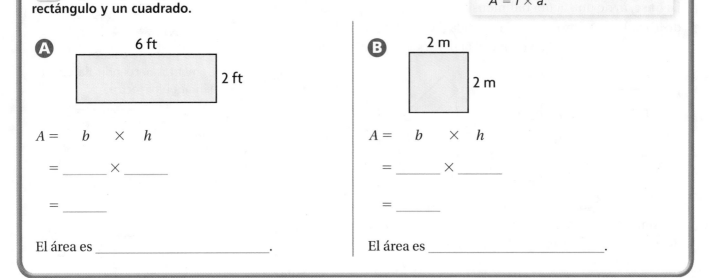

altura

base

🔑 **Ejemplos** Usa una fórmula para hallar el área de un rectángulo y un cuadrado.

A   6 ft

2 ft

$A = \quad b \quad \times \quad h$

$= \underline{\hspace{1cm}} \times \underline{\hspace{1cm}}$

$= \underline{\hspace{1cm}}$

El área es _____.

B   2 m

2 m

$A = \quad b \quad \times \quad h$

$= \underline{\hspace{1cm}} \times \underline{\hspace{1cm}}$

$= \underline{\hspace{1cm}}$

El área es _____.

¡Inténtalo! Escribe una fórmula para el área de un cuadrado.

Usa la letra _____ para el área.

Usa la letra _____ para la longitud de un lado.

Fórmula: _____

Comparte y muestra

MATH BOARD

1. Halla el área del rectángulo.

$A = b \times \underline{\hspace{1cm}}$

$= \underline{\hspace{1cm}} \times \underline{\hspace{1cm}}$

$= \underline{\hspace{1cm}}$

11 cm

13 cm

Nombre _____

Fórmulas para el área

Rectángulo:	Cuadrado:
$A = b \times h$	$A = L \times L$

Halla el área del rectángulo o cuadrado.

2.
7 in
2 in

✓ 3.
9 m   9 m

✓ 4.
8 ft
14 ft

Charla matemática

PRÁCTICAS MATEMÁTICAS 6

Explica cómo puedes hallar el área de un cuadrado si solo sabes que la longitud de uno de los lados es 23 pies.

Por tu cuenta

Halla el área del rectángulo o cuadrado.

5.
13 ft
5 ft

6.
13 yd
13 yd

7.
2 cm
20 cm

Práctica: Copia y resuelve Halla el área del rectángulo.

8. base: 16 pies

altura: 6 pies

9. base: 9 yardas

altura: 17 yardas

10. base: 14 centímetros

altura: 11 centímetros

11. *MÁS AL DETALLE* El patio rectangular de Terry mide 15 metros por 18 metros. El patio rectangular de Todd mide 20 metros por 9 metros. ¿Cuánto mayor es el área del patio de Terry que el área del patio de Todd?

12. **PRÁCTICA MATEMÁTICA 2** Razona de forma cuantitativa

Carmen tejió un acolchado cuadrado para bebé que mide 36 pulgadas de cada lado. ¿Cuál es el área del acolchado?

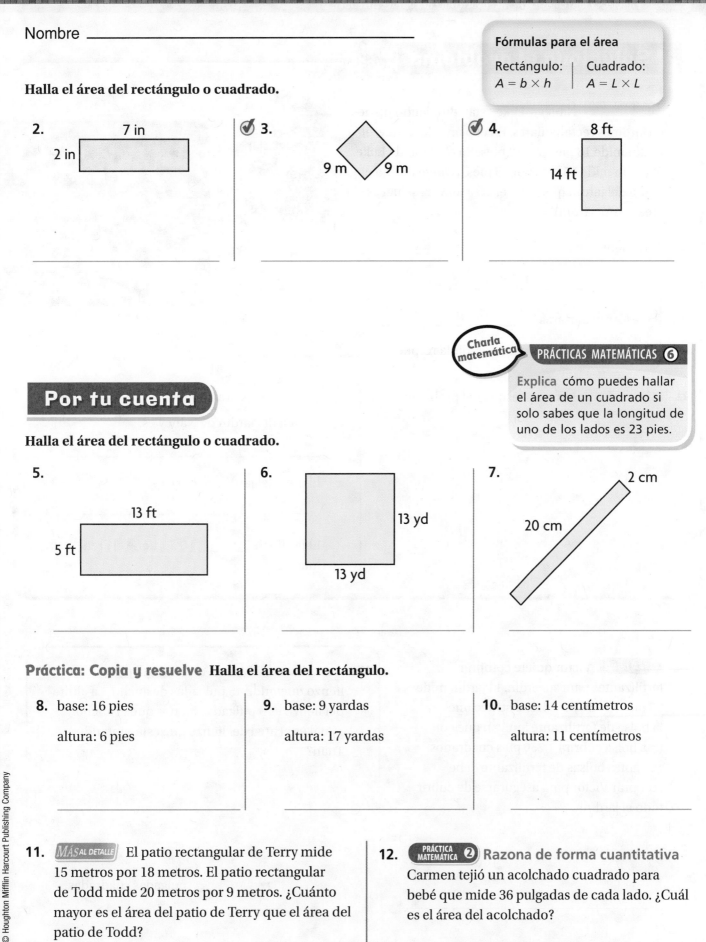

Soluciona el problema En el mundo

13. **PIENSA MÁS** Nancy y Luke están dibujando planos de jardines rectangulares. En el plano de Nancy, el jardín mide 18 pies por 12 pies. En el plano de Luke, el jardín mide 15 pies por 15 pies. ¿Quién dibujó el plano del jardín que tiene el área mayor? ¿Cuál es el área de ese jardín?

a. ¿Qué debes hallar? _____

_____

b. ¿Qué fórmula usarás? _____

c. ¿Qué unidades usarás para escribir la respuesta? _____

d. Muestra los pasos para resolver el problema.

e. Completa las oraciones.

El área del jardín de Nancy es

_____.

El área del jardín de Luke es

_____.

El jardín de _____ tiene el área mayor.

14. **MÁS AL DETALLE** Víctor quiere comprar fertilizantes para su jardín. El jardín mide 35 pies por 55 pies. Las instrucciones en la bolsa de fertilizante indican que con una bolsa cubrirá 1,250 pies cuadrados. ¿Cuántas bolsas de fertilizante debe comprar Víctor para asegurarse de cubrir todo el jardín?

_____

15. **PIENSA MÁS** Tuan es artista. Está pintando un lienzo que mide 45 pulgadas de ancho. La altura del lienzo es 9 pulgadas menos que el ancho. ¿Cuál es el área del lienzo que está pintando Tuan?

_____ pulgadas cuadradas

Área

ESTÁNDAR COMÚN—4.MD.A.3
Resuelven problemas relacionados a la medición y a la conversión de medidas de una unidad más grande a una más pequeña.

Halla el área del rectángulo o cuadrado.

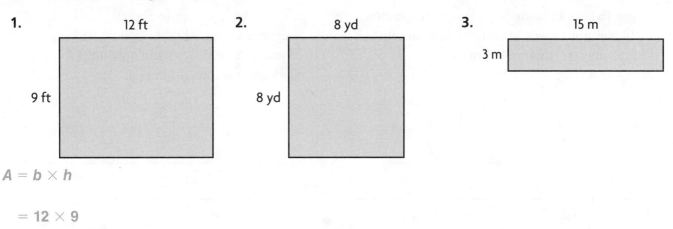

1.   12 ft

9 ft

$A = b \times h$

$= 12 \times 9$

108 pies

cuadrados

2.   8 yd

8 yd

3.   15 m

3 m

Resolución de problemas · En el mundo

4. Meghan coloca papel tapiz en una pared que mide 8 pies por 12 pies. ¿Cuánto papel tapiz necesita Meghan para cubrir la pared?

_____

5. Bryson coloca tepe en su jardín para que crezca césped nuevo. Cada trozo de tepe es un cuadrado de 1 pie por 1 pie. ¿Cuántos trozos de tepe necesitará Bryson para cubrir su jardín si el jardín mide 30 pies por 14 pies?

_____

6. **ESCRIBE** ▸*Matemáticas* Piensa en lo que sabes acerca del perímetro y el área. Describe cómo hallar el perímetro y el área de tu salón de clases.

_____

_____

_____

_____

Repaso de la lección (4.MD.A.3)

1. Ellie y Heather dibujaron modelos del piso de sus salas. El modelo de Ellie representa 20 pies por 15 pies. El modelo de Heather representa 18 pies por 18 pies. ¿Qué modelo representa el área mayor? ¿Cuánto mayor es?

_____

_____

2. Tamara coloca alfombras cuadradas en su estudio de fotografía. Cada alfombra cuadrada mide 1 yarda por 1 yarda. Si el estudio de fotografía de Tamara mide 7 yardas de longitud y 4 yardas de ancho, ¿cuántas alfombras cuadradas necesitará Tamara?

_____

_____

Repaso en espiral (4.NBT.B.5, 4.NF.B.4c, 4.MD.A.3)

3. Generalmente, la sangre circula 8 veces por minuto por todo el cuerpo humano. ¿Cuántas veces circula la sangre por todo el cuerpo en 1 hora?

_____

4. Cada uno de los 28 estudiantes de la clase de Romi recaudó al menos $25 durante la competencia de salto a beneficio. ¿Cuál es la cantidad mínima de dinero que recaudó la clase?

_____

5. ¿Cuál es el perímetro de la siguiente figura si cada unidad mide 1 pie?

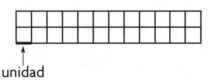

unidad

6. Ryan prepara pasteles de carne pequeños. Cada uno tiene $\frac{3}{4}$ de libra de carne. ¿Cuánta carne necesita Ryan para preparar 8 pasteles de carne pequeños?

_____

_____

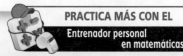

PRACTICA MÁS CON EL
Entrenador personal
en matemáticas

Nombre _____

Área de rectángulos combinados

Pregunta esencial ¿Cómo puedes hallar el área de rectángulos combinados?

Estándares comunes Medición y datos— 4.MD.A.3
PRÁCTICAS MATEMÁTICAS
MP1, MP6

🔑 Soluciona el problema En el mundo

Jan visita un jardín botánico con su familia. En el diagrama se muestran dos secciones rectangulares del jardín. ¿Cuál es el área total de las dos secciones?

Hay diferentes maneras de hallar el área de rectángulos combinados.

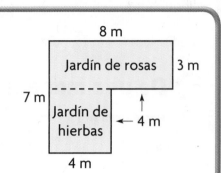

🔲 De una manera Cuenta los cuadrados de una unidad.

Materiales ■ papel cuadriculado

• Dibuja el jardín en el papel cuadriculado. Luego cuenta los cuadrados de una unidad que hay dentro de la figura para hallar el área de cada sección.

Jardín de rosas

Área = _____ metros cuadrados

Jardín de hierbas

Área = _____ metros cuadrados

• Suma las áreas.

_____ + _____ = _____ metros cuadrados

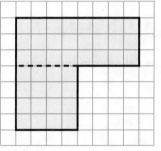

1 cuadrado = 1 metro cuadrado

🔲 De otra manera Usa la fórmula del área de un rectángulo.

A Jardín de rosas

$A = b \times h$

= _____ × _____

= _____ metros cuadrados

B Jardín de hierbas

$A = b \times h$

= _____ × _____

= _____ metros cuadrados

• Suma las áreas.

_____ + _____ = _____ metros cuadrados

Entonces, el área total es _____ metros cuadrados.

Charla matemática PRÁCTICAS MATEMÁTICAS ①

Analiza ¿Hay alguna otra manera de dividir la figura para hallar el área total? Explica.

🔓 Ejemplo

Greg está alfombrando el espacio que está fuera de su lavadero. En el diagrama se muestra dónde colocará la alfombra. El espacio está formado por rectángulos combinados. ¿Cuál es el área del espacio alfombrado?

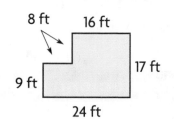

Puedes sumar o restar para hallar el área.

🔓 De una manera Usa la suma.

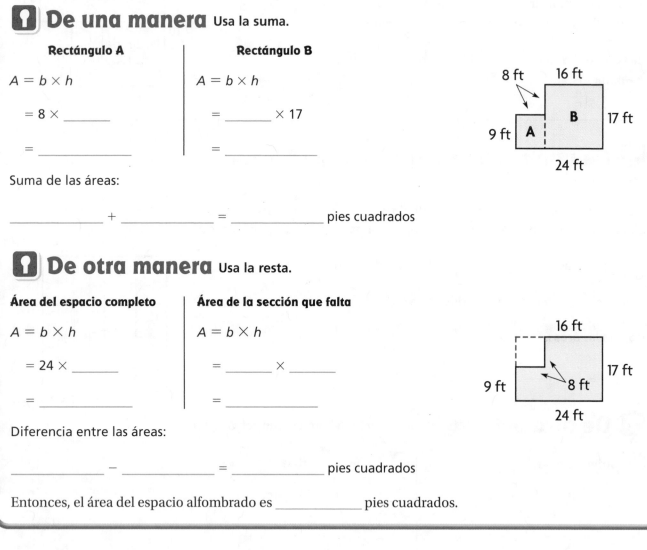

Rectángulo A	Rectángulo B
$A = b \times h$	$A = b \times h$
$= 8 \times$ _____	$=$ _____ $\times 17$
$=$ _____	$=$ _____

Suma de las áreas:

_____ + _____ = _____ pies cuadrados

🔓 De otra manera Usa la resta.

Área del espacio completo	Área de la sección que falta
$A = b \times h$	$A = b \times h$
$= 24 \times$ _____	$=$ _____ $\times$ _____
$=$ _____	$=$ _____

Diferencia entre las áreas:

_____ − _____ = _____ pies cuadrados

Entonces, el área del espacio alfombrado es _____ pies cuadrados.

- ¿Hay alguna otra manera de dividir la figura para hallar el área total? Explica.

_____

_____

_____

_____

Nombre _____

1. Explica cómo hallar el área total de la figura.

_____

_____

_____

Halla el área de los rectángulos combinados.

2.

12 mm
3 mm
6 mm
9 mm
6 mm

_____

✅ **3.**

10 mi   2 mi
8 mi
9 mi   7 mi
18 mi

_____

✅ **4.**

4 ft   4 ft   4 ft
8 ft   8 ft   8 ft
16 ft

_____

Charla matemática

PRÁCTICAS MATEMÁTICAS 6

Describe las características de los rectángulos combinados.

Por tu cuenta

Halla el área de los rectángulos combinados

5. **PRÁCTICA MATEMÁTICA 6 Pon atención a la precisión** La mamá de Jamie quiere ampliar su jardín rectangular y agregar una nueva sección rectangular. El jardín ahora mide 96 yardas cuadradas. ¿Cuál será el área total del jardín luego de agregar la nueva sección?

_____

6. *MÁS AL DETALLE* Explica cómo hallar el perímetro y el área de los rectángulos combinados que están a la derecha.

_____

_____

_____

_____

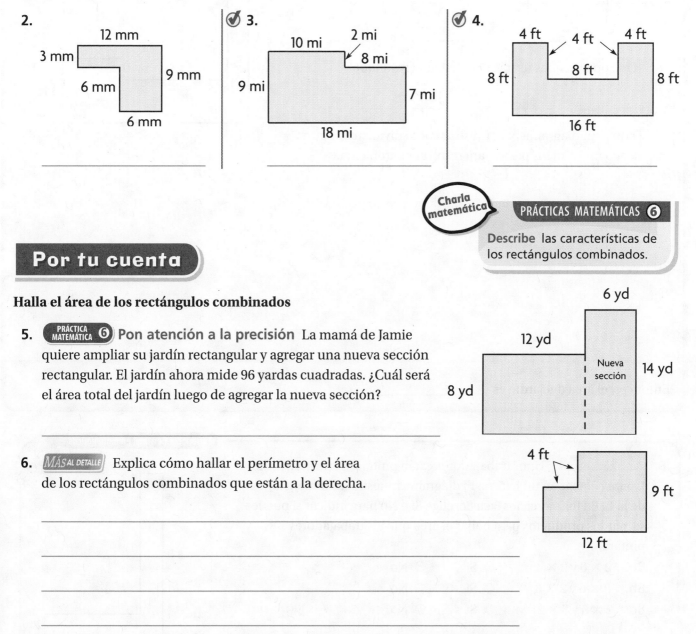

6 yd
12 yd
Nueva sección
14 yd
8 yd

4 ft
9 ft
12 ft

Soluciona el problema (En el mundo)

7. PIENSA MÁS En el diagrama se muestra el diseño del jardín de Mandy. El jardín tiene forma de rectángulos combinados. ¿Cuál es el área del jardín?

a. ¿Qué debes hallar?

_____

b. ¿Cómo puedes dividir la figura como ayuda para hallar el área total?

_____

_____

c. ¿Qué operaciones usarás para hallar el resultado?

_____

d. Dibuja un diagrama para mostrar cómo dividiste la figura. Luego muestra los pasos para resolver el problema.

Jardín de Mandy

1 ft

7 ft

1 ft

5 ft

3 ft

3 ft

Entonces, el área del jardín es _____.

Entrenador personal en matemáticas

8. PIENSA MÁS + Unos trabajadores están pintando una gran letra L para colocar en un letrero. El diagrama muestra las dimensiones de la L. En los ejercicios 8a a 8c, elige Sí o No para indicar si puedes sumar los productos para hallar el área que los trabajadores pintarán.

8a. 2×8 y 2×4 ○ Sí   ○ No

8b. 2×6 y 2×8 ○ Sí   ○ No

8c. 2×6 y 6×2 ○ Sí   ○ No

2 ft

8 ft

2 ft

6 ft

© Houghton Mifflin Harcourt Publishing Company

Nombre _____

Área de rectángulos combinados

Estándares comunes

ESTÁNDAR COMÚN—4.MD.A.3
Resuelven problemas relacionados a la medición y a la conversión de medidas de una unidad más grande a una más pequeña.

Halla el área de los rectángulos combinados.

1.

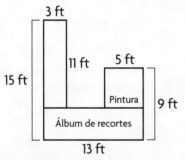

2 m
A 6 m
10 m 5 m
B 4 m
7 m

Área A = 2 × 6,

Área B = 7 × 4

12 + 28 = 40

_____ 40 metros cuadrados

2.

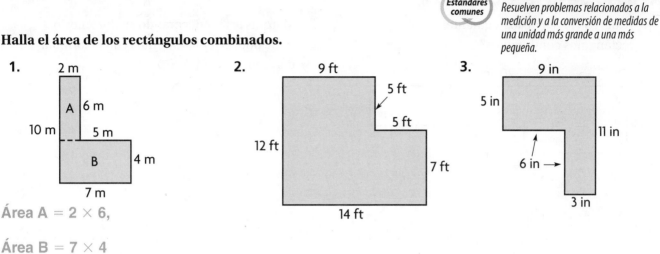

9 ft
5 ft
5 ft
12 ft
7 ft
14 ft

3.

9 in
5 in
11 in
6 in →
3 in

_____

Resolución de problemas · En el mundo

Usa el diagrama para responder las preguntas 4 y 5.

Nadia hizo el siguiente diagrama para representar la mesa de trabajo que quiere construir en su sala de manualidades.

3 ft
11 ft 5 ft
15 ft
Pintura
9 ft
Álbum de recortes
13 ft

4. ¿Cuál es el área del espacio que Nadia ha dejado para trabajar con álbumes de recortes?

_____

5. ¿Cuál es el área del espacio de pintura?

_____

6. **ESCRIBE** ▸*Matemáticas* Escribe un problema en el que uses rectángulos combinados. Incluye un diagrama y la solución.

_____

_____

_____

Repaso de la lección (4.MD.A.3)

1. ¿Cuál es el área de los siguientes rectángulos combinados?

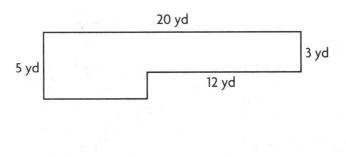

20 yd

5 yd

3 yd

12 yd

_____

2. Marquis está redecorando su dormitorio. ¿Qué podría hallar Marquis con la fórmula del área?

_____

Repaso en espiral (4.OA.B.4, 4.MD.A.1, 4.MD.A.3)

3. Las jirafas son los animales terrestres más altos. Una jirafa macho puede medir hasta 6 yardas de altura. ¿Cuánto mediría en pies?

_____

4. Drew compró 3 libros de distinto precio por $24. El costo de cada libro era un múltiplo de 4. ¿Cuál podría ser el precio de cada uno de los 3 libros?

_____

5. Esmeralda tiene un imán con forma de cuadrado. Cada lado del imán mide 3 pulgadas de longitud. ¿Cuál es el perímetro de su imán?

6. ¿Cuál es el área del siguiente rectángulo?

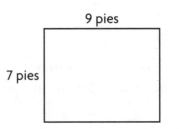

9 pies

7 pies

_____

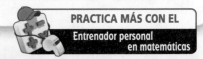

PRACTICA MÁS CON EL
Entrenador personal
en matemáticas

✓ Revisión de la mitad del capítulo

Entrenador personal en matemáticas
Evaluación e intervención en línea

Vocabulario

Elige el término del recuadro que mejor corresponda.

Vocabulario
área
base
fórmula
perímetro
unidad cuadrada
(unid. cuad.)

1. Un cuadrado que mide 1 unidad de ancho y 1 unidad de longitud

   es una _____. (pág. 723)

2. La _____ de una figura bidimensional puede ser
   cualquiera de los lados. (pág. 723)

3. Un conjunto de símbolos que expresa una regla matemática se

   llama _____. (pág. 718)

4. El _____ es la distancia alrededor de una figura. (pág. 717)

Conceptos y destrezas

Halla el perímetro y el área del rectángulo o cuadrado. (4.MD.A.3)

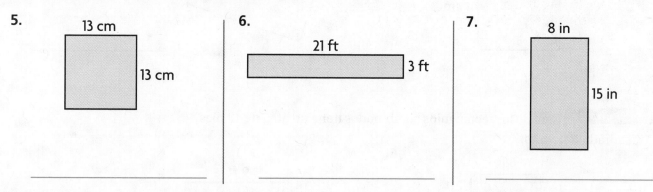

5. 13 cm
    13 cm

6. 21 ft
    3 ft

7. 8 in
    15 in

Halla el área de los rectángulos combinados. (4.MD.A.3)

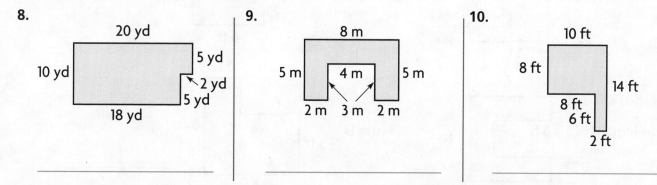

8. 20 yd
    10 yd
    5 yd
    2 yd
    5 yd
    18 yd

9. 8 m
    5 m   4 m   5 m
    2 m   3 m   2 m

10. 10 ft
    8 ft
    14 ft
    8 ft
    6 ft
    2 ft

11. ¿Qué figura tiene el perímetro mayor? (4.MD.A.3)

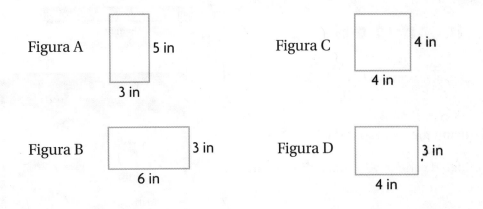

Figura A   5 in
3 in

Figura C   4 in
4 in

Figura B   3 in
6 in

Figura D   3 in
4 in

_____

12. ¿Qué figura tiene un área de 108 centímetros cuadrados? (4.MD.A.3)

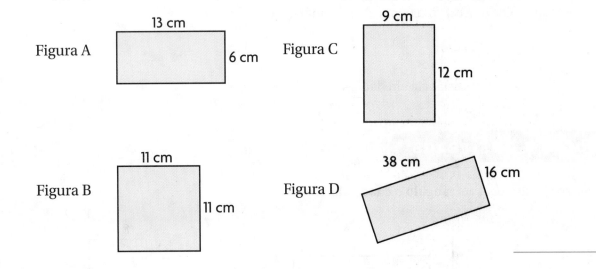

Figura A   13 cm   6 cm

Figura C   9 cm   12 cm

Figura B   11 cm   11 cm

Figura D   38 cm   16 cm

_____

13. *MÁS AL DETALLE* ¿Cuál de los rectángulos combinados tiene un área de 40 pies cuadrados? (4.MD.A.3)

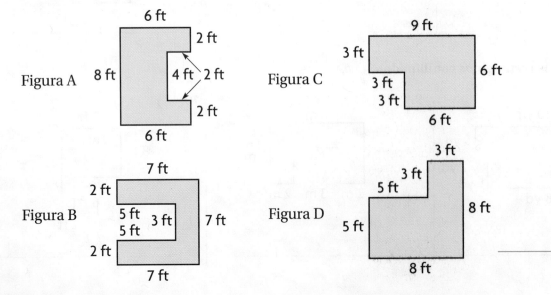

Figura A   6 ft   2 ft   8 ft   4 ft   2 ft   2 ft   6 ft

Figura C   9 ft   3 ft   3 ft   3 ft   6 ft   6 ft

Figura B   7 ft   2 ft   5 ft   3 ft   5 ft   7 ft   2 ft   7 ft

Figura D   3 ft   3 ft   5 ft   5 ft   8 ft   8 ft

_____

Nombre _____

Hallar medidas desconocidas

Pregunta esencial ¿Cómo puedes hallar una medida desconocida de un rectángulo a partir de su área o su perímetro?

Estándares comunes Medición y datos— 4.MD.A.3
PRÁCTICAS MATEMÁTICAS
MP1, MP2, MP7

🔑 Soluciona el problema *En el mundo*

Tanisha está pintando un mural con forma de rectángulo. El mural cubre un área de 54 pies cuadrados. La base del mural mide 9 pies. ¿Cuál es la altura?

Usa una fórmula para el área.

- ¿Qué debes hallar?

  _____

- ¿Qué información conoces?

  _____

🔑 Ejemplo 1 Halla una medida desconocida a partir del área.

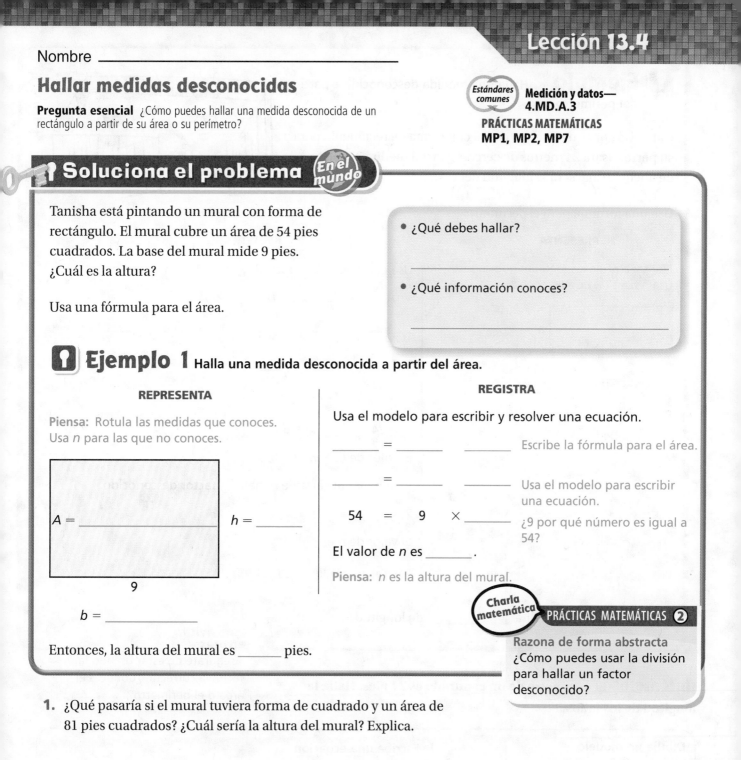

REPRESENTA

Piensa: Rotula las medidas que conoces. Usa *n* para las que no conoces.

$A = $ _____ $h = $ _____

$b = $ _____

(rectángulo con base 9)

Entonces, la altura del mural es _____ pies.

REGISTRA

Usa el modelo para escribir y resolver una ecuación.

_____ = _____   _____ Escribe la fórmula para el área.

_____ = _____   _____ Usa el modelo para escribir una ecuación.

$54 = 9 \times$ _____   ¿9 por qué número es igual a 54?

El valor de *n* es _____.

Piensa: *n* es la altura del mural.

Charla matemática PRÁCTICAS MATEMÁTICAS ❷

Razona de forma abstracta ¿Cómo puedes usar la división para hallar un factor desconocido?

1. ¿Qué pasaría si el mural tuviera forma de cuadrado y un área de 81 pies cuadrados? ¿Cuál sería la altura del mural? Explica.

   _____

   _____

2. Explica cómo puedes hallar la longitud desconocida de los lados de un cuadrado si solo conoces el área del cuadrado.

   _____

   _____

   _____

🔑 Ejemplo 2 Halla una medida desconocida a partir del perímetro.

Gary está construyendo un corral con forma de rectángulo para su perro. Usará 24 metros de cerco. El corral medirá 3 metros de ancho. ¿Cuál será la longitud del corral?

Usa una fórmula para el perímetro.

REPRESENTA

Piensa: Rotula las medidas que conoces. Usa *n* para las que no conoces.

$a =$ _____

$l =$ _____

$P =$ _____

REGISTRA

Usa el modelo para escribir y resolver una ecuación.

$$P = (2 \times l) + (2 \times a)$$

_____ = (_____ _____) + (_____ _____)

_____ = (_____ _____) + _____

Piensa: $(2 \times n)$ es un sumando desconocido.

$24 =$ _____ $+ 6$ **Piensa:** ¿Cuánto es $24 - 6$?

El valor de $(2 \times n)$ es 18.

Para hallar el valor de *n*, halla el factor desconocido.

$2 \times$ _____ $= 18$

El valor de *n* es _____.

Piensa: *n* es la longitud del corral.

Entonces, el corral medirá _____ de longitud.

> ⚠️ **Para evitar errores**
> Asegúrate de estar usando la fórmula correcta. ¿Conoces el área o el perímetro?

¡Inténtalo! El perímetro de un cuadrado es 24 pies. Halla la longitud de los lados.

Dibuja un modelo.

Escribe una ecuación.

$P = 4 \times L$

Nombre _____

1. Halla la medida desconocida. El área del
rectángulo es 36 pies cuadrados.

$A = b \times h$

_____ $= b \times$ _____

La base del rectángulo mide _____ .

3 ft [rectángulo]

?

Halla la medida desconocida del rectángulo.

2.

[cuadrado]
?
12 cm

Perímetro = 44 centímetros

ancho = _____

3. 9 in

[rectángulo]
?

Área = 108 pulgadas cuadradas

altura = _____

4. 5 m

[rectángulo]
?

Área = 90 metros cuadrados

base = _____

Charla matemática · **PRÁCTICAS MATEMÁTICAS** ②

Representa un problema
Explica de qué manera usar la
fórmula del área te ayuda a
hallar la base de un rectángulo
si conoces su área y su altura.

5.

[rectángulo]
?
5 yd

Perímetro = 34 yardas

longitud = _____

6.

[rectángulo]
8 ft
?

Área = 96 pies cuadrados

base = _____

7.

[rectángulo]
?
9 cm

Área = 126 centímetros cuadrados

altura = _____

8. _MÁS AL DETALLE_ Un cuadrado tiene un área de 49 pulgadas cuadradas.
Explica cómo puedes hallar el perímetro del cuadrado.

_____

_____

_____

_____

Resolución de problemas • Aplicaciones En el mundo

9. **PRÁCTICA MATEMÁTICA 7** **Identifica las relaciones** El área de una piscina es 120 metros cuadrados. El ancho de la piscina es 8 metros. ¿Cuál es la longitud de la piscina en centímetros?

_____

Entrenador personal en matemáticas

10. **PIENSA MÁS +** Una terraza mide 7 pies de ancho. El perímetro de la terraza es 64 pies. ¿Cuál es la longitud de la terraza? Usa los números para escribir una ecuación y resuélvela. Los números se pueden usar más de una vez.

7	9	5	14	25	50	64

$P = (2 \times l) + (2 \times a)$

$\boxed{} = (2 \times l) + (2 \times \boxed{})$

$\boxed{} = 2 \times l + \boxed{}$

$\boxed{} = 2 \times l$

$\boxed{} = l$

Entonces, la longitud de la terraza es _____ pies.

Conectar con las Ciencias

Leones de montaña

Los leones de montaña se conocen también como pumas o panteras. En otros tiempos, su territorio se extendía de costa a costa en América del Norte y desde Argentina hasta Alaska. En la actualidad, su territorio está restringido principalmente a áreas montañosas y despobladas, debido a la caza y a la destrucción de su hábitat.

Los leones de montaña son animales solitarios. El territorio de un macho a menudo se superpone con los territorios de dos hembras, pero nunca se superpone con el de otro macho. El tamaño promedio del territorio de un macho es 108 millas cuadradas, pero puede ser mayor o menor según la cantidad de alimento que haya.

11. **PIENSA MÁS** Un león de montaña macho ocupa un territorio rectangular con un área de 96 millas cuadradas. Si el ancho del territorio es 8 millas, ¿cuál es su longitud? _____

Hallar medidas desconocidas

Nombre _____

ESTÁNDAR COMÚN—4.MD.A.3
Resuelven problemas relacionados a la medición y a la conversión de medidas de una unidad más grande a una más pequeña.

Estándares comunes

Halla la medida desconocida del rectángulo.

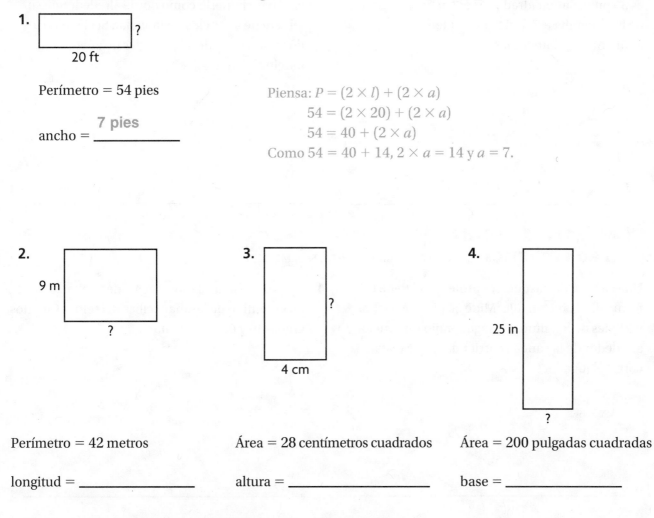

1.

20 ft ?

Perímetro = 54 pies

ancho = ___**7 pies**___

Piensa: $P = (2 \times l) + (2 \times a)$
$54 = (2 \times 20) + (2 \times a)$
$54 = 40 + (2 \times a)$
Como $54 = 40 + 14$, $2 \times a = 14$ y $a = 7$.

2.

9 m ?

Perímetro = 42 metros

longitud = _____

3.

? 4 cm

Área = 28 centímetros cuadrados

altura = _____

4.

25 in ?

Área = 200 pulgadas cuadradas

base = _____

Resolución de problemas · En el mundo

5. Susie cultiva verduras orgánicas. El perímetro de su huerta rectangular es 72 yardas. El ancho de la huerta es 9 yardas. ¿Qué longitud tiene la huerta?

_____

6. **ESCRIBE** *Matemáticas* Escribe un problema en el que debas hallar la medida desconocida de un lado de un rectángulo. Incluye la solución.

_____

_____

_____

Repaso de la lección (4.MD.A.3)

1. El área de una fotografía rectangular es 35 pulgadas cuadradas. Si el ancho de la fotografía es 5 pulgadas, ¿qué altura tiene la fotografía?

2. Natalie usó 112 pulgadas de estambre azul para ponerlo como borde alrededor de su tablero de anuncios rectangular. Si el tablero de anuncios mide 36 pulgadas de ancho, ¿qué longitud tiene?

Repaso en espiral (4.NF.B.3d, 4.MD.A.2, 4.MD.A.3, 4.MD.C.5a, 4.MD.C.5b)

3. Una cancha de básquetbol profesional tiene la forma de un rectángulo. Mide 50 pies de ancho y 94 pies de longitud. Un jugador dio una vuelta alrededor de la cancha corriendo. ¿Qué distancia corrió el jugador?

4. En una brújula, el este está a $\frac{1}{4}$ de vuelta del norte en el sentido de las manecillas del reloj. ¿Cuántos grados hay en $\frac{1}{4}$ de vuelta?

5. La rana de Hakeem dio tres saltos rápidos. El primero fue de 1 metro. El segundo salto fue de 85 centímetros y el tercero fue de 400 milímetros. ¿Cuál fue la longitud total de los tres saltos de la rana en centímetros?

6. Karen coloreó cuadrados en una cuadrícula. Coloreó de azul $\frac{1}{8}$ de los cuadrados y de rojo $\frac{5}{8}$ de los cuadrados. ¿Qué fracción de los cuadrados no está coloreada?

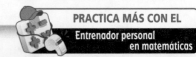

PRACTICA MÁS CON EL
Entrenador personal
en matemáticas

Nombre _____

Resolución de problemas • Hallar el área

Pregunta esencial ¿Cómo puedes usar la estrategia *resolver un problema más sencillo* para resolver problemas de área?

Estándares comunes **Medición y datos—4.MD.A.3**
PRÁCTICAS MATEMÁTICAS
MP1, MP4, MP6

Soluciona el problema En el mundo

Un paisajista está colocando césped en un patio de juegos rectangular. El césped cubrirá todo el patio, excepto un arenero cuadrado. En el diagrama se muestran el patio de juegos y el arenero. ¿Cuántas yardas cuadradas de césped usará el paisajista? Usa el siguiente organizador gráfico para resolver el problema.

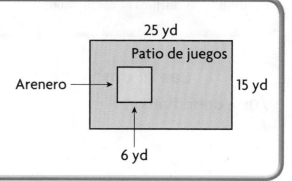

25 yd
Patio de juegos
Arenero →
15 yd
6 yd

Lee el problema	Resuelve el problema
¿Qué debo hallar?	Primero, halla el área del patio de juegos.
Debo hallar la cantidad de _____ _____ que usará el paisajista.	$A = b \times h$ = _____ × _____ = _____ yardas cuadradas
¿Qué información debo usar?	Luego, halla el área del arenero.
El césped cubrirá el _____. El césped no cubrirá el _____. La longitud y el ancho del patio de juegos son _____ y _____. La longitud de los lados del arenero cuadrado es _____.	$A = L \times L$ = _____ × _____ = _____ yardas cuadradas Por último, resta el área del arenero del área del patio de juegos. 375 − 36 _____ yardas cuadradas Entonces, el paisajista usará _____
¿Cómo usaré la información?	_____ de césped para cubrir el patio de juegos.
Puedo resolver problemas más sencillos. Hallo el área del _____. Hallo el área del _____. Luego _____ el área del _____ del área del _____.	

Charla matemática PRÁCTICAS MATEMÁTICAS ①

Entiende los problemas
¿Cómo te ayudó la estrategia a resolver el problema?

© Houghton Mifflin Harcourt Publishing Company

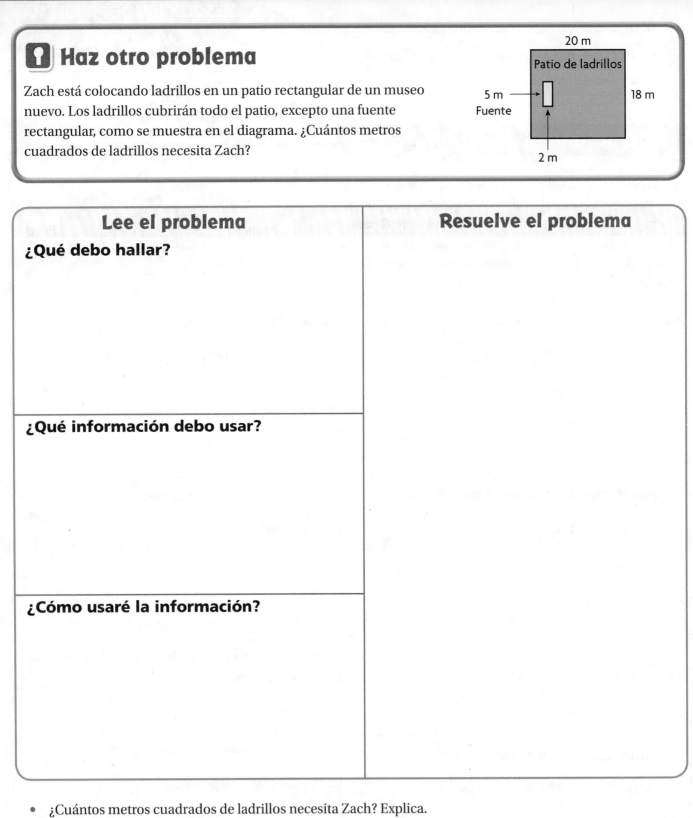

🔑 Haz otro problema

Zach está colocando ladrillos en un patio rectangular de un museo nuevo. Los ladrillos cubrirán todo el patio, excepto una fuente rectangular, como se muestra en el diagrama. ¿Cuántos metros cuadrados de ladrillos necesita Zach?

20 m

Patio de ladrillos

5 m → Fuente

18 m

2 m

Lee el problema	Resuelve el problema
¿Qué debo hallar?	
¿Qué información debo usar?	
¿Cómo usaré la información?	

- ¿Cuántos metros cuadrados de ladrillos necesita Zach? Explica.

_____

_____

Nombre _____

Comparte y muestra

Soluciona el problema

√ Usa el tablero de matemáticas de Resolución de problemas.

√ Subraya los datos importantes.

√ Elige una estrategia que conozcas.

1. Lila está empapelando una pared de su dormitorio, como se muestra en el diagrama. Cubrirá toda la pared excepto la puerta. ¿Cuántos pies cuadrados de pared necesita cubrir Lila?

Primero, halla el área de la pared.

$A = b \times h$

= _____ × _____

= _____ pies cuadrados

Luego, halla el área de la puerta.

$A = b \times h$

= _____ × _____

= _____ pies cuadrados

Por último, resta el área de la puerta del área de la pared.

_____ − _____ = _____ pies cuadrados

Entonces, Lila necesita cubrir _____ de pared.

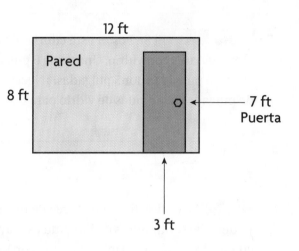

2. ¿Qué pasaría si la pared tuviera una ventana cuadrada con un lado de 2 pies de longitud? ¿Qué cantidad de pared necesitaría cubrir Lila entonces? Explica.

_____

_____

_____

3. Ed está construyendo el modelo de una casa con tejado plano, como se muestra en el diagrama. En el tejado hay una chimenea. Ed cubrirá el tejado con tejas cuadradas. Si el área de cada teja es 1 pulgada cuadrada, ¿cuántas tejas necesitará? Explica.

_____

_____

_____

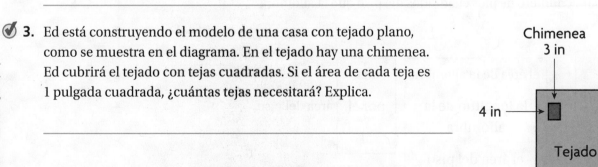

© Houghton Mifflin Harcourt Publishing Company

Por tu cuenta

4. **PRÁCTICA MATEMÁTICA ❶** **Entiende los problemas** Lía tiene un perro y un gato. Ambas mascotas juntas pesan 28 libras. El perro pesa 3 veces lo que pesa el gato. ¿Cuánto pesa cada mascota?

_____

5. _PIENSA MÁS_ El Sr. Foster está cubriendo dos fotografías rectangulares con vidrio. Una mide 6 pulgadas por 4 pulgadas y la otra 5 pulgadas por 5 pulgadas. ¿Necesita la misma cantidad de pulgadas cuadradas de vidrio para cada fotografía? Explica.

_____

_____

6. _MÁS AL DETALLE_ Claire dice que el área de un cuadrado cuyos lados miden 100 centímetros de longitud es mayor que el área de un cuadrado cuyos lados miden 1 metro de longitud. ¿Tiene razón? Explica.

ESCRIBE _Matemáticas_
Muestra tu trabajo

_____

_____

_____

7. _PIENSA MÁS_ Un piso rectangular mide 12 pies de largo y 11 pies de ancho. Janine colocó una alfombra que mide 9 pies de largo y 7 pies de ancho y cubre parte del piso de la habitación. Elige las palabras para completar la oración.

Para hallar el número de pies cuadrados del piso que la alfombra NO cubre,

| suma

resta

multiplica | el área de la alfombra

la longitud de la alfombra

el área del piso | del

por el

al | área del piso. |

Resolución de problemas •
Hallar el área

ESTÁNDAR COMÚN—4.MD.A.3
Resuelven problemas relacionados a la medición y a la conversión de medidas de una unidad más grande a una más pequeña.

Estándares
comunes

Resuelve cada problema.

1. Una habitación tiene piso de madera. Hay un tapete en el centro de la habitación. En el diagrama se muestra la habitación y el tapete. ¿Cuántos pies cuadrados del piso de madera quedan descubiertos?

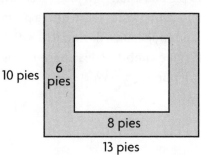

   10 pies   6 pies   8 pies   13 pies

   82 pies cuadrados
   _____

   Área del piso: $13 \times 10 = 130$ pies cuadrados
   Área del tapete: $8 \times 6 = 48$ pies cuadrados
   Resta para hallar el área del piso que queda descubierto: $130 - 48 = 82$ pies cuadrados

2. Una pared rectangular tiene una ventana cuadrada, tal como se muestra en el diagrama.

   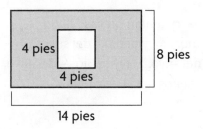

   4 pies   4 pies   8 pies   14 pies

   ¿Cuál es el área de la pared SIN incluir la ventana?

   _____

3. Bob quiere colocar tepe nuevo en su patio trasero, excepto en la parte que reservó para un jardín de flores. En el diagrama se muestra el patio trasero de Bob y su jardín de flores.

   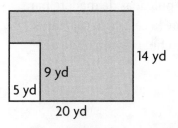

   14 yd   9 yd   5 yd   20 yd

   ¿Cuánto tepe necesitará Bob?

   _____

4. Un cuadro rectangular mide 24 pulgadas de ancho y 20 pulgadas de altura sin incluir el marco. Con el marco mide 28 pulgadas de ancho y 24 pulgadas de altura. ¿Cuál es el área del marco que el cuadro no cubre?

   _____

5. **ESCRIBE** *Matemáticas* Imagina que pintaste las paredes de tu salón de clases. Describe cómo hallar el área de las paredes que están pintadas.

   _____

   _____

   _____

1. Una de las paredes del dormitorio de Zoe mide 5 pies de ancho y 8 pies de altura. Zoe coloca un póster de su atleta preferido. El póster mide 2 pies de ancho y 3 pies de altura. ¿Qué cantidad de la pared no está cubierta por el póster?

_____

2. La puerta de un garaje mide 15 pies de ancho y 6 pies de altura. Está pintada de blanco, excepto un panel rectangular de 1 pie de altura y 9 pies de ancho que es de color café. ¿Qué cantidad de la puerta del garaje es de color blanco?

_____

Repaso en espiral (4.OA.B.4, 4.NF.A.2, 4.MD.A.2, 4.MD.A.3)

3. Kate hizo una caja para guardar su colección de joyas. Usó 42 pulgadas de madera para hacer los lados de la caja. Si la caja mide 9 pulgadas de ancho, ¿cuánto mide de longitud?

_____

4. Larry, Mary y Terry tenían un vaso lleno de jugo cada uno. Larry bebió $\frac{3}{4}$ del suyo. Mary bebió $\frac{3}{8}$ del suyo. Terry bebió $\frac{7}{10}$ del suyo. ¿Quién bebió menos de $\frac{1}{2}$ de su jugo?

_____

5. Escribe todos los números primos que hay entre 20 y 30.

_____

6. Tom fue a ver una película con algunos amigos. La función comenzó a las 2:30 p. m. y terminó a las 4:15 p. m. ¿Cuánto duró la película?

_____

PRACTICA MÁS CON EL
Entrenador personal
en matemáticas

Nombre _____

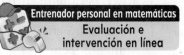

☑Repaso y prueba del Capítulo 13

1. En los ejercicios 1a a 1e, elige Sí o No para indicar si un rectángulo con las dimensiones dadas tendría un perímetro de 50 pulgadas.

1a.   longitud: 25 pulgadas   ancho: 2 pulgadas   ○ Sí   ○ No

1b.   longitud: 20 pulgadas   ancho: 5 pulgadas   ○ Sí   ○ No

1c.   longitud: 17 pulgadas   ancho: 8 pulgadas   ○ Sí   ○ No

1d.   longitud: 15 pulgadas   ancho: 5 pulgadas   ○ Sí   ○ No

1e.   longitud: 15 pulgadas   ancho: 10 pulgadas   ○ Sí   ○ No

2. La piscina cubierta del club está dentro de un edificio rectangular. Marco está colocando losetas alrededor de la piscina rectangular.

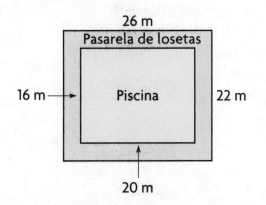

Parte A

¿Cuál es el área de la piscina y el área de la piscina y de la pasarela? Muestra tu trabajo.

Parte B

¿Cuántos metros cuadrados de losetas necesitará Marco para la pasarela? Explica cómo hallaste la respuesta.

3. Empareja las dimensiones de los rectángulos de la hilera de arriba con el área o perímetro correctos de la hilera de abajo.

| longitud: 5 cm | longitud: 6 cm | longitud: 6 cm | longitud: 9 cm |
| ancho: 9 cm | ancho: 6 cm | ancho: 5 cm | ancho: 6 cm |

•   •   •   •

•   •   •   •

| área = 36 cm cuad. | perímetro = 22 cm | perímetro = 30 cm | área = 45 cm cuad. |

4. Kyleigh colocó un adhesivo rectangular en su cuaderno. La altura del adhesivo es 18 centímetros. La base es la mitad de la altura. ¿Qué área del cuaderno cubre el adhesivo?

_____ centímetros cuadrados

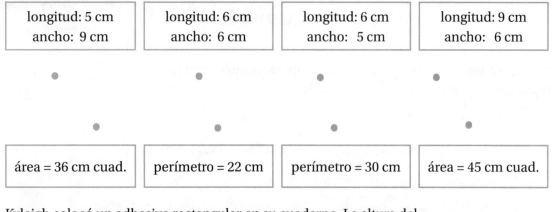

5. PIENSA MÁS   El borde alrededor de un jardín de flores rectangular en el patio de Samantha mide 100 pies. El ancho del jardín es 20 pies. ¿Cuál es la longitud del jardín? Usa los números para escribir una ecuación y resuélvela. Los números se pueden usar más de una vez.

| 10 | 20 | 50 | 30 | 40 | 60 | 100 |

$P = (2 \times l) + (2 \times a)$

$\boxed{} = (2 \times l) + (2 \times \boxed{})$

$\boxed{} = 2 \times l + \boxed{}$

$\boxed{} = 2 \times l$

$\boxed{} = l$

Entonces, la longitud del jardín es $\boxed{}$ pies.

6. Gary dibujó un rectángulo con un perímetro de 20 pulgadas. Luego, intentó dibujar un cuadrado con un perímetro de 20 pulgadas.

Dibuja 3 rectángulos diferentes que Gary pudo haber dibujado. Luego, dibuja el cuadrado, si es posible.

14. La Sra. Bennett quiere alfombrar la sala y el comedor.

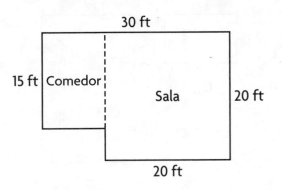

Explica cómo puede hallar la cantidad de alfombra que necesita para cubrir el piso de ambas habitaciones. Luego, halla la cantidad de alfombra que necesita.

15. Lorenzo construyó un patio rectangular de ladrillos. Está colocando un borde de piedra alrededor del patio. El ancho del patio es 12 pies. La longitud del patio es dos pies más larga que el ancho.

¿Cuántos pies de piedra necesita Lorenzo? Explica cómo hallaste tu respuesta.

16. ¿Cuál de estos rectángulos tiene un perímetro de 10 pies?
Marca todos los que correspondan.

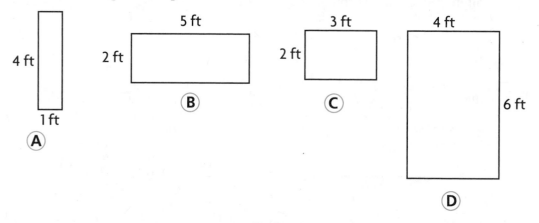

17. Una carpeta mide 11 pulgadas de largo y 8 pulgadas de ancho. Alyssa colocó en la carpeta un adhesivo que mide 2 pulgadas de largo y 1 pulgada de ancho. Elige las palabras que completen la oración de manera correcta.

Para hallar el número de pulgadas cuadradas de la carpeta que el adhesivo NO cubre,

suma		ancho del adhesivo	del	ancho del adhesivo.
resta	el	área del adhesivo	por el	área del adhesivo.
multiplica		área de la carpeta	al	área de la carpeta.

18. Tricia recorta la inicial de su nombre en un pedazo de fieltro.

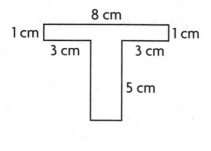

En los ejercicios 18a a 18c, elige Sí o No para indicar si puedes sumar los productos para hallar el número de centímetros cuadrados que Tricia necesita.

18a. 1×8 y 5×2 ○ Sí ○ No

18b. 3×5 y 1×8 ○ Sí ○ No

18c. 2×5 y 1×3 y 1×3 ○ Sí ○ No

19. El Sr. Butler colocó los trabajos de arte de sus alumnos en una pizarra de anuncios.

El ancho y la longitud de la pizarra de anuncios son números enteros. ¿Cuáles podrían ser las dimensiones de la pizarra que usó el Sr. Butler?

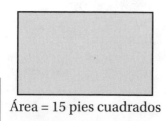

Área = 15 pies cuadrados

Glosario

A

a. m. A.M. Horas entre la medianoche y el mediodía

altura height La medida de una recta perpendicular desde la base hasta la parte superior de una figura bidimensional

ángulo angle Una figura formada por dos segmentos o semirrectas que comparten un extremo
Ejemplo:

ángulo agudo acute angle Un ángulo que mide más de 0° y menos de 90°
Ejemplo:

ángulo llano straight angle Un ángulo que mide 180°
Ejemplo:

ángulo obtuso obtuse angle Un ángulo que mide más de 90° y menos de 180°
Ejemplo:

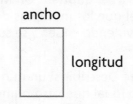

Origen de la palabra

La palabra *obtuso* proviene de la palabra latina *obtundere*, que significa "quitar o gastar la punta". En efecto, cuando miras un ángulo obtuso, ves que el ángulo no es puntiagudo o agudo. En cambio, el ángulo parece sin punta y redondeado.

ángulo recto right angle Un ángulo que forma una esquina cuadrada
Ejemplo:

área area La medida del número de unidades cuadradas que se necesitan para cubrir una superficie
Ejemplo:

área = 9 unidades cuadradas

B

base base Uno de los lados de un polígono o una figura bidimensional, por lo general un polígono o un círculo, que se toma como referencia para medir o nombrar una figura tridimensional
Ejemplos:

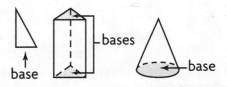

bidimensional two-dimensional Que se mide en dos direcciones, como longitud y ancho
Ejemplo:

ancho

longitud

calendario calendar Una tabla en la que se muestran los días, las semanas y los meses del año

capacidad capacity La cantidad que puede contener un recipiente cuando se llena

Celsius (°C) Celsius (°C) Una escala del sistema métrico con la que se mide la temperatura

centésimo hundredth Una de cien partes iguales
Ejemplo:

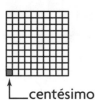

└─ centésimo

centímetro (cm) centimeter (cm) Una unidad del sistema métrico con la que se mide la longitud o la distancia
1 metro = 100 centímetros
Ejemplo:

1 centímetro

clave key La parte de un mapa o una gráfica que explica los símbolos

cociente quotient El resultado de una división, sin incluir el residuo
Ejemplo: 8 ÷ 4 = 2; 2 es el cociente.

cociente parcial partial quotient Un método de división en el que los múltiplos del divisor se restan del dividendo y luego se suman los cocientes

comparar compare Describir si un número es menor, mayor o igual que otro número

cuadrado square Un cuadrilátero con dos pares de lados paralelos, cuatro lados de igual longitud y cuatro ángulos rectos
Ejemplo:

cuadrícula grid Cuadrados del mismo tamaño y dispuestos de manera uniforme sobre una figura o superficie plana

cuadrilátero quadrilateral Un polígono con cuatro lados y cuatro ángulos

cuarto (ct) quart (qt) Una unidad del sistema usual con la que se mide la capacidad y el volumen líquido
1 cuarto = 2 pintas

cuarto de hora quarter hour 15 minutos
Ejemplo: Entre las 4:00 y las 4:15 hay un cuarto de hora.

cubo cube Una figura tridimensional con seis caras cuadradas del mismo tamaño
Ejemplo:

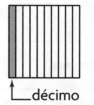

cuerpo geométrico solid shape Ver *figura tridimensional*

datos data Información que se recopila sobre personas o cosas

decágono decagon Un polígono con diez lados y diez ángulos

decímetro (dm) decimeter (dm) Una unidad del sistema métrico con la que se mide la longitud o la distancia
1 metro = 10 decímetros

décimo tenth Una de diez partes iguales
Ejemplo:

└─ décimo

denominador denominator El número que está debajo de la barra en una fracción y que indica cuántas partes iguales hay en el entero o en el grupo
Ejemplo: $\frac{3}{4}$ ← denominador

denominador común common denominator Un múltiplo común de dos o más denominadores
Ejemplo: Algunos denominadores comunes para $\frac{1}{4}$ y $\frac{5}{6}$ son 12, 24 y 36.

diagonal diagonal Un segmento que une dos vértices de un polígono que no están uno junto al otro
Ejemplo:

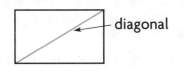

diagrama de puntos line plot Una gráfica en la que cada dato se registra sobre una recta numérica
Ejemplo:

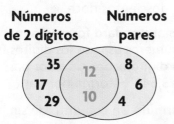

Altura de plántulas de frijoles

diagrama de Venn Venn diagram Un diagrama en el que se muestran relaciones entre conjuntos de cosas
Ejemplo:

Números de 2 dígitos   Números pares

35   12   8
17   6
29   10   4

diferencia difference El resultado de una resta

dígito digit Cualquiera de los diez símbolos que se usan para escribir números: 0, 1, 2, 3, 4, 5, 6, 7, 8 o 9

dimensión dimension Una medida hecha en una dirección

dividendo dividend El número que se divide en una división
Ejemplo: $36 \div 6$; $6\overline{)36}$; el dividendo es 36.

dividir divide Separar en grupos iguales; la operación opuesta a la multiplicación

divisible divisible Un número es divisible entre otro número si el cociente es un número natural y el residuo es cero.
Ejemplo: 18 es divisible entre 3.

división division El proceso de repartir un número de elementos para hallar cuántos grupos iguales se pueden formar o cuántos elementos habrá en cada uno de los grupos iguales; la operación opuesta a la multiplicación

divisor divisor El número entre el que se divide el dividendo
Ejemplo: $15 \div 3$; $3\overline{)15}$; el divisor es 3.

dólar dollar Billete que vale 100 centavos y que tiene el mismo valor que 100 monedas de 1¢; $1.00
Ejemplo:

E

ecuación equation Un enunciado numérico que indica que dos cantidades son iguales
Ejemplo: $4 + 5 = 9$

eje de simetría line of symmetry Una línea imaginaria a lo largo de la cual se puede plegar una figura de manera que sus dos partes coincidan totalmente
Ejemplo:

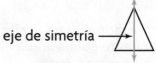

eje de simetría →

en el sentido de las manecillas del reloj clockwise En la misma dirección en que se mueven las manecillas de un reloj

en sentido contrario a las manecillas del reloj counterclockwise En la dirección opuesta en que se mueven las manecillas de un reloj

encuesta survey Un método para recopilar información

entero whole Todas las partes de una figura o de un grupo

enunciado numérico number sentence Un enunciado que incluye números, signos de operación y un signo de mayor que, menor que o igual a
Ejemplo: 5 + 3 = 8

equivalente equivalent Que tiene el mismo valor o indica la misma cantidad

escala scale Una serie de números ubicados a distancias fijas en una gráfica, como ayuda para rotularla

esquina corner Ver *vértice*

estimación estimate Un número cercano a la cantidad exacta

estimar estimate Hallar un resultado cercano a la cantidad exacta

expresión expression Una parte de un enunciado numérico que tiene números y signos de operación, pero no un signo de la igualdad

extremo endpoint El punto ubicado en cada punta de un segmento o el punto de inicio de una semirrecta

F

factor factor Un número que se multiplica por otro número para hallar un producto

factor común common factor Un número que es factor de dos o más números

Fahrenheit (°F) Fahrenheit (°F) Una escala del sistema usual con la que se mide la temperatura

familia de operaciones fact family Un conjunto de ecuaciones relacionadas de multiplicación y división, o de suma y resta
Ejemplo: 7 × 8 = 56   8 × 7 = 56
              56 ÷ 7 = 8   56 ÷ 8 = 7

figura abierta open shape Una figura que no comienza y termina en el mismo punto
Ejemplos:

figura bidimensional two-dimensional figure Una figura que se ubica sobre un plano; una figura con longitud y ancho

figura cerrada closed shape Una figura bidimensional que comienza y termina en el mismo punto
Ejemplos:

figura plana plane shape Ver *figura bidimensional*

figura tridimensional three-dimensional figure Una figura que tiene longitud, ancho y altura

forma desarrollada expanded form Una manera de escribir los números mostrando el valor de cada dígito
Ejemplo: 253 = 200 + 50 + 3

forma escrita word form Una manera de escribir números con palabras
Ejemplo: cuatrocientos cincuenta y tres mil doscientos doce

forma normal standard form Una manera de escribir números usando los dígitos 0 a 9, en la que cada dígito ocupa un valor posicional
Ejemplo: 3,540 ← forma normal

fórmula formula Un conjunto de símbolos que expresa una regla matemática
Ejemplo: Área = base × altura, o $A = b \times h$

fracción fraction Un número que nombra una parte de un entero o una parte de un grupo
Ejemplo:

fracción mayor que 1 fraction greater than 1 Una fracción en la que el numerador es mayor que el denominador

fracción unitaria unit fraction Una fracción que tiene un numerador de uno

fracciones equivalentes equivalent fractions Dos o más fracciones que indican la misma cantidad
Ejemplo: $\frac{3}{4}$ y $\frac{6}{8}$ indican la misma cantidad.

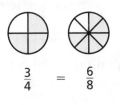

$$\frac{3}{4} = \frac{6}{8}$$

galón (gal) gallon (gal) Una unidad del sistema usual con la que se mide la capacidad y el volumen líquido
1 galón = 4 cuartos

grado (°) degree (°) La unidad con la que se miden los ángulos y la temperatura

gráfica con dibujos picture graph Una gráfica en la que se usan símbolos para mostrar y comparar información
Ejemplo:

Cómo vamos a la escuela	
A pie	✻ ✻ ✻
En bicicleta	✻ ✻ ✻ ✻
En autobús	✻ ✻ ✻ ✻ ✻
En carro	✻ ✻

Clave: Cada ✻ = 10 estudiantes.

gráfica de barras bar graph Una gráfica en la que los datos se muestran con barras
Ejemplo:

gráfica lineal line graph Una gráfica en la que se usan segmentos para mostrar cómo cambian los datos a lo largo del tiempo

gramo (g) gram (g) Una unidad del sistema métrico con la que se mide la masa
1 kilogramo = 1,000 gramos

grupos iguales equal groups Grupos que tienen el mismo número de objetos

hexágono hexagon Un polígono con seis lados y seis ángulos
Ejemplos:

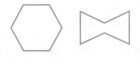

hora (h) hour (hr) Una unidad con la que se mide el tiempo
1 hora = 60 minutos

horizontal horizontal En dirección de izquierda a derecha

igual a equal to Que tiene el mismo valor
Ejemplo: 4 + 4 es igual a 3 + 5.

impar odd Un número entero que tiene un 1, un 3, un 5, un 7 o un 9 en el lugar de las unidades

kilogramo (kg) kilogram (kg) Una unidad del sistema métrico con la que se mide la masa
1 kilogramo = 1,000 gramos

kilómetro (km) kilometer (km) Una unidad del sistema métrico con la que se mide la longitud o la distancia
1 kilómetro = 1,000 metros

libra (lb) pound (lb) Una unidad del sistema usual con la que se mide el peso
1 libra = 16 onzas

líneas secantes intersecting lines Líneas que se cruzan entre sí en un único punto
Ejemplo:

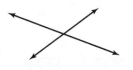

litro (l / L) liter (L) Una unidad del sistema métrico con la que se mide la capacidad y el volumen líquido
1 litro = 1,000 mililitros

longitud length La medición de la distancia entre dos puntos

masa mass La cantidad de materia que hay en un objeto

matriz array Una disposición de objetos en hileras y columnas
Ejemplo:

columna

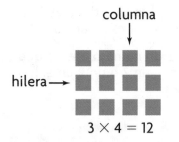

hilera →

3 × 4 = 12

media hora half hour 30 minutos
Ejemplo: Entre las 4:00 y las 4:30 hay media hora.

media unidad cuadrada half-square unit La mitad de una unidad de área con dimensiones de 1 unidad × 1 unidad

medianoche midnight Las 12:00 de la noche

mediodía noon Las 12:00 del día

medio galón half gallon Una unidad del sistema usual con la que se mide la capacidad y el volumen líquido
medio galón = 2 cuartos

metro (m) meter (m) Una unidad del sistema métrico con la que se mide la longitud o la distancia
1 metro = 100 centímetros

mililitro (ml) milliliter (mL) Una unidad del sistema métrico con la que se mide la capacidad y el volumen líquido
1 litro = 1,000 mililitros

milímetro (mm) millimeter (mm) Una unidad del sistema métrico con la que se mide la longitud o la distancia
1 centímetro = 10 milímetros

milla (mi) mile (mi) Una unidad del sistema usual con la que se mide la longitud o la distancia
1 milla = 5,280 pies

millares thousands El período que sigue al período de las unidades en el sistema numérico de base diez

millón million El número positivo que sigue a 999,999; 1,000 millares; se escribe 1,000,000.

millones millions El período que sigue a los millares

mínima expresión simplest form Una fracción está en su mínima expresión cuando el numerador y el denominador solo tienen 1 como factor común

minuto (min) minute (min) Una unidad con la que se miden períodos breves de tiempo
1 minuto = 60 segundos

moneda de 5¢ nickel Una moneda que vale 5 centavos y que tiene el mismo valor que 5 monedas de 1¢
Ejemplo:

moneda de 10¢ dime Una moneda que vale 10 centavos y que tiene el mismo valor que diez monedas de 1¢
Ejemplo:

multiplicación multiplication El proceso por el cual se halla el número total de elementos en grupos del mismo tamaño o el número total de elementos en un número dado de grupos cuando todos los grupos tienen el mismo número de elementos; la multiplicación es la operación opuesta a la división.

multiplicar multiply Combinar grupos iguales para hallar cuántos hay en total; la operación opuesta a la división

múltiplo multiple Un múltiplo de un número es el producto de un número y un número natural.
Ejemplo:

$$\begin{array}{cccc} 3 & 3 & 3 & 3 \\ \times\ 1 & \times\ 2 & \times\ 3 & \times\ 4 \leftarrow \text{números naturales} \\ \hline 3 & 6 & 9 & 12 \ \leftarrow \text{múltiplos de 3} \end{array}$$

múltiplo común common multiple Un número que es un múltiplo de dos o más números

numerador numerator El número que está arriba de la barra en una fracción y que indica cuántas partes del entero o del grupo se consideran

Ejemplo: $\dfrac{2}{3}$ $\leftarrow$ numerador

número compuesto composite number Un número que tiene más de dos factores
Ejemplo: 6 es un número compuesto, puesto que sus factores son 1, 2, 3 y 6.

número decimal decimal Un número con uno o más dígitos a la derecha del punto decimal

número mixto mixed number Una cantidad que se da como un número entero y una fracción

número natural counting number Un número entero que se puede usar para contar un conjunto de objetos (1, 2, 3, 4, ...)

número primo prime number Un número que tiene exactamente dos factores: 1 y él mismo
Ejemplos: 2, 3, 5, 7, 11, 13, 17 y 19 son números primos. 1 no es un número primo.

números compatibles compatible numbers Números que son fáciles de calcular mentalmente

números decimales equivalentes equivalent decimals Dos o más números decimales que nombran la misma cantidad

octágono octagon Un polígono con ocho lados y ocho ángulos
Ejemplos:

onza (oz) ounce (oz) Una unidad del sistema usual con la que se mide el peso
1 libra = 16 onzas

onza fluida (oz fl) fluid ounce (fl oz) Una unidad del sistema usual con la que se mide la capacidad y el volumen líquido
1 taza = 8 onzas fluidas

operaciones inversas inverse operations Operaciones que se cancelan entre sí, como la suma y la resta o la multiplicación y la división
Ejemplo: 6 × 8 = 48 y 48 ÷ 6 = 8

operaciones relacionadas related facts Un conjunto de enunciados numéricos relacionados de suma y resta o de multiplicación y división
Ejemplos: 4 × 7 = 28   28 ÷ 4 = 7
7 × 4 = 28   28 ÷ 7 = 4

orden order Una organización o disposición particular de cosas una después de la otra

orden de las operaciones order of operations Un conjunto especial de reglas que establece el orden en que se hacen los cálculos

p. m. P.M. Las horas entre el mediodía y la medianoche

par even Un número entero que tiene un 0, un 2, un 4, un 6 o un 8 en el lugar de las unidades

paralelogramo parallelogram Un cuadrilátero con lados opuestos paralelos y de igual longitud
Ejemplo:

paréntesis parentheses Los símbolos que indican qué operación u operaciones de una expresión deben hacerse primero

partes iguales *equal parts* Partes que tienen exactamente el mismo tamaño

patrón *pattern* Un conjunto ordenado de números u objetos; el orden permite predecir qué sigue a continuación.
Ejemplos: 2, 4, 6, 8, 10

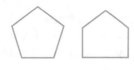

pentágono *pentagon* Un polígono con cinco lados y cinco ángulos
Ejemplos:

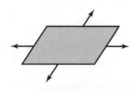

perímetro *perimeter* La distancia alrededor de una figura

período *period* Cada grupo de tres dígitos en un número de varios dígitos; por lo general, los períodos suelen separarse con comas o espacios.
Ejemplo: 85,643,900 tiene tres períodos.

peso *weight* Cuán pesado es un objeto

pie (ft) *foot (ft)* Una unidad del sistema usual con la que se mide la longitud o la distancia
1 pie = 12 pulgadas

pinta (pt) *pint (pt)* Una unidad del sistema usual con la que se mide la capacidad y el volumen líquido
1 pinta = 2 tazas

plano *plane* Una superficie plana que se extiende sin fin en todas direcciones
Ejemplo:

polígono *polygon* Una figura bidimensional cerrada formada por tres o más lados rectos que son segmentos
Ejemplos:

Polígonos   No son polígonos

polígono regular *regular polygon* Un polígono en el que todos los lados tienen la misma longitud y todos los ángulos tienen la misma medida
Ejemplos:

prisma *prism* Un cuerpo geométrico que tiene dos bases del mismo tamaño y la misma forma poligonal y otras caras que son todas rectángulos
Ejemplos:

prisma rectangular   prisma triangular

prisma rectangular *rectangular prism* Una figura tridimensional con seis caras que son rectángulos
Ejemplo:

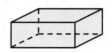

producto *product* El resultado de una multiplicación

producto parcial *partial product* Un método de multiplicación en el que las unidades, decenas, centenas, etc. se multiplican por separado y luego se suman los productos

propiedad asociativa de la multiplicación *Associative Property of Multiplication* La propiedad que establece que los factores se pueden agrupar de diferente manera sin cambiar el producto
Ejemplo: $3 \times (4 \times 2) = (3 \times 4) \times 2$

propiedad asociativa de la suma *Associative Property of Addition* La propiedad que establece que los sumandos se pueden agrupar de diferente manera sin cambiar el total
Ejemplo: $3 + (8 + 5) = (3 + 8) + 5$

propiedad conmutativa de la multiplicación
Commutative Property of Multiplication La
propiedad que establece que, cuando cambia el
orden de dos factores, el producto es el mismo
Ejemplo: $4 \times 5 = 5 \times 4$

propiedad conmutativa de la suma Commutative
Property of Addition La propiedad que
establece que, cuando cambia el orden de dos
sumandos, el total es el mismo
Ejemplo: $4 + 5 = 5 + 4$

propiedad de identidad de la multiplicación
Identity Property of Multiplication La
propiedad que establece que el producto de
cualquier número y 1 es ese número
Ejemplo: $9 \times 1 = 9$

propiedad de identidad de la suma Identity
Property of Addition La propiedad que
establece que, cuando se suma cero a cualquier
número, el resultado es ese número
Ejemplo: $16 + 0 = 16$

propiedad del cero de la multiplicación Zero
Property of Multiplication La propiedad que
establece que el producto de 0 y cualquier
número es 0
Ejemplo: $0 \times 8 = 0$

propiedad distributiva Distributive Property La
propiedad que establece que multiplicar una
suma por un número es igual que multiplicar
cada sumando por ese número y luego sumar
los productos
Ejemplo: $5 \times (10 + 6) = (5 \times 10) + (5 \times 6)$

pulgada (in) inch (in.) Una unidad del sistema
usual con la que se mide la longitud o la
distancia
Ejemplo:

punto point Una ubicación exacta en el espacio

punto de referencia benchmark Un tamaño o
una cantidad que se conoce y que permite
comprender otro tamaño o cantidad

punto decimal decimal point Un símbolo que se
usa para separar los dólares de los centavos en
cantidades de dinero y el lugar de las unidades
del lugar de los décimos en un número decimal
Ejemplo: 6.4
↑ punto decimal

reagrupar regroup Intercambiar cantidades de
igual valor para convertir un número
Ejemplo: $5 + 8 = 13$ unidades o 1 decena y
3 unidades

recta line Una sucesión recta de puntos en un
plano que continúa sin fin en ambas direcciones
y no tiene extremos
Ejemplo:

recta numérica number line Una línea en la que
se pueden ubicar los números
Ejemplo:

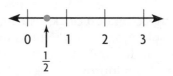

rectángulo rectangle Un cuadrilátero con dos
pares de lados paralelos de igual longitud y
cuatro ángulos rectos
Ejemplo:

rectas paralelas parallel lines Rectas ubicadas
en un mismo plano que nunca se intersecan
y siempre están a la misma distancia entre sí
Ejemplo:

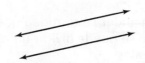

> **Origen de la palabra**
>
> Euclides, un matemático de la antigua
> Grecia, fue uno de los primeros en
> explorar la idea de las rectas paralelas.
> El prefijo *para-* significa "junto o al lado
> de". Este prefijo te ayuda a comprender el
> significado de la palabra *paralelas*.

rectas perpendiculares perpendicular lines
Dos rectas que se intersecan y forman cuatro ángulos rectos
Ejemplo:

redondear round Reemplazar un número con otro número que indica una cantidad aproximada

regla rule Un procedimiento (que por lo general implica operaciones aritméticas) para determinar un valor de salida a partir de un valor de entrada

reloj analógico analog clock Instrumento para medir el tiempo, en la que unas manecillas se mueven alrededor de un círculo para indicar las horas, los minutos y, a veces, los segundos
Ejemplo:

reloj digital digital clock Un reloj que indica la hora y los minutos con dígitos
Ejemplo:

residuo remainder La cantidad que queda cuando no se puede dividir un número en partes iguales

resta subtraction El proceso de hallar cuántos elementos quedan cuando se quita un número de elementos de un grupo; el proceso de hallar la diferencia cuando se comparan dos grupos; la operación opuesta a la suma

rombo rhombus Un cuadrilátero con dos pares de lados paralelos y cuatro lados de igual longitud
Ejemplo:

segmento line segment Una parte de una recta que incluye dos puntos llamados extremos y todos los puntos que hay entre ellos
Ejemplo:

segundo (s) second (sec) Una unidad de tiempo pequeña
1 minuto = 60 segundos

semirrecta ray Una parte de una recta; tiene un extremo y continúa sin fin en una sola dirección
Ejemplo:

signo de la igualdad (=) equal sign (=) Un símbolo que indica que dos números tienen el mismo valor
Ejemplo: 384 = 384

signo de mayor que (>) greater than sign (>) Un símbolo con el que se comparan dos cantidades, con la cantidad mayor en primer lugar
Ejemplo: 6 > 4

signo de menor que (<) less than sign (<) Un símbolo con el que se comparan dos cantidades, con la cantidad menor en primer lugar
Ejemplo: 3 < 7

signo de no igual a (≠) not equal to sign (≠) Un símbolo que indica que una cantidad no es igual a otra
Ejemplo: 12 × 3 ≠ 38

símbolo de centavo (¢) cent sign (¢) Un símbolo que indica *centavo* o *centavos*
Ejemplo: 53¢

simetría axial line symmetry Lo que tiene una figura si se puede plegar a lo largo de una línea de manera que sus dos partes coincidan totalmente

suma addition El proceso de hallar el número total de elementos cuando se unen dos o más grupos de elementos; la operación opuesta a la resta

suma o total sum El resultado de una suma

sumando addend Un número que se suma a otro en una suma
Ejemplo: 2 + 4 = 6;
         2 y 4 son sumandos.

tabla de conteo tally table Una tabla en la que se usan marcas de conteo para registrar datos

Origen de la palabra

En los juegos de naipes, algunas personas anotan los puntos haciendo marcas en papel (IIII). Estas marcas se conocen como marcas de conteo. La palabra *conteo* es un sinónimo de *cálculo,* que proviene del latín *calculus* y que significa "guijarro o piedra pequeña". En la antigüedad, algunos métodos de conteo consistían en hacer marcas en un pedazo de madera o de hueso, así como en reunir semillas, ramitas, guijarros o piedras.

tabla de frecuencia frequency table Una tabla en la que se registran datos numéricos sobre con qué frecuencia ocurre algo
Ejemplo:

Color favorito	
Color	Número
Azul	10
Rojo	7
Verde	5
Otros	3

taza (tz) cup (c) Una unidad del sistema usual con la que se mide la capacidad y el volumen de un líquido
1 taza = 8 onzas

temperatura temperature El grado de calor o frío, generalmente medido en grados Fahrenheit o grados Celsius

término term Un número u objeto en un patrón

tiempo transcurrido elapsed time El tiempo que pasa desde el comienzo hasta el final de una actividad

tonelada (t) ton (T) Una unidad del sistema usual que se usa para medir el peso
1 tonelada = 2,000 libras

transportador protractor Un instrumento con el que se mide el tamaño de un ángulo

trapecio trapezoid Un cuadrilátero con un solo par de lados paralelos
Ejemplos:

triángulo triangle Un polígono con tres lados y tres ángulos
Ejemplos:

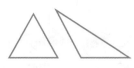

triángulo acutángulo acute triangle Un triángulo con tres ángulos agudos
Ejemplo:

triángulo obtusángulo obtuse triangle Un triángulo con un ángulo obtuso
Ejemplo:

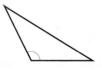

triángulo rectángulo right triangle Un triángulo con un ángulo recto
Ejemplo:

tridimensional three-dimensional Que se mide en tres direcciones, como longitud, ancho y altura
Ejemplo:

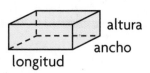

altura
ancho
longitud

U

unidad cuadrada square unit Una unidad de área con dimensiones de 1 unidad × 1 unidad

unidad de patrón pattern unit La parte de un patrón que se repite
Ejemplo:

unidad de patrón

unidades lineales linear units Unidades que miden la longitud, el ancho, la altura o la distancia

unidimensional one-dimensional Que se mide en una sola dirección, como la longitud
Ejemplos:

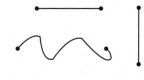

V

valor posicional place value El valor que tiene un dígito en un número según su ubicación

variable variable Una letra o un símbolo que representa uno o varios números

vertical vertical En dirección de arriba hacia abajo

vértice vertex El punto en el que se unen dos semirrectas de un ángulo o dos (o más) segmentos de una figura bidimensional
Ejemplos:

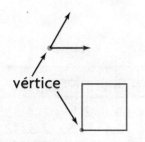

vértice

volumen líquido liquid volume La medida del espacio que ocupa un líquido

yarda (yd) yard (yd) Una unidad del sistema usual con la que se mide la longitud o la distancia
1 yarda = 3 pies

Correlaciones

 ESTÁNDARES ESTATALES COMUNES

Estándares que aprenderás

Prácticas matemáticas		Algunos ejemplos son:
MP1	Dan sentido a los problemas y perseveran en su resolución.	Lecciones 1.8, 2.1, 3.2, 4.6, 5.3, 6.5, 7.4, 9.2, 10.4, 11.5, 12.8, 13.5
MP2	Razonan de forma abstracta y cuantitativa.	Lecciones 1.3, 2.2, 3.3, 4.8, 5.6, 6.2, 7.7, 8.2, 9.5, 10.5, 12.3, 13.4
MP3	Construyen argumentos viables y critican el razonamiento de otros.	Lecciones 1.7, 2.10, 4.10, 5.2, 6.7, 7.3, 10.5, 11.1,12.2
MP4	Representación a través de las matemáticas	Lecciones 1.2, 2.5, 3.1, 4.7, 5.1, 6.4, 7.1, 8.3, 9.4, 10.1,12.5
MP5	Utilizan las herramientas apropiadas estratégicamente.	Lecciones 1.1, 2.3, 4.1, 4.7, 6.1, 9.1, 10.7, 11.3, 12.9
MP6	Ponen atención a la precisión.	Lecciones 1.4, 2.7, 3.6, 4.5, 6.3, 7.5, 8.5, 9.3, 10.2, 11.4, 12.4, 13.3
MP7	Reconocen y utilizan estructuras.	Lecciones 1.5, 2.4, 3.5, 4.4, 5.4, 6.6, 7.6, 8.1, 9.7, 10.3, 11.2, 12.1, 13.2
MP8	Reconocen y expresan regularidad en el razonamiento repetitivo.	Lecciones 1.6, 3.4, 4.3, 7.9, 8.4, 9.6, 10.6, 12.10, 13.1

Estándares que aprenderás

Área: Operaciones y pensamiento algebraico

Utilizan las cuatro operaciones con números enteros para resolver problemas.

4.OA.A.1	Interpretan una ecuación de multiplicación como una comparación, por ejemplo, $35 = 5 \times 7$ como un enunciado de que 35 es 5 veces 7, y 7 veces 5. Representan enunciados verbales de comparaciones multiplicativas como ecuaciones de multiplicación.	Lección 2.1
4.OA.A.2	Multiplican o dividen para resolver problemas verbales que incluyen comparaciones multiplicativas, por ejemplo, para representar el problema usando dibujos y ecuaciones con un símbolo para el número desconocido, distinguen una comparación multiplicativa de una comparación de suma.	Lecciones 2.2, 4.12
4.OA.A.3	Resuelven problemas verbales de pasos múltiples con números enteros, cuyas respuestas son números enteros, usando las cuatro operaciones, incluyendo problemas en los que los residuos deben ser interpretados. Representan estos problemas usando ecuaciones con una letra que representa la cantidad desconocida. Evalúan si las respuestas son razonables usando cálculos mentales y estrategias de estimación incluyendo el redondeo.	Lecciones 2.9, 2.12, 3.7, 4.3

Obtienen familiaridad con los factores y los múltiplos.

4.OA.B.4	Hallan todos los pares de factores de números enteros dentro del rango 1–100. Reconocen que un número entero es un múltiplo de cada uno de sus factores. Determinan si cierto número entero dentro del rango 1–100 es un múltiplo de cierto número de un solo dígito. Determinan si un número entero dentro del rango 1–100 es primo o compuesto.	Lecciones 5.1, 5.2, 5.3, 5.4, 5.5

Generan y analizan patrones.

4.OA.C.5	Generan un patrón de números o figuras que sigue una regla dada. Identifican las características aparentes del patrón que no eran explícitas en la regla misma.	Lecciones 5.6, 10.7

Área: Números y operaciones en base diez		
Generalizan la comprensión del valor de posición para los números enteros de dígitos múltiples.		
4.NBT.A.1	Reconocen que en un número entero de dígitos múltiples, un dígito en determinado lugar representa diez veces lo que representa en el lugar a su derecha.	Lecciones 1.1, 1.5
4.NBT.A.2	Leen y escriben números enteros con dígitos múltiples usando numerales en base diez, los nombres de los números, y sus formas desarrolladas. Comparan dos números de dígitos múltiples basándose en el valor de los dígitos en cada lugar, utilizando los símbolos >, =, y < para anotar los resultados de las comparaciones.	Lecciones 1.2, 1.3
4.NBT.A.3	Utilizan la comprensión del valor de posición para redondear números enteros con dígitos múltiples a cualquier lugar.	Leccion 1.4
Utilizan la comprensión del valor de posición y de las propiedades de operaciones para efectuar aritmética con números de dígitos múltiples.		
4.NBT.B.4	Suman y restan con fluidez los números enteros con dígitos múltiples utilizando el algoritmo convencional.	Lecciones 1.6, 1.7, 1.8
4.NBT.B.5	Multiplican un número entero de hasta cuatro dígitos por un número entero de un dígito, y multiplican dos números de dos dígitos, utilizando estrategias basadas en el valor de posición y las propiedades de operaciones. Ilustran y explican el cálculo utilizando ecuaciones, matrices rectangulares, y/o modelos de área.	Lecciones 2.3, 2.4, 2.5, 2.6, 2.7, 2.8, 2.10, 2.11, 3.1, 3.2, 3.3, 3.4, 3.5, 3.6
4.NBT.B.6	Hallan cocientes y residuos de números enteros, a partir de divisiones con dividendos de hasta cuatro dígitos y divisores de un dígito, utilizando estrategias basadas en el valor de posición, las propiedades de las operaciones y/o la relación entre la multiplicación y la división. Ilustran y explican el cálculo utilizando ecuaciones, matrices rectangulares, y/o modelos de área.	Lecciones 4.1, 4.2, 4.4, 4.5, 4.6, 4.7, 4.8, 4.9, 4.10, 4.11

Área: Números y operaciones – Fracciones		
Extienden el entendimiento de la equivalencia y el orden de las fracciones.		
4.NF.A.1	Explican por qué la fracción *a*/*b* es equivalente a la fracción ($n \times a$)/($n \times b$) al utilizar modelos visuales de fracciones, poniendo atención a como el número y el tamaño de las partes difiere aún cuando ambas fracciones son del mismo tamaño. Utilizan este principio para reconocer y generar fracciones equivalentes.	Lecciones 6.1, 6.2, 6.3, 6.4, 6.5
4.NF.A.2	Comparan dos fracciones con numeradores distintos y denominadores distintos, por ejemplo, al crear denominadores o numeradores comunes, o al comparar una fracción de referencia como 1/2. Reconocen que las comparaciones son válidas solamente cuando las dos fracciones se refieren al mismo entero. Anotan los resultados de las comparaciones con los símbolos >, = ó <, y justifican las conclusiones, por ejemplo, utilizando un modelo visual de fracciones.	Lecciones 6.6, 6.7, 6.8

Área: Números y operaciones – Fracciones

Forman fracciones a partir de fracciones unitarias al aplicar y ampliar los conocimientos previos de las operaciones con números enteros.

4.NF.B.3	Entienden la fracción *a/b* cuando *a* > 1 como una suma de fracciones 1/*b*.	
	a. Entienden la suma y la resta de fracciones como la unión y la separación de partes que se refieren a un mismo entero.	Lección 7.1
	b. Descomponen de varias maneras una fracción en una suma de fracciones con el mismo denominador, anotando cada descomposición con una ecuación. Justifican las descomposiciones, por ejemplo, utilizando un modelo visual de fracciones.	Lecciones 7.2, 7.6

Lecciones 7.7, 7.8, 7.9 |
	c. Suman y restan números mixtos con el mismo denominador, por ejemplo, al reemplazar cada número mixto por una fracción equivalente, y/o al utilizar las propiedades de las operaciones y la relación entre la suma y la resta.	Lecciones 7.3, 7.4, 7.5, 7.10
	d. Resuelven problemas verbales sobre sumas y restas de fracciones relacionados a un mismo entero y con el mismo denominador, por ejemplo, utilizando modelos visuales de fracciones y ecuaciones para representar el problema.	
4.NF.B.4	Aplican y amplían los conocimientos previos sobre la multiplicación para multiplicar una fracción por un número entero.	
	a. Entienden que una fracción *a/b* es un múltiplo de 1/*b*.	Lección 8.1
	b. Entienden que un múltiplo de *a/b* es un múltiplo de 1/*b*, y utilizan este entendimiento para multiplicar una fracción por un número entero.	Lecciones 8.2, 8.3
	c. Resuelven problemas verbales relacionados a la multiplicación de una fracción por un número entero, por ejemplo, utilizan modelos visuales de fracciones y ecuaciones para representar el problema.	Lecciones 8.4, 8.5

Área: Números y operaciones – Fracciones

Entienden la notación decimal para las fracciones, y comparan fracciones decimales.

4.NF.C.5	Expresan una fracción con denominador 10 como una fracción equivalente con denominador 100, y utilizan esta técnica para sumar dos fracciones con denominadores respectivos de 10 y 100.	Lecciones 9.3, 9.6
4.NF.C.6	Utilizan la notación decimal para las fracciones con denominadores de 10 ó 100.	Lecciones 9.1, 9.2, 9.4
4.NF.C.7	Comparan dos decimales hasta las centésimas al razonar sobre su tamaño. Reconocen que las comparaciones son válidas solamente cuando ambos decimales se refieren al mismo entero. Anotan los resultados de las comparaciones con los símbolos $>$, $=$ ó $<$, y justifican las conclusiones, por ejemplo, utilizando un modelo visual.	Lección 9.7

Área: Medición y datos

Resuelven problemas relacionados a la medición y a la conversión de medidas de una unidad más grande a una más pequeña.

4.MD.A.1	Reconocen los tamaños relativos de las unidades de medición dentro de un sistema de unidades, incluyendo km, m, cm; kg, g; lb, oz.; L, mL; h, min, s. Dentro de un mismo sistema de medición, expresan las medidas en una unidad más grande en términos de una unidad más pequeña. Anotan las medidas equivalentes en una tabla de dos columnas.	Lecciones 12.1, 12.2, 12.3, 12.4, 12.6, 12.7, 12.8, 12.11
4.MD.A.2	Utilizan las cuatro operaciones para resolver problemas verbales sobre distancias, intervalos de tiempo, volúmenes líquidos, masas de objetos y dinero, incluyendo problemas con fracciones simples o decimales, y problemas que requieren expresar las medidas dadas en una unidad más grande en términos de una unidad más pequeña. Representan cantidades medidas utilizando diagramas tales como rectas numéricas con escalas de medición.	Lecciones 9.5, 12.9, 12.10
4.MD.A.3	Aplican fórmulas de área y perímetro de rectángulos para resolver problemas matemáticos y del mundo real.	Lecciones 13.1, 13.2, 13.3, 13.4, 13.5

Área: Medición y datos		
Representan e interpretan datos.		
4.MD.B.4	Hacen un diagrama de puntos para representar un conjunto de datos de medidas en fracciones de una unidad (1/2, 1/4, 1/8). Resuelven problemas sobre sumas y restas de fracciones utilizando la información presentada en los diagramas de puntos.	Lección 12.5
Medición geométrica: entienden conceptos sobre los ángulos y la medición de ángulos.		
4.MD.C.5	Reconocen que los ángulos son elementos geométricos formados cuando dos semirrectas comparten un extremo común, y entienden los conceptos de la medición de ángulos.	
	a. Un ángulo se mide con respecto a un círculo, con su centro en el extremo común de las semirrectas, tomando en cuenta la fracción del arco circular entre los puntos donde ambas semirrectas intersecan el círculo. Un ángulo que pasa por 1/360 de un círculo se llama "ángulo de un grado" y se puede utilizar para medir ángulos.	Lecciones 11.1, 11.2
	b. Un ángulo que pasa por *n* ángulos de un grado tiene una medida angular de *n* grados.	Lección 11.2
4.MD.C.6	Miden ángulos en grados de números enteros utilizando un transportador. Dibujan ángulos con medidas dadas.	Lección 11.3
4.MD.C.7	Reconocen la medida de un ángulo como una suma. Cuando un ángulo se descompone en partes que no se superponen, la medida del ángulo entero es la suma de las medidas de los ángulos de las partes. Resuelven problemas de suma y resta para encontrar ángulos desconocidos en problemas del mundo real y en problemas matemáticos, por ejemplo, al usar una ecuación con un símbolo para la medida desconocida del ángulo.	Lecciones 11.4, 11.5

Área: Geometría

Dibujan e identifican rectas y ángulos, y clasifican figuras geométricas según las propiedades de sus rectas y sus ángulos.

4.G.A.1	Dibujan puntos, rectas, segmentos de rectas, semirrectas, ángulos (rectos, agudos, obtusos), y rectas perpendiculares y paralelas. Identifican estos elementos en las figuras bidimensionales.	Lecciones 10.1, 10.3
4.G.A.2	Clasifican las figuras bidimensionales basándose en la presencia o ausencia de rectas paralelas o perpendiculares, o en la presencia o ausencia de ángulos de un tamaño especificado. Reconocen que los triángulos rectos forman una categoría en sí, e identifican triángulos rectos.	Lecciones 10.2, 10.4
4.G.A.3	Reconocen que en una figura bidimensional, el eje de simetría es una recta que corta la figura de tal manera que la figura se puede doblar a lo largo de la recta en partes exactamente iguales. Identifican figuras con simetría axial y dibujan ejes de simetría.	Lecciones 10.5, 10.6

Índice

A

a. m., 691–693

Actividades
Actividad, 5, 279, 311, 339, 345, 359, 549, 550, 555, 556, 562, 567, 568, 575, 581, 582, 613, 614, 647, 653, 686, 703
Investigar, 31, 87, 157, 203, 227, 235, 247, 327, 385, 601, 621, 673

Actividades de Matemáticas en el mundo, 3, 61, 143, 195, 277, 325, 383, 453, 493, 547, 599, 639, 715

Actividades y conexiones con otras materias
Conectar con el Arte, 400, 570
Conectar con la Lectura, 84, 224
Conectar con las Ciencias, 26, 218, 510, 616, 688, 740
Conectar con los Estudios Sociales, 308

Álgebra
área
fórmula, 723–726
hallar, 723–726, 729–732, 743–746
división relacionada con la multiplicación, 228, 475, 476
operaciones inversas, 260
ecuaciones
división, 210–223, 738
ecuaciones con ángulos, 622–623, 627–630, 631–632
escribir, 49–51, 63–66, 69–72, 386–387, 391–394
multiplicación, 63–66, 131–134, 470, 475–478
problemas de varios pasos, 131–134
representar, 69–72, 131–134, 157–159, 203–204, 391, 394
resolver usando el cálculo mental, 107–110
resta, 49–52, 132, 409–412
suma, 50, 385–388, 397–400, 409–412
escribir una regla, 121
expresiones
numéricas, 435–438
paréntesis, 107, 145
tablas de funciones, 286–287
multiplicación
hallar factores desconocidos, 285–288
problemas de comparación, 63–66, 69–72

propiedad asociativa de la multiplicación, 107–110, 145–148
propiedad conmutativa de la multiplicación, 63–66, 107–110, 171
propiedad distributiva, 87–90, 99–101, 108–109, 227–230, 718
relacionada con la división, 475
patrones en unidades de medición, 703–706
patrones numéricos, 311–314, 470–472
perímetro
fórmula, 717–720
hallar, 717–720
propiedad distributiva, 87–90, 99, 227–230, 718
división, 227–230
multiplicación, 87–90, 99–102, 108–109
suma
propiedad asociativa de la suma, 39, 435–438
propiedad conmutativa de la suma, 39, 435–438
unidades de medición, convertir, 647–650, 653–656, 659–662, 673–676, 679–682, 685–688

Algoritmos
división, 253–256, 259–262
multiplicación, 119–122, 125–128, 163–166, 171–174
resta, 43–46
suma, 37–40

Altura, 723–726, 737, 739

Ángulo llano, 550–552, 608

Ángulos
agudos, 550, 555, 608, 615
definición, 550
ecuaciones con ángulos, 622–623, 627–630, 631–632
giros en un círculo, 607–610
llanos, 550, 608
medir y dibujar, 613–616
obtusos, 550, 555, 608, 615
rectos, 550, 555, 567, 608, 723
usar para clasificar triángulos, 555–558

Ángulos agudos, 550, 555

Ángulos obtusos, 550–552, 555–558

Ángulos rectos, 549–552, 555–558, 567, 608, 723

© Houghton Mifflin Harcourt

Área
    concepto, 723–726
    definición, 723
    fórmula, 723–726
    hallar, 723–726, 729–732, 743–746
    hallar medidas desconocidas, 737–740
    medir para hallar, 729–732
    perímetro, 731
    rectángulo, 723–726, 729–732
    rectángulos combinados, 729–732
    unidad cuadrada, 723, 729
    unidades, 723–726

Área de atención, 1, 323, 545

Arte, Conectar, 400, 570

Ayuda para el estudiante
    Idea matemática, 24, 44, 253, 279, 285, 306, 371, 575, 607, 621, 673, 724
    Lee, 555, 685
    Para evitar errores, 38, 260, 305, 346, 582, 614, 698, 738
    Recuerda, 39, 63, 107, 145, 158, 209, 455, 476, 513, 528, 576, 608, 723

B

Base, 723–726

Bloques de base diez, 5, 31, 247–249

C

Cálculo mental, 81, 107–110, 151–152, 435–438

Centavos, 513–516

Centenas, 11–14
    múltiplos, 75–78, 125
    resta, 43–46
    suma, 37–40
    valor posicional, 5–8, 11–14, 37–40

Centenas de millar, 11–14
    redondeo, 23
    resta, 43–46
    suma, 37–40
    valor posicional, 5–8, 11–14, 37–40

Centésimos, 501–504, 507–510

Centímetros, 673–676, 717–720

Charla matemática, En todas las lecciones del Libro del estudiante. Algunos

ejemplos: 5, 12, 64, 82, 114, 132, 177, 209, 228, 279, 299, 328, 359, 386, 429, 455, 495, 520, 556, 602, 642, 723

Ciencias
    Conectar con las Ciencias, 26, 218, 510, 616, 688, 740

Clasificar
    ángulos, 549–552
    cuadriláteros, 567–570
    rectas, 549–552
    triángulos, 555–558

Cocientes, 210, 235–238. *Ver también* **División**
    colocar el primer dígito, 253–256
    estimar, 197–200, 221–224
    parciales, 241–244

Cocientes parciales, 241–244

Comparar
    fracciones, 359–362, 365–368, 371–374
    números decimales, 533–536
    números enteros, 17–20
    unidades de medición, 647–650, 653–656, 659–662, 673–676, 679–682, 685–688

Comparte y muestra, En todas las lecciones del Libro del estudiante. Algunos ejemplos: 7, 44, 100, 132, 172, 198, 222, 280, 329, 387, 457, 497, 551, 603, 643, 719

Comprende el vocabulario, 4, 62, 144, 196, 278, 326, 384, 454, 494, 548, 600, 640, 716

Comunicar ideas matemáticas
    Charla matemática, En todas las lecciones del Libro del estudiante. Algunos ejemplos: 5, 12, 64, 82, 114, 132, 177, 209, 228, 279, 299, 328, 359, 386, 429, 455, 495, 520, 556, 602, 642, 723
    Escribe, En todas las lecciones del Libro del estudiante. Algunos ejemplos: 8, 40, 96, 116, 224, 288, 348, 420, 510, 530, 682
    Lee, 555, 685

Conectar con el Arte, 400, 424

Conectar con la Lectura, 84, 224

Conectar con las Ciencias, 26, 218, 510, 616, 688, 740

Conectar con los Estudios Sociales, 308

Convertir
    fracciones, 417–420, 476
    números mixtos, 417–420, 429–432, 476
    números enteros, 31–34

Correlaciones
> Estándares estatales comunes de matemáticas para el estado de California, H14–H21

Criba de Eratóstenes, 308

Cuadrados, 567–570, 581, 717–719, 724–725, 729

Cuadrados de una unidad, 723

Cuadrícula, 38, 44, 87, 89, 157, 227, 229, 235, 305, 306, 729

Cuadriláteros, 567–570
> cuadrado, 567–570
> definición, 567
> paralelogramo, 567–570
> rectángulo, 567–570
> rombo, 567–570
> trapecio, 567–570

¿Cuál es el error?, 13, 19, 46, 96, 134, 148, 206, 330, 409, 478, 706

¿Cuál es la pregunta?, 20, 342, 362, 478

Cuarto, 641, 659–662

D

Datos
> recopilar, 26
> usar
>> diagramas de puntos, 665–668
>> diagramas de Venn, 196, 556, 558, 568, 716
>> gráficas de barras, 116
>> tablas. *Ver* Tablas
>> tablas de conteo, 665–668, 671

Decenas
> multiplicar, 75–78, 93–96, 99–102, 119–122, 125–128, 145–148, 163–164
> redondeo, 24–26
> resta, 43–46
> suma, 37–40
> valor posicional, 5–8, 100, 221

Decenas de millar
> redondeo, 24–26
> resta, 43–46
> suma, 37–40
> valor posicional, 6–8

Decímetros, 673

Décimos, 410, 495–498, 507–510, 528, 533

Denominadores, 365–368

Denominadores comunes, 345–348, 365–368, 409–412, 527–530

Destrezas requeridas
> Muestra lo que sabes, 3, 61, 143, 195, 277, 325, 383, 453, 493, 547, 599, 639, 715

Diagramas. *Ver también* **Organizadores gráficos**
> diagramas de Venn, 196, 556, 558, 568, 716
> Hacer un diagrama, 49–52, 72, 113–116, 183–186, 265–268, 481–484, 627–630, 691–694
> usar, 49–52, 72, 113–116, 158, 183–186, 265–268, 481–484, 627–630, 691–694, 729–732

Diagramas de puntos, 665–668

Diagramas de Venn, 556, 558, 568, 716

Días, 686

Dibujos rápidos
> para representar la división, 203–206, 248–250
> para representar la multiplicación, 75–78

Diferencia, 43–44, 195, 403–405, 410–411, 423–425, 430–431

Dígito, 6
> valor, 5–8

Dinero
> relacionado con
>> fracciones, 513–516
>> números decimales, 513–516

Distancia, 641–642

Dividendo, 209. *Ver también* **División**

Divisibilidad, 285–288, 306

División
> cero en el cociente, 260
> cociente, 209
> cocientes parciales, 241–244
> colocar el primer dígito del cociente, 241–244
> con cero, 241–244
> decenas, centenas, millares, 215–218
> dividendo, 209
> divisor, 209
> ecuaciones, 210–212, 215–218, 222–223
> estimar cocientes
>> usando múltiplos, 197–200
>> usando números compatibles, multiples, 197–200
> hallar fracciones equivalentes, 340–341

© Houghton Mifflin Harcourt

números de varios dígitos, 253–256, 259–262

operaciones básicas, 215–216, 221–222, 259–262

patrones, 216–217, 285–287

propiedad distributiva, 227–230

reagrupación, 247–250, 253–256, 259–262

relación inversa de la multiplicación, 260

representar

    bloques de base diez, 247–249

    círculos fraccionarios, 404–406

    dibujos rápidos, 203–206, 209–212

    fichas, 203–205, 235

    hacer un diagrama, 265–268

    modelos de barras, 265–268

    tiras fraccionarias, 404–405, 409

residuos, 203–206

    definición, 204

    interpretar, 209–212

tipos de problemas, 197–200

usando la resta repetida, 235–238

Divisor, 209. *Ver también* **División**

Dólar, 513–514

E

Ecuaciones

división, 209–223, 738

ecuaciones con ángulos, 623, 630, 633

escribir, 49–51, 63–66, 69–72, 386–387, 391–394

multiplicación, 63–66, 131–134, 470, 475–478

operaciones inversas, 260

problemas de varios pasos, 260

representar, 69–72, 131–134, 157–159, 203–204, 391, 394

    usando el cálculo mental, 107–110

resta, 49–52, 132, 409–412

suma, 50, 385–388, 409–412

Eje de simetría, 581–584

En el mundo

Resolución de problemas, En todas las lecciones del Libro del estudiante. Algunos ejemplos: 8, 45, 96, 148, 200, 237, 302, 348, 411, 437, 457, 498, 552, 603, 649, 699

Soluciona el problema, En todas las lecciones del Libro del estudiante. Algunos ejemplos: 11, 49–50, 93–94,

151–152, 209–210, 279, 345, 394, 429–430, 435–436, 441–442, 455–456, 495–496, 533, 549–550, 578, 647–648, 717–718

En el sentido contrario de las manecillas del reloj, 601–604

En el sentido de las manecillas del reloj, 601–604

Enseñanza diversificada

Muestra lo que sabes, 3, 61, 143, 195, 277, 325, 383, 453, 493, 547, 599, 639, 715

Entrenador personal en matemáticas,

En algunas lecciones del Libro del estudiante. Algunos ejemplos: 277, 294, 314, 325, 383

Errores

¿Cuál es el error?, 13, 46, 96, 134, 206, 330, 409, 706

Para evitar errores, 38, 260, 305, 346, 582, 614, 698, 738

Escala

transportador, 613–619

Escribe, En la mayoría de las lecciones del Libro del estudiante. Algunos ejemplos: 96, 116, 224, 510, 530, 682

Escritura

Escribe, En la mayoría de las lecciones del Libro del estudiante. Algunos ejemplos: 96, 116, 224, 510, 530, 682

Estándares estatales comunes, H14–H21

Estimar. *Ver también* **Puntos de referencia; Redondeo**

cocientes

    usando múltiplos, 197–200

    usando números compatibles, 221–223

definición, 23

productos, 81–83, 151–154

redondear para hallar una estimación, 23–26

respuesta razonable

    fracciones, 371

    multiplicación, 151–154

    resta, 151–154

    suma, 38–39

usando el valor posicional, 24

Estrategia de descomponer, 87, 99, 157, 163, 227

Estrategias. *Ver* **Estrategias de resolución de problemas**

Estrategias de resolución de problemas
Hacer un diagrama, 49–52, 113–116, 183–186, 265–268, 481–484, 627–630, 691–694
Hacer una tabla, 351–354
Hallar una lista, 291–294
Representar, 351–354
Resolver un problema más sencillo, 743–746

Estudios Sociales, Conectar con los, 308

Evaluación
Evaluación diagnóstica
Muestra lo que sabes, 3, 61, 143, 195, 277, 325, 383, 453, 493, 547, 599, 639, 715
Evaluación continua, Revisión de la mitad del capítulo, 29–30, 105–106, 169–170, 233–234, 297–298, 357–358, 415–416, 467–468, 525–526, 573–574, 619–620, 671–672, 735–736
Evaluación sumativa
Repaso y prueba del capítulo, 55–60, 137–142, 189–194, 271–276, 317–322, 377–382, 447–452, 487–492, 539–544, 593–598, 633–638, 709–714, 749–754

Expresiones
numéricas, 435–438
paréntesis, 107, 145
tablas de funciones, 285–287

Factores
comunes, 291–294
definición, 279
divisibilidad, 285–288
escribir todos, 286, 287
hallar factores desconocidos, 737
múltiplos, 299–302
representar, 279–282

Factores comunes, 291–294
fracciones en su mínima expresión, 340

Fichas, 203–206, 235, 236

Figuras bidimensionales
área
concepto, 723–726
cuadrado de una unidad, 723
definición, 723
fórmula, 724–726
hallar, 723–726, 729–732, 743–746
hallar medidas desconocidas, 737–740
perímetro, 731
rectángulo, 723–726, 729–732
rectángulos combinados, 729–732
unidad cuadrada, 723, 729–732
unidades, 723, 729–732
cuadrados, 567–570, 581
cuadriláteros, 567–570
hallar un patrón, 587–590
hexágonos, 581
identificar, 549–552, 555–558, 561–564, 567–570, 575–578, 581–584
paralelogramos, 567–570, 581
patrones de figuras, 587–590
perímetro
área, 723–726
cuadrado, 717–720
definición, 717
fórmulas, 717–720
hallar, 717–720
hallar medidas desconocidas, 737–740
medir, 737–740
rectángulo, 717–720
polígonos, 555–558, 567, 581
rectángulos, 567–570, 581
rombo, 567–570, 581
simetría
ejes de simetría, 575–584
simetría axial, 575–584
trapecios, 567–570, 581
triángulos, 555–558. *Ver también* Triángulos

Forma desarrollada
multiplicar, 93–96
números enteros, 11–14

Forma en palabras
números enteros, 11–14

Forma normal
números enteros, 11–14

Fórmulas
área, 723–726
perímetro, 717–720

Fracciones
comparar
usando denominadores comunes, 365–368, 371–374
usando mínima expresión, 366–367
usando modelos, 365
usando numeradores comunes, 365–368, 371–374
usando puntos de referencia, 359–362, 371–374

usando la recta numérica, 371–374
usando tiras fraccionarias, 359–361
convertir en números mixtos,
    417–420, 476
denominador, 365–368
denominador común, 345–348,
    365–368, 410
división, 476
fracciones equivalentes
    definición, 327
    denominadores comunes, 346–347
    multiplicación y división para hallar,
        333–336
    representar, 327–330, 333–336,
        339–342, 351–354
hacer un diagrama, 481–484
mayor que 1, 1, 417–420, 429–432
modelos de barras, 481–484
modelos de área, 327–330, 333–336,
    351–354
multiplicación con números enteros,
    469–472
    usando la suma, 469–472
    usando modelos, 469–472
    usando patrones, 470–471
mínima expresión, 339–342
múltiplos, 455–458, 461–464
numerador, 365–368
numerador común, 365–368
números mixtos, 417–420
ordenar, 371–374
patrones, 470
problemas de comparación, 481–484
problemas de varios pasos, 441–444
puntos de referencia, 359–362
relacionadas con
    dinero, 513–516
    números decimales, 495–498, 501–504,
        508, 513–516, 527–530
resta
    convertir para restar, 429–432
    mismo denominador, 409–412,
        423–426
    números mixtos, 423–426
    representar, 385–388, 403–406,
        409–412, 429–432
suma
    fracciones unitarias, 391–394
    mismo denominador, 391–394,
        409–412, 423–426, 435–438,
        527–530
números mixtos, 423–426
partes de 10 y 100, 527–530
propiedades, 435–438
representar, 385–388, 397–400,
    409–412, 423–426, 441–444

Fracciones equivalentes
    definición, 327
    multiplicación y división para hallar,
        333–336, 340
    representar, 327–330, 333–336, 339–342,
        351–354

Fracciones unitarias, 391–394, 455–458

G

Galón, 659–662

Geometría. *Ver también* **Figuras
    bidimensionales**
    ángulos, 549–552
        agudos, 550, 555, 608, 615
        clasificar triángulos según el tamaño
            de sus ángulos, 555–558
        ecuaciones con ángulos, 622–623,
            627–630, 631–632
        giros en un reloj y medidas de
            ángulos, 602, 603, 685
        hallar medidas desconocidas,
            737–740
        medir y dibujar, 613–616
        obtusos, 550, 555, 608, 615
        rectos, 550, 555, 567, 608, 723
    cuadrados, 567–569, 581
    cuadriláteros, 567–570
        clasificar, 567–570
    hexágonos, 581
    patrones de figuras, 587–590
    polígonos, 555–558, 567–570
    rectángulos, 567–569
    rectas, 549–552
        paralelas, 561–564
        perpendiculares, 561–564
    semirrectas, 549–552
    simetría
        ejes de simetría, 581–584
        simetría axial, 575–578, 581–584
    trapecios, 567–569, 581
    triángulos, 555–558
        clasificar, 555–558

Giros en un reloj, 602

Glosario multimedia, 4, 62, 144, 196, 278, 326, 384, 454, 494, 548, 600, 640, 716

Grados
    medidas de ángulos, 607–610

Gráficas. *Ver también* **Datos**
    diagramas de puntos, 665–668
    diagramas de Venn, 196, 556, 558, 568, 716
    gráficas de barras, 116

Gráficas de barras, 116

Gramos, 679–682

Hacer conexiones, 32, 88, 158, 204, 228, 236, 248, 328, 386, 602, 622, 674

Hacer un diagrama. *Ver* **Estrategias de resolución de problemas**

Hacer una tabla o lista. *Ver* **Estrategias de resolución de problemas**

Hallar un patrón. *Ver* **Estrategias de resolución de problemas**

Haz otro problema, 50, 114, 184, 266, 292, 352, 442, 482, 520, 588, 628, 692, 744

Hexágonos, 581

Hora. *Ver* **Tiempo**

Horas
    media hora, 685–688
    minutos que pasaron desde la hora, 685, 692
    tiempo transcurrido, 691–694

Idea matemática, 24, 44, 253, 279, 285, 306, 371, 575, 607, 621, 673, 724

¡Inténtalo!, 11, 24, 44, 64, 107, 120, 146, 152, 178, 209, 210, 286, 312, 366, 372, 436, 476, 496, 514, 527, 528, 534, 555, 561, 568, 608, 654, 698, 704, 718, 724, 738

Interpretar residuos, 209–212

Intervención
    Muestra lo que sabes, 3, 61, 143, 195, 277, 325, 383, 453, 493, 547, 599, 639, 715

Introducción al capítulo, 3, 61, 143, 195, 277, 325, 383, 453, 493, 547, 599, 639, 715, 55–60, 137–142,

Investigar, 31, 87–88, 157–158, 203–204, 227–228, 235–236, 247–248, 327–328, 385–386, 601–602, 621–622

*i***Tools.** *Ver* **Tecnología y recursos digitales**

Kilogramos, 679–682

Kilómetros, 642, 643

Lectura
    Conectar con la Lectura, 84, 224
    Lee, 555, 685
    Lee/Resuelve el problema, 49–50, 113–114, 183–184, 265–266, 291–292, 351–352, 441–442, 481–482, 519–520, 587–588, 627–628, 691–692, 743–744
    Visualízalo, 4, 62, 144, 196, 278, 326, 384, 454, 494, 548, 600, 640, 716

Libras, 641, 653–656

Líneas secantes, 561–564

Litros, 679–682

Longitud
    área y medidas desconocidas, 737–740
    convertir unidades del sistema métrico, 673–676
    convertir unidades del sistema usual, 641, 647–650
    medir y estimar, 641–644, 673–676
    perímetro y medidas desconocidas, 737–740
    unidades del sistema métrico, 642, 673–676

Más al detalle, En algunas lecciones del Libro del estudiante. Algunos ejemplos: 19, 90, 229, 262, 294, 388, 444, 463, 536, 609, 687

Masa
    convertir unidades del sistema métrico, 679–682

medir, 679–682

unidades del sistema métrico, 642, 679–682

Matrices, 279–282

Mayor que (>), 17–18, 151, 153, 259

Media hora, 685–688

Medición

área, 723–726, 743–746

concepto, 723–726

definición, 723

fórmula, 723–726

hallar, 723–726, 729–732, 743–746

hallar medidas desconocidas dadas, 737–740

perímetro, 731

rectángulo, 723–726, 729–732

rectángulos combinados, 729–732

unidad cuadrada, 723

unidades, 723–726

ángulos

juntar y separar, 621–624

medir y dibujar, 613–616

partes fraccionarias de un círculo, 601–604

resolver medidas de ángulos desconocidas, 627–630

comparar, 642, 647–650, 653–656, 659–662, 685–688

concepto, 641

conversiones, 641–644, 647–650, 653–656, 659–662, 673–676, 679–682, 685–688, 691–694, 697–700, 703–706, 717–720, 723–726, 729–732, 737–740, 743–746

diagramas de puntos, 665–668

grados (de un círculo), 607–610

masa, 642, 679–682

medidas mixtas, 697–700

patrones en unidades de medida, 703–706

perímetro, 717–720

cuadrado, 717–720

definición, 717

fórmulas, 717–720

hallar, 717–720

hallar medidas desconocidas dadas, 737–740

medir, 737–740

rectángulo, 717–720

problemas de dinero, 519–522

puntos de referencia, 641–644

centímetro, 642–644

cuarto, 641

decímetro, 642

galón, 641, 643

gramo, 642–643

kilogramo, 642–643

kilómetro, 642–643

libra, 641, 643

litro, 642–643

metro, 642–643

mililitro, 642–644

milímetro, 642

milla, 641, 643

onza, 641, 643

onza fluida, 641

pie, 641, 643

pinta, 641

pulgada, 641, 643

taza, 641

tonelada, 641, 643

yarda, 641, 643

tiempo

transcurrido, 691–694

unidades, 685–688

unidades del sistema métrico

convertir, 673–676, 679–682

distancia, 642

longitud, 642, 673–676

masa, 642, 679–682

puntos de referencia, 642–644

volumen líquido, 679–682

unidades del sistema usual

distancia, 641

longitud, 641, 647–650

peso, 641, 653–656

puntos de referencia, 641–644

volumen líquido, 641, 659–662

Medidas mixtas, 697–700

Medio galón, 659

Menor que (<), 17–18, 151, 153, 253, 469

Metros, 673–676

Mililitros, 642–644, 679–682

Milímetros, 673–676

Millares

multiplicar, 75–78

redondear, 24–26

resta, 43–46

suma, 37–40

valor posicional, 5–8, 75–78

Millas, 641–643

Millones

valor posicional, 5–8

Mínima expresión, 339–342

Minutos. *Ver también* **Tiempo tiempo transcurrido,** 691–694

Mitad del capítulo, Revisión. Ver Revisión de la mitad del capítulo

Modelo rectangular. *Ver* **Modelos de área**

Modelos de área
    fracciones, 327–330, 333–336, 351–354, 365
    multiplicación, 157–160, 163–164
    números decimales, 495–498, 501–504, 507, 513–514

Modelos de barras, 49–52, 183–186, 265–268, 481–484, 627–630

Modelos lineales. *Ver* **Rectas numéricas**

Monedas de 25¢, 513–516, 519–520

Muestra lo que sabes, 3, 61, 143, 195, 277, 325, 383, 453, 493, 547, 599, 639, 715

Multiplicación
    cálculo mental, 107–110
    decenas, 145–148
    ecuaciones, 63–66, 131–134, 470, 475–478
    estimar cocientes, 197–200
    estimar productos, 81–83, 99–102, 151–154
    estrategia de dividir entre 2 y duplicar, 108, 146
    expresiones, 131–134
    factores, 279–282
    fracciones y números enteros, 461–464, 475–478
    hacer un diagrama, 183–186, 265–268
    hallar fracciones equivalentes, 333–336
    inverso de la división, 737–740
    matrices, 61
    modelo de área, 1157–160
    modelos de barras, 183–186
    múltiplos de 10, 100 y 1,000, 75–78
    múltiplos de fracciones unitarias, 455–458
    números de cuatro dígitos, 126–128
    números de dos dígitos, 87–90, 119–122, 157–160, 163–166, 87–90, 119–122, 171–174, 177–180
    números de tres dígitos, 125–128
    números de un dígito, 87–90, 93–96, 99–102, 119–122
    problemas de comparación, 63–66
    productos, 76–77, 81–83, 99–102, 151–154, 157–160
    productos parciales, 99–102, 157–160, 163–166, 177

propiedad de identidad de la multiplicación, 476
propiedades
    propiedad asociativa de la multiplicación, 107–110, 145–148
    propiedad conmutativa de la multiplicación, 63, 107–110, 171
    propiedad distributiva, 87–90, 99–101, 108–109, 227–230, 718
    reagrupación, 119–122, 125–128, 171–174, 178–179
    representar, 186, 203–206
    dibujos rápidos, 75–78
    números de dos dígitos, 87–90, 119–122, 157–160, 163–166, 171–174, 177–180
    números de un dígito, 87–90, 93–96, 99–102, 119–122
    respuesta razonable, 82–83
    usando la forma desarrollada, 93–96

Múltiplos
    comunes, 299–302
    definición, 197
    estimar cocientes, 197–200
    factores, 299–302
    fracciones, 461–464
    fracciones unitarias, 455–458

Múltiplos comunes, 299–302, 345–348

N

Numeradores comunes, 365–368

Números. *Ver también* **Números positivos; Números decimales; Fracciones; Números mixtos; Números enteros**
    comparar
        números decimales, 533–536
        números enteros, 17–20
    compatibles, 152, 221–223
    compuestos, 305–307
    convertir, 31–34
    factores, 279–282, 291–294
    forma desarrollada, números enteros, 11–14
    forma en palabras, números enteros, 11–14
    forma normal, números enteros, 11–14
    leer y escribir, 11–14
    múltiplos, 197–200, 299–302
    ordenar
        fracciones, 371–374
        números enteros, 17–20

© Houghton Mifflin Harcourt

primos, 305–307
puntos de referencia, 359–362, 641–644
redondear, 23–26
valor posicional, 5–8, 11–14, 17–20, 23–26

Números compatibles, 152, 221–223

Números compuestos, 305–307

Números de cuatro dígitos
multiplicación por números de un dígito, 125–128

Números de dos dígitos
división entre divisores de un dígito, 241–244
multiplicación
dos dígitos por un dígito, 87–90, 119–122
dos dígitos por dos dígitos, 157–160, 163–166, 171–174, 177–180

Números de tres dígitos
división entre divisores de un dígito, 241–244, 253–256, 259–262
multiplicación, tres dígitos por un dígito, 99–102

Números de un dígito
multiplicación
cuatro dígitos por un dígito, 94–96, 125–128
dos dígitos por un dígito, 93–96, 99–101, 125–128
tres dígitos por un dígito, 87–90, 119–122

Números decimales
centésimos, 501–504, 507–510
comparar
usando modelos, 533–536
usando valor posicional, 533–536
definición, 495
décimos, 495–498, 507–510
números decimales equivalentes
definición, 508
representar, 507–510
relacionados con
dinero, 513–516
fracciones, 495–498, 501–504, 507–510, 513–516, 527–530
números mixtos, 495–497, 501–503, 509, 514–515
valor posicional, 495–498, 501–504, 534–536

Números decimales equivalentes
definición, 508
representar, 507–510

Números enteros
comparar, 17–20
convertir, 31–34
multiplicar fracciones y números enteros, 469–472, 475–478
ordenar, 17–20
redondear, 23–26
restar, 43–46
sumar, 37–40
valor posicional, 5–8, 11–14, 17–20

Números impares, 312

Números mixtos
convertir en fracciones, 417–420, 476
convertir para restar, 429–432
definición, 417
multiplicar por un número entero, 475–478
números decimales, 496–498, 501–503, 509, 514–515
representar, 417–418, 429, 502
resta, 423–426, 429–432
suma, 423–426

Números naturales, 197, 455–458, 461–464

Números primos, 305–307

Números y operaciones
comparar, 17–20
números decimales, 533–536
convertir, 31–34
división. *Ver también* División y
propiedad distributiva, 227–230
colocar el primer dígito, 253–256
decenas, centenas y millares, 215–218
estimar cocientes usando múltiplos, 197–200
estimar cocientes usando números compatibles, 221–224
reagrupación, 247–250, 253–256, 259–262
residuos, 203–206, 209–212
usando cocientes parciales, 241–244
usando la resta repetida, 235–238
usando modelos de barras para resolver problemas de varios pasos, 265–268
fracciones. *Ver también* Fracciones
comparar, 359–362, 365–368, 371–374
usando puntos de referencia, 359–362
denominadores comunes, 345–348
equivalentes, 327–330, 333–336, 351–354
números decimales, 507–510
mínima expresión, 339–342

© Houghton Mifflin Harcourt

multiplicar por número entero,
469–472, 475–478
usando modelos, 469–472
múltiplos, 461–464
fracciones unitarias, 455–458
ordenar, 371–374
problemas de comparación, 481–484
relacionar centésimos y números
decimales, 501–504
relacionar décimos y números
decimales, 495–498
relacionar fracciones, números
decimales y dinero, 513–516
sumar partes fraccionarias de 10 y 100,
527–530
multiplicación. *Ver también* Multiplicación
decenas, estrategias, 145–148
elegir un método para multiplicar,
177–180
estimar productos, estrategias, 151–154
modelos de área y productos parciales,
157–160
usando el cálculo mental, 107–110
usando la forma desarrollada, 93–96
usando la propiedad distributiva,
87–90
usando la reagrupación, 119–128,
171–174
usando productos parciales, 99–102,
163–166
ordenar, 17–20
redondear, 23–26, 81–84
restar, 43–46. *Ver también* Resta
sumar, 37–40. *Ver también* Suma
valor posicional, 5–26, 31–52, 75–78.
Ver también Valor posicional

Objetos manipulables y materiales
billetes y monedas, 519–522
bloques de base diez, 5–8, 31, 247–250
cartulina, 621
círculos de fracciones, 385, 601
fichas, 203–206, 235, 236
fichas cuadradas, 279
lápices de colores, 87, 227, 327, 339,
385, 555
modelos de decimales, 513–514
papel cuadriculado, 87, 163, 227, 235,
647, 729
papel para calcar, 575

papel punteado, 581
patrones de figuras geométricas,
575–576, 582
recta numérica, 18, 23, 25
reglas, centímetros, 673
tabla de valor posicional, 6, 11, 17, 32–33,
495–496, 501–502
Tablero matemático. *Ver* Tablero
matemático
tijeras, 575, 621
tiras fraccionarias, 359, 397–398, 404
transportadores, 613–616, 621–627

Onzas, 641, 643, 653–656

Onzas fluidas, 659–660

Operaciones inversas
multiplicación y división, 260
suma y resta, 44, 50

Operaciones y pensamiento algebraico,
63–66, 69–72, 113–116, 131–134
división
interpretar residuos, 209–212
problemas de varios pasos, 265–268
factores
comunes, resolución de problemas,
291–294
representar, 279–282
y divisibilidad, 285–288
y múltiplos, 299–302
multiplicación
números de dos dígitos, 183–186
problemas de varios pasos, 113–116
problemas de comparación, 63–66,
69–72
números primos y compuestos, 305–308
patrones numéricos, 311–314
resolver problemas de varios pasos
usando ecuaciones, 131–134

Orden de las operaciones, 132

Ordenar
fracciones, 371–374
números enteros, 17–20

Organizadores gráficos. *Ver también* **Tablas**
Diagrama de ideas, 640
Diagrama de Venn, 196, 556, 558, 568, 716
Diagrama en forma de H, 144
Mapa de burbujas, 384, 454, 600
Mapa de flujo, 62, 278, 326, 548
Mapa semántico, 494
resolución de problemas, 49–51, 113–114,
183–184, 291–292, 351–352, 441–442,
481–482, 519–520, 587–588, 627–628,
691–692, 743–744

p. m., 691, 693

Para evitar errores, 38, 260, 305, 346, 582, 614, 698, 738

Paralelogramos, 567–570

Paréntesis, 107, 145

Patrones
figura, 587–590
hallar, 311
multiplicación, 76–77, 470
numéricos, 311–314
patrones de factores, 285–287
unidades de medida, 703–706

Patrones numéricos, 311–314, 587–590

Pensamiento algebraico, operaciones, 63, 69, 131–134, 265–268

Período
valor posicional, 11

Perímetro
cuadrado, 717–720
definición, 717
fórmulas, 717–720
hallar, 717–720
hallar medidas desconocidas, 737–740
medir, 737–740
rectángulo, 717–720
área, 723–726

Peso, 641, 653–656

Piensa más, En todas las lecciones del Libro del estudiante. Algunos ejemplos: 8, 25, 63, 88, 122, 154, 185, 211, 228, 262, 281, 328, 386, 426, 457, 498, 552, 610, 644, 720

Piensa más +, En todos los capítulos del Libro del estudiante. Algunos ejemplos: 276, 294, 314, 388, 484, 668

Pies, 647–650

Pinta, 641, 659–662

Plantea un problema, 90, 212, 230, 302, 314, 438

Polígono regular, 581

Polígonos, 555–558, 567–570
regulares, 581

Por tu cuenta, En todas las lecciones del Libro del estudiante. Algunos ejemplos: 7, 44, 83, 121, 153, 222, 281, 335, 431, 457, 497, 551, 609, 667, 719, 746

Práctica
Práctica adicional, En todas las lecciones del Libro del estudiante. Algunos ejemplos: 9–10, 79–80, 231–232, 337–338, 407–408, 523–524, 605–606, 645–646, 727–728

Prácticas matemáticas
1. Dan sentido a los problemas y perseveran en su resolución. En muchas lecciones. Algunos ejemplos: 43, 49, 63, 81, 113, 125, 131, 151, 163, 171, 183, 197, 227, 247, 265, 291, 351, 403, 423, 429, 441, 475, 481, 501, 567, 581, 601, 613, 621, 627, 641, 673, 685, 691, 717, 729, 737, 743
2. Razonan de forma abstracta y cuantitativa. En muchas lecciones. Algunos ejemplos: 11, 17, 23, 31, 63, 69, 75, 113, 119, 131, 145, 151, 157, 163, 221, 241, 247, 279, 297, 311, 333, 359, 365, 385, 391, 397, 403, 409, 417, 423, 435, 441, 461, 495, 501, 507, 513, 519, 527, 533, 567, 575, 601, 607, 641, 647, 653, 665, 723, 737
3. Construyen argumentos viables y critican el razonamiento de otros. En muchas lecciones. Algunos ejemplos: 43, 87, 119, 125, 131, 209, 221, 253, 285, 365, 391, 397, 441, 575, 581, 601, 641, 647, 659, 665, 679, 697, 703
4. Representación a través de las matemáticas. En muchas lecciones. Algunos ejemplos: 11, 23, 49, 87, 99, 113, 145, 157, 183, 227, 247, 265, 279, 285, 327, 333, 345, 351, 385, 403, 429, 441, 455, 469, 513, 549, 561, 621, 627, 647, 659, 665, 673, 685, 691, 743
5. Utilizan las herramientas apropiadas estratégicamente. En muchas lecciones. Algunos ejemplos: 5, 31, 75, 197, 215, 235, 259, 265, 311, 327, 333, 365, 495, 587, 613, 685, 691
6. Ponen atención a la precisión. En muchas lecciones. Algunos ejemplos: 5, 23, 37, 63, 87, 99, 125, 151, 157, 177, 215, 221, 235, 241, 299, 339, 345, 351, 359, 403, 409, 417, 455, 495, 507, 513, 519, 533, 555, 561,
7. Reconocen y utilizan estructuras. En muchas lecciones. Algunos ejemplos: 11, 31, 75, 81, 119, 145, 171, 177, 197, 209, 215, 227, 253, 285, 299, 311, 327, 339, 345, 359, 409, 417, 429, 455, 461,

481, 501, 507, 527, 555, 561, 587, 607, 641, 659, 673, 685, 703, 717, 737

8. Reconocen y expresan regularidad en el razonamiento repetitivo. En muchas lecciones. Algunos ejemplos: 37, 43, 49, 163, 171, 177, 209, 241, 259, 299, 391, 417, 423, 435, 461, 475, 527, 673, 697, 717

Predicciones, hacer, 84

Pregunta esencial, En todas las lecciones del Libro del estudiante. Algunos ejemplos: 5, 31, 69, 107, 145, 197, 227, 279, 327, 385, 455, 495, 601, 665, 737

Problemas de comparación, 49–52, 69–72, 481–484

Problemas de varios pasos, 113–116, 131–134, 183–186, 265–268

Productos. *Ver también* **Multiplicación**
estimar, 81–83, 99–102, 151–154
parciales, 88, 99–101, 157–160, 163–166

Productos parciales, 93–96, 99–102
definición, 88
cuatro dígitos por un dígito, 100–102
dos dígitos por dos dígitos, 157–160, 163–166
tres dígitos por un dígito, 99–102

Propiedad asociativa
multiplicación, 107–109, 145–147
suma, 39, 435–438

Propiedad conmutativa
multiplicación, 63–66, 107–110, 171
suma, 39, 435–438

Propiedad de identidad de la multiplicación, 476

Propiedad distributiva, 87–90, 99–100, 227–230, 718
división, 227–230
modelos, 87–90, 99–101
multiplicación, 87–90, 99–101

Propiedades
propiedad asociativa
de la multiplicación, 107–110, 145–148
de la suma, 39, 435–438
propiedad conmutativa
de la multiplicación, 63, 107–110, 171
de la suma, 39, 435–438
propiedad de identidad de la multiplicación, 476
propiedad distributiva, 87–90, 99–101, 108–109, 227–230, 718

Proyecto, 2, 324, 546

Prueba y repaso. *Ver* **Repaso y prueba**

Pulgadas, 647–650

Punto decimal, 495

Puntos de referencia, 26. *Ver también* **Medición y Datos**
definición, 360
fracción, 359–362
medidas, 641–644

Q

¿Qué pasaría si…?, 51, 115, 185, 211, 267, 339, 353, 391, 392, 398, 443, 461, 483, 521, 522, 589, 622, 629, 648, 666, 691, 693, 697, 737, 745

R

Reagrupación
división, 247–250, 253–256
multiplicación, 119–122, 125–128, 171–174, 178–179
resta, 43–46
suma, 37–40

Rectas, 549–552
dibujar, 562–563
paralelas, 561–564
perpendiculares, 561–564, 723
secantes, 561–564

Rectas paralelas, 561–564

Rectas perpendiculares, 561–564

Rectas numéricas
para comparar fracciones, 371–373
para comparar números, 18
para comparar números decimales, 533
para dividir, 236–237
para hallar múltiplos, 462
para mostrar fracciones y números decimales equivalentes, 501
para mostrar números decimales equivalentes, 501
para multiplicar, 76, 146
para ordenar fracciones, 371–374, 665–668
para ordenar números, 18
para redondear números, 23

Rectángulos
identificar, 567–570
perímetro, 717–720
área, 723–726, 729–732

Rectángulos combinados, 729–732

Recuerda, 39, 63, 107, 145, 158, 209, 455, 476, 513, 528, 576, 608, 723

Recursos. *Ver* **Tecnología y recursos digitales**

Redondeo
definición, 23
estimar productos, 81–83, 151–154
números enteros, 23–26
recta numérica, 23

Reglas, 132, 173, 286–288, 306

Reglas. *Ver* **Objetos manipulables y materiales**

Relaciona, 99, 163, 260, 435, 607, 703

Relojes
analógicos, 602, 685–688
tiempo transcurrido, 691–694

Relojes analógicos, 602, 685–688

Repaso y prueba. *Ver también* **Evaluación**
Muestra lo que sabes, 3, 61, 143, 195, 277, 325, 383, 453, 493, 547, 599, 639, 715
Palabras de repaso, 4, 62, 144, 196, 278, 326, 384, 454, 494, 548, 600, 640, 716
Palabras nuevas, 4, 62, 144, 196, 278, 326, 384, 494, 548, 600, 640, 716
Repaso y prueba del capítulo, 55–60, 137–142, 189–194, 271–276, 317–322, 377–382, 447–452, 487–492, 539–544, 593–598, 633–638, 709–714, 749–754
Revisión de la mitad del capítulo, 29–30, 105–106, 169–170, 233–234, 297–298, 357–358, 415–416, 467–468, 525–526, 573–574, 619–620, 671–672, 735–736

Repaso y prueba del capítulo, 55–60, 137–142, 189–194, 271–276, 317–322, 377–382, 447–452, 487–492, 539–544, 593–598, 633–638, 709–714, 749–754

Representar
dibujos rápidos
para representar la división, 203–206, 248–250
para representar la multiplicación, 75–78
división
bloques de base diez, 247–249
dibujos rápidos, 203–206, 209–212, 247–250
fichas, 203–206, 235
hacer un diagrama, 265–268
usando operaciones inversas, 227–230, 259–262

ecuaciones, 131–134
fracciones
equivalentes, 327–330, 333–336, 339–342, 345–348, 351–354, 507–510
números mixtos, 417–420, 423–426, 429–432, 435–438, 475–478
resta, 403–406, 409–411, 429–432
suma, 385–388, 391–394, 397–400, 409–412, 423–426, 435–438
modelos de área
fracciones, 327–330, 333–336, 351–354, 359–362
números decimales, 495, 513–516
modelos de barras, 49–52, 183–186, 265–268, 481–484, 627–630, 659–662
multiplicación, 63–66, 69–72
dibujos rápidos, 75–78
números de dos dígitos, 87–90, 119–122, 157–160, 163–166, 171–174, 177–180
números de un dígito, 87–90, 93–96, 99–102, 119–122
operaciones, 61, 143, 277
múltiplos de diez, cien y mil, 75–78
propiedad distributiva, 87–90, 99–101, 108–109

Residuos, 203–206. *Ver también* **División**
definir, 204
interpretar, 209–212

Resolución de problemas
suma y resta, 49–52

Resolución de problemas: Aplicaciones
¿Cuál es el error?, 13, 46, 96, 134, 330, 409, 706
¿Cuál es la pregunta?, 20, 342, 362, 478
Cálculo mental, 81, 107–110, 146, 151–152, 435–438
¡Inténtalo!, 11, 24, 44, 64, 107, 120, 146, 152, 178, 209, 210, 286, 312, 366, 372, 436, 476, 496, 514, 527, 528, 534, 555, 561, 568, 608, 654, 698, 704, 718, 724, 738
Piensa más: Problemas, En todas las lecciones del Libro del estudiante. Algunos ejemplos: 8, 25, 63, 88, 122, 154, 211, 228, 262, 281, 328, 386, 426, 457, 498, 552, 610, 644, 720
Plantea un problema, 90, 230, 302, 314, 438
Razonamiento abstracto, 387

Resolución de problemas: En el mundo, 8, 13, 20, 25, 40, 45, 72, 89, 90, 96, 102, 110, 122, 128, 133, 148, 154, 159, 166, 200, 205, 212, 217, 223, 229, 230, 237, 244, 249, 262, 281, 288, 302, 307, 314, 336, 342, 348, 362, 387, 411, 420, 426, 432, 457, 478, 498, 504, 510, 516, 530, 564, 570, 603, 616, 629, 644, 649, 655, 661, 675, 681, 687, 699, 706

Soluciona el problema: En el mundo, 11, 14, 17, 23–24, 34, 37, 43, 49–50, 63, 66, 69–70, 75–76, 78, 81, 93–94, 99–100, 107, 113–114, 119–120, 125, 131–132, 145–146, 151–152, 163–164, 171, 174, 177–178, 180, 183–184, 197–198, 209–210, 215, 221, 238, 241, 253, 256, 259–260, 265–266, 279, 282, 285, 291–292, 299, 305, 311, 333–334, 339–340, 345, 351–352, 359–360, 365, 368, 371, 374, 391–392, 394, 397–398, 403–404, 406, 409, 417–418, 423–424, 429–430, 435–436, 455–456, 461–462, 464, 469, 472, 475–476, 481–482, 495–496, 501–502, 507–508, 513, 519–520, 527–528, 533, 536, 549–550, 555–556, 561–562, 567–568, 575–576, 578, 581–582, 587–588, 607–608, 610, 613, 626, 627, 641–642, 647–648, 653–654, 659–660, 665–666, 668, 679, 682, 685–686, 691–692, 697–698, 700, 703, 717–718, 720, 723–724, 726, 729–730, 732, 737–738, 743–744

¿Tiene sentido?, 160, 250, 388, 411, 412, 458, 476, 604, 699

Respuesta razonable, 23, 43, 82, 93, 99, 119, 151–154, 163, 171, 221, 641

Resta
dibujar un modelo, 70–71
ecuaciones, 49–52, 409–411
fracciones
denominadores semejantes, 403–406, 409–412, 423–426
representar, 385–388, 403–406, 409–412, 429–432
hacer un diagrama, 49–52
modelos de barras, 49–52, 70–71
números mixtos, 423–426, 429–432
números enteros, 43–46
operación inversa, 44, 50
patrones numéricos, 311–314
reagrupación, 43–46
representar, 49–52, 70–71
resolución de problemas, 49–52

Resuelve el problema, 49–50, 113–114, 183–184, 265–266, 291–292, 351–352, 441–442, 481–482, 519–520, 587–588, 627–628, 691–692, 743–744

Revisión de la mitad del capítulo, 29–30, 105–106, 169–170, 233–234, 297–298, 357–358, 415–416, 467–468, 525–526, 573–574, 619–620, 671–672, 735–736

Rombo, 567–570, 581

S

Sacar conclusiones, 31–32, 88, 158, 204, 228, 236, 247, 328, 386, 602, 622, 673–674

Segmento, 549–552, 723

Segundos, 685–688

Semana, 686–687, 703

Semirrectas, 549–552

Signo de la igualdad, 17–18, 328

Signo de no igual a (≠), 328

Simetría
ejes de simetría, 581–584
simetría axial, 581–584

Simetría axial, 575–578, 581–584

Soluciona el problema, En todas las lecciones del Libro del estudiante. Algunos ejemplos: 11, 49–50, 93–94, 151–152, 209–210, 279, 345, 394, 429–430, 455–456, 495–496, 533, 549–550, 578, 647–648, 717–718

Soluciona el problema: Pistas, 51, 115, 185, 267, 293, 353, 443, 483, 521, 589, 693, 745

Suma
centenas, 37–40
centenas de millar, 37–40
Comparación de suma, 49–52, 63
decenas, 37–40
decenas de millar, 37–40
dibujar un modelo, 70–71
ecuaciones, 50, 385–388, 409–412
estimar sumas, 38–40
fracciones
fracciones unitarias, 391–394
mismo denominador, 283–286, 295–298, 305–308, 313–316, 381–384
partes fraccionarias de 10 y 100, 527–530

propiedades de la suma, 435–438
representar, 385–388, 397–400,
    409–412, 423–426, 435–438, 441–444
hacer un diagrama, 49–52
millares, 37–40
modelos de barras, 49–52, 70–71
números mixtos, 423–426
números enteros, 37–40
operación inversa, 44, 50
patrones numéricos, 311–314
propiedades
    propiedad asociativa de la suma, 39,
        435–438
    propiedad conmutativa de la suma,
        39, 435–438
reagrupación, 37–40
representar, 49–52, 70–71
resolución de problemas, 49–52
unidades, 37–40

T

Tabla de medidas, H38–H39

Tablas
completar tablas, 7, 286, 665–666, 723
diagramas de Venn, 556, 558, 568
hacer, 351–354, 648, 654, 660, 667, 686
tabla de valor posicional, 6, 17, 32–33,
    495–497, 501–502, 508
tablas de conteo, 665–667
usar datos de tablas, 665–667

Tablas de conteo, 665–667

Tablero de matemáticas, En todas las
lecciones del Libro del estudiante.
Algunos ejemplos: 7, 44, 100, 132, 172,
198, 222, 280, 329, 387, 457, 497, 551,
603, 643, 719

Taza, 659

Tecnología y recursos digitales
Entrenador personal en matemáticas,
    En algunas lecciones del Libro del
    estudiante. Algunos ejemplos: 277,
    294, 314, 325, 383
Glosario multimedia, 4, 62, 144, 196, 278,
    326, 384, 454, 494, 548, 600, 640, 716
iTools, 399, 661
Vídeos de Matemáticas al instante,
    En todas las lecciones del Libro del
    estudiante. Algunos ejemplos: 8, 46,
    90, 116, 148, 217, 244, 281, 330, 388,
    426, 458, 498, 552, 604, 649, 720

Tiempo
reloj analógico, 601–604, 685
transcurrido, 691–694

Tiempo transcurrido
hacer un diagrama, 691–694
hallar, 691–694

¿Tiene sentido?, 160, 250, 388, 411, 412,
458, 476, 504, 604, 699

Trapecios, 567–570, 581

Triángulos
acutángulos, 555–558
clasificar según sus ángulos, 555–558
obtusángulos, 555–558
rectángulos, 555–558

Triángulos acutángulos, 555–558

Triángulos obtusángulos, 555–558

Triángulos rectángulos, 555–558

Término de un patrón, 311–314

Unidades
resta, 43–46
suma, 37–40
valor posicional, 5–8

Unidades cuadradas, 729–732

Unidades del sistema métrico
convertir, 673–676, 679–682
distancia, 642
longitud, 642, 673–676
masa, 642, 679–682
puntos de referencia, 642–644
volumen líquido, 679–682

Unidades del sistema usual
convertir, 647–650, 653–656, 659–662
distancia, 641
longitud, 641, 647–650
peso, 641, 653–656
puntos de referencia, 641–644
volumen líquido, 641, 659–662

V

Valor posicional
centenas, 5–8, 11–14
centenas de millar, 5–8, 11–14
comparar y ordenar números, 17–20

convertir, 31–34
decenas, 5–8, 11–14, 100, 221
decenas de milar, 5–8, 11–14
estimar usando el valor posicional, 24
millares, 5–8, 11–14, 75–78
millones, 5–8
números decimales, 495–498, 534–536
período, 11
recta numérica, 18
redondeo, 23–26
relaciones, 5–8
suma, 37–40
tabla de valor posicional, 6, 11, 17, 32–33,
    495–497, 501–502, 508
unidades, 5–8, 11–14

Vértice, 550, 555, 575, 601, 613

Vídeos de Matemáticas al instante, En todas
    las lecciones del Libro del estudiante.
    Algunos ejemplos: 8, 46, 90, 116, 148,
    217, 244, 281, 330, 388, 426, 458, 498,
    552, 604, 649, 720

Visualízalo, 4, 62, 144, 196, 278, 326, 384,
    454, 494, 548, 600, 640, 716

Vocabulario
    Desarrollo del vocabulario, 4, 62, 144,
        196, 278, 326, 384, 454, 494, 548, 600,
        640, 716
    Glosario multimedia, 4, 62, 144, 196, 278,
        326, 384, 454, 494, 548, 600, 640, 716
    Juegos de vocabulario, 4A, 62A, 144A,
        196A, 278A, 326A, 384A, 454A, 494A,
        548A, 600A, 640A, 716A
    Revisión de la mitad del capítulo, 29, 105,
        169, 233, 297, 357, 415, 467, 525, 573,
        619, 671, 735
    Vocabulario, 29, 105, 233, 297, 357, 415,
        467, 525, 573, 619, 671, 735

Volumen líquido, 641–642, 659–662,
    679–682, 704

Yardas, 641, 643, 647–650, 703

abla de medidas

SISTEMA MÉTRICO

SISTEMA USUAL

Longitud

1 centímetro (cm) = 10 milímetros (mm)	1 pie (ft) = 12 pulgadas (in)
1 metro (m) = 1,000 milímetros	1 yarda (yd) = 3 pies o 36 pulgadas
1 metro = 100 centímetros	1 milla (mi) = 1,760 yardas o 5,280 pies
1 metro = 10 decímetros (dm)	
1 kilómetro (km) = 1,000 metros	

Capacidad y volumen líquido

1 litro (l) = 1,000 mililitros (ml)	1 taza (tz) = 8 onzas fluidas (oz fl)
	1 pinta (pt) = 2 tazas
	1 cuarto (ct) = 2 pintas o 4 tazas
	medio galón = 2 cuartos
	1 galón (gal) = 2 medios galones o 4 cuartos

Masa/Peso

1 kilogramo (kg) = 1,000 gramos (g)	1 libra (lb) = 16 onzas (oz)
	1 tonelada (t) = 2,000 libras

TIEMPO

1 minuto (min) = 60 segundos (s)

media hora = 30 minutos

1 hora (h) = 60 minutos

1 día (d) = 24 horas

1 semana (sem.) = 7 días

1 año (a.) = 12 meses (mes.) o
aproximadamente 52 semanas

1 año = 365 días

1 año bisiesto = 366 días

1 década = 10 años

1 siglo = 100 años

DINERO

1 moneda de 1¢ = 1¢ o $0.01

1 moneda de 5¢ = 5¢ o $0.05

1 moneda de 10¢ = 10¢ o $0.10

1 moneda de 25¢ = 25¢ o $0.25

1 moneda de 50¢ = 50¢ o $0.50

1 dólar = 100¢ o $1.00

SIGNOS

$<$	es menor que	$\perp$	es perpendicular a
$>$	es mayor que	$\parallel$	es paralelo a
$=$	es igual a	$\overleftrightarrow{AB}$	recta AB
$\neq$	no es igual a	$\overrightarrow{AB}$	semirrecta AB
¢	centavo o centavos	$\overline{AB}$	segmento AB
$	dólar o dólares	$\angle ABC$	ángulo ABC o ángulo B
°	grado o grados	$\triangle ABC$	triángulo ABC

FÓRMULAS

	Perímetro		Área
Polígono	$P = $ suma de la longitud de los lados	Rectángulo	$A = b \times h$
Rectángulo	$P = (2 \times l) + (2 \times a)$ o $P = 2 \times (l + a)$		$A = l \times a$
Cuadrado	$P = 4 \times L$